U0871561

QIANBEI GELAOZU DANGDAI ZUOJIA ZUOPIN XUAN

◎中央财政支持地方高校发展专项资金资助◎
◎遵义师范学院仡佬族文化研究基地项目◎

黔北仡佬族当代作家作品选

诗歌散文卷

王清敏　孙建芳　蒋雪鸿　主编

民族出版社

总 序

仡佬族是中华民族 56 个民族中的一员。新中国成立之初人口登记时仅 2 万余人。20 世纪 80 年代初经民族识别后，至第五次人口普查有 57.9 万余人，分布在黔、滇、川、渝、桂等省市。其中以贵州省遵义市最多，有道真、务川两个仡佬族苗族自治县，一个遵义县平正仡佬族乡。

所谓仡佬族文化指仡佬族人民千百年来在语言、文学、艺术、习俗、生活和生产方式等方面创造的物质和非物质形式的集合体。仡佬族在历史上虽是一个弱小的民族，但她在艰辛的自然环境和社会环境中，在自己的生产方式和生活方式中，在与他民族相处的关系中，创造了属于自己的、具有鲜明特色的、丰富的民族文化，展示了自我顽强的生命力。仡佬族文化是典型的弱势边缘民族文化，其千百年来虽不断受到冲击甚至压制，至今仍顽强保有自我民族性这一事实，是世界民族文化史上的一个奇迹，发人深省。仡佬族文化研究的意义有三：

第一，有利于发掘，特别是抢救仡佬族物质和非物质文化遗产。作为一个千百年来备受压迫欺凌，不得不隐族埋姓的弱小民族，作为一个千百年来备受强势文化冲击及多民族文化影响、至今却仍具顽强生命力的典型边缘民族文化，其历史上形成的应对强势文化冲击和他民族文化影响的内在机制，对当今弱小民族在全球化背景中如何应对强势文化冲击、发展自我的民族文化，不无一定的借鉴意义；作为一个不少文化现象目前正处于严峻的濒危状态的民族文化，从其自身文化机制中富有生命力的因素入手，探讨如何有效抢救、保护和发展的策略，有助于民族文化的发展，符合十七届六中全会推动社会主义文化大发展大繁荣的精神。从民族的也就是世界的意义看，在全球化的今天，深入系统地研究仡佬族文化，发掘、抢救、保护仡佬族物质和非物质文化遗产是地方民族文化建设的当务之急。

第二，有利于系统深入地把握仡佬族文化。关于仡佬族文化的研究一直受到有关部门和国内外专家的关注。在亚洲从事仡佬族傩文化研究的日本学者有广田律子（《日本传统戏曲与中国民俗艺能之继承关系与运用立体坐标法解释》）、森由利亚（《道真傩文化调查研究》）等。新中国成立后国内出版了不少关于仡佬族历史、经济、文化、教育、语言、习俗等方面的专著。重要的文献有，中国科学院民族研究所贵州少数民族社会历史调查组 20 世纪 60 年代编写的《仡佬族简史简志合编初稿》、《贵州省仡佬族社会历史调查报告》，翁家烈的《仡佬族》，周国炎的《仡佬族母语生态研究》，顾朴光的《中国面具史》，等等。经文献检索，迄今涉及仡佬族研究的论文共有 481 篇。这些研究成果大多虽是描述性的，但它们为进一步的研究奠定了坚实的基础。由于全球化的冲击、社会转型、急剧的经济发展，仡佬族原有的生产方式和生活方式正在发生迅速的变化，许多极富特色的习俗、艺术和文化传统正处于濒临消亡的边缘，因而给进一步的研究既提供了广阔的空间，又提出了新的问题新的要求。

第三，有利于搭建人才培养、教学科研与服务地方文化发展双赢的平台。开展仡佬族历史文化、文学艺术等方面的研究，发掘、抢救仡佬族物质和非物质文化遗产，一是可促进地方经济社会和文化发展；二是可提升教师的教学科研水平，培育高层次科研人才；三是可为人文学科学生提供社会实践基地。作为仡佬族聚居地的地方本科高校遵义师范学院有责任有义务开展此项工作。

研究仡佬族文化，遵义师范学院具有得天独厚的地理和人文环境优势。2009 年，我组建科研团队，主持申报了“中央财政支持地方高等学校专项资金项目——仡佬族文化研究”。2010 年 9 月，该项目获批准立项（黔财教【2010】149 号），在遵义师范学院成立了仡佬族文化研究基地。由民族出版社出版的这套“仡佬族文化研究”丛书就是基地近两年来取得的初步成果。

不容讳言，由于参与研究的成员专业学科不一、理论素养不齐、田野调查和资料收集不够等诸多方面的原因，本套丛书在不少方面并未达到预期的目标。但作为国内第一套“仡佬族文化研究”丛书，毕竟迈出了系统研究仡佬族文化的尝试和探索一步。我相信，在国内有关专家的指正和帮助下，在遵义师范学院“仡佬族文化资源共享平台”建设的基础上，仡佬族文化的研究定会由此迈上一个新的台阶。

周 帆

2012 年 6 月

前言

仡佬族是由周王朝时期南方的“百濮”民族和生活于东南及沿海地区的“百越”融合，逐步发展为“僚人”，至宋代始有“仡佬”的正式称谓。总体说，仡佬族是贵州高原上最古老的民族之一，被有关专家称为贵州高原上的拓荒者，并认为是夜郎国的王族和主体居民。所以民间流传一句谚语，叫“蛮夷仡佬，开荒辟草”。仡佬族主要分布在贵州道真、务川两个仡佬族苗族自治县，以及正安、石阡、遵义、平坝、普定、大方、镇宁、黔西等县，广西隆林各族自治县，云南文山州的麻栗坡，四川省的盐边，湖南的新晃等70多个县份。据第五次人口普查统计，全国仡佬总人口有57万多人。而黔北由于自然的屏障，成为处于弱势的少数民族文化得以生存发展的一块热土。其中，道真有仡佬族近16万人，务川有18万人左右，石阡有6万人左右，正安有1万人左右。

地处偏僻，有利有弊。交通不便、信息闭塞，让这雄伟的高原在经济发展上处于劣势。值得庆幸的是，文学的发展并不是与经济完全同步的。在仡佬族文化的滋润下，仡佬人书写着自己的心声，涌现了一大批优秀的作家。他们努力从事文学创作，笔耕不辍，积极参与民族文学创作活动，自觉用自己的创作服务于家乡的建设。同时，他们在积极创作的同时，还致力于培养和扶持民族文学新人，在他们的带动和扶持下，黔北正涌现出一大批民族文学新秀，出现了黔北民族文学的繁荣景象。

黔北仡佬族作家的作品不仅数量多，质量也佳。既然《黔北仡佬族当代作家作品选》是作为“仡族文化研究”这一课题的基础资料来筹备的，那作品的搜集自然要侧重于展现仡佬族人的世界观、生活观及其独特的风土人情。作家们对黔北这块养育他们的土地有着深厚的感情，他们关注着这片土地上发生的一切，他们随之悲喜，并把自己的情感用文字表现出来，以获得内心的宁静。

但是这并非说黔北仡佬族作家们就停留在这一封闭的空间里了。20 世纪 80 年代中后期是文学界文学观念大变革的时期，现代主义小说创作经过几年的准备和实践，进入了高潮期。各种观念、流派、思潮、形式、技巧相继登台亮相，“各领风骚三五天”。魔幻现实主义、意识流、黑色幽默、结构主义、感觉主义等因素，先后出现在当代作家的创作中，给文坛以强烈的冲击和震撼。现代主义文学思潮也冲击着黔北文坛，对黔北文学的叙述观念、写作技巧产生了较大的影响。但是，黔北作家将这些创作手法、技巧为我所用，从而扩大了黔北文学的艺术内涵，增强了文学的表现功能，同时继续发扬着五四文学精神，践行着文艺工作者的社会责任。黔北仡佬族作家的创作的实际情况并不囿于褊狭的“乡愁美学”，不囿于自然地理与地方文化传承，不是一种立足于方言、风物的乡土悲悯或对于乡土的乐志畅神，更不是一种由风土人情出发的民俗自恋而引起的自闭。在黔北仡佬族作家群的创作中所体现出来的，更多的是一种超越地域文化意识的，可以从“区域”一直通向世界，通向现代人类存在的核心价值诉求的人文关怀精神，可以说，他们的创作是坚守与创新的统一。

如著名仡佬族作家赵剑平的作品一方面坚守着那“挂在悬崖上的街”，同时也把对民族命运与遇际同自然紧密结合起来，进行史诗般地展现，读来极具艺术震撼力。

仡佬族作家的另一位代表人物是青年女作家王华。王华是一位来自基层的作家，当过乡村民办教师、新闻记者。对百姓的冷暖、人间的疾苦感同身受，可以说她笔下的人物都是挣扎于底层的、不为人关注的小人物，抑或被主流社会遗忘的边缘群体。

肖勤是近几年进步很快、创作丰厚的作家。她也是一位来自基层、有着丰富生活阅历的作家。她在思考民族出路的同时，把自己的思考用文字表达了出来。

此外，更有寿生、戴绍康、付强、骆长木……职业作家们取得的成就不在此赘述，在仡佬族文化研究成果中有大量对他们的作品进行深入探讨的文章。谨在此对他们为支持《黔北仡佬族当代作家作品选》成书，精心挑选作品投稿表示感谢。

值得一提的是，在黔北这块热土上，还有许多作家在工作之余进行创作，并取得了骄人的成绩。夏世信的报告文学《血盗》获全国“金鼎作品”一等奖；《山沟里的检察官》获贵州省政法战线十年成就征文二等奖；报告文学集《人魔歧路》获全国“金鼎作品”二等奖。何毓敏专著《月亮贺卡》获中国第三届宝石文学奖、中国优质图书奖、贵州省职工文艺创作散文一等奖，由其担任总撰稿的九集电视专题片《苗岭先行兵》，获得中国十佳行业片奖……谨在此对他们表示敬意。

还要特别感谢的是，许多作家本身并非仡佬族，但是他们却主动承担起了联络工作。遗憾的是，有部分作家因为没有及时联系上，未能取得授权，故未将其作品收录进来，希望以后能有机会将他们的作品介绍给读者。

王清敏

2012 年 6 月

目　录

诗歌篇

散文篇

诗 歌 篇

申尚贤（1909.1—1996.3）

男，笔名寿生，贵州省务川仡佬族苗族自治县人。曾任务川仡佬族苗族自治县副县长等职。其文学创作主要集中在20世纪30年代。他曾在胡适等名流主编的《独立评论》、《国闻周报》、《歌谣周刊》等刊物上发表评论、小说、民间文学研究等，受到了胡适等学界名流的赏识与举荐。《试论专制问题》、《我们要有信心》、《论贵州鸦片“禁吸不禁种”之谬》、《文人不可“知而不作”》等时论，针砭时弊，展示希望，引起了当时社会舆论界的深切注意。寿生小说反映的是20世纪二三十年代军阀统治下贵州家乡的兵匪、烟毒之患，乡民在黑暗与残忍的压迫下的命运挣扎。《黑主宰》在20世纪末被评为贵州20世纪二十篇最佳文学作品之一，已作为经典之作被载入文学史册。寿生的小说多用家乡方言写成，据专家论，其作品的思想和艺术水平可与同时代的乡土小说家沙汀、周文、沈从文、黎锦明等人的作品媲美。

书 愤

（1935年）

闻言欲剪牛塘①田，梦绕杨村②寐不成。
多少亡国败家事，桩桩都付好名声。

注：①牛塘，地名，在务川城南30里。作者有祖业田庄在此地。
②杨村，地名，在务川城北5里。作者祖坟葬于此地。

游西山

（1938年昆明）

重九登西山，昆湖脚下宽。
天外云飞缓，胸中气浩然。

游华亭寺

华亭钟楼一老僧，自云五台山上人。
为慕滇池西流水，归命长鸣三十春。

游太华寺

山茶产滇南，火株在太华。
梵置春殿暖，红尖尽落花。

游黑龙潭

昆明多胜地，幽深黑龙潭。
唐梅与宋柏，承君指点看。

昆明春

昆明春意早，桃花腊月开。
寄语江南客，问津莫迟来。

注：以上五首系作者20世纪30年代末在云南昆明所作，其间作者女友熊南英在西南联大读书，由她导游。

大坪村隐居

泠泠一条路，蓬蓬两面蒿。
携手共来去，文章话舜尧。

注：1939年至1945年，作者与夫人在大坪村隐居。大坪，今务川大坪。

农情八首

一

不识稻粱情，含羞问比邻。
比邻有老子，爱我读诗篇。

二

干田未打盼山洪，玉米窝窝怕水冲。
手板手背都是肉，天晴落雨总担忧。

三

夏暑天长活路疏，农家抽空弄柴火。
渴饮沙泉桐叶卷，柞林小憩拾蘑菇。

注：农民干活口渴，用卷着的桐子叶在山泉里舀水喝。

四

太阳雨下蕈儿稠，家林野树各千秋。
桐树根遭寻“虎爪”，青球枝腋觅“猴头”。

注：虎爪，即冻菌。

五

久旱盼甘霖，蜻蜓报好音。
翩翩凌空舞，脉脉稻粱情。

注：本地有“点点猫（即蜻蜓）赶场，天要下雨”的农谚。

六

五月庄稼一片稠，出栏牲口上笼头。
露水草香牛犊恋，红霞满岩牧夫讴。

注：庄稼长得旺盛的时候，牛羊都要上嘴笼（叫“牛嘴笼”、“羊嘴笼”，嘴笼用竹篾编成），赶到放牧地后才将嘴笼打开。

七

山高日远担儿横，劲满气匀稳步登。
三趟九憩达坳口，回首层峦万里情。

八

清晨十里市酒回，忍杀雏鸡沙罐煨。
茅茨堂前祭祖毕，瓜棚底下食家人。

藏凤岩

走访藏凤岩，岩上书“灵岩”。
藏凤不知处，凌霄花正开。

注： 藏凤岩是务川名胜古迹，在城北十里许。相传此处有凤凰。其周围山花烂漫，药草丛生，秋冬不败。清嘉庆十五年（1810年）龙维祚任务川知县时，楷书“灵岩”二字，刊凿岩壁正中，字高丈余，笔力遒劲，宛如游龙舞凤。

天　池

天池八百里，竹实峨嵋西。
何日展金翅，愿与尔为期。

凤儿河

凤儿河，水清清，
凤儿河岩竹婷婷，
凤儿长成冲天去，
凤河两岸留爱称。
——凤儿，凤儿，
——何日归来叙乡情。

注： 凤儿河即今之丰乐河。在务川城南60里处。

示大儿诗

将养提携十九年，桂花佐酒学程新。
添衣减裳儿自理，千里牵连父母心。

注：1962 年，作者长子考上贵州大学，离家求学。

野　樱

十里河岸灿野樱，停舟欲问路几程。
风过飞花疑是雪，着脸还疑雪是花。

秋　山

伐木白云窝，秋山着色多。
向导遥语我，银杏银如何。

山　泉

山泉无人汲，一任落花浮。
爱彼清凉意，悠然尽一瓯。

注：《野樱》、《秋山》、《山泉》三首诗是作者夫妇二人 1945 年受聘务川中学，执教时写的借景抒情诗。

花溪（组诗）

（1946—1949）

一

来到花溪不见花，山庄泉冷好煎茶。
童顽亦自讨生活，晾衣竿下种荒瓜。

注：荒瓜，方言同音词，即南瓜。

二

花阁闹，
花阁何处是？
人谓玉带桥下水，
应知情。
几度问她她不答，
悠咽。

三

山庄，
甲所，乙所，丙所。
河湾，
一层，二层，三层。
花溪流去不载花，
载一片书声，
一个明天，
献万户千家。

四

茶谈笔还灵，苗女踏歌声。
微吁一俯仰，窗虚山石莹。

五

平房窄径石膏山，柳叶槐花荡碧潭。
我在河边洗脚板，游人何事止步看。

六

夜静平桥碾，晨兴苗寨烟。
夏荷香麦地，秋菊紫禾天。

七

芙蓉花下过，衣湿芙蓉露。
红影弄清影，那边山头树。

八

旗亭啜云雾，水榭聆诗钟。
寻幽入深壑，菜色几人家。

注：“云雾”，名茶。“诗钟”，诗社名。

九

大将山头长啸时，大道苍茫水依稀。
仰首白云天欲去，雏鹰岩上羽初齐。

十

几跌花溪水，一抹麒麟山。
山水自相好，脂粉不相干。

十一

水石才迷放鸽洲，坝上桥头又犯愁。
欲往白云窝里去，绿萼梅开叫人留。

十二

（谢《狂飙》）

十年不提笔，提笔生荆棘。
强忍心头火，骤增鬓上雪。

注：《狂飙》系清华中学进步学生团体所创办的刊物，时向作者约稿。
以上一组诗，是作者与夫人在贵阳清华中学任教时所作。

老眼昏昏好

老眼昏昏好，看人分外娇。
春山谁先绿，迤逦隔年娆。

赵伯鸿

男，生于1963年10月，贵州省仡佬族苗族自治县人。贵州省作家协会会员、知名作家，作品被收入《21世纪贵州诗歌档案》。

无 题

一

你认得天空里奋飞的那支标杆么？
它是红色的
等你推开你绿色的窗幔
等你甩动你七彩的微笑
就一直飞进你的辽阔飞进你的浩瀚
日日夜夜拨动你纯洁的歌

待它染上了你血的鲜红
便有意无意地在眼光的追寻中
构思玫瑰和桔花的蓝天
那就是我那就是你
和太阳一样永恒的爱情

二

童话乘着家乡的牛车远去
我在膨胀我梦一样的相思

很美　很净　很抒情
……
自从你在我梦中旅行
我拾到一个圆规
就开始修饰自己
使我漂亮使我潇洒
使我英俊使我年轻

私下里我却让汗水定在额头
把烈火藏在内心
……

三

真想永远是春天啊
我是小孩
你是松林
在不死的和谐中在不死的流淌里
静静地迎接秋
那么，你是小楼
我是候鸟

即使你也如岁月一样老去
请你不要忧郁也无须叹息
我会常来你的门前歌唱
就像你留给我的无限的思念

下　队

从一个平凡的起点到一个平凡的终点
轮回。让身世和姓名与泥土与四季
作患难生死之交
民歌和肥料养育的万事万物
连同与万事万物生死在一起的人们
不断播撒木质的芬芳
这就是队上的一切

所有的劳动都不过是生活着的过程
有前无后却有始无终
在队上的时光
我们把日子搓成一根索子
拴牢现在——时下的活路

细细的那头牵着昨天
丝毫不敢忘记那些缺粮断餐的日子
粗粗的那头伸向明天
按我们朴素的想法
把这根索子绷紧，使劲使劲再使劲

付　强

男，曾用名司马玉琴，生于1966年4月，贵州省务川仡佬族苗族自治县人。贵州省作家协会会员，现任务川自治县文联主席。发表诗歌、小说、散文等，有诗歌作品入选《2002年度中国诗歌选》、《2007年当代诗歌文库》等多种诗歌选本；出版诗集《学会平常》，曾获得遵义市政府文艺奖、社科论文奖等省内外多种奖项。

诗　经

那只鸟一声轻呼
春水涌动　漫过沙洲
白露起处　忧伤的月牙
爬上杨柳的枝头
回家真好　爱情真好
我们是平民

那汪碧水流去背影
而阳光总在高处射下来
拾起稻穗
也就拾起了马蹄　烽火
原野上的炊烟慢慢飘升
长大之后
谁会在乎远处的宫楼

我记不住颂歌　或许
日子拒绝风云
苍蝇飞处
弓已望尘莫及
何况我们是平民

简　单

奶奶说
麦苗疯长的时候
就是春天
别哭了
人不是麦苗
也不是春天
你爱的人
不一定陪你一生
奶奶说

偶　尔

一些写过千百遍的字
偶尔会忘记
就像我思念时
你的脸　偶尔会记不清
有时　听别人的故事
会忘了自己的伤口在流血
有时　看一道风景
竟忘了自己身在何处

有时　确实是睡着了
但还是喊出了你的名字
当然　这一切
都只是　偶尔

人到中年

守住这小小的光阴
也就守住了岁月
人到中年 有一分春色
但繁花不再
有二分阳光
但夏绿不盛
有三分凉意
但不是遍地落叶
坚持是一种使命
也是习惯
茶是要喝的
时光过滤之后
三两个朋友　说一些往事
说一些趣闻
或纯粹闲坐黄昏
看叶芽浮沉
望汤色转深
人到中年
喝茶躲酒
都很自然
书是要读的

如果有一些树最好
阳光从叶片间落下来
像纸张上的历史
生离死别
是很远的距离
马蹄　烽火
一些人和事勾起的情怀
换一个坐姿后
归于平静
人到中年
所有的考试都已结束
命运已被证明
阅读是一种自觉的行为
一些背影渐行渐远
就像留不住的时间
感恩时
那人已逝
回忆时
那人已错失
虽然悲悯是一份苍白的情绪
几十个春秋轮回
人到中年
仅存的心意
感动自己
一些面孔突兀而来
相拥的瞬间
我会耳语
我说的未必是真理

但我说的肯定真实

岩穴葬

生的时候
山岩太高远了
那是鹰的巢穴
随泥土一起
被翻耕了一辈子的心
不甘沉沦
最后一次
做　飞翔梦

枇杷树

枇杷树老了
不再开花
扇状的叶子
一片浓荫
一群老人常到树下
回忆他们
与枇杷一起
开花的年龄

老　屋

老屋很老
但奶奶可不许这么说
她总是闭着眼睛
说爷爷
仿佛老屋仍在艰难的修造中
老屋是爷爷修造的
是他留给儿孙的礼物
我没有见过他
岁月爬过之后
只见老屋风雨飘摇
其实
爷爷也知道
老屋终要风雨飘摇
但爷爷还是修了
面对血性的太阳
想着遥远的我
透过老屋看爷爷
爷爷很老

铜　钹

铜钹敲响游子情怀
铿锵的声音穿透一片月色
我想起水　桃花　李花
和一些母性事物

哦，南方，这就是您么
您让我一千零一次
紧贴您的胸口
月色之外
有许多平常日子
铜钹为我们的生而高奏
为我们的死而凄婉
为我们的楼房和婚嫁
为我们的孤独和宁静
吟一段独有的咒语
洗涤我们尘世的忧伤
哦，南方，这就是您么
如此明白而又如此隐晦
铜钹总响起
所有的日子侧耳倾听
三千年的孤独
被你一声脆响
惊得　只剩下
一壶老酒
半管长笛

今夜，我想起那片玉米地

穿过那片玉米地就是村庄了
穿过村庄
便是你　妈妈
可今夜，我穿不过那片玉米地了
玉米正一个劲地长

左一株　右一株
如同迷宫
你的头发就是在那迷宫里变白的
想起你的白发　妈妈
我忍不住泪流满面
泪是咸的
可我的泪洒不到那儿
玉米无法吸收
那些饮酒者
不知道我
能被玉米吸收的是你的汗
汗也是咸的
可那些饮酒者
也不知道你
想起那片玉米地
那些玉米如剑的叶子
就刺痛我的心
哦，妈妈
丰收的籽实里
你是否看见
你滴落的青春

流浪木匠

我爷爷的爷爷是一个流浪木匠
不知道他从何而来
据说他很老很老的时候
他的斧子锯子都还很亮

不知道他从何而来
他是一个流浪木匠
他建过许多楼房亭阁
雕梁画栋之上
是一种精神的流浪
一生一世
他没有住进自己建造的房屋
唯有他的棺材
是他自己做的
许多年许多年过去了
有人说他雕的花窗
是珍贵的艺术品
而这时，已没有人记得他的名字

伍小华

男，生于1969年9月，贵州省务川仡佬族苗族自治县人。贵州省作家协会会员。先后在《诗刊》、《民族文学》、《飞天》、《诗选刊》、《西部》、《诗潮》、《星星》、《散文诗》等刊物上发表作品，多次获奖。作品收入《新中国六十年文学大系·散文诗精选》、《飞天60年典藏》、《中国最佳诗歌》、《中国年度散文诗》等。出版诗集《汉字经方》。

一大片野花就围了过来

从故乡往西行，走着走着就有
一大片野花围了过来
带上它们的芬芳，带上
那些幽深莫测的念头。它们都
手提一小串露珠，和
一颗大大的心跳……
它们拦在路上。它们中的有几株
还被故乡吹来的风，刮得
侧过了脸去。那一刻
我才真正看见了乡村的羞涩。但我
怎样才能绕开它们，继续赶路？
我用教鞭在它们中间，轻轻
拨出一条小路，但我不想用城市的皮鞋
伤着任何一株野花

我也不想被任意一株野花绊倒
但是，我的那颗刚刚清净的心
还是在某一个微小的细节处
踉跄了几下……

择瘪谷

一粒瘪谷很容易
从光缝中溜走。但这一次它
却是突然地跳起来
摁住，需要重新排除一些杂念。
需要把心放宽一点……纵然
她的身上有了一种被虱子
咬了一下的感觉。
但她明白，仍不能慌乱，不能盲目。
否则就容易顾此失彼。就容易
让三五粒瘪谷同时跳起来
叮咬得浑身都不好受啊！

生命的苦与泪水的甜

那是血水与血水碰撞的滋味
那是柔风细雨摩擦的滋味。
那是刀子与刀子击打的滋味
那是月光和肌肤亲吻的滋味。

那是寒风撕裂大地的滋味
那是针尖走过补丁的滋味。

那是道路拉直的滋味
那是阳光包扎的滋味。

那是硬邦邦的滋味
那是软绵绵的滋味。
那是爬坡上坎的滋味
那是左手握住右手的滋味。

哦，当一种滋味进入
另一种滋味。
就是让真实进入灵魂
就是让昨天进入今天。

另一盏油灯

不要急，慢慢地煎，慢慢地熬
几十年都过来了
还怕这最后的一小段黑路么？

灯光明显变小
黑暗又围了过来
喘息声越来越清晰、钻心！

而此刻距离蜡烛的到来
还有一些时间
电也还在身体里沉睡。

油灯，暗下去了，暗下去了
怎么办？就在这时
一个声音从黑暗中传来——

“不要紧，将我点上吧
我已在你的视线之外等候了多时”。冥冥中
有人对着她划燃了一根火柴。

老铁匠

铁匠老李，住在南村。胡子
从风中飘过来
挡住了北村的一大片天空。
是呀，南村里少了往昔的“叮叮当当”
北村人的目光就看不远了
一些生铁锈了，没人管了
一些原本趁热打铁的话
如今也羞于启齿了。
而当一些恨铁不成钢的人
路过铁匠铺时，时光
总要停留那么一小会儿
去想一想那早成家的锄头、镰刀和斧。
他们那时在老铁匠的锤下
背钢时痛苦的叮当，挣扎着变形，与
绝望地飞溅。哦，身上
仿佛又掉下来纷纷铁屑……

我又一次写到他们

他们是谁？他们
是他们的他们
也是我们的他们。
他们这个词，指代很特殊
他们衣衫不整、蓬头垢面。
他们挥汗如雨，他们
把出卖劳力当饭吃
把每一个日子当命根！
他们，是城市的顶梁，
又是城市的心病。
他们，是他们的亲人
也是我们的兄弟。
他们游移于城市的缝隙里
城市将他们收容，
最终又让他们遗弃。
他们为了他们，或我们
年关到了也不能回家。
我们和他们，在这个万家团圆的日子里
又怎能不想到他们……

母　亲

我仿佛看见这个词，正俯身向着
红薯的茎土豆的根，摸去。
我仿佛感到那只手
已触到了我的头。且从头到脚
我仿佛感到我们都在那只手中。

所以才有长青的乳名
爬出院里的高墙。
所以才有叫一声妈的红薯，土豆的
唤一声娘。所以才有
两粒黄豆样大小的泪，在这个词的眼角
蹦来蹦去地乐。

然而数年一晃呀！书本
也掸去了我身上的土气。但我仿佛
仍看见这个词正俯身向着红薯的茎
土豆的根，摸去……

如今，我们这群活蹦乱跳的方言
再不是戏在故乡的黄土里。
而是疼在
一个词的白发深处……

唢呐点燃的季节

憋了好长好长的一口气，终于找到了
发泄的机会。
远山、近水、天宇、苍茫
都在这一瞬燃烧起来。
不灭的火，举起来
举过心的高度，点亮星辰……

苍凉、悲壮。亦如两枝野百合
在一口精气的催促下
绽放。山崖上、黄土塬
从此不再寂寞……

当两枝野百合烧成了灰烬……燃烧！
一支唢呐带动另一支唢呐
配合默契
天人合一。漩涡、风暴
尽在一张嘴上。丹田里
一对戏水的鸳鸯，被民间的绝唱
惊起。从此绕着
一颗火红的心脏旋转……
大海在起伏。潮水漫过
堤岸，湿了一枕
又一队音符，在群山环抱的怀中
憋得好热好热啊
山口、窗口、胸口，一齐打开

既然憋足了气
那就冲出去，继续
在漫长的养精蓄锐之后
让热血
又一次卷土重来……

夜郎怎不自大

虽为牧野誓盟，实则各怀野心。夜郎国
它要强大就只有暴力和杀戮
要知道，它的左有越国右有牂牁
它被夹在中间腹背受敌。要想呼吸
或睡个安稳觉，夜郎不自大
行吗？只有居高临下，目中无人，才能
绝处逢生
可是，几千年了
我要说的是
自大是虚，而实跟在后

想象石器时代的祖先

祖先在上，先接受我一叩拜——
这些生产、生活的石头
如一个大谜团堵在我的胸口。让我
还没有触到你的一口呼吸就已经是
气喘吁吁。但我还是在某个棱角上
触碰到了时光的尖锐，你们的痛。也是
我的痛啊。当我顺着那痛的深处摸去

好久好久，我都无法从你们
的表情中返回。我知道你们
并没有死，你们活着！

鍪

虽然也满身锈迹，不管铜锈还是铁锈
都是脆弱腐烂的标志。但透过
那层变质的发黄的味道，人们还是
能触摸到野炊的馨香和家的
温暖。一道炊烟从两千年前飘来
在山寨的上空盘旋，袅袅如解不开的
谜团……那一声开门也表明了
柴扉之内仍然是足迹流浪的归宿
一只古老的炊具，它被一个偶然留住
不知是为了证明一个古老民族的沧桑史
还是仅仅为了说明自己比时光更坚硬
当后人再一次从它的身上揭去那层
神秘的面纱，它的厚重和精致
岂能一颗心，或一声敲打的尖锐
轻易地穿过

杨明繁（1974. 11—2012. 5）

男，贵州省务川蕉坝人。遵义市作展协会会员。1996 年毕业于贵州省广播电视大学中文专业，同年分配到务川仡佬族苗族自治县红丝乡。曾任务川仡佬族苗族自治县城关中学教师。有散文、诗歌散见于《贵州民族报》、《伊犁晚报》、《遵义文艺》、《黔北作家》、《遵义政协》、《凤鸣钟山》、《都柳江》、《洪渡河》、《今日务川》等。

乡　村
（外一首）

廉价的空气、阳光和雨露
横在心上的乡村　营养不良

金色的太阳
离开垦很近　离幸福很远

一幕流萤　几粒残星　半片月色
失眠的父亲
习惯在牛铃声里反刍往事

村庄　楼越来越高
炊烟越来越矮
敞亮的庭院

时常晾晒老人沉默的伤

看星星

城市
俯拾即是七彩繁星
闪闪烁烁

乡村
某个晴朗的夜晚
仰头才见满天晶莹
清清亮亮

在城市
星星离我很远
在乡村
我离星星很近

沉　桥

记忆高一寸你就矮一寸
既定的归期已至
鸦啼　霜落　浆果已尽
飞蓬和白茅默然无语　躬身作别
夕阳　湖光山色
掀开红盖头　你身影抽泣
回首　便泪水涟涟

双足深陷泥淖
往事　深不见底　宽阔无边
长亭　驿道　晚风
临别的夜　雾起洪渡河
渔夫满载星光
秋虫静默
月　泪光莹莹

站　台

一阵坚韧的风
历尽淬火和万重山
疲倦地抵达
七色蛇长睡不醒
雁阵举家南迁
滞留的人　归期无约

舞动的芦苇　飞渡的歌
轻盈的云　灵动的舟
心事草长莺飞
一只长尾松鼠
和光斑捉迷藏

生如浮尘
就能搭乘那飘拂的云
和你并肩相依
或凝望千年

九月的雨

失血的太阳
挤不开　毛边的云层
盛装的新娘
心事　饱满成湿漉漉的秋天
屋檐下
父亲裹起一页页日子
吧嗒一口
乡村　咳嗽起来
挞斗和镰刀
还在田畴光洁闪亮
披上斗笠
掀开九月
金黄的诗
疼痛在父亲心里

金蟾湖遐思

来　历

轻歌曼舞的女子
朱砂在眉心一点
便飞天成仙
歌声飘处芳草萋萋
美目盼处澄澈如水
心爱的琵琶投影成湖

走进金蟾湖
如陷入岁月纵深处的种种猜想
也许读懂丹砂
却读不懂你飞天为谁

垂　钓

(1)

将一根根银丝抛出
在祥云之上
静坐如佛
听大地飞歌　看风起云涌
你恬然不惊

炫目都市
垂钓喧嚣中的宁静与淡泊
滔滔江边
垂钓非凡的胆略与胸襟
在蓝天白云和青山碧水间
是不是为了
那悠远的牧歌和遥迢的童话

(2)

姜尚之与文王
韩信之与刘邦
孔明之与玄德
真正的钓翁
自己就是饵
望闻问切或悬丝诊脉

便可知晓岁月的风云
及河流是否有鲸或鱼虾

（3）

山野垂钓
便能真正把握
民心的脉搏
谁想读懂水
就要深入水中
就如一个年代久远的民族
盲目臆测或诋毁都无济于事

生　活

一棵骨折的小树
简单包扎
便可葱茏一生

一个梦被惊醒
我努力保持睡姿
梦，总难延续
即使延续
感觉自己仍置身事外

而今　无论哪种姿势
我都不再做梦
生活　醒着

距　离

山与山之间
是河流的距离

昨日与今天
是时间的距离

飞鸟与云端
是空间的距离

诗意江南与飞雪塞外
是脚步的距离

而我们之间呢

跪与站

——读《陆永康老师跪教三十六年》有感

跪着
让心贴近大地
跪着
让心感知泥土
跪着
让自己的声音
更真实　更朴素　更芬芳

那声音
从羊福从三都从黔南
走向北京
走向二十一世纪
祖国每一个角落
那声音洞穿历史
那声音响彻云霄
那声音融化冰川
那声音刺透我厚实的胸膛

“宁愿站着死，不愿跪着生”
上千年的铮铮誓言
被你用生命改写
男儿膝下有黄金呀
而心的成色
比黄金要纯千万倍
“跪着工作
却让站立者更叹服”

清明花

满目青青
幽径多行人
一夜稀疏细雨
至爱的亲人，头上
便开满白花

嫩绿的鸟语
蹦在透明的阳光里
山色庭院，草木拔节
桃李纷争……

哦，是不是
春天的怀念，就会让
远去的亲人
青丝嬗变成白发
我们才跪着
将贴心的牵挂，束成
飘扬朵朵

风雨桥

一个呵欠，时光
已隔三千秋水，一万星河
水碾吱吱呀呀
喂养着牧歌的童年
鱼儿，把青石捣衣声
啜进柔软的水草
风停雨住时，风雨亭
被风衔走
卖茶的说书人
仿佛候鸟，一夜之间
被暮色融化，或
远走他乡

几根柏木，拼命衔着一口泥
敷在发炎的创口
目光，每踩一步
你就呻吟着　喊痛
缺钙的骨头
风化　鳞状脱落

一朵苍老的云
咳嗽着缓缓爬行
夜夜，将无眠的日子
嚼成片片忧伤

三棵金弹子

不是悬崖
脊梁就不会被雕刻成
佝偻或匍匐的沧桑

穿过风，穿过云
不惧雷劈雨浇
直刺霄汉

根植入大地
干齐聚一体
在岁月的风口
弹奏生命的生生不息

绿芸茶

一枚茶
如闭合的剪
经历杀青、摊晾、揉捻
摊晾回潮及足火后
还能保持若无其事
还能保持成针尖
或麦芒，在时光的透明里
任尘世沸腾或冰凉
沉浮，你都
如最初的直立，并
咬紧骨头

路过古柏树

几百年时光
在你体内游弋
如一叶轻舟

仰视你的崇高
丈量你的沧桑
村庄是一个不识愁滋味的孩童

看家的狗，觅食的鸡群
田园牧歌
随炊烟淡去

天边捎来一阵风
一片云
你便拉长身子
倾听或凝望……

王少龙

男，生于1977年5月，贵州省正安县人。遵义市作家协会会员。毕业于遵义师范学院。曾任春潮文学社社长，《湘江诗报》、《蓝星报》主编，现任《芙蓉诗报》、《花季》主编。1992年开始发表习作，有部分作品获奖并收入诗歌选集。

眺望春天（组诗）

我把新年捧着，再捧着

我捧着新年走向母亲
是母亲赐给了我殷血流淌的肉体
我捧着新年走向恩师
是恩师教会了我审视这个世界
我捧着新年走向妻子
是妻子为我写下了人字的另一笔
我捧着新年走向女儿
是女儿阐释了生命其实很简单的意义

我捧着新年走向朋友
我捧着新年走向陌路
杜鹃的歌声像美丽的流沙
从我的指间幸福地飘向大地
我捧着新年　微笑着寻找

在我生命中偶遇或永远未知的一切

错过的或相守着的人儿呀
我把新年捧着　再捧着
就像新年捧着　再捧着我一生的夙愿

我把除夕祝福，再祝福

红酒和烟花染红了除夕的气息
我们把盏这个日子的喜庆
我们在红酒的瓶口祝福岁月
我们在烟花下祝福自己

我们谈论着除夕的天气
就像谈论着十二个月的风雨和霜雪
我们让打开的红酒瓶口问候除夕
犹如问候我们太多的得到和失去

除夕的晚饭把夜幕装点成祥和
除夕的烟花把日子照映成民歌
当零点的钟声敲响之际
我把除夕祝福　再祝福

祝福昨天的失意
祝福生命的存在
祝福生活的苦难　生存的精彩
祝福除夕带走我们的除夕

我把春天盼望，再盼望

春天就在窗外的风中
我依着窗棂　用深深的眸子
盼望风儿驻足我的窗棂
我成了挂在窗前一生执著等待的风铃

等待是一种幸福
也许　等待只是一份执著
风拂过窗前　只能听到风声
宛如我只能把窗棂守成一种神韵

我依然在年末岁尾守望
春天　应该绽放的花朵依然自由地绽放
可这窗前的风铃
静静地　允许风儿不带走凝在窗棂上的阳光

这份阳光呵　见证我耕耘在季节的虔诚
可是　我只能隔着窗棂呼吸季节的花香
不在意窗棂隔着春天
不在意风铃没有了风　是否会悄悄沉沦

我就这样挂成一只风铃
我把春天盼望　再盼望
有人说　春天来了花就香了
我相信　盼望着的人生怎么会彷徨

我把年轮打量，再打量

年轮是一个圈　圈着人生的脚步
圈着生命的终点和起点
圈着季节里的耕耘和收获
圈着我们的得到和失去　酸甜和苦乐

年轮是一个轮回　不停地轮回我们的意识
轮回了昨天的愿望
轮回了今天的期盼
还会轮回明天　你对明天的舍去

年轮是一个感悟　人呵
是在匆匆地长大　也是在匆匆地老去
是在匆匆地相聚　也是在匆匆地道别
是在匆匆地拥有　也是在匆匆地弃舍

我把年轮打量　再打量
年轮是一种捕捉
捕捉我们的肉体　捕捉我们的灵魂
但捕捉不了我们自由的思绪

汗滴折射着阳光（组诗）

一

秋天折射着季节的神韵
季节折射着生活的美满
生活折射着人生的悲欢
人生折射着生命的甘甜
生命折射着人类的繁衍
人类折射着历史的恒远
历史折射着时代的变迁
时代折射着汗滴的内涵
汗滴折射着阳光的璀璨
阳光折射着秋天的画卷

二

拥抱秋天
一排排高高的绿
一排排矮矮的蓝
装点着秋天的庄园
这时　高原躺在村民的怀里
丰收装点着高原的沉醉
高原装点着村民的笑脸
村民装点着高原的灿烂

三

泅渡季节
村民有不同的方式

或挽着朴实的裤腿
或挑着勤劳的扁担
或耕耘家里的方田
或忙碌在他乡的地平线
只需一份勤劳
只需一根扁担
只需一张列车票
只需一份差事可干
季节就这样充实了
充实在劳作的忙碌间

四

生活其实很快乐
也很简单
累了　就坐在耕地旁叭一叭旱烟
远在他乡的
就小憩在繁华的陶醉中
拨个电话回千里之隔的家
或几个老乡偷闲聊聊天
简单就是快乐
快乐就是简单
简单就是美满

五

人生　是人的足迹
人　也就是简单的两笔
我的乡亲慎重地写着
写着质朴的悲欢

一笔写爱人
一笔写自己
一笔写在家乡
一笔写在他乡
一笔写下任劳
一笔写下任怨
一笔写成伟大
一笔写成平凡
一笔写在高原
一笔写在海边
一笔写赡养父母的孝道
一笔写养育儿女的艰难
写人仅需要两笔
做人　却需要一生一世

六

生命是复杂的话题
诗人吟不尽
画家绘不完
哲人道不穿
生命犹如苹果般香甜
你能知道苹果里有多少粒种子
但你能否知道
种子里有多少个苹果
生命虽然复杂
在乡亲的眼里
她不过是妻子手中的
缝缝补补的一根线

七

人类
繁衍
祖祖辈辈啊
守着高原大山
繁衍了若干年
远古　为一块猎物群居
古代　为一寸土地干戈剑戟
近代　为一个美梦闭关锁国
现代　为一幅版图的完整奋勇崛起
高原沉默
乡亲沉默
能走出高原的大山
也要能回到高原的大山

八

历史属于亘古的昨天
抓一把黄土
葬下愚昧　野蛮
捧一杯热泪
书写文明　美满
外出赶海的亲人呵
你带回的海贝
定能镶嵌成今天的五彩斑斓
今天又将成为历史
历史属于亘古的昨天

九

时代的脚步
舞蹈在世纪的红地毯
高高的高原呵
你高不过乡亲的额头
你高不过村民的视线
你挡不住时代的伸展
你锁不住少女的深闺
你攀不上拔节的高楼
你葬不了男人的誓言
一切都在转移　转换
旧思想转换成新观念
贫瘠转换成富饶
劳动力转换成万能的资产
你唯能默默地幸福地看着
时代把高原打扮得花枝招展

十

汗滴的内涵
折射着阳光的味道
折射着季节的色泽
折射着生活的美满
折射着人生的轨迹
折射着生命的履痕
折射着人类的明天
折射着历史的沉重
折射着时代的呼唤

陈智武

男，生于1946年4月，贵州省正安县人。贵州省作家协会会员。曾在《诗刊》、《星星》、《山花》、《四川文学》、《北京文学》等刊物上发表诗歌200余首。

雾 牧

清晨推门开，
白雾涌进屋；
伸手抓一把，
满掌凝水珠。

叮当，叮当……
帮铃响在雾深处，
牲畜挤满进山路；
马驹追骡仔，
白羊摔黄牯。

篝火燃在避风处，
一伙放牧娃，
围火烤红薯，
——雾散进林拾板栗，
——赶场换钱买图书……

咕咕、咕咕锦鸡叫，
已是正午太阳出；
跨马骑牛甩竹鞭，走上回村路。

村口站位新媳妇，
面泛桃花高声呼：
哪家骡子乱圈门？
闯进了我的正堂屋！

张 强

男，生于 1975 年 7 月，贵州省务川仡佬族苗族自治县人。1996 年入贵州大学中文系汉语言文学专业学习。现供职于遵义市一家国有大型企业。偶有诗歌、小小说、散文、游记散见于各类报刊。小小说《爹》、《深秋》分别刊发于《贵州党风廉政》1998 年第六期、1999 年第十一期。散文《人生空山灵雨》被遵义《上城》杂志创刊号选入刊发。游记《西安纪行》被《遵义晚报》“旅游周刊”以网名“行者与风伴”刊发。诗歌《日出》被《贵州资本市场》创刊号（2011 年 7 月）刊发。

务川石朝天坑

这些盘旋而上的路
这些山脉
这些河流与湖泊
已如我支离破碎后被重组的躯壳
或一些念头
风干后躲开影子行走

情汐而来
在泥土与石块合谋后
为切近一朵云或切近一只南飞的雁
以山的名义拔高的峰顶
还原成人的形状

目所极处
云舒云卷　远天温润

石朝天坑
由淳朴乡土浸酿的传奇
有草绿滋生内心潜望
迷恋是你收入腹中的那束阳光
或是你栉风沐雨滤净的那缕光亮
——刹那，我的渺小纯粹得竟是如此鲜明与响亮

此土厚重呵
此天辽阔
在一只尚未断奶的羊羔子的叫声中
几朵不知名的野花正在孕育盛开行者
三个正日渐丰满起来的理想

悟

是蔚蓝织就我原本不离不弃的一些想法
深深浅浅　粗粗细细
像父亲掌握犁划的手

向阳的花在痛快地与鸟声交换对土地的看法
面对虚无的真实
一切被淡化

重复口述像一只骄傲的乌鸦
转眼就成了一个人魂灵的招引

南山那小寺的钟声奇妙
居然让月光转了九十度的角后绕过殿堂的中梁
照着了一只正沿佛身上攀的猫

涅　槃

追寻了三十多个春秋
放逐脚步与思想
终于找到自己回归泥土的理由
衣锦
荣华
耀祖
光耀门庭的理想
竟是如何做一回地道的守土人

雪来自远空

给了整个季节守望
今天，也就是在今天
农历的十二月十四日
你向我抵近
在零度或在零度偏高的眉上
你这可爱的飞舞的精灵
给我春天的讯息
以及来世、今生

其实，你的高度
我无须仰望

在现实的藩篱里
我也不敢轻易地就飞升而上迎你而来呀
因为我的双足不能离开父亲给我开垦出的这厚重的土地
——这可是我唯一可以拥有的真实！

长树短草
冷空气欢欣鼓舞
你扶手而摇的冰凉
我不可能拒绝你影子暗带的尘香
在飞扬里，为世间一人
黯淡茶醪浸透的所有感伤

来自无心去定无意
我何苦总是选了这种角度的季节予你
不倔成一朵前世腊梅的形状
以及昨夜梦里残留的结

山雀眯缝的眼里
你竟然百密一疏，闪现出了
关于今春的绿意
和一些开花的消息

致前行人

捡拾阳光的过程
被秋草模仿得如蒙娜丽莎笑后的那只笔

有水声似现代气息的碰撞
灼灼其华下谁在苦守一灯星月

日子是过得该安静一些
叶片与叶片之间只隔了风的距离
不要拒绝任何来自远空的寒流
活着就得过冬

传说是给谁准备好的墓床呢
知更鸟在用牧师的口吻宣读碑上的图腾
起来吧
别再让沉睡耽搁太多的行程

儿子跑过来
向我摊开的手掌里居然是一只翻飞的蝶

我轻易地找到了自己千年前被小心存放的眼睛
青铜成器的皿盛满泥土的气息

秋　事

秋天，鸟在鼓动已经不能再低垂的一朵云
向着春天叛逃
风似乎知道方向
空气中没有任何一丝青草的味道

梦其实不一定非得在夜里行动
阳光下是我的影子带着我在忙碌

几缕远处升起来的烟火
被一滴悬空的水放大
理想与希望
由镰刀弄回藏进了谷仓

还是这十月了的秋
是我该趟水过河的季节
草枯麦黄　地雀歌唱
坐在薄暮的宁静里
一位孤独着的人
正向往点点消退着的月光

行者札记

只因一道洞穿了心事的光
行者，牵着一个荒谬的影子行走
走过的地方成了远方
离开的地方成了归点

风靠近时，野草正发育着一滴露珠的欲望
寻求什么?!
行者，迷惘似一对若有若无的乳房
悬挂在几句干瘪的文字上方

溪流居然沸腾了起来
在行者静穆的表情上夸张成海的模样
厚土潜升
三粒不知名的种子在叹气

云岂能就那么一挥手便掩没现实！
一缕阳光背着手
在行者面前踱着方步
远处，群山蔓延
图谋在日落时分标明方向

七颗星

是梦，将幸福托给阳光邮递
真实藏在快乐的后面
比真相要腼腆一点
——夜里居然有猫在撒娇
真实也就拒绝了温度
朴实如影随形
空中悬挂着七颗星星

思念是固执的，和梦无关
远处有人在寻路
他没抬头
眼中尽是一弯温情的月

说好的幸福恰到好处地安慰了行走的人们
风事也无关紧要
握手，感觉从瞬间开始爆发
心跳发出的声音怎么就成了
二弦上的音符?!

肖　勤

女，生于1976年1月，贵州省遵义市人。鲁迅文学院第十二期高研班学员、中国少数民族作家学会会员、贵州省文学院签约作家。主要从事小说创作，著有小说《云上》、《暖》、《霜晨月》、《棉絮堆里的心事》、《潘朵拉》、《丹砂的味道》等。作品散见于《小说选刊》、《十月》、《中篇小说选刊》、《山花》、《芳草》、《民族文学》、《时代文学》、《贵州作家》等刊物。

从首都北四环到贵州的田埂

极度落差
昨天我还在首都的北四环
去看咱乡下人说的鸟窝
鸟蛋
和那个魔幻的水立方
我在祖国的心脏
走成婀娜多姿的模样
温柔及充满涵养

今天我走在贵州的田埂上
灼热的太阳
烤焦了烟土
也烤焦了希望
一个北京归来的文学青年

站在田埂上
全然没有淑女的模样
言辞粗鲁
盖尽在北京淘来的翰墨香
斯文扫地
和太阳吵起架来
全然一副泼皮的形象

原来
从北四环到贵州的田埂
距离不仅仅体现在一比一千二百万的地图之间
灵魂的差距
也不仅仅在于深邃的思想与粗俗的语言之间
那只在北四环矜持的燕子
匍匐在牛粪飘香的土地
区别也不仅仅在于
阳春白雪与下里巴人之间

我站在贵州的田埂
把文学的定义
定格在沸腾的土壤上

人生而有毒（组诗）

心毒为火

人生而有毒　毒在五脏六腑
人在　毒在
心毒为火　赤色　忌大喜
大喜　必如火上添薪
让俗情之骄横　烧断黄杨木的秤杆
从此忘记一颗心的重量

世界本无病
人本无病
人变薪为火
是而成病

还原了世界的结构
就还原了古语最初的字义——
量小非君子　无毒不丈夫

菖蒲
此药有剑气
生于寒水之泽
枝枝利刃锋芒毕露
世间所有的鬼魅　避而逃之
端午的清晨
外婆的小脚悄悄踩破雾

用她粗糙而温柔的手
请回一束菖蒲
挂在干裂的老门框上
古旧的门框　陡然升起阵阵兵戈肃然之气
寒香扑鼻
我问外婆
鬼魂走后　谁来没收它的剑气
外婆说　万物相生相克
庙宇和尚打坐的草团子　就是菖蒲
还有混沌的小儿　端午洗身水里荡漾的香
也是菖蒲
这叫　以柔克刚

母亲说　人生必须要有一个好的药罐

我割断绿绸子的静
把哀愁揉碎　准备放在药罐里熬
可是　我把母亲给我的那个药罐子　丢了
红参香　槐花香　枇杷叶儿香　罗汉果儿香
还有母亲的头发　被跳舞的火苗挑逗时　逃跑的汗香
统统丢了

母亲说过　一生必须要有一个好的药罐
它会用粗糙的质地　磨平你胃里　脑袋里　心里
那些不该生长的欲望
还会用慢腾腾的深刻　耗灭你横冲直撞的脾气
它温吞吞地坐在炉火上　告诉你人生其实就是这个样子
熬完了春砂仁　夏枯草　秋桑和天冬
便是一壶明月碧空　百燥不生

母亲还说　要腾出时间来　把那些香熬透了　熬老了
咽到肚里　香到皱纹上
才好

我丢了药罐　以为可以用这样天真的方式
抹掉人生必经的熬
谁知道
在这秋燥的季节　胆囊和心脏一起发酵
痛苦的胆囊对我说
必须要把自己熬成一服好中药
饮下它　百毒不侵

我想我需要甘草和白芍
十克甘草解一罐药的苦
十克白芍逼一罐药的香

“国老”甘草

三人成群　必有首
百首成国　必有君
血脉开枝散叶了
一棵树就是一个王国
我是那棵树滚落到另一片土地的果子
用奔忙焦躁的目光
大口吞噬世界

父亲说　早迟
你不中世间的毒　也会中自己的毒
我笑得邪恶之极——

人生而有毒　五脏六腑皆有毒
以毒攻毒　有什么不好

偶有小疾
喉间肿痛　肝脾不和　胃热难当
父亲皆说　甘草芍药汤
我嘲笑父亲
万病不离甘草

偶见本草纲目
才知百草为药　甘草为君
治七十二种乳石毒　解一千二百草木毒
有调众药之功
又名国老

这一个年夜过得生分
一场棋局
搅得父亲开枝散叶的王国群臣　剑拔弩张
原来每个孩子都是一株药草
有的性寒到骨子里
有的性热到太阳穴上

父亲不语　转身去厨房熬汤
费了缓云攀月的功夫
端出一锅好汤　满室生香——
尝一尝　汤中有甘草
能调平寒热之气　泻火和中
你们中　还有谁需甘草
儿女面面相觑　低头喝汤

吴明泉

男，生于1966年6月，贵州省道真县人。贵州省道真县文联主席、遵义市作家协会理事、贵州省写作协会会员、中国残疾人作家联谊会会员等。散文诗歌集《绿雨诗情》由大众文艺出版社出版发行。小说《灵醒》在《贵州作家》、《遵义文艺》发表。

仡山神韵

云山莽莽
云雾茫茫
仡佬山里装着神秘的梦想
仡佬先民在这里建造尹珍草堂
神秘的仡佬山啊山高水长
尹珍，美名远扬

银杉莽莽
芙蓉茫茫
仡佬山里长着绿色的希望
仡家儿女在这里创造世纪辉煌
美丽的仡佬山啊地久天长
道真，神采飞扬

尹珍颂

趟过弯弯小河
越过高高山梁
你坚守信念远走他乡
你勤耕苦读　孜孜以求
把知识的种子用心收藏
故乡的银杉树把你遥望
你的名字千古流芳

跨过悠悠岁月
渡过漫漫时光
你高扬风帆回归故乡
你传道授疑　播撒智慧
让文明的种子生根成长
故乡的弟子呀把你铭记
你的教诲源远流长

啊　尹珍
你的身影像云顶山一样巍峨
你的美德像芙蓉江一样悠长
仡山苗寨到处都有你的足迹
你的精神我们世世代代传扬

仡山绿意

一泓静静的涧水
依偎着你如烟如雨的臂膀
一生痴情的绿意
萦绕在你如云如雾的身旁

你轻扯起淡淡的纱巾
把春天的羞涩隐藏
你微露出甜甜的笑靥
把憧憬的琴弦拨响

你将这湿漉漉的构思
你将这绿苗苗的想象
伴着悠扬的插秧曲
写进春天的诗行

仡山里的留守儿童

盛满沉重的仡山开始沸腾
仡山汉子仡家妹子走向喧嚣的城市
为了生存和孩子的未来
将亲情留在山隔水阻的故乡

春去春来绿草茵茵
大孩子背着小儿童
手牵着洁白的山羊

品读着不识字的春风

孤独的孩子凝望着“不但……而且……”苦想
满脸憔悴的爷爷盯着孙子发愁
不但儿扯（而且）孙都扯（且）啊
这样的故事并非虚构

关爱的大旗迎风飘扬
留守的孩子有了希望
他们也和父母一样
走出大山走进了学堂

梦幻天城拾零（组诗）

黄袍树

一只苍劲的手
高高举起
枯裂的指尖
经风吹雨淋
长出无数孢芽
喃喃地抚摸
灰色的天空

山无法回忆
种子的初衷
一味地长啊长
如今已皱纹累累

只是脚下厚厚的黄土
掩埋不住
不知风雨的点点新绿

相思石

在若隐若现的梦幻中
走进阿佐天主女儿的寝宫
轻轻地撩起神秘的笼纱
撩起了一千年的梦

花王石

几度风霜雪月
历尽沧海桑田
缤纷绽放的花期
遗下你孤独的倩影
于是　站立成一道迷人的风景

美女石

想轻轻地抚摸你
想轻轻地唤醒你
但不忍心敲醒你
你以仙女般的灵气
化成一片神秘的绝美

神螺石

突然间
神傩的螺号叫醒了山峪的寂静
石壁上回荡着远古的傩戏声

莽莽苍苍的山野　化成
——傩戏的王国

小村的思绪（组诗）

山　路

是一根葛藤
一根瘦长瘦长的葛藤
你能捆住山里人
那渐长起的富足吗

云雾茶

云染成的色泽
雾酿成的幽香
和系花裙的采茶女一样
是一个品不完的梦

山沟沟

山奶奶的皱纹
又深又长
一端连着小镇的繁荣
一端连着山村的兴旺
皱纹里，每天播放着希望

蚕 姑

一只粉红色的蛾子
啄开黑夜的茧子飞上蓝天
蚕姑娘心里的太阳羽化了
在那片滴着晨雾的桑叶上

廖江泉

男，生于1968年11月，贵州省道真县人。遵义市作家协会会员。曾供职于贵州省道真报社，现供职于道真县环保局。已有近百首诗作在《星星诗刊》、《诗潮》、《青春诗歌》、《诗歌报》、《国土资源报》、《贵州民族报》等10余种刊物上发表。

讲童话的人（组诗）

讲童话的人

我相信你为了人类找到了
最后的　不竭的源泉
虽然是在一个荒芜的地方

你像一个母亲哺育婴儿一样
珍惜滋润心灵的每一滴泉水
并对每一个匆匆的过客
津津乐道地请他们品尝
泉水的甘洌　清凉

你像一个固守简陋的僧人
生活中只拥有信仰
但显然你有些不合时宜
你的岁月和泉水一起

兀自流淌

你渴望变成一匹奔驰的小马驹
让未来的你我他们快乐地骑上
去追赶大森林里的七个小矮人

站在低谷

一座人迹罕至的山峰
冰雪在他的头顶纹丝不动
我费尽一生的智慧爬上去
我放声高喊
声音渺茫在风中消失殆尽

当我回到四面环山的峡谷
再放声高喊
隆隆绵邈的回声
大得我自己都暗暗吃惊
仿佛　每一棵树都在侧耳倾听
仿佛　我触到了山的每一根神经
我站在最低的地方
却得到了众山的回应

峭　壁

寂静的固体
荒芜之地
壁立着　紧紧咬定岩石
与时间默默对峙

一个不生长风景的地方
千万根瘦骨嶙峋的脊梁
在高原的深处
以集体的力量坚持着

但我看见
呼啸的鹰回到了你的胸膛
清澈见底的柔情
自你的脚下
源源不断地流向远方
在你的背后
还有枞树与田野　以及
一个个　坐落在阳光里的村庄

小　病

小病是对健康的一种反衬
患了小病的人
仿佛才体验到了
平时在琐事中忙碌的快乐
羡慕那些穿梭又充满活力的身影

其实小病是对生命的
一个善意的提醒
有时　也是一次温馨的享受
当亲人把手背　贴在小病的额头上
烫的表情　在焦虑的脸上流露的一刻

羞耻（外一首）

我要用一粒夜明珠来比喻你
我，要用一千朵玫瑰的芳香
来解释你

噢，在美的事物面前
你眼中偶尔流露的那一丝惊慌
我居然，叫他上帝

让羞耻在暗处也闪光吧
让他用露珠的名字
让他，像一片越冬过后的草地

飞翔的词

飞翔的词就是死亡的词
他们穿过自己的乌云以后
就被生活扼杀了
而生活
有着重力加速度的生活
就是这些词的两翼
他们拍打着
不得不跌倒在黄昏里
这些凋零的号角
色彩缤纷的号角
义无反顾地
成了阴谋的一部分

而我在生活中
就像生活的一个斑点
一声叹息、一个同谋
我把美，怀念、柔情的手指
以及生命之中深藏的一点蜜
当成了，一场过期的豪雨

刘新宇

男，生于1971年11月，贵州省正安县安场镇人。擅长文学评论和诗歌创作，自20世纪90年代开始文学创作以来，曾在省、市、县级报刊发表文学评论、散文、诗歌作品100余篇。

穷人三事（组诗）

种高粱

种下高粱
心慌慌

节日总是有雨
鸽子飞来
高粱还在胀浆

我盛不出醉你的酒
只睁圆饥饿的小眼
围着羽毛哭长腔

种下高粱
心茫茫

岁月不停吹风

骏马狂奔而去
高粱倾身张望

我放不下送别你的手
青色的哀伤
蹄印芳香 照亮

种下高粱
心烫烫

阳光里鸦声喧哗
什么消逝在哪里
高粱形销影瘦

大地扳弯纤细的脖子
我面目血红
眼球遍地飞扬

旅途上

持续向浅浅的渊薮
坠落
雪和你一起坠落

竖起盲目
叫你的所爱杂种

婚姻捕捉彩蝶
残翅在丝端摇荡

破碎的心洒在伤痕累累的道路
月亮黄着脸
太阳红着眼

浑浊的雨后面是浑浊的雨
黑夜尘土满面

拾荒

美女像朵棉花糖
别人举手上

脏脸孩子背破烂
日里思夜里想

白如晴日云
轻似女娲娘

吃完剩支瘦竹签
拾进我的筐

江畔行

哎——
嘿

高原长风漫吹
幽幽的芙蓉江水哟　起了波澜

望不断的野道
骏马绝尘　尹家的好儿郎去了中原

汉武拓边气概无双
大将军卫青开南疆
实边大姓龙、傅、谢、尹
迢迢万里尹氏迁毋敛

毋敛坝上桃花开　三江里院啼声灿
尹珍的生命　开放在公元七十九年

莽莽牂牁郡　珍州古南蛮
久惯射猎生计苦　不识农耕命维艰
长幼无别不知礼　荒愚昏昧无义谈

祖辈北来自重文　儿郎聪颖幼好学
尹珍年少意豪侠　二十北游乡里惊

千里的风啊万里的尘
京都洛阳拜见到许慎
中原的雨露哟儒家的阳光
八年窗下苦读经　尹珍学乃成

哎——
嘿

芙蓉江畔柳如烟
归来的儒学大师哟　开了学馆

数不尽的子弟
耕读为本　文风汉俗渐次开化西南

建草堂　共三楹　从此南域始有学
牂牁郡　喜蹁跹　先师足迹遍旧县
传儒道　解民惑　启蒙教化授大业
教农耕　制冠履　初设媒聘明姻娶
陋一洗　风为变　珍州文明同大汉
碑已残　墓犹圆　先师伟业万世延

哎——
嘿

芙蓉江水映朝阳
两千年的文化积淀啊　流溢在务本堂
多少校园多少学子
奉传薪火　崇尚文明

古夜郎的王啊　你的鼓声哪里去了
只见江水幽幽不息地向前奔流
两岸青青的榉树结着饱满的果实
重重山峦挡不住　一辈辈　一代代
心里跳动着沉沉的鼓点　越走越远

江水永不停止啊　去向广阔的大海
智者在水边低语　年轻的心来聆听他的声息
沉静的石头还在岸上把风挽留
屈子的魂魄还在上下奔走　求索

阳光在水面流转　云霞在波心荡漾
永远的天空　鸣响着历史强健的脚步

脚踏大地呀　手捧木瓜　遥遥的追思悠悠不绝
滚烫的青春　口啜香茶　又将写下怎样的华美诗篇

江上白鹭翩翩　岸边静穆着新时代的校园
越洋跨海　世界的文明融进稚嫩的心田
醉人的音乐　美丽的故事徜徉在水云之间

梦想给我翅膀啊　知识赐我力量
我要飞过满眼的山岭　飞过先辈的沧桑
泪水遮不住期盼的目光　心里面是燃烧的希望

哎——
嘿

年复一年的夏雨冬雪　春草秋思
再次放一只纸船到江里　载着起起伏伏的灯火
以母亲的名义　沉默的大地　缓缓响起苍凉歌声

走不完求学的路哟　淌不尽明明暗暗的光阴
江畔走来的少年人啊　可看见了火里的澄明
听一听这土地上徜徉的魂灵　把手放在自己的心口

风不断啊波不静　风里有古音波里有遗韵
仰起你的目光白天有太阳　夜里是星星

你在问这里什么样的世界　你在问自己究竟是谁

先人的渴望藏在你的血里　故土的期待伏在的梦里
血里敲起了金鼓呀　梦里奔跑着天马

多难的大山托起你起程的腿脚　你只管扬起坚毅的脸
不屈的江流挽着你激荡的心魂　你不必回首行走的寂寞

芙蓉江畔的故事啊　那是好儿女志在四方的心
芙蓉江畔的梦想啊　那是不甘落后自强不息的魂

相看高原石

我哀伤的目光　猛烈撞击你灰冷的脸庞
那无声的呼喊一声比一声苍凉

高原的石壁是高原的骄傲
青灰的胸膛守护着历史的秘密

吼一声原上的路　倾不完尘世的孤独
举一把生命的火　照不见身后的寂寞

小小的圆月流浪在夜空
你史前的幽寂漫漶而出　重浊山风拂过昏暗的野道

历尽荣枯的山魂　哪能奢望你为我动容
抚摸粗糙的石面　多少年风雨冷暖交错

厚厚的黄土掩不住的嶙峋的大手
牢牢地掌握着虚空中瘦马的缰索

无边的守望早已经让你眼窝空空
这是哪一年丰腴妩媚的新嫁娘

火红的嫁衣火红的春情燃烧古老部落
选择你冷硬的碎片造就深渊上的花朵

你啊你　埋起头是雄性沉默的坚定
你啊你　撩开衣襟是母性慈爱的安详

河边的白鹭悠悠地飞　停下脚步停下纷乱的思维
上岸的鱼儿难说话　静一静　来贴在碎裂的心

深重的语言紧紧挤在狭窄的时间
变形破碎的嘴唇迎向光芒的涡旋

说不出听不见让无光的大眼与你相看
离不开舍不下让冰凉的岁月把我同埋

王 方

男，笔名王芳，生于1967年11月，贵州省正安县人。贵州省作家协会会员、中国语文教育发展中心会员等。在《诗歌报月刊》、《散文诗》、《青春》、《乡土诗人》和《中国校园诗人》等刊物发表诗歌500余篇（首）。作品获当代校园诗大展和世纪杯当代文学艺术大赛一等奖、首届遵义市“诗乡杯”优秀奖等。有诗选入《中华诗歌精选》及香港朗诵教材《祖国情》一书中。《遥望高原》（十人集）由接力出版社出版，被收入《中华诗人大辞典》等大型辞典中。

含泪的村庄

男人们为生存外出打工了
女人们为男人也外出打工
剩下的人们
捧不起祖辈留下那片深情的土地

小孩们上学去了
野草得意地伸出头来
遥望含泪的村庄
不再为生命哭泣

劳累的春天
冬天告别了

春天变成野兽闯进家园
我最美的妻子被折磨得七零八落

春风疯狂的舞姿
将我抽打得遍体鳞伤
心中的仇恨
抱起秋天的金黄　劳累地熟睡

拒绝面镜
白发占据心头
日子越抹越苍老
同事们的年龄大我许多
潇洒的黑发欢笑我的无能

有人说缺肾
还有人说需要女人调养
我发现他们用染发来伪装自己
其实他们比我还要饥饿

拒绝面镜
老实办自己的事
哪管青春流失多少

面对世界
列车带着愤怒的声音
在诗人的房间停留

失去列车的呼唤
面对世界　这就是民族的源头

陈立航

男，生于1974年10月，贵州省正安县人。爱好文学，喜欢诗歌创作，曾在《青春》、《贵州日报》、《遵义文艺》等刊物发表作品。

火 祭

在时空交错的暗影之中
那簇火，点燃满天星辰，点亮
每一个人心灵的暗夜。所有的身影
无限拉长，所有的透明起来的心灵都将是
一颗星宿。都习惯于仰望天空
寻找所对应的紫微或者天蝎　寻找
星相和人相暗合的某一种天机
而火，终究抱着自己的理想同归于尽
归于灰烬。历史长河奔腾咆哮的声音
恣意流过每一颗孱弱的肉身，火光熊熊燃起
穿透混沌而蒙昧的时空，穿透
漫身而过的朝夕。所有的故事开始启程
围绕着火的晚宴，帷幕正在一层层拉开

所有的路都起于脚下而又止于脚下，所有的
声音和语言都起于舌根而又止于舌根
所有善与恶都起于我们心灵而又止于我们心灵

我们都习惯于敬畏火而又玩弄火，习惯于
离不开火而又作践火，习惯于按照
习惯的方式生存。我们都习惯于给自己
戴上一副脚镣戴上一副手铐，再把这种于
叮当声中的行动叫做舞蹈，语言叫做思想
一切都正暗合于天相，当奥林匹斯山
袒露在秃鹰的长喙之下，朝火的圣者在巨石上
静静地躺下来，一切都正暗合于天相
那簇火正燃烧在哪一间炉膛，围绕着火的晚宴
欢声四溢，迷离的光与影漫身而过

向西，向西，再向西，太阳落下的地方
我们叫做西天，一个追赶光的人向着那里
去了，赤着胳膊，光着脚丫向着那里去了
是否，翻过欢乐与苦难的终极都能
到达天堂，是否剥开语言和文字的外衣
都能拥抱相告。是否，我们都蓄存了足够的
善意来对待责难，准备了足够的空间来接纳赞誉
当泪水并不代表悲切，当笑声并不属于欢乐
我们是否同样怀一颗奔向火的心灵？让苦难
接受抚慰，让失望的心打开一扇天窗
我们都是满天的星宿，在漠然的长空中
相互照耀。那簇火已经燎原
借火慰藉的灵魂都在火光中逐一排开

很多绚丽的色彩都因火而生，很多
平淡的故事都让火赋予了激情
因为火，我们学会了感恩，学会了

执子之手。我们还学会了把石头叫做
石头，把水叫做水，把维系生命延续的过程
叫做爱情。我们不仅仅用行动和语言
还设计了一些仪式来表达对火的敬畏，对生命的
尊重和无畏。在熊熊燃烧的火光中
所有怯懦者是否都能获得勇气，所有卑贱者
都能静静地梳理自身。长河落日
面对火，面对我们心中的自己
还有多少未了的事宜？在心窗之外
花正按时开放，果正按时挂枝
因火而生的万物有序排列，暗合天机

如果愿望都能变成现实，如果每一次合掌
都能够修成正果，如果我们的心灵
都能够向火而居，如果所有狼烟和烽火
仅止于引颦一笑的戏说。火以其独特的方式
提示：再深入一点，将获得莫大快乐
所以智者停不下寻找的目光，所以勇者
怀揣着一触即发的胆量。唯有那只凤凰
以颠覆一切的姿态奔向火，奔向自己的仪式
选择火的方向将最终决定目光的方向
为什么火逆转了水，而水又将火逐一湮灭
为什么埋在地下千里深处的火会奔突而出
人心中各自无法泯灭的火会不期而遇
围绕着火的晚宴惊心动魄，荡气回肠

提供者都将受到不间断的索取，比如母亲
比如脚下的土地，一切已成定势。掘地千米

我们获得了可以燃烧的东西，挖空山谷
却填不满我们逐渐扩张的需求。我们试图以
我们的方式改变秩序，试图在仰望和俯视中
都能够洞悉一切，并把这种进程叫做文明
一切都不可逆转。除了敬畏和利用，对待火
是否应该从另一个层面来理解，是否我们
都给我们腾出了足够的空间？为什么火
点燃了一切最终又焚毁一切，为什么火点燃自身
最终又化于灰烬？为什么火赋予了我们生命
生命却短暂得让人揪心，为什么火召集了晚宴
而晚宴却终究会曲终人散，归于宁静

每一个人都可以成为一座祭坛，每一颗心
都可以成为自己的神殿。洞若观火
是否，每一次启程都确定过心灵的海岸
每一次归来都有足够宽阔的港湾
面对火我们缺少很多东西，包括羞赧
所以纵身一跃的行者都背火而去，所以
驾火而归的方式叫做圆寂。为什么我们
常常与自己擦肩而过，叫不出自己的名字
而火总是燃烧在我们附近。常常在转身之际
失去一切，在顿悟之前漠视天机
我们已经走得很远，听不进任何提醒
仰望天空，所有的星宿都与我们一样无助
而火，终将会抱着自己的理想归于灰烬

如果一切终究会消于无形，曲终人散
如果一切都会归于宁静，唯有天籁之音

如果我们都能够回到故事开始之前，都能够
回到晚宴开始之前，回归自己的心灵
所有火都将进入祭坛，所有祈祷都祝福苍生
所有向火而居的灵魂都将得到安息，所有声音
都能够走向自己的归宿，所有的心灵都将得到
勉励和抚慰，所有向火而去的生命都能够
涅槃新生。涅槃新生，包括火的命运
一切都暗合天机，在火燃烧之时已经注定
一切已成定势，我们的呐喊和叹息构成
历史长河奔腾咆哮的声音，我们的行为和语言
注定我们自身的宿命。其实那簇火
从未进入过我们心灵，只是燃烧在我们附近

彭 琴

女，生于1977年10月，贵州省正安县人。大学本科学历。擅长诗歌、散文创作，自1995年高中阶段起开始发表作品，曾在《贵州日报》、《青春》、《遵义文艺》、《黔北作家》、《芙蓉江文艺》等报刊发表诗歌、散文作品近200篇（首）。

做清洁工的姐姐

一

我们都还在沉睡，姐姐
你已经整装出发了：黄衣、黄帽、白口罩，
还有扫帚、撮箕，常常还要带着抹布；
每天初见你时，你已是满身尘土归来
对我说：正好，上班去吧。

姐姐，我知道你要告诉我的不仅是时间正好，
还有那一条条街道此时已是整洁如新
——你仍然像小时候那样每天把一切准备好
让我走向清澈的每一天

可是，姐姐你却不知道
如今，因为你，还有和你守着同一岗位的姐妹们
因为你们，走在大街上的我们才得以

看见蓝天，闻到花香，听见小鸟、虫儿的欢叫，
孩子们欢快的呼唤穿越大街小巷，
老人们悠闲的脚步不会只在房前屋后彷徨

二

姐姐，我问过你怕不怕脏，
你说：谁不怕呢？
我以为是生活的艰难让你别无选择
你却说：你们不也和我们一样在工作吗?!

我惊叹你的朴实——
我曾以为日复一日的劳作已经让你疲惫不堪；
我惊诧你的坦然——
原来，如此辛苦的劳作已是你心中的己任！

我惭愧
因为你坦坦荡荡的胸襟；
我反思
因为你以此为重任的勇气
我心疼
姐姐，请让我真诚的歉意抚去
那些鄙夷和歧视的眼神带给你的伤害

三

姐姐，当我坐在高高的审判桌前，
我怀疑过自己瘦小的身体能否担起重任
公平两个字说来很轻
在我们心中却重如大山

我怕因为自己些许的不慎导致天平在刹那倾斜
更怕胸前那颗徽章因此失去熠熠光辉

可是，姐姐，我亲爱的姐姐，
你告诉我：你们和我们一样在工作！
——我知道了，现在我知道了：
只要心平，则思平，则行正！

小城放歌

一

那张旧照片，趁夜扬起旧的故事
只是怎么也记不起历史是如何的起端

我无法释放自己怀想的哀愁
因而选择走向街市　企望曾经的青石板在某个角落残存
街灯在钢筋水泥铸就的今夜如此冷静而执著
我听见护城河里的鱼纷纷躲入我的血脉

我无法抑止旧事滚滚而来
远处的钟声在午夜如昨敲响
城市换了又换的容貌一起了　儿时满满的欢乐
我只能任凭生活将我带走　只留下首首老歌

二

其实是儿时伙伴的呼唤拉我进入春天
季节在她眼里流光溢彩

我不能拒绝美
渴望在阡陌交错间发现昨天

我们在步行街花坛的湿土里
重新埋下八岁结拜的手链
梦想千万年后的尖叫
惊醒今天的祖先

傍晚仿如爱人的等待
我们不得不回到“联想”的世界
家是盛开于世界之心的一枝鲜花
我枕着花香　悄然安眠

散 文 篇

王　华

女，生于1968年3月，贵州省道真县人。中国作家协会会员、鲁迅文学院第七期学员、贵州省文学院专业作家、贵州省当代仡佬族青年女作家。作品多次被《当代》、《人民文学》、《中国作家》等文学刊物发表，被《小说选刊》、《北京文学》、《中篇小说月报》、《中篇小说选刊》、《山花》等各种选本转载并入选年度选本。著有长篇小说《桥溪庄》、《傩赐》、《家园》，小说集《天上没有云朵》，其中长篇小说《雪豆》（《桥溪庄》改名出版）荣获第九届全国少数民族文学“骏马奖”。

百合花的梦想

微风轻轻地抚摸着大地，大地用自己的唇静静地吻着它的脸。突然间，一颗晶莹剔透的泪珠落到了风的怀里，风载着它，迅速地离去了。

风累了，停留在那高原上，倒下了，它从风的怀抱中滚了出来，掉进了干涸的悬崖缝隙中，变成了一颗百合花种子。春天来了，它醒了。阳光照着它小小的身躯，感觉到暖暖的，睁开眼睛，映入眼帘的是那一片灰白色的岩石和那岩石缝隙间的枯草，这一切，令它彻底地失望了，闭上眼睛，泪水在脸上画出了两道痕，静静地睡着了。

第二天，阳光依然如故，绝望的它闭上了眼睛。“沙，沙……”它睁开眼睛，一只小蜗牛在它身边爬着，它问：“蜗牛姐姐，你要去哪里?”

“我要去找食物。”蜗牛说。

“这里漫山遍野都是岩石，岩石，你去哪儿找食物呢？也许你还没有找到食物，就已经饿死了。”

“如果我不去找食物，那我就连生存的机会都没有。”

它明白了，只有努力地活下去，才有生存的机会。

“只要还有明天，我们就还有希望！”蜗牛转身就走了。它每天都起得很早，努力地吸收每一滴水分……时间一天一天地过去了，它终于发芽了，它好高兴，可它从不松懈，每天都努力地吸收水分。

夏天来了，它长成了一株强壮的百合花，头上还顶着三个小草帽。

秋天快来了，它开出了三朵灿烂的花，白白的，从远处看去，它挺立在那高原的顶峰，那样的白，白得耀眼，耀眼得宜人！

光阴似箭，日月如梭，几度轮回，秋将至，放眼望去，漫山遍野的白，漫山遍野的芳香，站直了身子，在风的吹动下，舞出美丽的英姿！它看着看着，脸上挂满了笑容！

关岭印象

从来没去过关岭，但关岭这个地名却早耳熟能详了。第一次知道关岭这个地方，是因为认识了罗吉万老师。罗吉万老师属德高望重的文学前辈，我们在敬重他的同时，他的故乡——关岭，也被深深记住了。对于一个地方，能知道它孕育出了一个作家，那它在你心里，也就够著名了。因为著名，所以关注，有一回在超市里看到了关岭的煳辣椒，便买了一袋回去。一吃，果然香。以后便上了瘾，一边吃着，一边在想，只怕罗吉万就是因为吃这个吃成了大作家呢，我也多吃些，看能不能也跟着成个作家什么的？从此，别的辣椒通通看不上了，只买关岭煳辣椒。有两次因为超市断货，让我吸取了教训，后来一买就买上两大包，放冰箱里存起来，心中不慌。

外出时，如果时间超出一周，我一定要带上一些的，吃惯了它，没有就吃不好饭。那年去鲁院学习，时间长达四个半月，所以我带了两袋过去。心想，一个人，两袋吃上四个多月，够了。可没想到第一袋拿到食堂就没能拿回来，那香味太招惹人，同学中好些人都是喜欢辣椒的，但他们还从来没见过这种做工的辣椒，更何况，它闻起来那么香。我打了饭菜，把它往菜上一撒，香喷喷地吃，就有人要试一下。那家伙来自湖南，特别馋辣椒。一试，哇哇尖叫：天啦！很香啊！他这一叫，把正吃着饭的全招惹来了，都要尝尝。那就让他们见识见识吧，只是暗暗地担心，这样一来，将有可能给我留下漫长的没有了煳辣椒的日子，我该怎么办？

辣椒袋子从我面前离开，在食堂里转了一圈儿，瘪了。已经剩下不多了，还有眼睛对它虎视眈眈。那顿饭因为有了它，好些个人加了餐。

这是谁的辣椒？有人远远地在问，他是新进来的，正好碰上了这等好事。被问的人就朝我指，诺，王华带来的。然后，有关煳辣椒的话题就纷纷冲我来了。

王华，你家哪儿啊，怎么有这种辣椒？

我说，我家在贵州，这是我们的特产。

关岭在哪儿啊，那地方是个县还是村？

我说，关岭是个县。

就那一个地方出这种辣椒吗？种子可以引进吗？这类问题一般都是白痴问的，弄得我喷了饭。我说，跟种子没关系，是加工方法问题。

怎么加工的呢？

我说，把干辣椒放火里烧，烧完了再放手里搓，就成这样儿了。

一个个听得一愣一愣的，有自以为懂辣椒的喊了起来，辣椒烧起来是呛人的啊，日本人跟我们打地道战的时候就用过这办法啊，那是能要人命的。

我说，关岭人不怕。

他们就都把关岭记住了。有时候会突然之间问起我，对了，你们那个关岭县，有好玩的吗？我说，好玩的多着啦。他们说，那以后我们到贵州来，一定去关岭玩玩。

去年，我参加爱荷华写作计划，要在美国待二十来天，去的时候，也带了一袋。美国人的接待方式不像中国，吃饭是自己管自己。饭钱先按标准给了你，吃饭的时候自己买了自己找个地方吃去。这样也好，给我吃煳辣椒留下了很大的空间。除了巧克力、咖啡、牛奶以外，别的我都要加上我心爱的煳辣椒。有一回，我将墨西哥卷儿打开，正往里头撒煳辣椒哩，一服务员在吧台里冲我哇哇乱叫，他大概以为我在下毒，脸都吓青了。不过可能因为他肤色较深的缘故。我们的翻译赶紧给他解释了一通，他的脸色才稍好了些。我去看他的时候，他冲我耸耸肩，做了一个抱歉的姿态。我让翻译问他要不要尝尝，他赶忙摇头，那表情似乎在说，他不夺人所爱。然而和我们一起参加活动的美国作家莱斯丽却决定尝一尝，结果只沾了小点在舌头上，便夸张地张开她那美丽的嘴巴，直哈气。但哈气的同时，她却冲我竖起了大拇指。

同去的几个中国作家，都跟我一起分享过。回来后，我买了些寄给了最爱辣椒的两个。收到后，她们给我回信说，太好了，不用打开，就这样闻闻也是享受。

今年，关岭塌方事件发生后，我收到了二十多条短信，都在问我，塌方这个关岭是不是你们那个出煳辣椒的关岭。虽然他们不富，并没有做出更深入的反应，但我能感觉到他们对这个遭受了不幸的地方的牵挂和同情。

年初，我的同事孔海蓉参加扶贫队下到关岭，扶贫时间是一年。这一年来，只要她回来了，我们总要在一起说说关岭。说花江大峡谷，说它被誉为地球的裂缝，全长79公里，1998年被贵州省政府批准为省级风景名胜区。说它比长江三峡壮观惊险，更能锻炼胆量、陶冶意志。

说木城河乡村旅游区，2006年12月27日被国家旅游局批准为“全国农业旅游示范点”。

说滴水滩瀑布群。

说县级文物红岩古迹、花江铁索桥、花江岩壁画、周西成衣冠墓、顶营司城垣、双泉寺御书楼、坝陵桥、盘江桥、灵龟寺、妙明洞、大佛洞石刻、永宁观音洞石刻、关索洞永宁大成殿、九峰山寺、显灵寺古驿道、关索岭太子阁、望水亭古遗址、者斗洞、乐安温泉关岭大瀑布群、大树岩、落叶、风洞、关脚大瀑布、新观音洞、第三观音洞、天生桥、下打翁、洒把三地石林以及多件移动文物（关岭石牛寺古代石牛、新场公社的一对石狮、永宁培风阁大钟、坡贡文昌宫钟、新店关圣宫大钟、看守所内的少数民族铜鼓、城关一小城隍庙内大殿木雕穿枋、文化馆馆藏文物）。

说省级文物花江铁索桥、红岩古迹、花江壁画、顶营司城垣、关索岭御书楼、上关灵龟寺、无梁殿、新铺海百合化石。

说布依族的蜡染、织锦等等等等。

被我们说了很多回，总也说不厌的是关岭的板贵人和板贵人的花椒。板贵的花椒油已进入淘宝网，广告是这样打的：贵州关岭花椒油85克麻得安逸香得舒服。据说这花椒，板贵人种得很辛苦。板贵土地贫瘠，泥少石头多，属于典型的石墨化地质条件，多年来种庄稼几乎收不回种子钱。有人在寻思治理石墨化的同时，发现花椒喜钙耐旱，在石头缝里形成灌丛后，能遏制水土流失，改善生态环境。同时种花椒两三年即可投产，进入盛产期，一株花椒产值上百元，亩产值一般达2000多元，高的上万元。于是，板贵人也种起了花椒。可去年大旱的时候，板贵的花椒树受到了严重威胁。据说，那时候板贵的花椒刚刚进入盛产期，就是说，板贵人苦苦经营了两三年，就巴望着它们产生经济价值，让大家脱贫致富呢。可如果那一场大旱毁了它们，板贵人就不是致富，而是要面临返贫的境况了。所幸的是，板贵人勤劳，经过几个月的苦战，终于保住了花椒树。这两年来，它们已经给板贵人带来了很可观的经济收入。因为种了花椒，板贵人的前景是越来越好了。

我们的牙舟陶

洪武十六年间，小肚鸡肠的马晔正在挖空心思算计奢香夫人，我们的牙舟陶却在平塘的牙舟镇悄悄诞生了。两年前，也就是洪武十四年的九月，明太祖朱元璋命颍川侯傅友德和西平侯沐英率师30万人，从四川、湖南兵分两路，经贵州南征云南，明洪武的制陶工艺也随之悄然来到了贵州。发现我们有丰富的陶土资源和独特的制釉原料的是一个明朝大兵，他出生于一个制陶世家，从窑里走出来当了兵，又随南征部队来到了贵州。按理说他是来剿匪的，应该一心杀敌，即使因为天生对陶土敏感，也只能打两个喷嚏便罢了。可他偏偏生了一根多情的肠子，我们的布依姑娘又那么漂亮，很多时候，他就变得没有使命感了。严格意义上他不是一个合格的兵，他的想象力全部屈从于他那根多情的肠子，满脑子整天都在寻思如何去接近我们的布依姑娘。他希望自己受伤掉队，给当地百姓救回家去，那家里正好有一个花季少女，替他清洗伤口的正好是她。也想过让对方遇到意外，他奋力去救。甚至想到过一夜醒来自己就变成了一个当地小伙，能歌善舞，还有一个布依族的身份。

那个年代，布依族严格遵守着不与外族通婚的习俗，他虽用心良苦，却无法打破严丝合缝的婚俗。有人苦恼的时候喜欢随手扯根草到嘴里嚼，不喜欢嚼的，则一下一下拔地上的草解根，草拔完了，烦恼似乎也就尽了。他喜欢抠泥，用右手的食指抠。一下一下，把自己的食指当钻。抠过几回，他发现我们的土跟他老家的土一样，很适合做陶。不过他当时并不惊喜，有什么值得惊喜的呢？他娶不了这里的姑娘，这里的土跟他有什么关系？但是这个发现后来的确帮了他大忙。因为那阵我们的奢香夫人已经多方结识中原内地的才人学士，聘迎汉儒到贵州兴办宣慰司学，传播汉文化。同时还招来能工巧匠，传授先进的耕织技术，开置农田，发展生产。甚至倡导彝汉融和，安居乐业。受这个大环境的影响，得知他会制作陶艺以后，他便作为特殊人才得到了引进并重用。当第一批牙舟陶诞生于他之手后，我们甚至为他开放了曾经牢不可破的婚俗。让他如愿地娶到了一位漂亮的布依姑娘。

第一批出窑的牙舟陶是一个烟斗、一个酸菜坛、一个茶壶，还有几十只土碗。那时候他还没发现我们牙舟镇有制釉原料，出炉的陶一律的土。而且由于好些年的荒废，他的技艺还有待恢复，第一批作品对他来说也并无得意之处。不过，对于陶的了解尚处于零的牙舟人来说，这已经是个天大的惊喜了。他立刻拥有了一大批崇拜者，信心由此大增。“如果我还能找到制釉的原料，我可以把这些东西做得很漂亮。”他说。

他开始寻找。实际上我们牙舟不光有适合制陶的土，还有制釉原料。他没费多少工夫，第二批牙舟陶又出来了。依然是一个烟斗、一个酸菜坛、一个茶壶、几十只土碗，不过这一回多了一个小东西，大拇指一般大的一个泥哨。泥哨形状似猪，一只开怀大笑的猪。这一回，陶器的身上有了色彩，真的漂亮多了。简直神了，同样是玩泥巴，他那双手怎么就能玩出这么漂亮的东西来呢？这一回，他再不用考虑如何接近我们的姑娘了，而是要考虑在他众多追捧者中选择哪一个更好。那时候不兴签名，追捧的形式大多表现为凑近跟前无话找话，他能跟谁搭讪，谁就等于得到他的签名了。

你为什么只做这些东西呢？

不好吗？烟斗给男人抽烟用，酸菜坛给女人泡菜用，茶壶泡茶，碗用来吃饭，多好啊。

你为什么要做一个猪呢？

家里有头猪，不是就有肉吃了吗？

可这只猪不能吃啊，它只是个哨。

哨好啊，有了孩子，孩子就吹哨玩。

那你还该做些油灯、香炉……

在潜意识里，大兵和牙舟人的愿望都是一样的，都希望过上一份安宁祥和的日子。因此，牙舟陶从此便把全部的抱负锁定在人间烟火这一领域，只生产餐具、玩具和简单用具，并赋予它们很高的实用价值，比如酸菜坛装酸菜不腐，茶壶沏茶经久不馊，烟斗吸烟能产生特殊的清新感。

有史记载：布依族先祖原属“百越部落集团”中骆越的一个支系，原居中南沿海一带，后来因为战争，部分人经红水河进入贵州，现居牙舟镇的布依族当属其后代。因布依族是水边民族，所以崇拜蛇、龙、鱼、虾、蟹和水鸟等。因此，我们的牙舟陶从一开始便体现了这种图腾意识，“盘龙油灯”、“鱼形口哨”、“双龙香炉”等，便是证明。

与此同时，马晔终于找到了一个借口将奢香抓到贵阳，并用了彝族最忌讳的侮辱手段“叱壮士裸香衣而笞其背”。“奢香不过一只鬼方蛮女也！”他想以此激怒奢香，扩大事态，继而大动干戈，打击奢香的气焰。但他没想到奢香不是他想象的那么简单。奢香无辜受辱，当时贵州的各个少数民族首领都纷纷给激怒了，齐聚奢香军门下要求举兵报仇。可奢香夫人以大局为重，选择了进京上访。前前后后上访了四年时间，我们的牙舟陶也在此期间得到了很好的成长，比以前更成熟了。去见朱元璋时，奢香带了些贡品，其中就有我们的牙舟陶。一只香炉、一个油灯、一个酸菜坛、一个茶壶、一个酒壶、一个烟斗，还有一个十二生肖泥哨中的龙哨，小家伙栩栩如生，倒是在第一时间吸引了明太祖的眼球。

这是何物？朱元璋问奢香。

奢香说，是我们的牙舟陶。

朱元璋拿起龙哨把玩，又问，它为何这么小？

奢香吓出一身冷汗，来时只想到明太祖属龙，没敢带上另外的十一个，却没想到过这龙那么小。临危不乱，奢香说，小只是形，可它具备着巨龙的神。

明太祖诧异，它巨龙的神从何体现？

奢香说，请万岁容我演示。

明太祖便把泥哨传给奢香，奢香真让龙哨发出了巨大而且悦耳的哨声。

朱元璋一听乐起来，问道，为何拿它进贡？

奢香说，这是万岁福泽吾家，剿匪大军给我们带去了制陶技术，才有了牙舟陶，正该进贡。

明太祖听了，又仔细打量了一回别的陶器，又说，凡进贡的器皿，都讲究个价值不菲，你带这些东西，有什么特别之处吗？

奢香说，它们的意义不在于能值多少钱，而在于它们能让万岁看到国泰民安的世态。

明太祖说，朕倒想知道它们怎么能让朕看到世态？

奢香说，万岁请看，我们的陶器全都是生活用品，这难道不能表明，他们生活得很安宁很祥和吗？

明太祖觉得奢香的说法有道理，便赐予微笑，并请马皇后一同欣赏我们的牙舟陶。两人赏玩时，奢香一边做着推销：牙舟陶具有很好的实用价值，酸菜坛泡菜长期不腐，茶壶泡茶隔夜不馊，烟斗抽烟口留清香。明太祖和马皇后听了更是心动，便把这批牙舟陶当重礼看待了。

随后，明太祖招回马晔，判以“开边衅，擅辱命妇”这罪，打入天牢。

马晔是朱元璋的爱将，还是马皇后的侄儿。因此，奢香无比感激明太祖和马皇后的深明大义，便在明太祖、马皇后面前发下誓言：年年朝贡，永不谋反。

明太祖问，仅此而已吗？

奢香说，还要修道，通黔中，接滇、渝。

明太祖说，还要发展牙舟陶。

我这一通戏说，只是为了上面的文字好看些，其目的还是想说说我们的牙舟陶。据史料记载，牙舟陶在清末时期就已经很繁荣，产品远销东南亚。到民国时期便进入了欧洲国家。新中国成立后成立了“牙舟陶器生产合作社”，1974 年到 1983 年，它迎来了最为辉煌的时期。许多精美之作在日本、朝鲜、丹麦、芬兰等国际展览会上亮相，并以展出、订购等形式远销美国、英国、法国、加拿大、澳大利亚、马来西亚等十多个国家。1978 年在北京“全国第二次工艺美术展览会”展出时，中央美术学院陶瓷系主任梅建鹰教授把牙舟陶誉为“全国工艺美展陶瓷展品中最有特色的展品”。1983 年在北京召开的“中国国际旅游会”上，牙舟陶的“鸡纹双耳罐”获得金质奖章。

可是之后，它突然变得没落，到现在，竟变成被抢救的对象了。人们为什么会突然抛弃了被誉为“中国十大名陶之一”的牙舟陶？原因很简单，改革开放就相当于一下子打开了家里所有的门窗，这回看你还坐得住？人的心思变得跟空气一样浮躁以后，这必须静下来才能做的陶艺事业便无可救药地被抛弃。人人都涌出家门，挣钱去了。一夜之间，人们的价值观发生了巨大变化，有钱才是爷，所以人人都必须向钱看。谁还会去管牙舟陶？那些曾经那么亲切地抚摸过它们的手，数钱去了。已经成熟了的陶器，虽被冷落，但因自己已经成了形，尚且能够一如既往地稳重和矜持。可那些才刚刚成为坯子的半成品，那些还不能经历风雨的泥胎，就只剩下绝望和可怜了。而那一座孤零零的烟囱和布满灰尘的厂房，更是一天天显出老暮来。

所幸的是，折腾了一阵，终于还是明白：钱不是唯一。突然之间发现，这一阵的浮躁，让我们丢掉了好多可贵的东西。

于是，张禄麒回来了。此人是牙舟陶的第九代传承人，8 岁便跟着父亲学习陶艺，但学得一手绝活后，却离家打工去了。这一去就是 14 年。2006 年 10 月，他回家以后再没出去。“现在的年轻人都不愿意摸牙舟陶了，以前的老艺人也只有六七个了。如果再这样下去，牙舟陶就真的失传，再也没有明天了。”张禄麒决定接过老父亲的手艺，把牙舟陶传下去。他花了 8 万块钱创办了“牙舟工艺美术陶瓷厂”。他又重新坐回到那些曾被他抛弃的泥胎面前。如果泥胎们有眼泪，这时一定会流得稀里哗啦。14 年啊，这个抛弃了它们 14 年的家伙终于回来了！它们透过他的胸膛，看到他那颗浮躁的心重新变得安静，变得稳重，变得踏实了。他的手已经很粗糙了，手指也失去了应有的灵活，但它们还认得那曾是一双陶艺人的手。作为陶器，正是一双双这样的手，铸就了它们沉稳庄重的品质。

曾有人将牙舟陶没落的原因归结为改革开放以后，人们的生活水平提高了，粗犷的陶制品逐渐被制作精细的瓷、玻璃、塑料、金属制品等代替，导致原来比较广阔的市场萎缩直至消亡。可事实证明并非如此，张禄麒的“牙舟工艺美术陶瓷厂”创建以后，他告诉我们，市场根本不是问题。他说：“现在根本就不用我出去找市场，有人上门来收，只怕做不出来。贵阳、甘肃、香港的客商都有。”

牙舟陶以造型古朴敦厚著称，以黄、白、绿、紫、棕、褐色为基调色，以玻璃为基础釉，各色互相配合，形成多种光泽莹润的色调。在烧制中，表面釉层自然裂变，形成各种和谐的裂纹，有如蜡染、刺绣中的美丽图画，带有独特的民族地方特色。不光工艺精湛，极具观赏价值，同时，它在中国陶瓷界独树一帜，还具有重要的文化价值。更难能可贵的是，陶器无毒，盛放食物不易变味，且经久耐用。正如我们人，那些品性敦厚者，才是最可靠的。我们的牙舟陶正是以其敦厚的品质证明：它，永远是最可靠的。

史崇高

男，生于1965年9月，贵州省道真县人。大专文化。贵州省作家协会会员。20世纪80年代末涉猎文学创作，迄今已公开出版长篇报告文学《磕拜山魂》（中国文联出版社，20万字）一部；在《民族文学》等刊物发表小说、散文、报告文学及文学评论等100余万字，作品收入《遵义建国50周年散文选》、《仡佬族作家小说选》等文集。

干洞记

从道真大阡坝北行平畴数里至文家坝，有一山洞，人称“干洞”。

干洞悬于青石峭崖间，冷峻森森，恐怖慑人，其下乃一涸涧，沙烁堆垒，其上则有紫藤倒垂飞练，万般撩人心弦。秋阳如剑，草木哀哀，我们排开杂芜，逡巡而至洞前。洞口朝向东南，背向北面，形似蛟龙张口吁喘。倾身窥探，洞顶岩石平整而宽阔，洞内十米处光亮可照。人伫于洞口废石残垣上，酸目生寒。洞内泥浆深积如海绵，人行其上，软柔舒心。

举足蜿蜒而入，一路乱石。洞内不远处，屹立着一尊石钟巨柱，壮硕威严，高丈余。烛照叮当响处，只见一根银链从百十丈高处骤然垂落，闪烁生辉，煞是喜人。石钟巨柱原是垂直上方的石天平上一碗口大小的石孔流下酒杯大小的岩浆水，在岩溶作用下形成。水石相击，碎雨四散疾奔，簇簇雾幔，迷乱东西，恰如问佛朝拜者祈祷焚香，当地人因此谓之云石香火。石钟柱上色彩斑斓万般，青、黄、白、紫诸色镶嵌其间，上下通体亦段段各不相同，或如圆珠铺地，闪烁不息；或如深潭泛波，涟漪漫漫；或如鲤鱼泛江，粼光闪闪，用手触摸，如抚玉女肌肤，令人心绪怦然。石钟柱四周，山形地貌，形态万状：山势逶迤，层峦叠嶂，山鸟栖息其间，鬼斧神工之妙令人叹为观止。

洞内有两个大穴，分别向着神秘的幽暗处蜿蜒隐去，我们选择了能到“龙田”的洞穴匍匐而入。洞路曲折崎岖，洞身时宽时窄，时高时低，蛇形其间，形骸不可放荡。在匍匐狷进中，我们时时听到有人被石壁“警告”而发出的撞击声，有的脑袋刚刚遭受到洞石“警告”，才行几步又受到“规范”，“砰砰”之声引得同游者阵阵酣笑。

洞内坑洼不绝，稍不留意，则会摔入深潭之中，叫人冷汗森森。穿过一暗道，境地渐渐开阔，一老者说，这里便是“龙田”，实则真正的“龙田”不在此处。洞内弥漫浓重的硝烟味，让人感觉这儿隔人世太久远。侧耳俯听，石壁脚下清溪潺流，溪水跳跃鸣溅，叮咚之声如琴弦。

再往前走，眼前陡然开阔，山田垛垛，这便是真正的“龙田”。面积全约一亩余，“龙田”大小不一，最大的田块有200平方米，最小的也有碗口大小。“龙田”不仅具有很高的观赏价值，更为重要的是当地人能从上、中、下三段“龙田”的淹没情形，准确无误地判断出当年的气候状况，据说，此方法若干年来一直都相当准确。每年农历正月十四日吃完年夜饭后，世居干洞一带的村民都要结伴前来观看“龙田”，以此安排当年的农事。

“龙田”与农家耕种的稻田酷似，丘丘相连，丘与丘之间田埂依势蜿蜒，别无造作，一切自由酣然。当地人将“龙田”分为三段：上段、中段、下段，若上、中、下三段“龙田”均蓄满水，则表明本年度风调雨顺，不论高山、半高山还是平坝都能获得好的收获；若上中两段“龙田”有水，下段无水，这就意味着平坝区会在关键季节遭受干旱，农禾减收；若上段有水，中下段无水，表明当年农作物会遭到恶劣天气的影响而减产。有时会出现上下有水、中间无水，甚至中下段有水、上段无水的情况。水源自于上段“水鼻子”，自下而上突出，泉眼汪汪，向四周漫溢。

“龙田”是神田，是神灵在呵护一方百姓的生存繁衍。在“龙田”中，常有男人或女人足迹，甚至有猪、牛、羊、鸡、狗等足迹，村民们认为这些足迹的出现是人丁兴旺、五谷丰登的征兆。

“龙田”的灌溉水源“水鼻子”，水流清澈，时流、时缩、时竭，常态不一，尽管有时水源已枯竭，可“龙田”照常积满水；有时尽管有水流出，但“龙田”全部干涸见底。71 岁的庞正常说，民国三十二年“龙田”上、中、下三段全无水，那年正好天干，收怀胎草，此后 20 世纪 70 年代“龙田”干涸，以致当年遭受三十余天的暴晒，去年周围团转 10 岁以上的人都到洞里观看“龙田”。“龙田”已成为当地群众生活中一部分实际内容，显得万分有意义，在当地百姓看来，“龙田”兴则百业旺。我们沿着一根根“龙田”田埂悠然走过，心中升起的自然是一种崇敬之情，谁不期望年年风调雨顺、国泰平安呢。

看过“龙田”，接着一路小心翼翼到乌木塘。乌木塘水域面积约一亩许，森森然，惊心动魄。塘的两侧皆青石壁立，紧依崖壁有一巨石擎柱直耸岩洞天平，大有二人合围，巍巍生威。据同游人相告，乌木塘如立刻传出呼啸声响，接着就会山摇地动，塘水陡然上升，直到“龙田”边。

关于乌木塘，流传着美丽的故事。当地人庞化龙曾经在洞里修筑寨堡，他的遗孀杨氏及其女儿就在这里生活，1921 年的一天忽降暴雨，一时间洪水呼啸，位于洞口底部的消水洞不能容纳，洪水猛涨至洞口，杨氏母女在一片汪洋中呼天抢地，呼救声传至洞口对面人家，一老者庞布云闻声后，立即拿挞斗前往营救，由于是漩水，挞斗老是靠不拢洞口，正在这紧急时刻，有一怪物从洞内射出两道如柱白光，杨氏急中生智，迅疾将夜间便壶朝那白光扔去，吓退了怪物，这才止住了洪水，从此乌木塘那根黑黝黝的柱子不见了，塘水也不再怪怪作响，以致后来塘水渐渐萎缩变小。听罢传说，真疑心塘水会陡然涨起来，我们只好站在塘边久久垂立，一任那心儿颤动不息。我们之中的一位游者对传说之惊险泰然处之，他一路上打着矿灯在水塘中探照实物，果然，在乌木塘之下的一水塘中寻到一种类似蝌蚪的鱼，其身透明，我们立刻集中照明，由三四人共同向目标发起围剿，将其生擒，又腾出塑料袋将其装入其中，交给一村民好好饲养。我们对鱼的知识知之甚少，不知那物为何，只是至今尚时时将那物挂念心头：不知安然无恙否？

在洞内畅游，心旷神怡，哲思萌动，一种至极禅境会深深触动情致。曲折再朝前行走，便有金沙铺地展现在眼前，面积一百余平方米，烛光摇曳之下，金光流彩，如浩天长夜星星闪耀不息，皎洁可爱。

糖豆土是洞内的又一大景观。糖豆土的名称由来已久，其名称起源年代不可考。糖豆土地势开阔，干燥而平整，面积近四百平方米，洞内全存积着大小不一且油亮光滑的卵形石，呈油黑色，大如鸡卵，细如豆粒，用手捏之，光润细嫩，人们会其意，将之取名为糖豆土，这既是人们智慧的充分体现，又表达了人们对美好生活的憧憬与向往。

从糖豆土尽头钻进另一小洞，便是灶子土，面积甚大，可容三四间民房，洞内干燥，地上铺着厚厚的一层纯黑色土，柔软疏松，与农家在山上所积的那种肥料极其相似。

干洞深幽，形状千奇百怪，据说它与大沙河自然保护区内的黄泥洞相通，人们曾经从干洞撤入谷糠壳，过了一段时间，发现谷糠壳从黄泥洞流出……

畅游其中，情思邈邈，流连忘返，那雅致、超脱、闲适、淡泊恰如智慧的艺术人生，正是我所要体悟的禅境与哲意啊。

干洞，让人释然超然！

夜下隅泣

夜又深了。

虫子在草丛中传来“嚁嚁”的叫声，平添了我心灵的寂寞。我想：万籁之中的生灵大抵也该如此吧。

我想起了五年前那个日子——

这个家起于祖辈父辈，沿于鼠辈。清白的日子中，我常这样想，倘使我时时惦念那个家，九泉之下的父亲母亲纵使一个鬼魂，也该是怎样的瞑目，怎样的安心于阴府……

那个时候，我那面容枯槁的母亲老人已是病入膏肓。每当我偎在她旁边给她喂药时，她老人家总是要说：“你们年轻，什么都没见过，生孩子的时候一定要找接生员……”话虽有些有气无力，但毕竟蕴蓄了老人的某种希望。因为那时候，我们的小生命将要诞生了。家妻因为不能到家中看望老人，只好将加班赶织的毛衣毛裤毛袜带回家慰藉她，这可能缘于上下两代之间的情结之故吧——这已经是老人去世前的第七天，我的小儿子将要出世的前十天。假使是半年前，他们婆媳见面，总要亲热一番的，岂知寥寥数月之后，日子便形成如此难堪的结局。千里人生，去的将去，来的尽管来，生死存亡之间，一道太岁龙子都难以冲破的铁壁铜墙，终于隔绝了她们婆媳之间的亲情。唯我，却在生与死之间往往来来，强撑这沟通二者的桥梁。

在母亲去世前的第七天，我们的小生命终于来到人间，他哪里知道，宇宙之间维系人们情感的就在乎生死二字呢？

“你们要好好照料，让他长大成人”，跪在母亲的床前，我默首听完了毕生毕世母亲对我的最后一次教诲……母亲终于离开了人世。

一个人在世的时候，勤勤恳恳，为着儿孙尽心尽力地劳作，临死的时候，还惦念这永远以后的日子，为母者贵，为母者是如此伟大!

不幸的人总是不幸，在母亲去世后三十天，父亲又瞑诞九泉，我及我的两个妹妹从此踏上无舵的小舟，再也见不到父母慈祥的面孔，听不到他们的叮咛……

连绵的家庭不幸，连绵的悲哀痛苦，使我感到生活的如此突然。二十多岁的年华本应蓬勃向上，而如今失掉温暖，失掉了父母的疼爱，我第一次理解了“倾巢之下无完卵”的真正含义，读懂了人们拉长的脸和粗糙的语言。从此之后，支撑家庭的重担倾天盖地散落于我的双肩，这担啊如此沉重，如此艰辛。

我的大妹是个性格极刚毅的人，家中的农活全由她领着年幼的小妹妹辛勤运行。出嫁那天，大妹悲悲切切的哭嫁歌令左邻右舍的父老乡亲眼泪涟涟。唉，我们这一根藤上的三个苦瓜只剩下年纪最小的一个妹妹在家中独熬岁月，她一人既要独自支撑门户，还要独自创造生活……岁月原本带来的创伤尚且难以愈合，而又有那么一天，我接受组织的调遣，要到离这里三十多公里以外的乡镇去工作。我强作七尺须眉，捞起衣角揉了揉湿润的双眼，听小儿在挥动小手说：爸爸再见……

从此，我的家从一个家分成两个家，然后从两个家再分成三个家。家，人的居所啊。

那段日子过得很昏暗，岁月的流转全被我遗忘，我郁积于心的痛苦在那个雨天蔓延得无边无际……

是的，世间本来没有的，我们却尽力索取，世间本来已经有了的，我们却有意忽略。在我的父亲母亲健在的时候，并没有细心去领会那份情；在我成天和妻儿在一起的时候，并没有理会爱是什么或者什么是爱；在我得到友人的支助的时候，并不在乎友谊的至关重要。不是所有的人都能经历痛苦，也不是所有的人都能在痛苦中自拔起来。经历过困苦的人或许是一种享受，一种与众不同的享受，譬如我，悲哀之后，我已经懂得要加倍地尊重别人，爱惜自己。

其实，痛苦并非坏事，有滋有味的生活中也渗透这痛苦。痛苦发端于生命的开始，运行于生命的始终，消亡于生命的终端。不知道痛苦的人生，算不上完整的人生，屈服于大自然的人，成不了伟丈夫，唯有正视痛苦并战胜痛苦的人，才能有所作为，称得上懂得生命。我听说：蚌病而成珠，病牛始有黄。我知道，不管来路多长，不论世事怎样变迁，我都多么需要父亲母亲支撑我生命的枝叶，来修正我人生的道路……然而，在时光流逝的倏忽中，许多东西不复留，假如能够留下来，那是多么别具特珍的内容。不然，为什么这块土地的人们，仍在忘我地耕耘？他们的一份爱，为什么仍有如此的魅力？在岁月的延续中，像父亲母亲一样，他们感到风调雨顺，诅咒每一次的人祸天灾。对欢乐与忧愁，他们都有自己特殊的表达与理解——但是，这中间依然不乏严峻的天人搏斗，少不了艰辛的平常岁月。亦唯有如此，我们方能有足够的理由崇拜这山、这水，并对脚底下的一方厚土注满热情。用一颗赤心，去寻找千百年来无数人所寻的忧愁！许多东西即令多么渺小，多么的不足称道，时光仍是无力超越，冲着这份盼望，我们是不是应再多一点怀念才对？也许，我们只是两片飘飞的落叶，划过的曲线偶尔相交又匆匆分离。所以，握在手中的要好好珍惜，随风而逝且随缘。我们不必孤独地伸向岁月的深处！

真正说起来，父亲母亲之于我，才具有永恒的意义；之于远离故乡的我辈，那墓丘和碑刻便是一个心像，一个回眸。

既然植根他乡，则不作飘萍，应敬业未来，用百倍的臂力开辟新的家园，以之，填充我无边无际的心灵落寞，无情鞭挞那无依无靠的恐惧。

家家有本难念的经，生存即有烦恼，但不必让烦恼伴随着生存，洒脱一些，达观一些比什么都好。这使我想起那遥远的孔丘时代，没有小说，没有戏剧，更没有影视，有的是诗，“不学诗，无一言”，那时的“诗心”、“诗教”改造了社会的风气，民族的精神风貌，后来的唐诗宋词，星斗万千，无不用“诗心”感化众生，启迪社会。我们今天又何不如此呢？并非感念祖先！

如今，木鱼在岁月里龟裂，父亲的父亲一次又一次被季风风干成木乃伊的故事，挂在低矮屋檐的悠悠飘零，拴着母亲的母亲善良的叹息。

……

停下笔来，虫子依旧从容，依旧勤奋。姑且将几滴苦泪权着父母别世五年后的祭奠吧。

火炉·铁匠

一

在天地之一隅，你忠诚地独守高炉，用一双望断晴空的火眼金睛，司法哲人的智慧，锤炼不朽的人生。

二

那火啊炉啊，捍卫忠贞不屈的职责——熏陶不惧韧性的身躯，熬煎着一个紧接着一个将朽的魂灵。

三

一阵雷霆呼啸。

一阵火海渲涛，

一部写满鬼泣和神啸的历史书从此迸发出熊熊烈焰，暴遗于世。

四

那高扬的臂膊，是对旧世界的宣战。

告别自我，超越自我，全靠自我的猛然张力，走向英特那雄耐尔之路，乃在此一举。

五

那悲怆而雄浑的铿锵之声，深深地揳入你生生不息的信念，揳入山里人执著的秉性与血液。

于是，农家人有了生活的图腾。

于是，山里人有了高亢的声嗓。

六

铁匠，从此轰鸣在征战的前沿。

铁匠，从此铸就成一通神圣的碑刻。

铁匠，从此预报着村寨的吉祥与安乐。

铁匠，从此成为山与山之间联系的驿站。

七

叮当，悬悬天锤滚沸过力量的雷霆。

叮当，巍巍之野卷叠过生命的豪唱。

八

群山在锤音中涨潮，
天地在锤音中浩荡；
血与火纵横眼底，
铁流奔腾于阵前。

九

一段火神浇注的绝响，
一曲悲戚的古歌；
一腔血与火淬炼的铜墙，
一截孕育天与地父与母的绝唱……

十

一方针戥，就是一册厚重的典籍；
一堆火炉，就是村寨永恒的太阳；
一支臂膊，就是山里人不停搏击的缩影；
一个铁匠，就是一首千古绝唱的诗……

山　魂

山影已洗。

而山魂长存。

看山的巍峨，山的险峻，任心空升腾“阡眠起杂数，檀乐阴修竹，日隐澜疑空，云聚铀如霞”——那是一段凝固千年的雅乐。

祖先手舞足蹈，敲响山的编钟，于原野腾踏生命最初的辉煌！

山势纵横，山峦逶迤，一曲远古歌谣，流成九里十八湾的芙蓉江，显现出人心的交至与心灵的沟通……

山峰参差，或起伏、或高耸，那是“物色感神游，升高怅有阅”。

虔诚地聆听祖先的告谕：高处不胜寒——我们善待高峰雄健过后的绮丽和辉煌！

沿着崎岖的羊肠小径，感受山石的坚韧，你会惊叹“刺着青天愕未残”。

这是多么荡气回肠的不绝音律——气似幽灵穿千年明月，过洪荒大泽！

否则，会饮血茹毛，中断历史。

啊！啊！是尧帝的呐喊，是屈子的惊叹……

啊！啊！是人类猿在母腹的跫音。

山崖峻峭——

你会知道什么叫居心叵测，什么叫趋炎附势，什么叫圆滑世故……

当然，最为直入心底的是宽厚仁慈。

阅尽山色，阅尽千年大诗，你方可以尽情施展自己的才华…

"草木生焉、万物殖焉、飞鸟集焉、出云导风，天地已成，国家以宁"。

哇！山哪，你岂止一部书！

看山，看一道无调的风景线。

听山，听一腔脉脉温情。

自我忧悒的瞳孔，乡思夺眶而出，宛如无数栖鸟，从繁茂的枝杈，伸出音乐的头颅，奏鸣出山的交响。

于是孔夫子掷地千金：仁者乐山。

乡曲

在天地之一隅，乡野，如一支千古不老的牧歌，悠远而嘹亮，它从峡谷间涓涓而来，从巍峨的大山中奔泻而来，从乡民们心底的深处汹涌而来……微风拂煦，掀动千层谷浪，牧童在时间的长廊里体味春之温柔，夏之热烈，秋之惆怅，冬之孤傲……

走进乡野，便贴近了这世界里一个永恒的主题。天苍苍，野茫茫，不禁慨叹人之微小。仰望自然，仰望眼前的那座万仞之山，你对大河荡荡孤雁疾飞不再麻木，你不再漠视一切，更不会漠视你的人性。

田畦，永远的昭示金秋有果。有耕耘自然有收获，不必讨论他们之间的比例。豁达一些，洒脱一些总是好。

播种粟粒，不是做掌上游戏。真诚如一畴金灿灿的五谷，虚伪如存于荒冢的狗尾。

乡野有山，山石垒于厚土。这是自然法则，是从生活中认识事物的基本要领。蔑视黄天厚土的存在，等于忘却水有源泉；蔑视山的存在，等于忘记从猿到人的艰酸历程。因为，人是一座永恒不倒的山，生活是另一座爬不到尽头的山。

乡野是一位空怀的老人，用一方温馨的泊地，热切地为你停靠那一颗希望获取的心，永远地施舍其所有。

乡野，虽山隔水阻，磨难重重，但阡陌纵横，鸡鸣狗吠，羊咩牛哞，炊烟袅袅，村民们已在历史的岩隙间重重楔入岁月的标志。

告别奢望，走近乡野，便迈开我们生活的脚步。

父亲的脊梁

我从那儿出发，拾级得很累，然后站在巍峨的山之巅遥望辽远无限的浩渺之水——

我趟过一座又一座的山涧、河谷，试图追赶鸟的啼鸣和着野合花灿烂的艳明。

父亲沉默成很沉的一方厚土，在我的眼下艰难地咽下那颗眼泪，状若从植物上滚下的露珠，过滤后那么质朴、咸甜辽阔……

父亲的脊梁很厚很实。

我曾经踏动两只脚板吱呀作响，在土塬亦或在那凸出的谷沟间狩猎，不想收获的意外的收获，想方设法索取的均毫不保留地享有，不论是玉米、大豆、红薯，还是小兔、野猪、黑山羊……

那时，父亲挺能承受，也挺能自足知足而乐。

父亲古铜色的脊梁，一年到头任朔风吹任大雨淋，一天天、一年年的坚强壮实过后，已然形成我家茅屋后面的豹嘴山。

在父亲的睡梦中，祖父悲酸戚泪。

在父亲的记忆里，祖母眼泪涟涟。

父亲却在那儿寻觅半辈子丢失的一件东西。

是什么遗落在泥土里？

父亲摊开一双布满茧子的双手，正喂养着流涌滔激的历史。就是这些茧子形成的碉堡，抵抗着他难以言说的苦难和辛酸。

透过辛酸泪雨，在父亲的脊梁上，我累积细土，细心种植，父亲说，你种吧，种下去就是希望。

如今，我沐浴着父亲的语言和盼望，生活无比幸福安详。

父亲的背脊让岁月踩弯了，在我还需要营养需要哺乳的时候，静静走向西山。我的眼已流不出泪。父亲的背影在我的瞳孔中消失，留下的只有两个深深的脚窝满怀怀恋。

啊！父亲的脊梁，你何时完好如初？

山脊里的这一曲交响啊，演奏着跋涉的欢乐与艰辛。

夏世信

男，生于1949年10月，贵州省道真三桥镇人。贵州省作家协会会员、贵州省戏剧家协会会员。在乡村执教数年，后到县检察院、县委办公室、政策研究室工作，现供职于贵州省人民检察院。已发表小说、报告文学、散文等若干。其花灯小戏《选代表》获贵州省第二届戏剧文学小戏一等奖，与人合编十六集电视连续剧《中国检察官》，出版报告文学集《人魔歧路》。

在人间的天上

有一个地方，到了那里就仿佛到了天上。所以，我称它是“人间的天上”。

它就是道真仡佬族苗族自治县三桥镇的“天门山”，也有的叫它“贵华山”。

这一辈子也走过不少名山大川，见过许多著名的风景。尤其在当今旅游事业蓬勃的年代，每每到了那些旅游景点，就不免想起自己的家乡，竟然没一处可以与那些省级、国家级风景区媲美的山水。虽然，道真也曾大力宣传过自己的“大沙河”、“梦幻天城”，还有什么“长岩十里山峡”等等。在道真境内，那都是值得一游的。但到了别的地方，和别的风景一比，就知道那些风景不过是小巫见大巫。这就不免为道真叹息，天不助我，如之奈何？这不比其他，可以通过努力而造点出来。世界上任何一处好风景都是大自然的鬼斧神工所就，而非人力所为。可就在2011年9月，我回道真，在与一个朋友共进晚餐，席间与时任教育局副局长的廖文波老兄谈起道真的遗憾时，他赞不绝口地向我讲起了道真的“天门山”。他说那里绝对是天下无双，值得一看，并提议我立即去体验体验。

从县城出发，仅一个半小时就到了目的地，如此快捷出人意料。而且从车子停靠的地方到观看第一个景点之间，只需步行十来分钟就到了，这样方便的交通自然是旅游中最理想的，不像很多风景区，要走大半天才能到达目的地。

其实，世间的山水，一如世间的人，各有各的个性。每一个地方皆各有其美，各有其独特韵味。你不能说，九寨沟就比黄果树好，或者说青藏高原的雪域风光盖过了全国所有的风景。它们各自都有自已独一无二的，其他地方所没有的东西。道真的天门山也正是这样地具有了它在这世界上的独特神韵。固然，苍苍林海，徐徐清风；野花匝地，蝉鸣鸟唱；或万丈崖下，云海苍茫等等，足以让人陶醉。而在遮天蔽日的古藤老树间，不时有如龟如象的奇形怪石，也让人觉得美不胜收。但是，茫茫林海何止道真才有？石林石柱也非你独具。如那云南的石林，贵州的天星桥等等，可谓世上奇峰，比比皆是。但是，这里有一种美却是这么多年来，我走过了大江南北后却从来未曾体验过的，那就是——仿佛漫步天上，俯瞰人间的“从容天上看人间”。

之所以叫它“天门山”，首先是这里的地理位置是从海拔六百来米的一片河谷田坝上一下子陡然耸立于海拔一千六百多米的一座座悬崖之上。那些千姿百态的群峰石林，不像其他地方的石林那样平庸地搁在那些平平坦坦的地方，而是全都高耸于万丈悬崖之上。有一种石林长在天上的横空出世之感。不知道这世上还有哪里的石林也像这样长在万丈悬崖上？当你走进那些如笋如剑的石林时，实际上就已站在了万丈悬崖之巅。这一点，有点像峨眉山的金顶极处。但峨眉山的金顶没有这样的石林横空，它只是在悬崖边上立一排铁栏杆，游人在悬崖边看到的是一览无余的苍山如海，它的美就是极目千里看苍茫。这种极目千里的苍茫感天门山也有。但它不仅如此，它是让你站在悬崖之巅却不能一下子看到悬崖下的万里群山，只能从那些长得像门、像窗的石头长成的“天门”、“天窗”里向下窥视人间。而且，它让你看到的不是那种只见苍茫不见人烟的虚无缥缈，而是让你在那些“石门”、“石窗”处看到了静卧在阳光下的处处村落、闪光的河流与如带的公路、碧绿的林子与金黄的田野，还仿佛听到了狺狺犬声与人间的窃窃私语。这使你觉得你已然在天，超越凡尘而成了天上之神，你正掌管着人间万物，你正在俯察人间恶善。这种俯瞰，有点像在飞机上向下瞭望，但飞机上的那种瞭望是悬在半空的一闪而过，而这里的俯瞰则是脚踏实地、从容不迫的。你看到的人间既是那样遥远又是那样切近，既是那样静谧又是那样繁荣。那时，你会情不自禁地感叹，人间真好！做神仙的感觉原来是这样。这种体验，黄山没有，峨眉山没有，九寨沟没有，青藏高原上也不曾有过。黄果树瀑布和长江三峡只是一种磅礴之美，蒙古大草原拥有的则是辽阔。这种在人间天上看人间的味道，我只在这里独一无二地感受到了。这种美景，除了神奇的大自然，是任何人也无法造就的。一如那矗立在蓝天白云下的那扇石门，竟长出一个与人间木门的门把手一模一样的“石门门把手”，真是绝了！

这不是我一个人的感慨，就在前不久的7月，贵州省检察院的检察长与遵义市检察院的检察长去看了那天门山后，也这样说道：“这是世界上独一无二的，简直可以申报世界遗产，应该让省里的领导来看看。先申报省级风景区，再申报国家级。”

当你从那些悬崖边上的“天门”、“天窗”窥视人间之后，再登上一个三层楼高的“观景楼”，则又别是一番风景，撼人心魄。

那观景楼巍然屹立于一个万丈绝壁之上。站在楼上可三百六十度全景俯瞰人间。这时，那遥远而又切近的人间烟火虽然也历历在目，但已是村落依稀、如烟如雾。四下里涌入眼帘的是苍苍林海，绿得淌油，万丈悬崖之下的座座群峰是一片碧绿的海洋，悬崖之上那身后的叠叠山峦也是无边的郁郁葱葱。你的脚下，你的身前身后，你看到的每一个角落，都是一片汹涌澎湃的绿色林海。这时候，你看到的景致是这样几个层次：远处的人间烟火是一片遥远的幽蓝，幽蓝的人间之上则是绿色的“天上”。如果真有九重天，在绿色的这一重“天上”，才是蓝天和白云。

虽然，秦岭的林海也够气势，西藏的色季拉森林公园也算得上磅礴，但像天门山这样，在幽蓝的人间烟火之上有一层这样汹涌澎湃的绿色海洋却是少有的。

其实，天门山原本并非什么旅游景区，它是当年“大集体”时的一个集体林场。后来不搞大集体了，林场没人管了，林子也一天天被人快砍光了。就在那些林子快被砍光时，一个叫刘亮的年轻人和他的妻子承包了这个林场，从1993年起，18年远离人间，18年风刀霜剑，18年“天上”的艰苦创业，才有了今天这样的千峰万壑、林木苍翠。为此，刘亮的妻子张国秋还于2006年出席了北京的“十大绿化状元”颁奖大会，全国妇联授予她“第四届全国十大绿化女状元”光荣称号。

因此，这里的本质是生态园区，刘亮夫妇除了管好看好这里的五千多亩林子外，他们还在这一片“天上”经营着其他农作物生产。他们早年种过烤烟，养过鸡，喂过猪，有过太多的失败和痛苦。但他们没有因失败而退却。因为，如果退却了，不进行多种经营，就没有维护和看好这片林子的必要经费。于是，刘亮夫妇在一次次失败和挫折后又种黄连，种天麻，培植银杏树苗，栽种苹果、桃子、梨子和李子。他们把乱石山冈变成层层梯土，用锄头、竹箕和扁担，一锄锄、一筐筐地挖出了几十公里的林间公路。长年累月苦战在“天上”是寂寞的，守护“天上”其实是无尽的艰辛与常人难以忍受的劳累。人们都到都市里去发财，去享受，去灯红酒绿了，只有刘亮夫妇和他的工人们在这远离红尘的“天上”栉风沐雨，饮冰卧雪。就这样，刘亮夫妇在这里走过了他们一生最宝贵的岁月。而今，除了5000多亩杉林生机勃勃外，还有400多亩梨子和1200亩桃林。春来了，雪白的梨花与红艳艳的桃花竞相开放，漫山遍野一片霞。这样的“天上”是何等壮观！何等灿烂！单是2011年，这里的梨子就产下30万斤。春华秋实暖人心，这种收获的喜悦也正是“天上人”的幸福所在。他们在“天上”付出太多太多，但他们的孩子却都在外边事业有成。正是如此，他们心中只有这“人间天上”的幸福万千而无丝毫痛苦。

那天在天门山，我还遇到了两个熟人，一个是我的老乡，叫彭文志。他是这天门山景区观光路和观景楼的主要建设者。今年已是70岁高龄，却攀岩爬壁，行走如飞。他在这里看起来好像有些清苦和孤单，其实他内心非常快乐。他在请我喝他的人参天麻酒时，谈起他在“人间”的儿女，就喜滋滋地有一种儿大女成人的晚年幸福感。还有一个是我当年教过的学生，他是刘亮的同乡，从毕业到那天见面，已然分别35年，大家都不认识了，只在谈起当年的老师和学生时，还相互都记得对方的名字。他说他的老师是某某，我说，我就是某某呀！我问他，你叫什么名字，他说他叫左正华。当年的小伙如今已是依稀白发。于是，不免感叹岁月的蹉跎。谈起他当年的同学，好多都在外边的都市里潇洒着，好像只有他一个人独自还在这遥远的“天上”孤孤单单。我以为他会有些伤感，但他却用一种自豪的口气对我说：“老师，你的学生——我，虽然没有什么出息。但是，你的学生的下一代却都比我强，我把他们都培养成了国家有用的人。一个在黔南州做公务员，一个今年刚考上了省里一所重点大学。这也算我没有虚度一生。”

“没有虚度一生”，这与刘亮和我摆龙门阵时说的一句话何其相似。刘亮在谈到他这一辈子时，也这样感慨道：“十八年来，我没有虚度，没有荒废。”呵呵！这就是“天上人”的心灵，如那山涧的清泉，如那碧天的白云。

这就是在人间的天上。从“天上”看人间妙不可言；在“天上”看“天上”林海万顷；在“天上”看“天上人”则让人灵魂受到净化。这样的“天上”不是“天上”胜天上。如今，这里早已建起了整洁明亮的接待中心，远方的客人纷至沓来。尤其是重庆的那些朋友、那些专家、那些学者，更是一年又一年，燕子般地年年去了年年来。是什么魅力使他们对这一片“天上”风光百看不厌呢？

现在，我终于可以向世人骄傲地说：“道真有个天门山！世间独一，当之无愧！不信，你去看看。”那真是神奇大美的“人间天上”。

惊魂玉石滩

那年，在那个深深的峡谷里，曾有过一次惊心动魄的夜宿，那儿叫玉石滩。它是我人生哲学的第一课。

那时，急风暴雨式的狂热已经过去，公办小学全部下放到大队办，我们也就钻进一个由古老而破败的祠堂改造而成的小学去教学生们读“下定决心，不怕牺牲……”日子却又艰难，且不要设想从每月 15 元的工资里挤出五毛钱给妻子买一双朝思暮想的花袜子，连每顿做饭的柴火也使我们一筹莫展。于是，在那个暑假，我们三个教书匠决定自力更生，去一座遥远的大山里砍柴，然后从河里放出来。

那地方叫“黄泥洞”，巍然于黔北与川南的交界处。

在山上熬过了两个酷热的白昼，浑身被荆棘刮得伤痕累累，我们终于把砍的柴棒从滑道放到深深的河谷，浪花簇拥着满河的木柴欢快地漂去，我们匆匆启程了。一切劳累都烟消云散，伴着汩汩的水声，我们兴奋地谈笑着这一次黄泥洞之行的收获，幻想着美丽的花袜子，幻想着去买一包一角三分钱的“向阳花”香烟来过过瘾……天空是那样的高远而澄碧，山崖是那样的幽蓝而秀美，悠长的鸣蝉唱出峡谷的空旷和宁静。

初次放筏于深山峡流，一切都是那样地陌生而激动。太阳挨近西山林梢时，我们来到了一个叫做“白胡子”的河滩。一挂银瀑从悬崖上高高地摔下来，千丝万缕，飞珠溅玉，宛如长寿老人的飘飘银须。这里河面开阔，沙滩上或河边岩穴下，留下了放柴人歇宿做饭的无数灶石。其实，放柴人只要是午后路过这里，就必夜宿此地。但是，我们那时并不知道，也忽略了这两天的特别闷热，而只一个劲儿地继续赶路。峡谷渐渐地昏暗起来。转过一个山嘴，河面陡然狭窄，两山是刀削般壁立的森森石崖，枯藤老蔓从石壁伸展出来，你牵我挂，层层地遮掩着河的上空，只露出星星点点的缝，可以使人窥见上边的冥冥暮色。河水缓缓不知有多深。我们三人坐在一个木排上，任其慢慢地漂流……终于，什么也看不见了，就如同在钻一个长长的隧洞。

“啊!”这定是被人们称为“瓮子孔”的地方了，心里便不寒而栗。据说两山的猴子玩得无聊时，常将石头从山上推下河谷，放柴人路过“瓮子孔”，最怕的就是头上忽然掉下轰隆滚石。又据说这漫长的“隧洞”里，有一处暗流，一部分河水在那里被一股巨大的引力吸进石穴，要在很远很远的地方才能重新穿出来。若不慎落入暗流，则无一生还。那么，暗流在什么地方，我们不知道，也看不见，一切都只有听天由命了。心里便有些打悔，不该匆匆走进这鬼魂游荡的瓮子孔，倘是白天，那暗流是可以远远看见的。

唉！怎么说呢？人就是这样，很难在高兴时悟出那潜藏着的危险……大家都不说话，只有幽幽的峡谷，阴森森的水流。

终于闯出了毛骨悚然的瓮子孔，时间已是晚上九点多。河水在这里陡然一跌，很快转入另一个更为险要的长峡——“手爬岩”。夜已深，人已累，无论如何该歇宿了。

抬眼望去，狭长的夜空，缀满了烁烁星斗，如同一条流淌的星河。我们都说那南面岩穴下的一片细沙实在好睡觉，便放下行李，打着手电拣柴架灶，燃火煮饭。饭是极简便的，只要把水烧开，放下盐，倒入包谷面，搅成糊状即可。殊不知，水刚开，先前还是星光烁烁的头顶却忽然泼下倾盆大雨。三个人赶忙挤到一小块岩穴下面，一只脚蹲着一只脚半伸在雨里，勉强遮住半个身子。雨，铺天盖地下了半个钟头才慢慢小起来，待我们从岩穴下钻出来时，火早已被淋熄，仅有的一包火柴也不知掉到哪去了。一阵叹息，只好将包谷面倒进锅里，搅了搅，将就着喝下了一碗半生不熟的包谷面稀饭。

远处，闪电还在不断地划破那狭长的夜空，深深的峡谷黑得越发恐怖。觉是要睡的，但在什么地方睡却再也不能统一，我们三个，论学历：我是初中，另外一个是高中，还有一个小学。我和“小学”都坚持要到对面去，而“高中”却死活不肯，他是被那一场暴雨吓怕了，说倘是涨了水，河对面悬崖下的那沙滩将毫无退路，而河的这面虽也是一壁悬岩，但毕竟离河面一丈高处，还有小块芦苇地。我和“小学”都暗地里讥笑“高中”的胆小，但也只有依了他，于是脚下勉强拣出一片“平地”，铺上油布和毡毯，借着那一隅窄小而唯一的河滩很快睡下了。

但是，怎么也睡不踏实，迷迷糊糊地，总有凹凸的卵石把身子顶得怪不舒服，于是去拣开那块讨厌的石头。但不一会儿，又觉得另一个地方的石头把背顶得疼痛，便又去摸出那新的一块石头……如此反复不断地拣着那凹凸的鹅卵石，拣去了这儿的不平，又出现了那里的凸冒，整个睡梦都为着寻求平坦的舒适而去拣开身子下面的那些石头，但又总是拣不平。于是便生出许多莫名的烦恼，朦胧地听见河水的轰隆，像是巨石撞击着什么，赫然如天崩地裂，同时就觉得有一股冷气袭来。正是这时，我首先感觉到冰凉的河水漫到了脚边，“不好，涨水了！快跑！”我一声惊呼，三个人猛地爬起，飞快地卷起铺盖卷，还没来得及拣起煮饭的锑锅，迅猛的河水已经涌上脚背，淹到脚肚……手电也不知丢到哪儿去了，只见河谷里白光弥漫，轰隆之声地动山摇。

我们手牵着手，亡命地向那片芦苇“高地”爬去，到处是森森的芦苇野草，每一脚踩下去都是咕嘟作响的泥泞。夜寒彻骨。我们三个落汤鸡用背贴背的方式蹲靠在一块儿，无可奈何地望着眼前那黑压压的崖壁，盼望着，忧虑着……

零星的细雨飘下来。暴涨的洪水震耳欲聋。先是哀叹那寄予无限希望的木柴被洪水洗劫一空，接着是庆幸没有贪恋河对面那一席舒适的沙滩和多亏那拣不平的鹅卵石，否则，此刻早已被水打走了。这一切阴差阳错，似乎冥冥之中，有什么神力在昭示着我们走出这黑色峡谷的死亡。仰首望去，对岸是黑压压的一片石壁，无数的萤火幽灵般明灭其间，遥遥地直接那一条带子式的铅灰色夜空，峡谷里，除了洪水的咆哮以及冰凉的水汽外，就只剩下我们漫长的沉默。不过，毕竟还有一种侥幸，相信天明后能找到一条出路。高中生忍不住咏叹道：幽幽深谷万点萤，夜色无边人断肠……

终于盼到了天亮，但展现在眼前的情景则使人目瞪口呆，前后左右，都是刀劈斧削般的万丈石壁，而脚下那汹涌咆哮的河水在三天五天内是绝对不会消退的，唯一的一盒火柴和那煮包谷面稀饭的锑锅已被洪水不知卷到什么地方去了——我们，陷入了绝境！“高中”低垂着头，一言不发，半夜里咏叹流萤的诗兴早已荡然无存。

“小学”正拔着芦根野草，试图找到一种拯救生命的希望，我则不相信只有我们三人是开天辟地以来第一次被困入这样的绝境。

看看四面的悬崖，背后有一面只有四五丈高的石壁，上边便是一片林子，苍苍地耸入天际。这是一座石灰岩，壁上无藤无树也无草，全是笔直的陡峭。我发现石壁上面一个凸出的地方，像是被人摸过一样的光洁，接着又发现了第二个、第三个……我激动而小心地抓住那一个个凸出的地方，慢慢地踩住小得可怜的一个凹陷处，居然弯弯拐拐地伸向那石壁的顶端！

于是，我爬在前面，仔细寻找着那被人摸过的石包儿和被踩过的“石碗”，那是容不得乱了一脚再换另一步的。我艰难地探索着、寻找着，小心翼翼地踩出绝对正确的一步，告诫爬在我身边的“高中”，告诉他该摸哪儿和踩哪儿，“小学”继后。渐渐地，我们终于冲出了绝境。一爬上崖壁，又很快找到了藏在密林深处的一条几乎不能通行的羊肠小道，亡命地一口气爬上了半山腰。当遥遥地看见那山林中掩映的一座茅屋时，我们激动得泪如泉涌。热情的主人告诉我们：“那儿叫玉石滩，放柴的人绝不能在那里歇宿，曾经有五六个打山匠（猎人）从那崖上摔下去跌得粉身碎骨。好多年没有人敢爬那断魂的崖了，你们好命大！”只在这时，我们反倒怕起来，顿时虚汗直淌，晕死一般软在那里，久久地站不起来……

二十多年过去了，我再也没去过玉石滩，但那一幕幕惊心动魄的情景，却叫人永永远远不能忘怀。其实，漫漫人生，总有那如许不顺心的事，或被歧视、被嫉妒、被打击、被人算计、被人看不顺眼……即如那一地的鹅卵石硌得你总不能得到理想的安稳和舒适，心里便有些愤愤然，于是花了许多的精力想拣平那些顶背的石头，幻想着高枕无忧的安乐。但是，河滩里的鹅卵石，你是拣得平，拣得完的么？既然不可能，又何必呢？只需有在悬崖上求生的勇气，所谓“生于忧患，死于安乐”，真是千古绝唱！

都市梦语

人总在做梦，也总想做好梦，但好梦可遇而不可求，一如人生的缘分。

弹指间，从那遥远的故乡小城跻身这红红绿绿的都市，已是一年了。一年里，确也做了许多梦。可有谁相信，这些梦全都是些与这都市生活格格不入的梦。

比方说，每天目睹的是栉比鳞次的高楼大厦，是热锅蚂蚁般奔涌的滚滚车流，是令人眼花缭乱的霓虹灯彩，是戴着墨镜满街呱啦着手机的红男绿女，更有不绝于耳的疯狂的摇滚乐以及缠绵的萨克斯……当然，狂风忽来，乌云压顶，雷声骇然，暴雨如注，或头上那一小块晶莹如玉的蓝天也不乏可见，也只有这一点仿佛可以入梦。可是，就在都市的那一个小小的角落里，却尽做着这样的梦——满田满坝的秧苗一片葱绿，怎么我家的秧子还没有栽完？到处找不到牛犁田，真急得人火烧火燎；又是在缤纷的菜园里摘南瓜茄子，又是在那深深的峡谷里放排或在山崖上砍柴，一只野兔扑入怀中！突然惊醒，眼前一片朦胧，一时竟想不起自己是睡在故乡的老屋，是在小城的阁楼，还是其他什么地方？每每这时，总叫人费解，为什么所做的梦，全是故乡的山、故乡的水、故乡的人？

慢慢地明白了，原来无论自己在哪里，无论岁月怎样流逝，那根还是在故乡；也无论怎样出入森严的城府大院，你终究是农民的儿子，你的每一个脑细胞里都渗透着故乡昔日的岁月、故乡的父老乡亲、故乡的友人……

这倒也好，当你时常听见他们抱怨什么级别呀、职务呀，又是哪一次招待不周呀，没有小车啦，以至于骂天骂地气得一塌糊涂等等等等，就像任性的小孩向大人们要这要那，因要不到而又哭又叫的那样子。或者当你受到人们认为不应该的冷落之类，你会出奇地坦然，会有一种跳出三界外，不在五行中的超然心境。当他们为一个职级或其他什么气得彻夜不眠时，我却在那很不起眼的小屋里做着一个个田园旧梦，梦中尽是绿树清溪，满耳蝉声，有故人同行乡间小路，脚下满地黄花；或身边翩翩红叶，疏林如画修竹摇曳，甚至昔日的“吹牛协会”们也来了，一个个“龙门阵”吹得天欢地笑，云也悠悠，水也悠悠。

我敢断言，终日为官帽和名利所累者，梦中也是在为升迁之类捶胸顿足，哀哀乞哭，绝不会有我等山人赏鉴村野风光的田园怡梦。

当然，好梦不会时时都有，许多时候是梦又不成夜又深，而只剩下一阵久久的孤寂。常常听说某位友人要来，于是切切地期盼，期盼友人带来故乡的那一片葱蔚的洇润之气，但又往往是一片失望。记得我曾等候一位友人，一直等到露冷衣寒、夜阑人静。我明知友人不会来了，却依旧执迷地望着门外那一片静静的灯光。于是又盼望着做梦，偏又是友人不往梦中行。无可奈何，浊酒一杯家万里，一醉方休。

做不成梦，就去追寻回忆的脚步，回忆故乡的山水人情。这也能给人以慰藉，给人以力量，使人不会忘记自己的过去，不会忘记自己是农民的儿子。虽然，好梦不可求，但回忆得多了，也就酿成了好梦。诚如是，今生今世，我永远只有故乡的梦。

故乡的梦是甜美的梦。

故乡的梦是纯洁的梦。

何毓敏

男，生于1964年11月，贵州省道真县人。研究生，高级工程师。贵州省作家协会会员、《中国测绘报》记者、《杜鹃花》编辑。现供职于贵州省地矿局测绘院党办公室。先后在全国三十多家报刊发表散文、散文诗、诗歌、报告文学、小说等文学作品600多篇，100余万字，20多次获得国家级、省级奖项。专著《月亮贺卡》获中国第三届宝石文学奖、中国优质图书奖、贵州省职工文艺创作散文一等奖。由其担任总撰稿的九集电视专题片《苗岭先行兵》获得中国十佳行业片奖。

瓮溪河木桥

如果不是这群手拿罗盘的地质队员，到偏僻荒凉的王家村勘查，发现地下蕴藏着的金灿灿的金矿，或许，瓮溪河木桥至今不会变成一桢优美的风景，而是一道艰难的屏障！

巍巍大娄山脉像一条巨龙，在黔北高原蜿蜒开去，便生出一道道崇山峻岭和陡峭峡谷。人的智慧和创造力极其伟大，为平履这些天造地设的屏障，人们在深沟险壑间修建架设了各式各样的大桥，不断推陈出新，形式不一而足，从石拱桥到铁索桥，从水泥桥到组合拱桥，一座座飞架天际，横亘峡谷，让人感受一种气贯长虹的恢弘与气概。但最让我忘却不了的，却是横卧在瓮溪河上那座古老而悠远的老木桥。

千百年来，瓮溪河昼夜不息地向前奔涌。居住在岸边的王家村百余户仡佬族人家，面对那波涛汹涌、水流湍急的茫茫河面，也许不是一桢悠闲的风景而是一道艰难的屏障。祖祖辈辈走出大山的渴望，只能寄托在河边那条斑驳破旧的渡船上。如遇洪水猛涨，乡亲们就只有站在停渡的岸边，眼巴巴地望着白浪滔天的河水发愣发愁。一代代修桥出山的美好梦想，都在滔天巨浪的怒吼声和兵荒马乱的炮火声中变成泡影。

瓮溪河依旧默默奔流，乡亲们盼桥的日子依旧遥遥无期。靠天靠地不如靠自己！新中国成立后，满目疮痍的祖国百废待兴，王家村的仡佬族乡亲们自发组织起来，有钱出钱，有木伐木，有手艺的出手艺，他们举全村之力，在亘古空旷的河面上，开天辟地架起了第一座全木结构的桥梁，为刚刚诞生的新中国献上了一份特殊的礼物。木桥牵连在高山峡谷之间，横卧在滔滔激流之上，头上白云悠悠，脚下波涛怒吼，两岸峭壁如削，初次行走这座木桥是需要一定勇气的！这倒不是因为木桥如何危险，而是眼睛会有意无意地盯着湍急的河面，越盯心中越急，身子便不由自主地晃悠起来，但只要坚定地走过木桥，就会感受努力和奋斗之后的喜悦与酣畅，就像修建这座木桥的人们一样！站在河边仰望那桥，木质的桥身在阳光照耀下一抹光亮，仿佛一条金色的纽带，连通了王家村仡佬族乡亲走出大山的希望！

王家村依山傍水，土地肥沃，那一溜溜一排排的桃树、李树和樱桃树，年年被丰收的果子压弯了腰。自从修建了木桥，乡亲们再不会让这些果子烂在树上，而是装满大大小小的箩筐，颤悠悠地挑过木桥，挑到乡场上，让收获的喜悦和王家村的美名在乡场的赞美声中流淌。夕阳挂在山尖上缓缓西沉，乡亲们也不会为回程慌忙，赶集归来的欢笑声飘荡在木桥上，那种爽朗淹没了惊涛骇浪千百年的张扬。徐徐吹来的河风仿佛是一支乐曲，梳理着人们对岁月的思索和未来的期望。此时乡亲们忽然发现，这座木桥已经变成致富的金色通道了。

金色只是一种比喻，那木质的桥梁是耐不住风吹雨打的。十几年过后，木桥开始渐渐衰老，有些柱子甚至已经发霉变黑，走在桥上左摇右晃，那吱吱嘎嘎的声音，在山谷间回荡出一种莫名的紧张。当地政府十分关心重视，挤出资金翻修加固，并买来油漆把桥体漆得锃亮锃亮，那坚实挺拔的木桥，已不是简单的通道，而是王家村引以为荣的一道优美风景了。

岁月如梭，一晃五十年过去了，那座木桥依然静静地横跨在瓮溪河上，依然是那样的古朴和壮观，唯独不同的是木桥已没有往日人来人往的热闹，显得有些冷清和孤单。这不是因为乡亲们忘记了它，而是在离木桥不远的地方修建了一座钢筋混凝土大桥。最近几年，一群手拿罗盘的地质队员走过颤悠悠的木桥，到王家村附近勘查找矿，发现方圆十几公里蕴藏着丰富的金矿，原来王家村的乡亲们祖祖辈辈睡在金山上！为了开发这些地下宝藏，地质队引来客商投资开发，兴建矿山，并投资修建了一百多米长的钢筋混凝土大桥。从此，大桥上车来车往，一辆辆满载矿石的汽车川流不息，乡亲们世世代代期盼的自由进出、如履平地的梦想终于变成了现实！更可喜的是，乡亲们在金矿开发的带动下，走上了致富的道路！

站在崭新的大桥上举目望去，那座古老的木桥，依旧悠立于离大桥不远的地方，以一种古朴而静默的存在，巍然于经久不息的波涛巨浪之上，挺立于漫漫风雨之中。远远望去，仿佛高原峡谷间耸立的丰碑，昭示的不是落后与寂寥，而是一种历史的真实与厚重以及风雨浸润的岁月时光。

呵！黔北高原瓮溪河上古老的木桥，伴随着王家村的乡亲们一路走来，每一根桥柱和桥栏，倾听的是时代行进的铿锵脚步，铭刻的是创造才是最美、创造才能更美的永恒诗章……

怀念奶奶

1997 年秋天，一个凄风苦雨的日子。奶奶走完她 93 年的生命历程，永恒在镜框里了。

那镜框一尺见方，里面嵌着奶奶的照片，挂在老家客厅的正墙上。照片是黑白的，照片上的奶奶，如木刻版画一般，已被岁月抽象为寥寥数根线条，静静地定格在那里。那么安详，那么宁静，那么慈祥和亲切！

每每默默地凝视和端详照片，照片中的奶奶，就会勾起我们无尽的哀思和怀念。

我的父亲在外工作，母亲一人操持家事，因此和奶奶在一起的时间最多。我们兄妹五人，都是奶奶看着长大的。从牙牙学语到上学读书直到走上工作岗位，都是在奶奶的疼爱和呵护中。奶奶不识字，在我的印象中亦不曾出过村子半步，却有讲不完的故事。每每皎月当空，夜风轻拂，我和妹妹早早地在庭院里安好椅子，非要拉奶奶讲故事不可。奶奶给我们讲牛郎织女，讲嫦娥奔月，讲猪八戒背媳妇……听奶奶讲故事是一种极大的享受，我们总是屏住呼吸、睁大眼睛、凝望夜空，脑子里满是无尽的幻想和遐思。也正是从奶奶讲的这些故事中，我们懂得了人间的真善美和做人的道理。

奶奶最关心的是我们的学习。从70年代初开始，已是高龄的奶奶，早早地起床给我们做好早餐，然后再招呼我们起床。“敏呀，起床啰，快吃东西上学去……”每当耳边萦绕起奶奶这亲切而慈爱的声音，这上百上千次于酣梦中唤醒我的声音，我的泪水禁不住潸潸而下……奶奶为了我们的学习，宁肯自己多吃苦受累，把关心疼爱的深情融进了每一个细节。放学回家刚搁下书包，奶奶便拿出许多烤得黄澄澄香喷喷的红薯，然后吩咐我们去帮助妈妈割草或者放牛……夜幕降临，回到家里，奶奶已给我们全家准备了丰盛的晚餐，即便20年代末生活困难时期，奶奶也要用仅有的南瓜、茄子、豇豆等做出各种各样的花样和口味。吃完饭，奶奶会严厉地命令我们马上做作业，绝不允许出去玩耍。奶奶在厨房收拾停当之后，手拿一把扇子，静静地坐在我们身边，陪着我们……日复一日，年复一年，奶奶把她全部的爱倾注在我们身上，期望我们学习进步，学业有成。我们几姊妹都没有辜负奶奶的期望，每到学期结束，都要抱着奖状回去给她老人家报喜。她高兴地把奖状整整齐齐地贴在墙上，一张，两张……墙上的奖状越贴越多，奶奶也越来越老了。但她依然是那样高兴，她仿佛从这一张张奖状中，看到了她辛勤操劳的硕果，看到了孙子们未来的前途和希望！直到80年代初期，我们五姊妹都像长硬了翅膀的小鸟，一个个飞走时，奶奶拄着拐杖倚在老家的木门上，流着泪为我们挥手送别，一缕缕银丝般的白发在风中飘动……

我不知道，奶奶为我们送别时的心境是怎样的，或许是高兴激动，或许是依依不舍。奶奶含辛茹苦，就是为了我们长大成才，而当朝夕承欢膝下的几只“小鸟”真的离开她的怀抱时，奶奶内心深处却又深深地舍不得了。奶奶就是这样善良和朴实，远亲近邻都这样称赞她。的确，奶奶是一位典型的中国女性，勤劳善良、热情大方、性格豁达、胸襟宽广，遇事总是那样沉着冷静，不急不慌。记得有一次，我家的樱桃熟透了，红得透亮的果子压弯了树枝，正当我们准备采摘时，被“梁上君子”偷走了一大半。我们气得双脚直跳，奶奶却心平气和对我们说：“果子是吃的，这么大一棵树我们怎么吃得完，还不是要送给邻里尝尝。俗话说远亲不如近邻，大家尝尝鲜多好呢！只不过这种方法不合适，我知道是哪几个摘的，说说他们，今后改正就行了。”奶奶的这番话，以及她在漫长的生命旅程中的言与行，都充分证明了她老人家善良而豁达的性格，宽容与宽广的胸怀，为我们晚辈树立了光辉榜样！同时也正是她身上闪耀着的这种美德，成为长寿的秘诀，奶奶活到93岁高龄，成为当时我们那片地方年龄最高的“老寿星”！

岁月匆匆又流过一年多的时光。一天，妹妹打电话告诉我说，奶奶这一段日子身体不太好，卧床不起已好几天了，嘴里天天念叨着我，要我回去看看。我日夜兼程匆匆赶到家里，奶奶静静地躺在床上，看上去是那么瘦小、枯弱。我轻轻走近她，坐在床沿握住她的手，奶奶知道是我回到身边了，仿佛病好了许多，坚持要坐起来，并连声说上班忙，不应该拖累我回去看她。我说奶奶快别这么说，我们远在他乡没有报答和照顾您老人家心中很愧疚，说着热泪悄悄滚落下来。

我和妹妹坐在床沿，凝视奶奶慈祥而又苍老的脸，给她老人家梳理头发。奶奶的头发丝丝洁白，俨如高山上千年的积雪。我们精心地梳理着她的白发，仿佛穿行在岁月的丛林里……

过了一些日子，奶奶的身体和精神又渐渐好起来。已是 91 岁高龄的奶奶，仍旧和过去一样闲不住，坚持做些家中的活儿。我匆匆赶回单位上班，没想到，这便是和奶奶的最后一次见面。我从内心深处深深祝福奶奶健康长寿，百岁不老！可奶奶年岁已高，如生命旅程中的蜡烛，已燃到生命的尽头了。1997 年秋天的一天中午，我正坐在筑城的公共汽车上奔跑于大街小巷，腰间的 BP 机骤然响起，那号码一看便知是老家的妹夫打的。妹夫说：“二哥，奶奶她……”我顿觉天崩地裂、天晕地眩，脑子里霎时一片空白。

那天，我记不清自己是怎样回到家的，只感到回家的路，从没有那么漫长，从没有那么暗淡，从没有那么沉重。回到家里，家里已哀乐四起，堂屋里设了灵堂，亲友、乡亲们都赶来了，脸上挂着泪，一派悲戚、肃穆的气氛。妈妈轻声对我说：“孩子。你奶奶走了，走时她还念叨着你们哩……”我“哇”的一声大哭起来，泪水像断线的珠子，顷刻间迷蒙了所有的视线和思维。扑跪在奶奶的灵前，我哭得喘不过气。姐姐和妹妹们扶我站起来，看到奶奶那安详而宁静的面容，我又一次哭跪下去。回想奶奶慈祥和蔼的笑容，回想起我们曾经在一起的日子，以及几十年如一日对我们的疼爱、呵护和付出，我感到一种旷世的悲戚和内疚……

三天之后的早晨，在那条奶奶生前送走过祖先的小路上，我们簇拥着奶奶，走向最后的归途，那遥远的地方。

墓地很宁静。静得如同最新的洪荒。祖先们的坟冢环峙周围，生命在这里还原为青草的呼吸和山谷之风亘古不息的浩荡。

登上城市的高楼，回望家园深处，仿佛能看见镜框里的奶奶，如镜子一样闪烁光芒；仿佛能看见奶奶坟墓上的青草，如旗帜一样猎猎飞扬……

高原开拓者

——山野情之一

一个像醇酒像巧克力像姑娘笑靥般甜蜜的梦，被理智而果断地掷地有声的抉择咀嚼，咀嚼成信念，咀嚼成足迹，深深地铭刻在高原沉睡的大地。

从此，沉闷了亿万年的高原微微颤抖，那像石磨像油灯像荒山一样古老沉重的太阳仿佛也变得热烈。

登上被贫困被保守被愚昧压弯的高原脊背，你种下粒粒崭新的汗滴和像汗滴一样成串的希冀，让它在困顿在徘徊在观望的目光中经受洗礼，有阳光也有春风，有雷电也有雪雨，在古老和年轻交织的高原，汗珠很快破土而出，后来又硕果累累……

也许果子太红，使石磨使油灯使荒山感到无比新奇；也许果子太大，使困顿使徘徊使观望感到无处立足。你想吼想喊，又想笑想哭，但最终你都没有，只想到千呼万唤还不如脚印一串汗珠一滴！

你就这样勇敢这样坚强这样执著地向前走去，像一道闪电，一阵劲风，把高原愚昧贫困的过去撕成碎片扔下谷底。

于是，人们在闪电中昂起了头颅，睁圆了眼睛，自觉或不自觉地站起，狂吼一声推倒了石磨吹灭了油灯扳直了高原的脊梁，而后把青筋暴涨的激动和热血沸腾的憧憬高高举起……

从此，高原活跃着一支永不安分的精灵，他们要把那轮古老沉重的太阳，

擦圆，

擦亮，

擦得辉煌灿烂碧空万里……

收割季节

播种许多汗水。

播种许多希望。

今天，我们用兴奋的手指挥动镰刀，收割汗水成熟后的光泽和芬芳！从村庄到田野，又从田野到村庄，我们流淌的汗水结成果实，饱满地悬挂在麦梢上，金黄而鲜亮。那是汗水在闪烁吧，放眼望去，一丛丛金色伸向天边，麦芒上燃烧着太阳的光芒。于是，我们以飞翔或舞蹈的姿态，收割麦浪！

镰刀飞舞之后，麦穗纷纷拥挤汗珠凝成的渴望。轻轻捧一粒贴在胸口。芳香便从麦尖上溢出，悠扬如歌，浸入我们黝黑厚实的胸膛。

收割麦穗，我们的情绪盈盈地铺落晒场，一如麦垛，层层叠叠堆满村庄！那是何等壮观、何等辉煌的场面呵！乡村的日子仿佛瞬间长高，就连孩子们踮起脚尖追逐嬉戏的脚印也始终攀援不上。我们忙碌着，在笑声拥挤、歌声拥挤的晒场上，忙碌地清点汗水凝结的光泽和馨香。

乡村的晒场和我们一样质朴诚实，清点汗水是最为神圣的地方。

那就抛起吧！和兴奋一起向上高高抛起麦穗，纷纷扬扬，飘飘洒洒，一粒粒都显示汗水的分量！凝结汗水，就沉甸甸地堆积成金；远离汗水，晒场就空空荡荡！

麦穗是真实的，果实是真实的。

汗水是真实的，分量是真实的。

这是乡村晒场唯一的尺码和度量。

收获了麦穗，就收获了汗水成熟的喜悦和芬芳。把它酿成酒吧，它会醉倒日头，醉倒村庄，于明天，萌生崭新的激情和高昂。

我们在乡村收割麦穗！

同时，我们在乡村收割人生，收割庄稼人自己……

廖江泉

男，生于1968年11月，贵州省道真县人。贵州省遵义市作家协会会员。曾供职于贵州省道真报社，现供职于道真县环保局。已有近百首诗作在《星星诗刊》、《诗潮》、《青春诗歌》、《诗歌报》、《国土资源报》、《贵州民族报》等10余家刊物发表。

山羊的眼睛

在未被人驯服的动物中，我想山羊是足够让人心疼的一种，它的眼睛有一种天然的魅力，让人容易为之心动。与一只活着的山羊亲近，于人是一件不容易的事情，因为上苍在造就山羊弱小的同时还赐予了它一双善跑的腿，就这一点上来比较，人就笨拙得多。山羊的腿纤瘦而富有韧劲，它的后腿远长于前腿，这使它在平地站立时，只能保持一种朝草地倾斜的姿势，几近于佛教徒心中的礼拜。我不知道山羊是否辈辈代代都应该用一种感恩的姿态活着，但我知道山羊永远不会在它的森林中昂首阔步，但这又何妨，它何须傲视一切，它活着确实不是给人看的，它只痴迷它的天地它的嫩草它的奔跑它的风风雨雨它的爱恨悲喜它的无奈与迷惘。它善跑的腿是用来逃命的，它们就这样从远古跑到了现在，一辈又一辈，在奔跑中默默传递着生命的接力棒。它的后腿是用来征服陡坡的，我曾亲眼目睹过山羊在峭拔的山坡上逃命，那简直如林中惊风，倏忽间就隐没得没有痕迹。

小时在语文课本上结识了《老山羊和狼》，始知它的善良。今天我有缘与一只受伤的山羊相遇，我便在心里承认了它的友善不仅在童话与寓言中，也在它的本性里。这只山羊浑身的毛是那种毫不起眼的土黄色，并不漂亮，我想山羊是不渴望漂亮的，漂亮的颜色于它可能就是致命伤。山羊是那种胆战心惊需要逃避的牲灵，它不想谁发现认识它，除了树木和有棱角的石头，除了枝上跳跃的山雀与风中起伏的野草，山羊需要的就是静谧和隐姓埋名。我眼前的这只山羊就是这样，现在它还不把握自己的命运，它带着身心的伤痕来到我生活的这个渐渐有现代文明气息的小城，在喧闹与平滑的水泥地面上，它表现得很糟糕，它的四蹄显然是害怕这种坚硬，总是站不稳当，稍不用心就四蹄搓动不停，活像抽搐，它的喉咙还发出了晦涩又暗淡的哀鸣，要费好大的劲才能站住片刻。我看到了这只山羊的可怜，递上一把新鲜的莙叶并靠近扶住它，我认为它会抗拒，我生活的常识告诉我要小心一些，但显然我的担心是多余的。事实上它已经受了重创，它的左犄角被打掉了，还残留着血迹。也许那一声轰鸣还停留在它的脑中，也许那颗飞速带着杀机的子弹已把它吓蒙。它顺从地站在我蹲着的左腿上，好像我们百年前就梦见过，好像我是另一只山羊曾经与它相依为命。

它舔着我掌中的莙叶望着我，猛然间，我就看见了它幽蓝的眼睛，我相信，在那一瞬间我被感动了，那是我渴望的一种颜色，是一种抒写着善良与自然本真的色彩，它不包含愤怒与杀机，它没有仇视和怨恨，那是一双在平静中蕴含着忧郁与谦让的眼睛，山水的灵气，山水的至美已经涵括其中。山羊的眼睛——就像我凝视遥远的山峰出神时心中的慨叹一样：幽而蓝。

这些牲灵（二章）

散步时遇到蜻蜓

夏天到郊外去散步，田野里葱郁的庄稼，确实让人耳目一新。四周又极静，在喧嚣中有些疲惫的心陡然间就充满了活力，感受到了一种透彻肺腑的凉爽，原来世界还是这么宽敞，空间还是这么廓大，想想陶公心中的世外桃源、自然生机也不过如此了。

满眼是飞舞的蜻蜓，红腹蝉翼，穿梭交织，跟留在记忆中的童年没有两样。满心欢悦欣赏这些灵动的生命，你不禁赞叹起自然的造化，温暖就这样涌上心头。

你觉得心胸博大了许多，善良仁慈到可以百分之百的让人信赖。你就屏神敛气，静悄悄地站着，像身边的一棵野草，你幻想着，你的身体也渐渐地闪着碧绿的光泽，风恣意地摇晃，这时你就渴望有一双柔软的纤足降临，像降临到颤抖的草尖一样，可是你没有等到，它们从你的身边成群结队地飞过，它们与你擦身而过的那个瞬间好像触了电，躲闪之快令你暗暗吃惊，你不禁惘然，不禁慨叹，“立地成佛”终究是句慰人的话，你想一千年以后再说吧。

但是你不甘心，你不相信自己真的是那么可怕，你就蹑手蹑脚地去捕捉，你想捉到一只，然后告诉它，用阳光的话语跟它细说，此时此刻你已抛弃了一切邪恶，你的内心里现着光明，跟田野的一草一叶没有什么两样。可是你捉不到，一只也捉不到，这些小生灵好像比童年时更机警，好像洞悉了什么。

你明白了，不是你太笨，是它们太小心翼翼，太善于躲避了。在紧张与警戒的生活中，神经锻炼得异常的敏感，异常的易于惊醒。

忽然间，你想到了草木皆兵这个词，千千万万的生灵啊，这也许就是我们的悲哀。

老鼠在月光中来访

你一定碰到过这样的情景，夜阑人静，月色破窗而入与你同眠，这时你四肢舒展，浑身通泰，美得像个神仙。可是你的房间发出了窸窸窣窣的响声。不用说，是那“日出而息，日落而作”的家伙，它的动作可不够风度，你闭眼都想得到，蹑手蹑脚、贼眉贼眼的模样。我可多次感慨过上苍的不公，把我们捏弄得这般参差不齐，美的美得让人羡慕，丑的丑得自己也可怜。可想想老鼠，也就心平气和了。你不要以为我在同病相怜，我还没有沦落到与鼠相惜的地步。想想它那胆战心惊、东张西望的神态，我就动了怜悯之心，我何必出声，我何必有所举措，我何必扰乱这流溢在茫茫苍穹之间的月辉，我何必用暴力辜负这宁谧至美的夜晚。让它去吧，费尽心思，原来不过是想吃口剩饭啊。

为风所动

微弱的风，他没有质感的缥缈很容易被我忽略，就像傍晚时分越来越浓的夜色中可能出现的幽灵，他只能被那些神志恍惚的人撞到。但当风吹得越来越紧，风的身体就带着他神秘的力量撞到了你的心坎上，你躲闪不及，虽然这样的风好像还没有谁给他正式命名，但你已经感受到了他的存在，和他宿命一般的魅力。

风总会掀开和揭露一些深埋在心之地狱里的东西，风就像一个背信弃义的老朋友，说出了我不经意泄露给他们的一些不光彩的呓语。风的手指有时确实是有魅力的，就像他要改变大地的颜色一样，要改变一个人的色彩，更加容易，他有时甚至采取一些重力加速度的小伎俩，使你的面孔像逼真然而挺吓人的面具一样换了一副又一副。

每一阵风都有他的使命，但我们不容易洞悉，因为那是上苍的隐语，只有赋予了上苍一样睿智的人才能感知与解读，然而这样的人他只能跟上苍一样一言不发，或者他只摆出一张死亡的面孔仰望岁月，让滚滚红尘中随波逐流的人厌恶，所以每一阵风的生命都能以美好或者邪恶的名誉在心灵的水域激起涟漪。

风的如愿以偿其实与我们人有关，就像假钞票孕育了验钞机一样，就像落叶成全了霜降一样，每个人都不可避免地在风的试金石上经过。这一切都不能怪罪风，当然也不能怪罪人。人非圣贤，人也非草木，天生我们就不能跟树木一样易于扎根。大地仁慈地给每一棵树创造了扎根的地方，而现代文明却以减法的方式使这样的机遇无限逼近了乌有。可天空无际的空虚往往使我们茫然与卑微。人是一种总渴望扎根却不得不背负着杂乱的灵魂不断在自己的坎坷中迁徙的动物。

所以，不要责怪我，尽管我也偶尔为风所动，其实为风所动是人的常数。风有时是另一位苛刻、严厉的导师，不，应该说风是心灵的另一个夜色，在黑暗中的解放使我们目睹了自己的一切。人只有在洞悉了自己以后，他的良知才会为自己的斑点而害羞与愧疚。

每一阵风都怀揣着上苍的旨意，他是一阵浪，永不疲倦地淘洗着岁月的尘埃；他是一座炽热的熔炉，他的良知在于让真正能发光的事物留存下来。

吴明泉

男，生于1966年6月，贵州省道真县人。贵州省道真县文联主席、遵义市作家协会理事、贵州省写作协会会员、中国残疾人作家联谊会会员等。散文诗歌集《绿雨诗情》由大众文艺出版社出版发行。小说《灵醒》在《贵州作家》、《遵义文艺》发表。

仡山剪影

一

春天的色彩，绿得醉人。

早起的雄鸡唤醒了黎明，初升的太阳圆球般在窗外启动，很暖很柔。远山，和煦的微风把百灵声系上枝头。田野里盛开的油菜花在静静地飘洒清香。

黄昏走来，有线广播叫响了山野的宁静。炊烟袅袅在山民的欢笑中。山民们喝过热气腾腾的油茶，然后唱一支山歌，多情而野性……

春夜，月光醉人。

二

盛满沉重的岁月开始沸腾，牵牛花爬上古老的窗棂，不知哪来的风？掀开了这淳朴的门扉。

于是，一群野性的孩子跳出山闸，说要去山那边读书。教室里的老师辛勤地耕耘，说知识浇灌的庄稼长势很好。于是，一群孩子走进教室，开始播种好多好多的幻想。

从此，仡山便多了一种声音。

桃源新说

芙蓉江的水，她不断地变换着姿态，痛快地征服群山。

玉带一样的盘山公路，将大山的身体紧紧地裹住，使闭塞的世外桃源通向山外，使世居桃源的民族奔向远方……

盘山路

通往桃源的盘山公路是一道亮丽而独特的风景，算得上公路的一大奇观，初来此处的人们无不驻足观看。那一条蜿蜒的玉带缠绕着那一座座山，一道道岭。

正值桃李扬花之际，春意盎然，盘山公路为险峻而美丽的桃源再度添色增辉。然而，当人们目睹悬崖峭壁挡住了去路，面对这高高的大山和深深的幽谷，却不知如龙腾飞的公路怎样从谷底“爬”上高山？又是如何从高山“潜”入谷底的呢？

其实，当你猛然醒悟、心领神会之时，你定会油然惊呼：现代的汽车在高高低低、弯弯曲曲的盘山公路上艰难爬行，不就是为桃源增添了一道更美的风景吗！

忘忧谷

让软弱的我们懂得残忍/狠狠面对人生每次寒冷/依依不舍的爱过的人/往往有缘没有份/谁把谁真的当真/谁为谁心疼/谁是唯一谁的人/伤痕累累的天真的灵魂/早已不承认还有什么神。美丽的人生善良的人/心痛心酸心事太微不足道/来来往往的你我遇到/相识不如相望淡淡一笑/忘忧草忘了就好/梦里知多少/某天涯海角/某个小岛/某年

某月某日某一次拥抱/青青河畔草/静静等天荒地老

当你唱起这首忘忧歌，不知不觉走进盘山路之下的幽谷。

这是一条位于桷木塘大桥上游狭长的幽谷，这里让你远离城市的灯红酒绿，忘记闷热酷暑的夏日，轻轻地放松心情，静静地享受清凉。在此，姑且让我把她叫做“忘忧谷”吧。

幽谷里溪流轻颤而来，轻颤而去，有一种乐音像是从幽谷的最深处涌出来。那乐音纯粹，没有复调的嘈杂，也没有丝弦的单一。这些声与色在幽幽谷底弥漫、融洽，使人们在尘世里几近失聪的耳朵顷刻间灵醒起来。在书本上见识过的文字，在这儿只能是点缀，而花费心机轻拢慢捻的语言，怎能敌过这大自然唯美之音?

细雨来临，但见幽谷切入绿中，恍若要嵌入心去，穿肠而过。那，我是否就能在滚滚红尘中劈开一条出世之路么?这动与静如此和谐，使忘忧谷从容进入了意念之中；而几尾从细雨和野绿的缝隙中洒下的天光，又将我从幻境拉回了现实。这是一块与人为相背离的地方，它总在人们企图忘怀尘世之忧的时候，突然加深了孤寂的色彩，加重了忧郁的重量。

云雨幽谷之声，与人的感知，与天地的感应汇成了诗，汇成了歌，诗歌中的无数意象和意趣，就这样遁出凡世，永居幽谷，读懂它们的人，世间忧愁又如何忘得了?来此之人是否都在忧郁里张望着，或激越地冷漠着，或专心地忧愁着?

情人谷

那漫天纷飞的雨丝，柔柔地飘落在幽谷中，好像怕惊醒了熟睡于甜梦中的情人。幽谷若隐若现，蕴含韵味，最有情调，最容易勾起无限的遐思……

站在桷木塘大桥上，凝眸桥下的情人谷。黄莺、山鸡交相呼应，与动听的溪水演奏着和谐的音乐。幽谷两岸，郁郁葱葱，藤蔓交错，俯下身子抓一把晶莹剔透的细沙，捉上几只螃蟹，呼吸着温馨芳香的空气，让你心灵因之清净，思虑因之幽远，胸怀因之博大，情趣因之酣然。

情人谷就像一个美好的梦境，外面的人不由自主地想进入其间，里面的人乐不思蜀地不愿走出乐园。凝望着情人谷，我不禁惊叹于大自然神奇的巧手，为人间勾画出这美幻美仑的世界；山水回环，风景秀丽，加之情人谷就位于梅木塘大桥之下，因此，我从心底里把梅木塘大桥称之为“情人桥”……

走过情人桥，顺水而下，缓缓走进情人谷，石缝间的各种不知名的野花，听着时而传来的山鸡的求偶声，品味着清泉鸣幽涧的意境，不得不让人激起牵手相依的美好境界。当一对恋人将各自的手心放在石头上，会体会到双方的心在跳，爱情之火在慢慢燃烧，你一定会感觉到融入神仙眷侣当中了。所有的人，所有笑容，话语甜美，脚步轻盈，不受世事的困扰，个个如神仙般逍遥自在。所有的女人都像花朵一样美丽，这些开在春天的花朵，成为了最引人注目的风景。所有的男人都成为护花使者了，有的轻轻拥抱着花朵，有的像蜂蝶一样尾随着花朵。

身陷情人谷，就会想到女人的泪。纷纷细雨中，情人谷濛濛洒落，如泣如诉，缠缠绵绵，哀怨娇嗔，令人心碎。柔柔微风里，情人谷娇翠欲滴，一摆一动，万种风情，百般诱惑。即使你是坐怀不乱的人仍想着走过去轻轻地抚摸，似乎在拭抹美人的眼泪。这种怜怜无助依偎在你胸口上的感觉，正是情人谷的魅力。

情人谷宛若一个悠长的梦。很多很多年以前，很多很多个晚上，不知有多少少男少女到情人谷叙说爱情，共度春宵呢！

朋友，如果你还没有来过情人谷，就请带着你的意中人来这里品味一下山风的温馨，感受一下爱的徜徉和升华。如果你已陷入情感危机，将会出现不可避免的遗憾结局，那么，也劝你们最后一次来踩一下情人桥，看一眼情人谷。带着洒脱的神情吻别吧，轻轻地挥一挥手，不带走一片云彩。走出情人谷，再抬头看一看山上桃林和天空中蓝蓝的白云，就会顿悟到王维的“行到水穷处，坐看云起时”的意境了。

石上树

仡佬仡佬，开荒辟草。

仡佬先民在这里创造奇迹，把树种在石头上。

目睹着长在桃源公路旁的一块巨石上的一棵大树，仿佛把我带进了仡佬先民开荒辟草那远古的年代。

此时此刻，我禁不住回想起仡佬先民当年在这里种树的情景，一个仡佬青年在独语——

我在石头上种一棵树，用锄头，用铁锹使劲往下挖。一些石土被翻上来，石头中央已有了很深的一个坑。

我又一挖锄砸下去，砸在石头和树根之间迸出几粒微弱的火星，那是一块被树根死死地抱住的石头。树被种那石头里，它已经和树根长在了一起。这棵在屋前的树，是当年我和父亲一起种下的。如果我把这棵树扶起，把石头做成的泥土再填回到坑里，如果这棵树慢慢地变高变大，石头会不会被抱住？父亲会不会和我一起再回到那个春天里：树和石头在谈心。

一棵大树生长在毫无泥土的大石上，一块大石吮吸着大树的甘露，一块山上的石头和一棵石上的大树构成的一道独特的风景。

于是，山里的人总觉得石头是多么高大，树是多么伟岸，都说石是奇石，树是奇树。

其实，山上的石头和树，它的高大与伟岸来自于山而不是来自于自身；山上的石头和树，它的平凡和普通也只是来自于环境的变化而不是来自于自身的变化。

石头和树是如此，人，何尝不是如此？

岩头斑

岩头斑是一种蛇，当地土语叫它岩头斑，其学名为五步蛇。

走进桃源，我就不由自主地想起永州；谈到岩头斑，我又不由自主地想起《捕蛇者说》。

柳宗元《捕蛇者说》："永州之野产异蛇，黑质而白章；触草木，尽死；以啮人，无御之者。然得而腊之以为饵，可以已大风、挛踠、瘘，疠，去死肌，杀三虫。其始，太医以王命聚之，岁赋其二，募有能捕之者，当其租入。永之人争奔走焉。"至今为何没人奔走相告：桃源之地产异蛇，岩头斑也。

岩头斑是桃源乡之特产，此蛇若被逼捕得无路可走时，它会立即调转"尾利钩"破腹自杀，"死而眼光不陷"。岩头斑为剧毒蛇，相传人被咬伤，不出五步即死，故称五步蛇；因其全身黑质白花，故又名白花蛇；又因为吻鳞与鼻间鳞均向背方翘起，所以又名褰鼻蛇。头呈三角形，背黑褐色，头腹及喉部白色，散布有少数黑褐色斑点，称"念珠斑"。岩头斑虽毒，却是我国的名贵传统中药材，古时候亦为进贡珍品，也是出口的珍贵药材，关于它的习性和药用价值，尽在唐代柳宗元《捕蛇者说》中。因此，有人又把通往桃源的盘山公路称之为"岩头斑"路。

然而，由岩头斑引发几许思考——

如果你在一个绝无援助的荒漠中不小心被一种叫岩头斑的东西咬了一口。这无异于给了你一张冷冰冰的"死亡通缉令"。而且更让人心酸的是：上帝和你的距离只有少之又少的一分钟！

一分钟的生命，你将用它来干什么？

我呢？我会咬破食指，撕开衣衫，血书："小心，此地有岩头斑出没！"

因为，岩头斑伤人不可救药。

因为，岩头斑又是珍贵之药。

因为，桃源是岩头斑栖息的好地方，岩头斑是桃源乡之特产。

因为，岩头斑与银杉、洛党、灰豆腐果可称为“道真四宝”。

因为，桃源一绝，岩头斑也。

因为，桃源之乡，道真之永州也。

桃之园

桃源，黔北极地道真的一个乡名。

桃园，桃源乡新建的一片桃树林。

梦里晓风残月，醒来桃花片片。《诗经》“桃之夭夭，灼灼其华”。桃花开得早，也开得艳，桃花开得一簇簇的，远看如云，近看似火、似纱。陶渊明把“理想之国”也定格在桃花盛开的地方：“忽逢桃花林，夹岸数百步，中无杂树，芳草鲜美，落英缤纷；渔人甚异之。复前行，欲穷其林——”让人回味无穷。桃源虽不及此桃花源，但桃源之桃园更等何时。

当下，以美名建乡也成为桃源乡各族同胞的共识。一片千余亩十余万株桃树已种植桃源这片美丽的土地上，种在桃源一万多各族同胞的心坎上，不久的将来，这片充满生机与活力的桃树林就会成为名副其实的桃源之桃园。

待到他年桃红时，拽一缕春风，半杯清水也会醉；嗅一鼻芬芳，桃花丛中醉逍遥。桃花的美艳，那种桃红的娇嫩，那种蕴藏在花骨里透出的万缕风情，美艳得直逼冰心！

古往今来咏桃花的诗句举不胜举，而以桃花喻以美人更是把它推到了美的极致。但美的东西也许是天妒地怨吧，总是转眼即逝，难以永恒，因而桃花也常是红颜薄命的隐指。桃花寄以相思之情，更是凄美婉约……凝视着桃红点点，眼眸已是潮湿如雨润，透过眼前之美景，思绪已回到远古的情怀——“人面不知何处去，桃花依旧笑春风”……

可是，在桃源，即便不能喝酒，你也会为景而醉。在桃园，你尽可率性而游，尽情而赏。

情醉在桃源，景醉在桃园，你可尽情地一醉方休，心儿自在乐逍遥，情满园，沉醉在桃源之桃园！

王维《桃源行》中有诗云：“春来遍是桃花水，不辨仙源何处寻。”美丽的桃源之桃园等着你。

桃源美景君须记，
最是桃红柳绿时。
待到他年桃花红，
桃源之乡变桃园。

是矣，美丽桃源，和谐之源。桃源之乡，不负美名。

心之荒原

一

浪动在情感里的风，与梦酣睡在雾被里……

泪洗的天空一次又一次亮开，熠熠的阳光一次又一次突破云霾浪洗在那片属于你的荒原。

你的一只脚从生长忧患栅栏的雾里跨出，另一脚已伸进燃烧得焦渴的天际，无须移动就站成一种复苏的结局，让思想赤裸的躯体来分享这暖和的沐浴。

灵感的窗户终被戳穿，沿岩石上起飞的山鹰在无垠的苍穹里眺望自己的终极。欲想超脱，欲想浪迹，却无法击断抽绎出那一根铮亮的思绪。

泥泞和潮湿在心岸上搁浅，溅亮了沙滩上的野草，以一个绿色的启迪与自信一同寻觅——岸边的森林和杂草，河中的石头和波涛，一种属于荒原上爱的呼唤。

给荒原以生命吧！如同被爱肢解成命运渴望的果实。

那里曾有一只插向风雨的手臂，已在良知的湿润中醒来……

二

路，从血管中奔涌出来，在缓缓的深思里延伸。落英被冬雪覆盖又覆盖冬雪，轮回的季节终不肯揭示一个真理的永恒。

沉默如烟头上迸亮的火星，或洞穿萦绕的雾，或诱惑隐约的黎明。

有时泛滥的思绪一次又一次走进童话般的森林。去扮演一位勇敢的王子，在布满阳光的箭矢中等待自己的恋人，却又生怕跳出一只狐狸，将你引向深渊。

有时孤寂的幻影独自在夜色的河流中划行，一叶叶扁舟摇荡在你的瞳仁，就这样静静地划行吧，伫立在十字架前虔诚地祈祷，可一闭上眼睛，梦却在汹涌的波涛里翻滚。

也许这些零碎粗糙的章节，是荒原上永无花期的小草、难以风化的石头，但你仍以一种存在的激动理解命运的不幸和幸运。

时间犹如一孔偌大的洞穴，容纳着踉跄的岁月，沧桑的岁月有一条感知的根正浸入你空旷的荒原……

日子（外二章）

日子刚刚开始学步，杂花很快淹没了脚踏，青苔爬满脊背……

踮起脚尖，够不着的那颗草莓，与山花一样美丽。真实的感觉，勾引我走进那一片月色。树梢上，一个毛毛虫正津津有味地啃着一枚红果，我也脚心发痒……

同是一道天空，却有一千种人生，一千种做梦的方式……

凝　思

寒流漂泊了梧桐的青春，一片落叶，就是一则发黄的日记，散落在冰冷的季节。

落日，默默地阅读黄昏。每个脚印都是搁浅的驳船，载不走孤独，载不走寒意。

凝思钉在冬夜了。

被浓重夜色压弯了的月亮，把头顶的天空哭得惨白。灵魂在体内骚动，我的深呼短吸在旷野流淌。

人的一生都在灵魂中寻找出路。

给父亲画像

刀刻般的皱纹，填注了凄凉的沧桑；浑浊的双眼，盛满了苦涩的希望；颤巍巍的躯干，分明写下了不算壮烈的尾声——父亲，这就是父亲吗？

年轻的大学生在痛苦地构思……佝偻的腰杆，苦涩的汗水，总松软不了那板结的山坡；黄褐色的土地，结出的仍是沉重的叹息。父亲把他拉扯成人，又送他上美术学院。

他背上一个蓝布包袱，终于走出了那座祖祖辈辈从未走出的大山。父亲不知山外的世界，更不知什么是美术，他凝望着大学生儿子长长地叹息……

年轻的大学生展劲挥笔作画——父亲的剪影于朝阳下的黄土地上，定格。两幅画渐渐融为一体，成为凝聚着千古力量和永恒美的主题。

骆长木

男，生于1951年2月，贵州省道真平木山村人。贵州省作家协会会员、贵州省仡佬协会副会长、贵州仡佬文化研究院副院长兼秘书长。在部队四年半时间，任连队文书、团部报道员、师部电影队宣传员，期间创作《野营又回大娘家》等作品发表于《贵州日报》。退伍后供职于道真文化馆，有报告文学、小说、散文等作品发表于《山花》、《花溪》、《红岩》、《草原》等文艺期刊。短篇小说《故事在哪儿结尾》荣获1985年全国少数民族文学创作二等奖，创作有电影剧本《贵州仡佬族历史风情和仡佬风情》（由峨眉电影制片厂拍摄）。

放梢初见叶离离
——我所认识的石定

他是个极平常的人，他叫石定。清瘦的身子，清秀的面容，仿佛是太文静了一点。他可以写出获奖的小说，可以把字写得苍劲、秀雅，但他却不会削苹果，一把锋利的小刀握在他的手里，像使一柄又笨重又钝锉的斧，他甚至不知怎样才能把衣服洗得干净。好在他有一位贤惠的妻子，把一切家务都给收拾得井井有条，尽量地让出时间来让他写作。她一见他坐到桌前排开稿子，连脚步也提得更轻了。或者在三更时候静悄悄地兑上一杯牛奶，轻轻地置于他左手边的桌面上。

除了“我离不开文学”，他还有什么别的爱好呢？如果说有，便是睡觉，可以整天地睡。当然为的是连续几个晚上整夜地写。对了，他还喜欢买连环画，我以为那完全是为了他的两个孩子。谁知他自己也喜欢看连环画，我仍以为那是和他很不相称的。他对我说，有一些连环画，画得美极了，线条的美、画面的美，是你不能不喜欢的。

有一次我们走在上街，他突然在一个地摊旁边停下来，并且拣起一本《大众魔术》。我惊诧地问："你喜欢这种东西?""这很有意思。写小说，或许就需要手脚干净、利索，不需要痕迹。"而他真的能够耍一种扑克魔术。

他给我的外在印象，仿佛就只有这一些了。

但是渐渐地，我感到他有一种气质。是怎样的一种呢，好像就如那清秀的竹。

他确也爱竹。在他卧室兼书房的墙上，端正地挂着四条屏墨竹，是郑板桥的，还有他的文学老师文蒙书赠的横幅，也是郑老先生的"竹。"

"我喜欢长在山崖上的竹。"

"为什么喜欢呢?"

"这就不能够说得清楚。或者因为它自甘淡泊，朴素而雅致，通达而虚心，'细细的叶，疏疏的节，雪压不垂，风吹不折'。这叫人想得很多……"

他说，还在很小的时候，便一个人钻进竹林，抚摸光滑的坚实的竹身，仰望伸向蓝蓝苍穹的竹梢，或俯在铺满竹叶的地上，想听一听竹笋破土的声音。看那晨光中挂满露珠的竹笋一天天地往上长，心里便有了一种向往……随后就摘下几片细细的竹叶带回来，夹在父亲送给的那一本诗集里……后来在不经意之中，看到一棵竹笋从石缝中挤出来，扁扁的，带着创伤，他本来想哭一场，但终于把眼泪咽下去了……

我乐意和他待在一起，尽管他很多时候都保持沉默，有时甚至感到他的那一种沉默是不堪忍耐的。或者正因为这样，我越觉得他有一种吸引力，越是想去探测他那不可捉摸的心底，而当他一旦说起来，那语音，那姿态，那神情，同样具有一种感染力。仿佛是经过了选择、推敲，才说出了每一句话，每一个字。

和他接触得多了，便时时地感到他有点“怪”。饭后散步，他好向那僻静的地方走；开会座谈，他常常寻找一个角落坐下来，默默地听人说。有时人家说得正激动，他却突然起身走了。

“你为什么走？”

“我不愿听废话。”

“但或者正可以取长补短。”

“这几乎不可能。每个人都有自己的极限，我以为人是超不过自己的那个极限的。能够做得到的是扬长避短。”

“那么，你总得给人留一点面子呀。”

“我是个不爱讲面子的人。”

像这样地，还会不时听到他的一些见解。听着他娓娓道来，我惊讶了：“他怎么知道得那样多，又说得那样深呢？”他的回答是：“没有思考便没有生命。”

去年春节，他对我说：“我要写出一篇较好的作品来。”我知道他说的正是他写好的那个初稿。

“你有把握吗？”我问。

“当然不能够这样说。”

“是怎样的一个题材呢？”

“写一个历史与现实之间的进程。这个进程虽然是缓慢的，但是在向前发展。尤其是新的经济政策的到来，冲击着一切传统的东西。一个老农民不安于眼前的现实，他搬家了，而现在呢，他又有了新的希望，或许公路从他门前过……”

他说得很平静。但是看得出来，他是自信的。是不是过于自信了？我曾经很担心。但是，我同时又隐隐地感到，在他的身上，潜藏着一种内在的力，这种力不易被人发觉，就像他本身不被人注意一样；而且这种力又是持续性的，不像火山那样突发，似如一股潜流……

有人给我说起他的一段故事。

那一年，他17岁，以优异的成绩高中毕业，然而没有考上好大学。原因很清楚的：家庭的影响。17岁，正是一个爱做梦的年纪……好在他终于被安排工作了。但是他只上了两天班。

“你为什么不去了？”

“我感到那是一种施舍，我不愿意接受。”

“那么你去干什么呢？”

“走自己的路！”

后来，他果真走他自己选择的那条路了，去一个离县城很远的乡下当民办教师，连旁人也不忍心了，劝他三思而行。

但他说他已经想过了：“如果你是不幸的，你就更应该为自己设计一个光明的前景。而且要相信这个前景，要去追求。或许这个追求不能如愿以偿，但即便是败下阵来，也不是一种耻辱。”

他执拗，就如那石缝中挤出来的竹笋。

父母还想说什么呢？仿佛什么也说不出来，只好目送他背着简单的行李，提着一网兜书到乡下去。就这样，他在乡下当了十六年民办教师，度过了十六年艰苦的日子。他走着自己选定的人生之路，虽有过痛苦、困扰，但却没有后悔。有人曾经劝他托情转正，他拒绝了，直到1978年底，才以全地区第二名的统考成绩取得公办教师的资格，接着就调到县里的重点中学。

我和他是相处很随便了。我们单独在一起的时候，他说得很多，古今中外，天文地理，哲学、艺术，山野之中的罗壳子和僧广林，两路口公路边上的王老汉以及他的儿辈们，小巷里的唐得胜、华子……以及他的爱情。可是，他总是没有提及家庭以至他个人遭受的不幸。据知情者说，他的家庭和他个人遭到的不幸，是不可言状的。他的一家以及他妻子的一家全都被遣送到深山里……

“何必要记住家庭和个人的不幸呢?”他说,“一个只记住自己的人,是很可悲的。虽然我的人生道路很坎坷,很曲折,叫人不敢回想,但是叫人最忘不下的,还是生我养我的那个公社。我是从那窄窄的山路上走过来的。也许我并不完全理解他的过去和现在,但是我从那里懂得了人生,接近了文学,是那片土地和那里的人民,让我感到人生是艰难的,但它是美好的。也让我怕分明地听见了我们这个时代从那片土地上走过的足音。如果离开那片乡土离开那里的人民,我很难说我能够走完自己的人生之路,能够写出什么样的作品。”

接着他就说起来,像淙淙流淌的泉水……

那一年他们一家“搬”到深山里。那一天正好是农历正月十四,好大的雪呀。汽车把他们一家的行李卸下来,把他们甩在一个山垭口,他仿佛感觉已经到了绝境。但是乡亲们从三十里外赶来了,扛着背着他们一家的家当,领着他们走在没膝的刺眼的雪路上……他们的家,被指定在一座破败的小庙里。

那一晚,队长把他们一家请去过年。两张八仙桌拼起来,排满了十多户人家送来的过年的菜肴……夜深了,有一位老大爷陪着他回到那破庙去。在积雪闪光的山路上行走,老人对他说起人生的许多事情。而以后,几乎是每个星期六,老人又总是站在山垭口等他,生怕他这个文弱的“民办先生”出啥意外。

他也不能忘记另外一位老人。那是他在公社第一次被批斗以后,怀着绝望的心情,寻找一条见不到人的小路回学校。当从一个农舍门前过的时候,不料一位老者却拦住了他,要留他喝一碗茶。接着就从瓦罐里倒出一碗茶,双手捧给他,说:“他们不懂,是在胡来,老师,你不要放在心上,你还年轻……”

第二天,他被拉去游了公路回来,再不敢从那老人家门前过。他怕见到老人那赤诚的目光,怕见到他一丝牵挂,便从另一条小路走回家寝室。但刚坐到床上,那老人家也走了进来。他说了好多好多宽心的话，末了，走到门口又倒回来，说：“老师，你还年轻，千万不要有别的想法……”他听着，顿时全身发麻，眼泪就禁不住涌了出来……是的，他还不曾想要去死，但是那老人却有那样一种担忧……

有一些时候，看到那破庙子就是自己的家，想到自己的一生或许就要在无尽的痛苦中了结，他也不禁有一种绝望，但是，当他回过头来，看到在那片土地上播种、耕耘的乡亲们，他们得到的是你不能够想象的。难道他们就没有想到过生活对他们不公平吗？但是他们仍然默默地给予着……于是他非常惭愧。

教育他正确地认识人生的，还有一个可敬的人，他说那是一位“宽厚的长者，严格的老师，诚挚的朋友”。这位老师是一个编辑。他说，当他处在不可言状的困境之中的时候，那位同志把他找去了。跟他说鲁迅，说契科夫，说雨果，说巴尔扎克、梅里美……这位长者说话声音洪亮，不加任何掩饰，而且不时地笑，笑得很爽朗。末了还对他说，我知道你的家境，我送你一首诗吧：

咬定青山不放松，
立根原在破崖中。
千磨万击仍坚韧，
任尔东西南北风。

他说：“我很感激他，他给了我一种力量，同时也留给我一个深深的思考……”

后来，他的家被允许从深山迁回来，住进了一条窄窄的小巷。或许因为山里的乡亲们教他用了怎样的眼光看待生活，于是在这条拥挤着最底层人的小巷里，他看到了搓棕绳的、补皮鞋的、提砖刀的这些小人物的命运，看到了他们是怎样地生存，看到了他们心灵的闪光。他时常把自己的不幸与他比较。于是更明白一些了，开始来写他们，便有了《人世的尘烟》、《被损害的……》、《凌冻》等小说的出炉。

他还在写另一种小说，因为他是一个教师。有一次，一个学生悄悄地走进学校那个僻静的角落，从荷包里掏出一支半截香烟，点上火吸着，悠然地吞云吐雾。不料一个人仿佛铁定地站在他的面前，那学生似乎倒退了一步，随即垂下了头："石老师……我……错了……"

"你没有错，请把烟拿出来吧。"

那学生把烟从荷包里拿出来了。他扫了一眼那一支支被切成两段的香烟，身子仿佛有些颤抖。他没有接那一包"特制香烟"，仿佛是很平静地说："你抽吧，我为你点火。"

"哧！"火柴擦燃了。

"不，老师，我不抽……"

"你要抽。"又一根火柴擦燃了。

"不，不不，老师，我错了，我不抽了……"

"你抽吧，当着我的面。"

"哧！""哧！""哧！"……一根又一根的火柴被擦燃、熄灭。地上，已有十多根火柴头了。跟随着，一节节短短的"特制香烟"，在那只稚嫩的、微微发抖的手里掉下去……

"你告诉我，为什么还要抽？"

"好玩……"

"不，不是心里话。"

"老师！像我们这样的人，考大学，没有希望；工作，又没有门路……"

"那么，你就这样把你的青春吸下去，把你的那一点人生的希望就这样吸下去？"

"不，老师，你不懂，有好些事情你不懂……我知道的，你为我奋斗争取，免掉了我的书学费，你劝过我不要抽烟。可是……"

“可是路是人走出来的……”但他觉得对学生仿佛是太苛刻，事情或许并不尽如人意……

有一些时候，我觉得他是太拘谨了。就比如穿衣吧，他总是把衣领扣得严严实实的。而做每一件事情，也总要瞻前顾后想很久。他常对我说：“从事写作的人，必须严谨。”

是的，他的每一个稿子，你难以找到虎头蛇尾的痕迹。字，总是抄写得那样工整。涂去的，加进来的。即使你是第一次读他的稿子也不费力；我时常看到他写着写着便搁下了笔，沉思着，一直到很久。一问，原来只是为了一句话，而那一句话在我读起来，也并无不妥；即便把稿子写出来了，他也不急于就寄出去。他说：“我这个人，一向喜欢审慎。”

去年4月，他的《重阳》在省城一个招待所里写出来了。他很兴奋地拿给我看。从他那舒展开去的眉宇就可以看出来，他是很喜欢这第一部中篇的，我以为他就要发出去，不料他却把它放进了皮包里，小心翼翼地拉好了链子，风趣地说：“我要让它捂一捂，看是不是经得住考验。”过了二十多天，他把它拿了出来，在手中掂了掂，仿佛有一些迟疑地交给了那位编辑。编辑看了说：“我看还可以嘛。”或许正因为一个“还”字，他把它要了回来，从5万字一直砍到3.5万字方才罢休。

这就叫人回想起来，自从《人世的烟尘》发表并获奖后，他整整沉默了一年。对于一个作者来说，一年不发作品，这是不堪忍耐的。

我问他：“这一年你是很不安的吧？”

“是的。我不能够写得好，这叫我伤脑筋，有时甚至很泼烦。我害怕哪一天被淘汰，被后来者挤出文学这支队伍，于是就想发一篇，以站住自己的位子……”

“那么，你手边没有一篇稿子？”

“有！但是我不能够把它发出去。我曾经把一个《蓝蓝的青杠林》寄给编辑部，你想他是怎样回信的呢？‘如果说还有一个空白需要填补的话，当然也可以发。’是的，如果只是为了发。于我或许并不难。但我以为，奉献给读者的，应该少一些水分。”

“我觉得你仿佛也在借鉴沈从文……”

“是的，我是在借鉴他，借鉴他的神韵。”

去年6月，我们去玉屏县。乘车是一件苦差事，为了混时间，便买了一盒跳棋，列车在哐当哐当地飞驰，我们也在不露声色地鏖战。我下过跳棋，知道一点路子，而他对此则是陌生的，一局、两局、三局……“还下吗？”我以胜利者抱歉的口吻问道。

“下！再下！”

再下，我依然赢了他。有好几回，我是想让一让了。但意识到棋盘上拼的是智力和技艺，有什么情面可言呢，他即便是老师又为何要让？于是乎我以较为熟练的路数，几乎全胜了他。当我看到他抬起头来，用两手去按摩太阳穴，那样子仿佛十分恼火的时候，我不安了。我觉得还是应该留一个面子给他，火车上并不只是我们两个人啊！

后来到了铜仁，办完了事，他又邀我对弈。这一回，我有些吃不住了。说：“你为什么老是堵我的路？”

“不是堵你，我是寻找自己往前的路。”

啊！我仿佛明白了，每每重新开始一局，他都在变化着角度出子；每走一步，他都要思考，补短地变化走法，他的每一步都仿佛走得很艰难，煞费苦心。因此，我像是看见他是怎样地走自己的创作道路的。

他说他曾经迷迷茫茫的，东一下西一下地撞了很久，随后才好像找到了自己的路子，去写自己熟悉的那一份生活，于是写出了《人世的尘烟》。因为能够把自己的感情和感受，倾注在笔下的人物身上。但是过一段时间再去读这些作品，他又觉得太浅了，太狭窄了，编辑老师写来了信，希望他站在一个新的高度上……

于是，他沉默了一年。

“是的，我写得不够好，从各方面来说都不够好。但要怎样才好呢？我苦苦地思索，苦苦地探寻着前面的路，我开始沉下来读一点理论，而从中就仿佛领悟到了一点什么，重又回过头去看我的那一片乡土和人民。”

在一篇文章中，他这样写道：“那一片土地是贫瘠的吗？但是它其实是富饶的。如果沿一条崎岖的山路走去，你看见的是连绵的山崖、幽深的峡谷，还有茂密的山林、清浅的小溪，还有路旁的野草、野花、野鸟……远远的，你会看见一个小小的村寨，看见薄薄的炊烟，这一切让人感到一种非常遥远而古老的、宁静的山村，仿佛一个梦境。可是，如果你走进那个村寨，随便走进哪一家木屋，如果你愿意在那里住上一宿，和年轻的或年老的山民们做一次长谈，那么你会感到那里有着朴素的生活，那生活与外面的世界一样是现代的、生动的，也不乏复杂与纷扰……”

像竹笋解箨一样，虽然有那一种人所不知的阵痛，但它毕竟解脱了，又长高一节。

于是他写起来了。写出了《山青水长流》，继而是《弯弯的水牛角》……如果与他过去的作品相比较，就明显地有了一个较大的转折，但是，这并没有叫他满足，也没有就此止步停留在《苍苍竹林寺》的台阶上，他希望他能走进那神圣的艺术的殿堂。他说：“我希望我的作品朴素、纯净、淡雅、深沉，或有一种天然和灵动的韵致，我想努力从‘平凡’之中发现蕴藏着的美，表现出人物的诗情、生活的画意。这是很难的。但我要把它作为一种追求，因为时代和人民需要热情的深刻的文学。”

要这样做，是太艰难了，是比走跳棋更艰难的，但他没有退缩，仍是艰辛地走，不屈地跋涉，不时地按摩太阳穴，或者吞下一片“颅痛定”……

“经过了好长时间地苦苦寻觅，如同做了一个悠长的扑朔迷离的梦，在一片清新晨光中，被布谷鸟一声声的呼唤叫醒过来，心里积沉的那一点始终丢舍不下的东西才开始有了生命，有了声音和色彩，于是便着手写一写……”是的，不妨就这样说，他和先前的那些困惑告别了，满怀信心地写一写新的人和事，写一写人们对美好生活的向往与追求。

《公路从门前过》是不是他执意攀摘的一颗甜果呢？仿佛是的，又仿佛不是。因为他从北京领奖回来，对我说：“压力太大了！我或许曾经盼望着走上领奖台，但当我走上去，并且站了一下的时候，我感到了前所未有的胆怯。”

那么，我祝愿他，因为他有了“胆怯”！

岩匣人家

“有户人家住在岩匣”。

以为这是传说。

切近了，一仰头，才叫人一阵惊奇：岩滴水好似珠帘从崖顶倒挂下来，亮亮闪闪似断非断跌碎在褐黑的浅石坑，滴滴答答于崖脚脆响。

透过珠帘，一面如刀切下来的石壁于崖脚两丈高处，一幢木屋嵌进岩匣去，扁扁的如偌大一盒火柴塞进岩缝之中。

沿崖脚拾级而上，却叫人顿生开阔之感，原来鼓凸于石壁前的巨石竟于岩匣右侧成为这户人家的露台，就好像专为这匣中人家铺设的院坝，是堆放柴草晾晒谷物纳凉闲坐的好地方。从露台进侧门，其实就进了岩匣里，再进去，从堂屋大门跨出有一条廊道，廊栏是片石砌起的。一切仿佛为天造地设般巧妙，而修竹与树木一起在崖脚茂长，竹梢树梢将匣中扁屋隐隐遮掩，远远看来，竟不知道这里原有一户人家。

茶水端来了，而大门又敞开着，对望出去，珠帘玉幕在眼前一亮一闪永恒地牵连不断，脆滴的响声声声入耳分外沁心，远山远景如影如画……当真是神仙住的地方。

主人姓杨。从互助组组长干到村支书，已经70岁了，才发觉耳朵有点背。全家十一口，老二一家四口各自到崖壁左面山坡上起了新房子。老杨和大儿子及其孙儿孙女朝夕与这岩匣相伴，袅袅炊烟熏黑了岩匣顶板，油光闪亮，也不知有多少春秋多少岁月，连老杨90岁才去世的母亲也不知道究竟住了几辈人，只是一辈一辈的传说，很久很久的时候，有人从岩匣下面路过，听见这里面又敲锣又打鼓，热闹得很，往上来一看却又见不到人影，然而才下岩匣去，又听见锣鼓敲起来了，住到我们这一辈，还有人喊我们是“古志虎”呢。

那年，祖父说，我们也起一间大房子，就立在露台上，中午上了大亮，吃午饭时，只听见轰一声响——从崖顶上摔下来一头黄牯，正正砸在大梁上，落在堂屋中间，这无疑是个兆头。

于是赶紧将高高的屋架锯矮，锯成一个扁屋，依旧嵌进岩匣里……

或者正因为有这么一股神水吧，水从岩匣右边一孔岩眼中流出来，那岩眼小碗那般大，大拇指这么一泓神水永远不枯不涨，不知这是大山的馈赠还是神祇的恩赐，在这崖半腰处偏生这么一个泉眼，你说神奇不神奇？这水呢，喝进嘴里甜丝丝凉悠悠的，只用了三尺竹管就将它接进水缸。把窗门一开，倾身就将这神水舀进锅里去……

抑或注定了这是个住人的地方。

但是老杨的儿孙们却不热心长久如此呢，硬是把露台右侧的石块掘出屋基，立起一栋两层高的木屋，屋顶恰与露台平各。楼房的格局较之乡间的农屋高大多了。真正的两层楼，顶楼还有楼梁为贴天花板的构想哩。还有三面楼廊，一俟新屋完善之后，主人家于朝起暮归或于闲暇在廊道上设坐或依着廊栏杆远眺朝霞暮色，看风雨飘洒山间峡谷，极狭隘。

也走出屋子，走到露台的边沿，望去峡谷几面寥寥落落的人家炊烟，望去层层叠叠的近浓远淡的山影，日落西斜，阳光正好，回转身，看看那岩匣中木屋，看看那孔岩眼静悄悄溢出清流，再顺壁而上，仰首，再仰首，一面的石壁，壁顶青葱齐蓝天……

王前波

男，生于1971年8月，贵州省道真县人。贵州省道真县作家协会主席。创作并发表了散文、诗歌、小说等作品。

小城吆喝声

一直不认为我生活了三十多年的小县城有属于自己的吆喝声，一直认为只有那些商贾云集、历史悠久、文化底蕴深厚的大城古镇才有那些独特而充满韵味的吆喝声，所以印象中的吆喝声只有老北京的“磨剪子，抢菜刀”、“冰糖葫芦”、“哎，黄花鱼”……

不写这篇小文还没注意，其实好多优秀的歌曲也源于那些吆喝，耳熟能详的就有好几首，有刘欢演唱的《磨剪子抢菜刀》，有冯小泉的《冰糖葫芦》、苏芮的《酒干倘卖无》等，据说“酒干倘卖无”是闽南话收废酒瓶的意思。

真没想到那些普通劳动者的吆喝竟是许多优秀歌曲的创作源泉，这也算是我关注小城的吆喝声的一大发现。

小城的许多吆喝声是随着社会的发展和变革，随着新兴的手工业进入县城而产生的。曾经最先让我感到奇怪的吆喝是“机制馒头”，这声吆喝我听了大半年愣是没听懂，并成了我的一个心结，每当听到那声吆喝的时候我都在猜测那是什么意思，而离答案最近的一次是“机智馒头”，我认为是商家别出心裁策划的一种可以让人更聪明的馒头。直到一天我看到一个老婆婆推着一个小车在吆喝“机智馒头”，我发现那小车侧面写着几个不甚周正的大字——机制馒头，不禁哑然失笑，那心结也由此打开，但马上又产生了一个新的困惑——馒头也能“机制”吗？后来才打听到那原来是机械制作的馒头，由于是机械化制作大大降低了生产成本，所以售价低廉，非常受广大消费者的欢迎。

虽然卖一个馒头他们只能赚几分钱，但他们吆喝的时候却快乐得像在唱歌。

“蜂窝——煤”这声吆喝，小城的人不应该陌生吧。一开始，同样没有听懂这声吆喝，我家住在七楼，根据我家的居住高度计算，这声吆喝传入我的耳朵至少要经过一百米以上的距离，所以一开始经常让我误会是有人在楼下喊我老婆，因为我老婆叫风光美，有几次还专门跑到阳台上去看。一度还经常开老婆的玩笑，吆喝声传来我便对正在专心做家务的老婆说“喂，有人在叫你”，老婆往往会信以为真地跑到阳台上去看……

但是早在十多年前小城是没有这声吆喝的，虽然我们很小的时候就自己动手用一个特殊的工具制作过这种燃料块，那时它还不是商品。只是近十多年随着县城人口的剧增，使得这种以前家家自备的燃料块变成了商品，小城就有了几家上规模的蜂窝煤厂，于是就有了推着板车走街串户的蜂窝煤贩子，他们大多身体强健、皮肤黝黑、声音洪亮，不怕脏不怕累，乐观豁达，卖百十个蜂窝煤他们高高兴兴，卖一个蜂窝煤他们也乐乐呵呵，并且送货上门，服务一流。

“发糕——馒头——新鲜豆奶”、“磨——菜刀——剪刀”、“豆——花，豆——腐”、“豆——腐脑”……

不管是老北京的吆喝还是小县城的吆喝，我都能听出那是一首有着美妙韵律的歌，哪怕它只有那么一两个字的歌词，哪怕它只是那么简单的韵律。我知道，那是普通劳动者对生活的热爱，那是他们对现实生活的一种知足和智慧，那是他们对生活、对未来的从容和淡定。

人都有无穷的创造力和艺术天赋以及一种力求完美的秉性，在那种单调投入的吆喝声中，他们不断地揣摩总结，最终让自己的声音趋于完美实用，从这个层面讲，那些吆喝者和那些优秀的有着几十年功力的歌唱家的努力是一样的。这也是我在想那些吆喝声为什么会这么美妙动听的原因之一吧。

在众多美妙的吆喝声中，我认为最好听的吆喝是那一声“磨——菜刀——剪刀”，是一种音阶很高，富有穿透力，非常有韵律美感并且有点中性的男声，就像张雨生的歌一样，而且还带着一点“嗲”。

可能有人认为那不是一种好听的声音，开始我也这样认为。

七年前，我还住在幼儿园家属楼，清晨经常听到这声吆喝，感觉有点怪怪的却又说不出理由。一条长长的小巷走来，往右是到幼儿园家属楼，往左是到附近许多农民自建的房屋，这些房屋大部分又按很小的单元出租给许多小生意人和进城务工者。

在那条小巷里我经常遇那个吆喝磨菜刀剪刀的人，他是个二十多岁的年轻小伙，中等个头，平头方脸剑眉星目，相貌英俊，经常穿一件蓝色涤卡中山装，腰间围着一个蓝色却洗得泛白的围裙，肩上扛一个长凳，长凳的两头是两块已磨成弧形的磨石，步幅很大但很慢，边走边吆喝“磨——菜刀——剪刀”。当时我想，这么标致的一个小伙，干这营生，可惜了。

家里的菜刀钝了，小巷里又传来了那一声怪怪的吆喝，于是磨刀的小伙被叫到了我家门口，小伙子很有礼貌，说不用进屋了，磨刀会把地板弄脏的。楼梯间，小伙子展开了架势，动作非常的专业，这时我惊奇地发现这小伙子是个残疾人，他的整个右手先天畸形就像一个肉球，五根手指好像根本就没有长出来。小伙子好像看出了我的心思，平静地说：“天生的，但不影响我磨刀。”

我对他有了好感，和他拉起了家常，知道他是旧城人，到县城已经两年了，和母亲、妻女在我们附近租房住，全家就靠他磨刀养活。他说起他的妻女的时候眉飞色舞非常自豪，还告诉我在幼儿园当老师的老婆他上幼儿园的女儿所在班级，并要求关照。

一把刀两块钱，两把刀四块钱，我给了五块钱说不用找了，小伙子坚持找了我一块钱还说不能乱了规矩。一脸的憨厚执著。

从那以后我不感到那声吆喝怪异了，并且这么多年来，我是越听越有滋味，我已经能听出那美妙的旋律，甚至可以给那旋律记谱。

前不久，我又在我现在住的家属楼院子里看到了正在磨刀的小伙子，他好像还穿着七年前的那一身衣服，相貌也没有什么变化，他热情地和我打招呼，“大哥，上班啦”，手上的活一点没有停下，不时用那只残手试一试刀锋，动作异常的娴熟，这时我才知道对于“炉火纯青”这个成语我一直是一知半解。

他又和我谈起了他妻女的事，他说妻子在菜市卖菜，女儿已念四年级了，很乖成绩很好，他们已没有在原来的地方住了，已经买了新房……还特地感谢我妻子当时在幼儿园对他女儿的关照。

他的神情和我们第一次谈话时一样自豪，只是多了一份从容和淡定，我能感受到他对妻女的爱，能感受他的笑容的真挚，这时我发现他身上有许多东西让我由衷地羡慕……

在这个讲究自我实现、竞争激烈、飞速发展而让我们无所适从的今天，我们大部分人都生活在一种无可奈何的浮躁和颓废之中，但每当那一声声中气实足、充满韵味的吆喝声传来，我能感到片刻的宁静，明白做人还是要努力进取，甚至有时候有意无意我会在心底学着那韵律大喊一声“磨——菜刀——剪刀”。

我在花园

这本是一个悲伤的故事，事件的发展也无不围绕着一个悲伤的主题展开，起笔的初衷也是想记录一段悲伤而感人至深的生死离别，但所有的故事经过滤和思考之后，我知道我将要写出的文字不仅要表达一种悲伤，更多的是想表达一种美好和祝愿。

虽然它仍然充盈着太多的泪水。

少年丧父，自己成了悲伤的主角，在那无尽的不能自拔的悲伤里，没有能真正去审视和感受这种悲伤的内涵和意义，之后多年便觉得自己已历人生最大的悲痛，便对身边的生离死别表现得很漠然，而这一次娘娘（四川贵州一带称比自己长一辈的女性为娘娘，读音 niang niang）的去世却让我有机会去感受、去审视这种悲痛。

2010 年圣诞节的第二天下午，我还沉沦在深蓝户外平安夜狂欢后的宿醉里，突然接到儿子舅舅的电话，说娘娘病得很重需要马上送到重庆西南医院，娘娘是他的岳母。

我说一定要现在送吗？他舅说再迟可能来不及了。我心头一愣再没有了不情愿，于是马上备了车去接他们。

一个鲜活的生命如果一定要用生命值来体现的话，此时她的生命值已是临界水平了，娘娘快六十岁了，她一直是那么和蔼健康，但现在她的脸色却呈一种没有血色的蜡黄，眼睛周围都是青的，明显少了一种叫生气的东西。

已是病重的娘娘仍因为觉着麻烦了我而深深的歉疚，说了不少客气的话。

娘娘和我们住在同一个家属院，娘娘的老伴彭叔平时就和我很说得来，他悄悄告诉我说你娘娘可能是白血病，你看她眼睛是青的，那是皮下出血，如果脏器和颅内出血就没救了。

到重庆南川有 100 公里崎岖的三级路，娘娘有点晕车，我力把车开得平顺，娘娘看出我的努力，夸我说我的车开得真好，她一点也不晕车。

一路上娘娘不停咳嗽，并将痰吐在纸巾里装在一个袋子里。后来彭叔告诉我，那时她吐出来的就已经是血了，那一袋子纸巾上全是鲜血。

到了重庆西南医院后，我们准备返回，我感觉娘娘突然间生命值增加了许多，没有要人搀扶，很健康地从轿车右边走到我的车窗前俯下身用她一贯和蔼的表情和语气说：“前波，就劳累你们了，你们回去慢点，千万要注意安全。”

也正是这样一个细节让我在后来的几天里坚信她一定会治愈，对向我询问她病情的人做乐观回答，但我没有想到这是她对我说的最后一句话，没想过这就是永别。

挽联的横批常用音容宛在这个词，我觉得是再贴切不过了。她的神情和声音就如一段视频挥之不去，不停地在我脑海回放。

第二天，第三天，身边的许多人都关注着她的病情。

第三天中午，妻子告诉我娘娘去世了，叫我帮忙准备后事。妻很难过，声音哽咽差点就哭了出来，我也愣了，感觉太突然。

彭叔身材高大，相貌堂堂，性格刚毅，行事果断，退休前在单位就有人叫他彭大将军。一般情况，在西南医院去世的病人要火化后才能送回家，彭叔为了能把娘娘的遗体送回家应该是深思熟虑并做了精心的安排。

当医生宣布娘娘去世后，彭叔没有让护士摘下输液瓶和输液管，而是让女儿举着输液瓶，自己却从容地抱着娘娘的遗体走进电梯下了住院大楼并走了很长的一段路，上了一辆等候着的面包车。

他把娘娘放在一个舒适的位置坐好并把她揽入臂弯里，还若无其事把输液瓶挂在车里一个较高的位置。

那辆面包车是在重庆当地租用说是送病人回家，最后那两个重庆司机发现车是直接开到殡仪馆才知道车上的病人早就是死人。后来彭叔给两位重庆人道歉并要多付一倍的车钱，耿直义气的重庆人硬是没收。

按我们的风俗，要为娘娘做三天复杂繁琐的道场后才下葬。从重庆那一天算起，彭叔四天四夜没有合眼，大家怕他出问题劝他去睡一会。我也劝他去睡，他叹了口气说：“算了，根本睡不着，闭上眼全是你娘，她就要走了，不如多陪她点时间。”

在几天里我和彭叔有很多的接触，我发现彭叔远没有想象中坚强，只要身边的人一少，彭叔都会伤神流泪，有时会泣不成声，神情凄然，花白的络腮胡上会挂满眼泪。

王老师四十多岁，和娘娘是表亲，字写得很好，他负责写挽联，我负责把挽联贴到花圈上，他给我说了许多他从小到大感受到的无数娘娘的好，从他诉说中我感到没有读过书没有工作过一天的娘娘其实是一个女强人，在她柔弱的外表里有一颗刚强的心，总是能站在一个更高的高度处处为别人着想，而从不奢求回报，从不奢求别人的关心。就连高大威猛的彭叔晚回家，娘娘都会打电话说要来接他，说怕他看不见回家的路，怕摔着。

这时，我才真正体会到许多传统女性身上的那种伟大和魅力。

做道场时，子女们跪在傩坛前行礼，由于跪的时间很长，要找一些软的布料垫在膝下，有人就去取娘娘生前的衣物，彭叔发现后坚决不同意，流着泪哽咽着说不能把她的衣服弄脏了，她生前就是那么爱干净的一个人，你们要跪我回家给你们拿枕头。

说着把那些散开的衣物小心翼翼地一件件叠好，神情专注而肃穆，弄得一屋子的人都不知所措，只好跟着流眼泪。

其实当时到了重庆西南医院后，医生首诊就说已没必要治了，但彭叔坚持要住院治疗，医生没有办法，只好按程序进行并期待出现奇迹，告诉他千万不能离开，因为已出现脏器出血，如果出现颅内出血就回天无力了。

彭叔说其实就是在等待那一刻的到来。

那一刻最终还是来了，是那么快，是那么让人始料不及。

到医院的第二天娘娘就开始便血，娘娘想看但彭叔不让，说有什么看的。第三天中午医生已吩咐不让娘娘进水了，只让用棉签打湿后润一下嘴唇，没想到棉签刚碰嘴娘娘突然拉住彭叔的手拼命吮吸那棉签。彭叔曾流着泪说，真对不起她，死前连想喝口水都未能如愿。

不一会儿，娘娘突然说：“老彭，我怎看不见你了”。

彭叔紧张了起来，赶紧握住娘娘的手说，那你听得见不，娘娘说她听不见。

接着，娘娘的脸上一阵抽，随后抽搐的脸变得异常的平静和安详，喃喃道：“我在花园……”

之后，医生宣布颅内出血致死亡。

在一段时间内，大家都在猜测娘娘的最后一句话是什么意思，有的人猜测娘娘在我们家属院的花园里留下了什么东西；有的人猜是她担心花园里她常常义务照顾的花草；连彭叔猜测一向勤俭节约的娘娘为在花园里丢了一百块钱的事放心不下。

这事成了一个悬念，但这个悬念没持续多久，两天后彭叔的二女儿解开了这个悬念。

彭叔的二女儿和女婿在深圳工作，信基督教，他们回来后听了娘娘生前的最后一句话，那悲恸的满是泪水的脸上竟然出现了欣然的笑容，女儿对彭叔说：妈说她在花园，那她一定是上了天堂。

众人这才恍然大悟，无不为之动容，一连几天悲伤沉郁的气氛顿时轻灵了许多，彭叔一脸的悲戚淡去不少，黯然的眼神也亮了起来。

我们是少数民族，身边的人对天堂都没什么概念，但此时此刻大家都相信或者愿意相信花园的事是真的，因娘娘是那么好的一个人，大家都愿意她真的上了天堂。

娘娘下葬的头一天突然下起了雪，往公墓的路上结满了冰棱，但送葬的人还是很多。老人们说，老天要祭奠一个好人都会出现极端天气。

其实，有些人，你根本就不能说出他的好，因为他真的太好了。她可亲可敬，任何事都为他人着想，几乎没有了自我，并且这种没有自我坚持了一辈子。或许正是这种没有自我，正是这种坚持成就了中国传统妇女的崇高和伟大。

现在我相信，人在濒临死亡的时候真的会有幻觉。

现在我更愿意相信，人真的有灵魂，好人真的会去天堂。

天堂，在我们这些非基督教徒眼中也是那样美好。

肖　勤

女，生于1976年1月，贵州省遵义市人。鲁迅文学院第十二期高研班学员、中国少数民族作家学会会员、贵州省文学院签约作家。主要从事小说创作，著有小说《云上》、《暖》、《霜晨月》、《棉絮堆里的心事》、《潘朵拉》、《丹砂的味道》等。作品散见于《小说选刊》、《十月》、《中篇小说选刊》、《山花》、《芳草》、《民族文学》、《时代文学》、《贵州作家》等刊物。

可汗宫的黄昏和清晨

五月，我那双属于南方的脚印，踩过千米以上的天空，踩过白得像果冻的云朵，轻轻落到内蒙古这片属于草原的王国。我布鞋上的红花，第一次盛开在飘着牛粪香的土地上，幸福地靠在一丛马樱花前沉醉。

在这内蒙古的草原上，抑或是草原的边上——我没有羊群和帐篷，我不知道草原的宽度与广度，我不知道是用心灵、眼睛，还是羊群的脚印去测量我陌生的草原，我只知道，对于一个南方的女子来说，她并不贪婪的目光里，已自认为这蒙古风情园里叫可汗宫的地方，这个路旁开着马樱花、风把榆树吹得刷啦啦直响的地方，就是她梦想的草原。站在烈烈的风里、烈烈的太阳下，烈烈的时光正从我身边驶过，带着春暖花开的约定，路过五月。

这唯美的五月，让我期待已久——这些年，笔会或改稿会，每年总是有那么两三回的——然而今年，当接到民族文学杂志社的通知，说改稿班是在内蒙古召开时，心里便有了异于往年的激越，对于南方人来说，草原与海是一生中必须要去的地方，如果我也有“一生中的50个愿望”的话，看草原必定是其中一个。而把看草原与一生挚爱的文字相系在一起，又增添了些许“赏梅正逢雪花落”的美妙，正可谓“如此正好、如此甚好!”因为激越，还未启程，心中便已有了借文字作马、激情作缰，在文学的草原策马千里，再吟一阕长歌的狂妄之思，说出来实在是有点丢脸。

尽管五月的草木还并不茂盛，但草原以它的辽阔成全了诗人和作家，在这里，诗歌是燃烧的太阳，散文成了放牧的牛羊，小说则都是自己的思想的君王。每天吃过晚饭，搁下电脑，我喜欢四处走走，北方的泥土是松散的、绵软的，踩在上面，感觉有许多来自于羊粪牛粪蓄成的营养，让人不自觉地感叹这肥沃与细腻，让人明白，那些豪迈的蒙古长诗和悠远的蒙古长调，是怎样在这样一片土地上生成并茁壮的。在一望无边的草原上，有时候，我会把自己走丢，然后一转身，突然发现远处的草丛间行走或站立着某个人影，怔怔地看着夕阳、胡杨或牛羊，不禁哑然失笑，原来在草原黄昏的河滩边、在牧人扬起羊鞭击碎夕阳时，这美丽幽静的可汗宫及她身边的草原，天天都有人在迷路，这些来自四面八方的孩子、说着不同语言的任性的孩子，在夜色或晨光中，任由文字和思绪把自己倒腾到迷失。

雨后的一天，草地仿佛在一夜之间泼墨般绿透，而我则幸运地发现自己居然一夜之间在北方生病了，这样的感觉竟然有点像中彩票。对南方人来说，草原不是谁都来过的，到了草原还生了场淡淡的病的人，那更少，所以，我很愉快地接受了生病。傍晚，我坐在草原的黄昏里，拥紧蓝色的披肩，感觉有点冷，病痛放大了心灵某一处的忧郁，眼前的夕阳，变成了一朵灿烂盛开后日渐老去的向日葵。常在脑海里出现的那条路——那条我从没有去过的路，此刻竟像海市蜃楼般异常清晰地出现在草原上，从我的脚下延伸到黄昏的边界，那里有两三只羊，在安静地吃草。这条路，在南方的记忆里，路两旁有无边的向日葵，阳光很好，两个孩子手牵手走过来，笑声扬起来，一直传向空旷幽蓝的天空。他们的脚下，铺满缤纷的宝石。我原来是个贪心的过客，我渴望在我那条通往文学与梦想的路上，不但要鲜花盛开，还要铺满宝石。如果让我去叫芝麻开门的话，我身后必定带着一列空空的火车皮。如此贪心，生病倒是便宜我了，没让我失忆已是恩赐。

然而现在这条路上，只盛开了一朵向日葵，它正憔悴地站在草原的边沿，紧紧揪住榆树梢，说，让我留下来，让我开花。却没有人回答。这一刻，我发现自己服过药的嘴很干，发着烧的额头很烫，而屋子里，那篇推敲到极致也没法瘦身的稿件还得意洋洋地待在那里，毫不胆怯地等我找刀去砍它，或许它已察觉我的乏力？这狡猾的东西！

已经有人陆续离开了可汗宫，有的留下了文字，有的留下了遗憾。不是每一扇门都向朝圣者开着，也不是每一篇文字都能盛开理想的花朵，这残酷却迷人的文学，让离开的人儿，有的忧伤，有的快乐。

我想，我是不是该早点离开，趁我朝圣的路还遥远，还看不清那需要芝麻才肯开门的山洞里是堆满宝石或细砾，趁我还不知道结局是快乐或忧伤？

虚弱的身体突然感到寂寞了。寂寞是需要呼应的，体贴的胡杨林深处扬起了歌声，歌声裹在风里，从远处排山倒海地席卷而来，那是蒙古人的“呼麦”，温柔地、低沉地狂奔而来，如一匹肆意的野马，将我一蹄踢翻在地，马蹄踩过我乌黑的长发，又呼啸而去……

秋风送来第一捧苍凉
远山暮霭铺陈出苍苍莽莽
粗犷与柔情同时登场

沉浮起落　回旋着阵阵悲怆
骏马嘶鸣　疾驰的背影
踏破奄奄黄昏暖融融的残阳

这声音，你宁愿相信它来自于灵魂深处，而不是俗世。我缓缓弯下腰，泪流满面地捧起我丢在草原上的心脏——这样的黄昏，原来是一朵葵花倔强的歌唱。

第二天清晨，高烧后的我跌跌撞撞地醒来——没有酒的夜晚，原来也是可以醉的，孤单的意念和文字，燃烧的细胞，全然可以借北方的风，酿出浓浓的酒来。我想我是真的该走了，离开这个让我的文字和身心都处于灼热和虚弱的39℃的地方。

郁郁地打开窗帘，却意外地看到阳光坐在我的阳台上，正与金黄的蒲公英呢喃。这是我生命中看到的第一抹从草原升起的、迎面而来的阳光，它温柔地固执地浸润了我全身每一个细胞，我怔忡地沐浴在晨光里，泪水婆娑——原来，可汗宫清晨的阳光是如此的华丽，像盛装的新娘！

推开纱窗，阳台门竟然半开着。昨夜十点，温柔的服务员曾经脚步柔软、像花朵落在草地上一样轻轻地来过，她说，这是一楼，不安全，晚上，阳台门必须关。

那么，昨夜，是谁来打开它的？是草原游荡的精灵？

我赶紧去照镜子，想看看有没有好心的精灵，把我变得更美。可惜我还是昨天的样子，镜子里的女人有点憔悴，有与岁月相伴的雀斑，蝴蝶一样盛开在脸颊。

真是失望，为什么，没有谁来摄去我的灵魂？我愿意在这陌生的草原，被摄去灵魂，然后变成一株胡杨、或是一株马樱花，守望在五月——比一生两生三生三世还长的五月，等那无情的马蹄温柔地回来，轻吻我树叶或花朵上的露珠。

风把纱窗吹扬到我脸上……这一夜，在我的房间，是否发生过美丽诡异的故事？是不是有许多我看不见的东西，在我的房间里狂欢聚会过？它们跳舞，从地上跳到天花板上，从我的床上跳到灯罩上，它们嬉笑，互相作弄，它们还趴到我的床边，看我睡觉的样子，笑我丑。它们穿起我的蓝底白花的裙子转圈，说，这么漂亮的裙子，穿在她身上好可惜。

它们是在阳光来以前走的吧？从这扇半掩的玻璃门，随着风的节奏嬉闹着离开。

今夜，它们还来不来？

从昨天黄昏，我一直想着要逃跑，因为这美丽的可汗宫，让我害怕——我的心和文字都迷路了，我急促地想要做一回不做作业的长袜子皮皮，回家去、回家去……丢开要命的文学，去我的田埂上，看家乡的向日葵开得像朵朵自由的太阳。

可是昨夜，是谁在我房间，安排了这样一场狂欢？让草原所有的精灵都来跳舞。这可爱的精灵们，是不是知道，昨天黄昏，那朵叫寂寞的葵花，它唱歌的样子刺伤了我；那匹无情的马，它飞驰的马蹄踢痛了我；那些堵在笔尖的文字，它哽咽了我。

它们是草原温柔多情的孩子，代替草原来爱抚我，它们坐在我床头，抚摸我沉睡时皱着的眉头，它们商量，窃窃私语，举起白色的陶罐，给我的布鞋浇水——那盛开着红花的布鞋，它们怕它枯萎……

今夜，它们来不来？

也许，它们会披上我的蓝彩披肩、穿着我的红花布鞋，悄悄打开我的电脑，替我找回迷路的文字？

那就留下吧，等它们来。

我于是搬了一把椅子，坐在木制的阳台上，在这个五月将逝的春末，在可汗宫，在这个为自己找到留下的理由的早晨，安静地晒太阳……

丽江，你的美丽让我寂寞

最初，并不那么喜欢丽江。

那是电视剧《一米阳光》惹的祸——画面里永远灿烂的阳光和明媚的女子让我觉得不想再看下去——丽江，你只是一个约显迷人的城市而已，凭什么将爱情和景色演绎得那不食人间烟火的样子？夸张的剧情和神秘感让我对你有了别扭的态度——想去求证吧，又不愿像那些追星的小女孩似的张扬着一张透明妆或水晶妆的脸去讨你欢喜，做你的追求者。不去吧，又实在很想知道那些如水的浪漫是不是真像丽江水一样流淌在街头巷里，温情得到处都润润一片。这样的心态有小孩子一样的急切，却又有着成人稳重的造作在里面。若隐若现的期盼让日子瘦成了一页泛黄的挂历，上面有丽江透明的水和透明的阳光。

偶然一夜秋凉如玉，月光照着我夜行的山路，雾中的路变成了银河，透明地浮在脚下，直通天际。我突然想起了透明的丽江水，心头一阵潮涨似的渴望——我要去丽江。

9月底的云南，天空比起夏日来更多了一丝柔情似水的瓦蓝，云朵温情地挂在山峦上，像柔静的恋人。时不时泪水般洒下的秋雨，让人忆起这是一个擅长制造思念和浪漫的国度。

看过苍山雪洱海月，一路的旖旎让我惊叹于这个国度的清亮与明媚。而渐渐的，丽江如一个带着柔美阴谋的女子，踱着莲步，已在风花雪月的步履间轻轻悄悄地出现在我面前。

当我很意外地走下车时，只一脚落地，我便发现自己已深陷丽江的美景中。尽管装得很矜持，可古城优雅诡美的霓虹灯光还是将我脸上的迷醉映照得一览无余。

古城入口的巨大水车哗哗地掀动着波光，美不胜收的彩灯把古城的边缘描绘得如秋月一样的委婉。

在夜幕东一碎片西一碎片翠莹莹的绿光中，丽江像一个沉醉的女子，泛着一张浅红的笑脸秀雅地出现在了我的面前。我的鞋子敲打着青青的石板，那样清脆却生硬的声音让我后悔穿的不是一双可以走出仕女步的软底绣鞋；我的牛仔衣也成了这个世界上最不合时宜的装扮。随意走进一家小店，满眼望去都是披肩和纳西族的布衣布裤，大红大黄大绿，倾墨一样洒脱，自由自在地在小店的灯笼下张扬。正在奇怪为什么在丽江会有这么多的披肩出售时，夜风带来了一丝秋寒，冰凉的肌肤就有了向红灯笼靠拢的渴望。

丽江小妹看着我的样子笑：买一块披肩吧，这里的天气是这样，这种时候，晨晚凉、午间热，一块披肩披在身上，又迷人又驱寒呢！

平常出外旅游，在景区是很少买东西的，因为怕被宰。可是在这朦胧得睁不大眼的古城里，在隐隐约约的流水声里，我已经忘记了过多世俗的习惯、经验和成熟，甚至觉得在这样一个梦境一样的地方，被宰一回也是幸福的，要没有这温柔的一刀，走出梦境时拿什么做纪念呢？

像被咒语蛊惑似的，我一头扎进店铺，激动万分地买了大蓝披肩、大绿布衣和橘黄色的东巴裤。换好了衣裳从店里羞涩涩地走出来时，感觉丽江古巷里多了个台湾三毛。

一身异装战战兢兢走过两条青石巷道后，我才注意到过往的游人像我这样“发疯”的还不少！《一米阳光》里男孩子穿的那样宽宽大大的布褂子，成就了许多游人的快乐和放纵。一个小小的有着暗红荧光的咖啡店子里传来丽江男孩的歌声——“打跳去、打跳去”、“窝热热、窝热热”，热情奔放的歌声穿透了月亮的面纱，让月亮毫无防备地将月华水银般地泄了一地。

水一路伴我走着，无论我绕过哪个巷口，藏到哪个角落，水都会找到我，把我的影子映在它透明的眼睛里。流水清浅的味道水草一样绕着脚踝，让人不忍心离去。当听说丽江古城每天黎明前都会堵住一道道流水，任水漫到青石巷道上，然后再打开水闸，让一河流水将白天的尘土和垃圾一冲而净时，我真想站在丽江水畔等到天明。看那清澈的流水是怎样任性而灵巧地洗涤丽江的疲惫。

丽江古城的店铺自有它特殊的情调，与别的景区有着明显的区别。一是进去买东西，通常都只有一个薄薄的纸袋子而不是塑料袋，当你要塑料袋时小妹会弯着眉毛笑：丽江要靠环保生存啊，少用塑料袋好不好？二是少有店主站在门口招揽生意，而是一个个安坐在自己的操作台前，散着一头艺术家的长发或蓬松着大胡子烙着他的烙画或绘着他的东巴象形文字。那模样好像店子是别人的，与他无关，他只是在这里体会艺术来了。

这样的氛围，渐渐就让人有了一个人独坐的夜晚才有的宁静。一整个夜街的灯光亮度加起来仿佛也超不过 25 瓦。意境像王菲的歌声一样——清楚的吐词，不明白的意念。

我像丽江古城里一片飘零的叶子，随风起风落，看着一壁透明玻璃店墙里悠闲自在地上网的人，看着红色灯光下喝咖啡的失恋或热恋的人，翻阅着书店里厚厚沉沉浸染着丽江古韵的书籍，看着流水清淌而去，看着行人浅笑而来……看着飘着，心情就不可把握地四散开来，成了散落一地的珍珠，寂寞又耀眼地掉在一块块青石板上。颗颗都是晶莹的美丽和迷茫，让人不知所措、让人一瞬间就泪水满眶，让人莫名地幻想起远方，让人心底最深处的脆弱和期盼闪着光地亮起来……

走进《一米阳光》拍摄的那个小酒吧，人坐在高过腰的原木椅上，卷着腿，像一个想逃避什么的孩子。喝上一杯红酒、再环顾四周笨拙地点上一支香烟，用唇齿的温柔残酷地耗尽它一生。

这时候，不知道是丽江诅咒了我的寂寞，还是我让丽江变成了寂寞。只知道酒吧的音乐低沉成了蔡琴和徐小凤，低沉成了梦中永不能见得清晰的那一个背影。这一生要走过多少路，经过多少城市，要见过多少认识或不认识的背影。但这个背影永远在远方站着，却隔着雾般，总看不清。

我在红酒里把丽江握成一片微红色的遗憾，一饮而尽。

酒在寂寞中酿成一颗颗热的泪水，滴在丽江的肌肤上。丽江便妙曼成了我最珍爱的情人，温柔地躺在我的视线里，让我的寂寞生长成一棵树，一棵席慕容笔下的树——生长在他必经的路旁，阳光下开满了虔诚的花朵，朵朵都是前生的期盼。

只是我的这条路，必然不是他经过的那条路。丽江，你为什么不去牵引他的脚步，留下前世今生的相遇，让他曾经走过的青石板上，留下我绣着红花绿叶的布鞋踩下的印迹。我想我前世曾经在这里迷失了我的爱人，他羽扇纶巾、浅笑间皓齿若星光，我一定是桥边淘衣的女子，而他正站在桥上，倒影入了水中，更入了我的心中。春风里他的白衫飞扬，马蹄踏碎了一地柳枝，藤箱砚墨伴他去往远方……今生我站在这里，怔怔站在桥上张望，桥上的石栏杆被谁拍遍？留得晶亮如镜的清朗，看不到他抚摸过的痕迹，也嗅不到他衣衫的墨香。而我却分明看到曲桥尽头那一注月色下站着的背影，与我保持着精确无比的距离，不远不近，刚刚能看见，却不能呼唤应合。

丽江，你这个随手一丢就散落一地芳华的诡异又迷人的女子；你这个坐在石桥上描绣绘锦的女子；你这个游在水底小红鲤一样的女子，你这个把浅唱吟进人梦里的女子；你这个永远站在岸边看友情与爱情浮浮沉沉的女子！我恨我不是桥边绿柳一般温情似水的男子，我恨我不是纳西客栈一样深沉静谧的男子；我恨我不是泸沽湖畔将你霸道地臂拥入怀的男子。

幸好。

幸好我只是一个女子。

但是，为何在你的美丽面前，你要勾起我从未有过的寂寞，把我醉在你怀里，让思绪站成一个在岸边靠着东南西北树，也盛开不了一朵花的在那条路上的茫然的女子？让我变成一个陡然空了心，又陡然想起前世的淘衣的女子？

这个城市太温柔诡美，红鲤鱼是它的法器，它游到哪里，便把你的心蛊惑到哪里。水是它的水晶球，它流到哪里，便把你的前世映照到哪里。它是世上最熟练的金匠，只需把你的心轻轻掏出来，随意一敲，便把你的爱变成了一片柔美的金箔，让你恨不得立即飞到你爱的人身边，钻进爱人的心窝，用这片绝美的金箔包裹上那颗心，一生一世地贴着。

别说你没爱过，别说你没有爱人，就算没有今生的爱人，它也能够用波光把你前世的爱人映在水里，笑着等你。

这才知道，丽江的水和月亮，之所以透明，是因为它是一个神秘的光影隧道，可以带着你穿越三生。

丽江，美丽是你的罪过。

可你用美丽诱惑了我的寂寞，这又是谁的罪过？

王富举

男，生于1974年5月，贵州省湄潭县人。贵州省作家协会会员、遵义市作家协会会员。14岁开始创作，有文学作品在《山花》、《花溪》、《黄河文学》、《夜郎文学》、《少年人生》、《贵州日报》、《诗歌杂志》、《黔北作家》、《贵州公安》等报刊上发表，并入选多种选本。曾获首届遵义新诗奖。

梦里有座山

对于故乡，凡是漂泊在外的人，我想无论是谁，心中都会怀着一份亘古不渝的思念与牵挂。在那些淡淡静静独倚晨暮凝眸频仍的日子，在尘埃落定心事袅袅的时分，蓦然念及，也许还会潸然泪垂。那种灼人心魄的痛楚，那种挥之不去的绵绵忧伤，铭心而刻骨！

我的家乡位于素有“黔北小江南”之称的湄潭县东南角，去城二十余公里，在一个远离尘嚣堪称山明水秀的小村。故宅是一座竹木掩映之下的无比静谧的木屋，与伯父家的房屋紧紧相连，两边都带有厢房，整个便呈“ ┌┐ ”形。房子有些年月了，那些细琢精雕栩栩如生的窗棂，都有些残破了。每个晴朗日子的黄昏，日落的晖光都会一遍遍抚摸那些油漆斑驳的屋壁，并投下满院婆娑扶风的树影。或是遇到夏季雨日，厢房边翠碧的芭蕉传出夺人的鸣声，和着串串晶莹的檐滴，同样摄人心魄……我的一颗敏感的心，过早地憬悟着这一切，小心翼翼地感触着这一切。在我失了言语的憬悟与感触中，那些年少的时光，竟然也随之慢了下来。

房前是一个很大的场院，院边是我们几兄妹小时候种下的各色花草。如今我们都已长大并身居不同的城市，而它们却依然如故，兀自地荣枯滋灭，年复一年。许多珠玑般美好的记忆在这里俯拾即是，让人在追思中慨然扼腕。

开门便是挡眼的绿树青山，在满目的青山中，有一座名叫“六郎腾”的山，状似雄鸡，巍然鹤立，直指云天。她没有像周围的山一样联襟起伏，怡然安卧；也未如它们成丘则止，自矜自持。她起于低洼，出类超群，庞然兀立，志存高远……相传宋将杨六郎曾引兵踏经此地，也不禁勒马驻足，对此山心生敬意而赞许有加，故而得名“六郎腾”。在我很小的时候，常听大人们谈论说此山藏有一匹镇山金马，我便每每在闲暇之余抬眼凝望，希望有一天金马自庞大的山体里耀然而出。在那时，我的确以为这是真的。后来又听说有一支勘探队登上山顶，竖了鲜红的大旗，停留月余，将那宝贝取走了。我也以为这是真的。而今想来，那不过是当地村民的诈传而已，但借此也表明了他们心中潜藏着对生活的美好向往，以及对此山的一种神化的敬仰与膜拜！

“六郎腾”与故宅促膝相对，相距不过数里。晴日，金色的阳光把她照耀得辉煌无比。那灰白色的巨大岩壁，那满山的苍翠林木，如诗如画，历历在目；雨天，弥漫的云雾缠之绕之，时聚时散，幻化无穷，更增神秘妩媚。儿时的我常常怀着一种莫名的心情，倚着门，或是坐在屋后的山坡上与她对视。在这种目光的交会中常常浮想联翩，神走而忘我，似乎彼此早为情谊深长的故知。记得初中时，我曾在习作集子的后记中写过“我是大山的儿子”的字句，此中的“大山”，便是我魂牵梦萦无比敬仰的“六郎腾”。有一次这个笔记本不慎被一个堂姐夫看到，他竟当着大家的面佛诵般吟读起来，我好生窘迫，忙起身夺过。

农村的孩子求学不易。我的初中是在距家十余里地的乡完小度过的。那时候几个十二三岁的孩子怅别亲人住校读书，生活万般艰苦，但最磨蚀心灵的是平日里对故园的刻骨的思恋，对父母和兄妹的无尽的思念。幼小的我便常常爬上校园后面的山顶，遥望故乡的方向，看一看隐约可见的“六郎腾”。看到她，我便倍感亲切，心生力量。后来我在离家越来越远的地方求学、工作、生活，再也遥望不到故乡的“六郎腾”了，但我对她仍是万分的眷恋。诚然，是这座山，自小就给了我无尽的力量和鼓舞，当我失意时，当我成功时，她都始终默默地矗立在我的心中。我至今未与我的兄妹们探讨过在他们的成长过程中是否也有“六郎腾”的高大的影子，但我想答案是肯定的。

故宅如今已无人居住。今年清明，我借扫墓之机回了一趟故乡。我在祖母的坟前呆坐了很长时间才去看了一遍故宅。一切如故，日益彰显的是时间处处留下的断难抹去的痕迹，让人心生痛楚。但我梦中的“六郎腾”依然伫立在眼前，俯视万物，傲然如昔。我陡然忆起自己写下的那句“我是大山的儿子”，便把已经涌到眼眶的泪水，慢慢收了回去。

心情如歌

我很奇怪一个人有时候对一些平常的东西竟会产生一种莫名的感动，而这种美丽的心迹似乎只是某种偶然的契合，却又仿佛是顺理成章的事。

多年前的那个正午，当我从酣沉的午睡中蓦然醒来的时候，四下里很静，风把宿舍的窗幔吹得起了涟漪，发出极低微纤细的声响，像月夜里从远处淌来又淌去了的弦琴的忧郁的韵调，有一种莫名的疼痛拧着心。

我打开窗，就在这一瞬间，我为眼前的这幅图画惊讶不已。是的，一直都这样存在着的东西，却从来没有留意过，直到有一天，一个人静静的，就如那个正午时刻，一下子就发现了，好像并不是完全靠眼睛发现的，还有心，是的，心！

窗外，学校围墙的外边是一家农舍，红墙蓝瓦，给人一种很精致的感觉。房子的前面，是一条灰灰的公路，旁边有一线很抒情的水渠，清水汩汩地流着；紧挨着房子的右侧延伸的是一大片草地，时值仲冬，草差不多都已枯死了，几头瘦瘦的牯牛在草地上很悠闲地啃牧，耕季刚刚过去，它们的脖子上还留着木枷刻下的伤痕。房子的左边，是几块方整的菜地，用竹木围起来。篱笆已经残败了，园里的菜蔬却红着绿着，没有一丝儿懊丧的影子。高些的篱笆上，晾着花花绿绿的衣裳，旗一样招展。几个孩子和一只大灰狗一起在篱边玩耍，很痴迷的样子。他们有属于他们自己的无尽的快乐和情趣，让人由不得追忆那段逝去的童年时光。几棵秃兀的高树散布在篱畔和草地上，和风里轻响着，像在回忆什么。冬日里的好天气，阳光显得格外温存，云影在大地上快捷地移动，让人一下子想到岁月，想到年华，它们也总是那么匆促而无声地远去，叫人难舍地悲哀……

诚然，这一切是多么宁静而平和啊！原始的静寂其实也是一种美，只不过略显苍凉罢了。

那个正午我就一直忘情地倚着窗，像一个喜欢沉思的忧郁少年，痴痴地欣赏这幅绝美的风景画。我隐隐地觉得心中有一丝不宁，像飞累的鸟无处栖落那一刻深深地怅惘和惶迫，似乎有什么东西被从心上割舍了，那微痛，却无论如何也说不清道不明，我不知道自己是否是想家了，抑或是思念远方的友人的缘故，而一切若即若离，像是，又不纯粹是。

许多年过去了，那个正午之所见以及所感受的种种心情，我依然记忆犹新，但我始终没有找到一个确切的答案，只是仍然无端地感觉得出那种如歌的心情很疼，却很美！

戴绍康

男，生于1944年11月，贵州省务川仡佬族苗族自治县人。中国作家协会会员。在《人民文学》、《民族文学》、《山花》等刊物上发表多篇中短篇小说。出版有小说《在故乡的密林中》（中短篇小说集）、《塬上风》。《滚厂》获1987年山花优秀中篇小说奖；《塬上风》获首届贵州省政府文学奖。

重走洪渡河第八天

重走洪渡河第八天。这一天，太多的惊喜。

旅　人

从沿河县的四合头下到河谷，那里便是两条河汇合的地方——两河口。我们考察队将在这里与另一支考察小组汇合，一道去本次考察的终点站——洪渡镇。

在崎岖的山路上，在险恶的深谷里，大自然和人的矛盾继续着，人的心灵和景色对抗着，我们横七竖八地躺在沙滩上，等待从河那边归来的队友，他们去了那个美丽、神秘的葛佬寨，他们将从河边的丛林中打着红旗走出来。

一个陌生人从林子里走出来，在沙滩上席地而坐，他是异乡人，他那迷离的目光滑过翠绿的丛林，飞向那高高的锯齿山顶。他瞳仁呈灰黄色，让人想起鹰的眼睛，那是一双草原之眼，他说一口流利的普通话，他说他是内蒙古人。他身上挂满了口袋，看得出，他把所有的家当都挂在身上，和我们一样，他也背着他的睡袋和帐篷，只不过他睡袋和帐篷全是各种颜色厚薄不一的布片，他为什么来这人迹罕至的荒凉的河谷？是逃犯？是旅人？看样子他饿极了，我们给了他一点食物，他矜持地接受，不卑不亢，他暗示我们他需要人民币，我们给了他一点，他便竖起大拇指，夸奖我们——“汉子”！

是的，我们都是汉子。我们都是汉子。我们同是旅人，只不过我们是征夫，他是乞丐，有什么区别呢，我们虽然偶然遭遇，其实我们征途全都通向那无穷的未来。

和我们一样，他也唱歌，他放开歌喉，长啸几声，便消失在崇山峻岭之中。

向　导

我们在河边等待去葛佬寨的英雄们回来，他们果然从密林中飞奔而来。我们挥舞会师的旗帜，发出一阵阵欢呼，英雄们都是我的友人，我不赞扬他们，我知道，我的赞扬只会引来他们对我的恶毒挖苦。我不赞扬他们，我赞扬他们的向导，一个蹲在河边的农人，他目睹我们会师的兴奋，目睹我们重逢的激情，他是一名向导，或者是导游，不，不能用导游这个词来玷污我们的向导。他被感染了，我从他的神态中看出，他和我的朋友们虽然只相处了短短的两天，但是，他们已经有了情谊，大家依依不舍，朋友们将烧酒和其他东西留给他，因为他还将独自一人返回那神秘而令人敬畏的葛佬寨，他也知道，他将离开那一群真正善良的朋友，他深感失落。这一群不速之客闯入他们的葛佬寨，摄影师拍下了他们生存的环境，同时记录下他们不寻常的生活场景，给葛佬寨人照全家福，据说到过葛佬寨最大的“官”便是考察队的邹主任，当时他是乡政府的领导，考察队对葛佬寨人的真诚和尊敬，使得那里的人视这一群城里人为知己、贵客，倾其所有招待我的朋友们。

在这一秒钟，我看出我的朋友们对葛佬寨的依恋，对向导的离开感到无奈，向导眼眶有些潮红，他用手握着地上的泥土，眼睛却离不开我的朋友们，最后他弱弱地笑了。此刻我的心情又何尝不是如此。对了，那是一种千古离情。

葛佬寨人对我们每一个路人都洋溢着热情和微笑，流露一种朴素的真诚，包括刚才我们见到的那个旅人都得到葛佬寨人的热情款待。我们仡佬族不是落后的族群，不是野蛮的族群，善良和宽容是我们族人的精神。

鱼　群

考察队走过一些洪渡河的支流，有些地方由于过度开发，老百姓肆无忌惮地毒鱼、电鱼，河里连螃蟹都没有，似乎没有生命迹象，看着那风景，就觉得是塑料的，很假，很不舒服。因为那是一种失衡的生态。

中午，我们经艰难的河边徒行，穿过九节滩，来到洪渡水库尾水区，等船去洪渡，在这里，河水已开始静下来，在一片沙滩上，我们疲累的肢体和绷紧的神经终于松弛下来。突然我们的狂想又被重新燃起。队员们在一个羽毛球场大小的河汊里，发现一群群白甲鱼，大概有几千条吧，这种鱼不可人工饲养，它们只在浅浅的洁净水域生存。鱼儿布满了河汊，队员兴奋地去驱赶，拼命把水搅浑，于是大家在浑浑水中徒手捕捉那浑浑的鱼，一会儿就得了一小盆，就在沙滩上埋锅将鱼煮了，喝了生态鱼汤：邹主任将一条活的生态鱼生吃，他先吃脑壳，那样子像一只食鱼的水鸟。

我一边看他们食鱼，一边想，照这样下去，洪渡河的生态是有希望的了。不过我们是在国家级自然保护区，在其他地方怎么样，我很担心。

青　花

成排的水丝子树，或矗立，或斜卧，或倒垂，它们的枝叶摇荡不息，丛林深处则是涨水带上岸的河沙，它们细腻、干滑、树荫下十分凉爽。一个念头涌向脑海：“去解个手”。在小解过程中，我看见地上有一圈白，我以为是面镜子，因为在它的里边仿佛还反映出一种天空的蓝，很特别，我便用活水冲它，逐渐它露出一种本色，雪白，除了雪白之外，还有一种青色，一种花青的颜色，十分艳丽。

我知道，我看见了一件青花瓷器。

我捡起来，用沙子将它擦亮，哎呀，它就是一只青花碗，那上边有几个毛笔书写的寿字，碗中间一个发财的发字。

我在文化局工作过，对青花瓷有一点肤浅的认识，最近听人唱一首《青花瓷》，又增加了一点认识，这种讲究颜色、光泽，它体现窑温、窑址和年代，是一种文化，这一只寿字青花碗，形状规则，厚薄均匀，当即我便爱不释手。

司马老师说，这是一件“文化大革命”时期的产品，可值几百元。我也有几样古玩，但都不名贵，可以说没有哪一件比得上我这个寿字青花碗。我仔细地擦干净碗，将它放在睡袋里边，生怕它在旅途中被碰坏。

回来后，我将图片发在网上，有网友出200元要我的青花，我没给，有人出两百伍我也没卖，有一网友愿以一品相极好的青花瓷盘与我交换，我更没有。我知道它就是一个“文化大革命”时期的碗，不值这么多钱。但是我喜欢它，它来得太巧、太酷，我珍惜它。

本来，它就是一块陶，泥巴烧的，并不贵重，玉和宝石不就是一种石头吗？但是懂它的人珍惜它，于是它就是宝贝，价值连城。

就如我的寿字青花碗，我已经给它注入了心灵的珍惜，它就是无价之宝了。

我珍惜我的寿字青花碗，同时更珍惜我这一次重走洪渡河。

栗园三题

草场采笋

五月，野草莓开花的时候，正是山笋疯长的季节，也是收藏山笋的季节。栗园草场有很多竹林，开春，所有品种的笋子都会在这一季节萌发、拔节、上苔，当然由于品种不同，成熟时间会稍有先后，总之，在较短时间内，人们抓紧采笋。本地叫掰笋子，掰笋子的人成群结队，傍晚，当他们从竹林里走出来时，人人的背篼里都是满满的鲜笋。

山笋有一点苦味，有些人便将所有野生的笋子统统称为苦笋，其实，栗园真正的苦竹笋是笋中极品。除此之外，还有斑竹笋、京竹笋、水竹笋、慈竹笋。我是所有笋子的崇拜者，似乎除了国宝，就数我喜欢笋子了。

北宋诗人黄庭坚深知笋子的妙处，他的一篇《苦笋赋》脍炙人口，他说，余酷嗜苦笋，谏者至十人，戏作苦竹赋。其词曰：僰道苦竹冠冕两川，甘脆惬心，小苦而及成味，温润缜密，多啗而不疾人……食肴以这开道，酒客为之流涎……和黄庭坚一样，我和我的驴友们也都是食笋一族，那一次徒步，经由长脚到浩坝到石丫子，途中“善”得笋子数大根，“善”，方言，意指主人收获作物后，捡拾采摘遗留作物，为之“善”，不犯法，不受舆论谴责，小时候我们曾“善”过包谷，“善”花生，孩子们“善”作物，也有偷的嫌疑。露营时，将鲜笋剥皮，削片煮鲜鱼汤，下酒，那真是相当鲜美，至今回忆起来，口中仍有回味，恐怕这辈子再也不吃不到那一份心情和那一种鲜味。

不巧时隔十几天我在栗园尝到了更鲜的笋子。我们沿丛林徒步，钻进竹林一会儿，得笋子一大把，一个驴友告诉我，此笋可生吃，于是我现场生吃，本来早饭在镇政府食堂吃羊肉，因为好吃，吃得很多，肚子好胀，生笋吃在嘴里，微苦，有清香味，回甜，我一连生吃几根，朋友说，不可多吃，这东西寡人！殊不知生笋下肚，饱胀全无，从竹林里走出来时，肚子空了，也不打饱嗝了，甚至肚子有些饿了，我才知道朋友说的寡人其实是现代人对消食、减肥、绿色食品的追求。栗园山笋就有这种功效，但我不轻易告诉别人。

明年，我还将按时去栗园，去吃生笋。

童话般的阳雀菌

谁没有青涩的童年。小时候，家境贫寒，半大孩都要上山弄柴，连一些领导干部子弟也和我们一道上山弄柴。那时，谁家孩子都乐意参加这种带有生存训练的活动，这也是一种提高孩子们生存智慧的体力劳动。

大人们怕孩子走远路，饥饿，就给孩子包一个饭巴团，吊在挑柴的钎担上，到目的地，将钎担往地上一插，饭巴团就像一面面各色的旗帜。弄好柴了，就要吃饭，烦人的是，那蚂蚁也饿了，饭巴团上爬满了蚂蚁，只好连蚂蚁一起吃下肚去。后来我们采来一种菌，菌盖上有像蜂房一样的花纹，很好看，我们管它叫蜂窝菌，小樵夫们将这种菌用火烧了，合着饭巴团吃，非常鲜美，而且蚂蚁不敢去爬它，饭巴团也不会馊臭。大人告诉我们，每年三四月，布谷鸟和阳雀就要叫了，它们白天晚上都鸣叫，那是提醒人们布谷栽秧，阳雀叫一声，阳雀菌就长一朵，原来我们吃的便是火烧阳雀菌。自那以后，我就再也没有见到过美丽的童年童话——阳雀菌。直到几十年之后，才在泥高的栗园草场遭遇我的阳雀菌，我在一片丛林里发现了它，兴奋极了，一时舍不得采摘，一股劲地照相、观察，最终那美丽的阳雀菌被我和驴友们在营地煮面条吃了。阳雀菌虽少，但却勾起我童年的美丽的童话般的记忆。那些照片后来发在网上，收到网友有关评论：“阳雀菌是世界公认的珍稀食用、药用菌，在欧洲被公认为仅次于块菌的美味食用菌，它的珍贵还在于至今仍未能大量商品化人工栽培……”“阳雀菌属于未驯化的纯天然食品，阳雀菌香味独特，营养丰富，富含多种维生素和氨基酸……”“经研究，发现阳雀菌因为富含脂肪酸，有降血脂、抗疲劳、抗辐射和抗癌作用，并能减轻癌症患者放疗和化疗引起的毒副作用……”

“你小子在哪里照的?”网友问。

我骄傲地回答：“务川仡佬族苗族自治县泥高乡栗园草场。”

我爱栗园的野草莓

提起野草莓，就让我想起瑞典电影大师伯格曼的一部电影《野草莓》。故事发生在现在时态的24小时内，一位老教授驱车前往一所大学接受荣誉学位，故地重游，一路上他遇到了各种各样的人，同时也勾起了他对家庭、情人的回忆，他在往事的回忆和噩梦的刺激下，教授开始了对自己一生的反思，电影意识流化，场景美丽、玄幻。电影中，一大片草场，极像我们的栗园，那里植衍着许多野草莓，其中含藏了童年的志趣，初恋的情怀，家人融融的温馨，这一切让我想起故乡的栗园草场，那一片草地，那几幢木房，特别是那满山遍野的野草莓。我喜欢外国文学，喜欢外国电影，但我更喜欢栗园草场的野草莓。

秋季，是栗园草场野果最为丰盈的季节，各色各样的山间野果悉数登场，其中最让人流连忘返的就是栗园的野草莓，本地人叫它地泡儿。野草莓植株矮小，它的外部形态和人工栽培的草莓几乎完全一样，只是规格小些，它的花和果实都有一种非常漂亮的杏色，我在栗园见过许多颜色鲜艳的野草莓，有的淡黄、浅黄，也有的鲜红，甚至有的泛着紫黑色的光泽。

躺在草地上，稍一转头就可以品尝到品味清香、甘甜的草莓，再一转身，又可以吃到另一种颜色和香味的野草莓，仿佛因它们的颜色不同而味道又是别一番风味。如果你有工夫，还可以采集草莓叶子做成野草莓茶，喝一杯就让你陶醉，因为它太香，又不含茶碱，对心血管极有好处，我在什么地方也见过真空包装的鲜野草莓，那味道好得很。

伯格曼的《野草莓》和栗园草场的野草莓都是我的最爱。

卢汝明

男，生于1949年12月，贵州省茅天镇兴隆村人。供职于务川仡佬族苗族自治县政协，创作了大量表现务川仡佬族风土人情的散文。

背马箐过年习俗琐记

我老家背马箐是一个很边远的仡佬山寨，因为边远闭塞，所以这一带至今还保留着仡佬人很多古朴的民族风俗。每年春节回家，我都能感受到家乡浓郁的乡风民俗。

从腊月二十九这天开始，家家户户就会在房前屋后挂上用土纸打成的长纸钱，尤其是堂屋，从神龛（家乡俗称“香火”）到两边中柱都不能少。同时，还要在屋檐下竖起一根竹丫枝，挂上长纸钱和散钱作为摇钱树。主人则每天晚上都要在神龛和摇钱树下烧香点烛，上酒献饭，直到正月十五这一天，家家户户屋内屋外点燃长烛，密密麻麻烧香，称为“满天星”，烧掉所有挂在房前屋后的纸钱，家乡人称为“送年”，这也是过年结束的标志。

除夕夜，家家要吃年夜饭。在城里过年，年夜饭的早晚大家似乎都不在意，而在我家乡就不同了，吃年夜饭都很晚。因为自古以来的风俗是：谁家吃得最晚，往往说明谁家做的菜丰盛，过年隆重。因此，一般人家都在下午五六点钟才下锅熬肉煮饭，直到深夜才烧袱包，放鞭炮，吃年夜饭。吃饭时，大人小孩都忌讳用汤泡饭，因为用汤泡饭，将预兆来年干活时会遇上暴雨，影响收成。吃完年夜饭，家里的女主人会将屋子收拾得干干净净，把扫帚藏好，梳好头再睡觉。二更时，男主人悄悄起床，拿三炷香和纸钱，提着水桶到水井前点香烧纸，提水回家，这叫抢“头水鸡”。抢到“头水鸡”者，说明来年财运又早又好。洗脸后，要在堂屋点炷香，门外放一挂鞭炮，请老祖宗过年，庆祝新的一年到来。

初一早上，任谁晚起也不能喊人起床，先起来者也不能大声说话，要轻言细语，象征新年全家祥和。洗脸水不准倒出门外，只能倒在门角或洗脚盆内。早上一般不吃米饭而吃汤圆。汤圆包上黄糖、硬币，下锅后会逐一浮起，这时只能说“福（谐音“浮”）气来了”，而不能说其他话。家乡人还喜用烧汤圆方式来预测孕妇生男生女，具体方法是，被预测的人将汤圆放在灶膛里的柴火灰里烧，如果烧熟的汤圆表面有泡，民间习俗就认为将生男孩；如果汤圆表面有裂缝，则预示将生女孩。

家乡人很讲究拜年。初一是子女给父母拜年，出嫁的女儿在初二、初三、初四就比较随意。一般拜年客走到主人房檐下，都要放鞭炮。有趣的是未婚女婿到女友家拜年，女友家弟兄叔侄、老老小小都来看热闹，然后由主人将拜年礼物分送给他们，后者要用仡佬族“三幺台”方式轮流招待。吃饭时最好玩的是姐姐或嫂嫂给未来的妹夫添饭，往往要悄悄夹上几块肥肉、舀点辣椒汤埋在饭下，这是对妹夫的尊爱，家乡风俗叫“醒饭”。吃了说明傻，不吃又挨饿，剩下又没有“面子”，以此考验未来妹夫是否聪明能干。为免遭“醒饭”之苦，未来的妹夫坐席吃饭时多选在方便处，自己添饭。

过年除了吃好外，讲究的就是玩。首先家家户户都要糊灯笼，作照明用，然后开始“闹灯”。每家小孩拿着灯笼排成队伍东家走、西家看，在院坝里转圈，比谁的灯笼美，比谁的灯更亮，这种活动一般玩至正月十五。这天晚上，寨里的小孩们还要用一项“打耗子”的游戏来参与全寨的“送年”活动：将一只烂草鞋用绳索绑起，一人拉着往前走，后面一人提着柴灰撒向象征耗子的草鞋，其余人拿着棍子边撒柴灰边追打，齐喊：“打死老鼠子！箭矛箭矛！”

“老鼠生崽生不成功，生下一抱死一抱（“一抱”是方言，指“一窝”）。”满院子追打完，家家户户旮旯角角都打遍，然后将打烂的草鞋烧掉或甩到远方，祈愿来年无鼠灾。其次是踢毽，一般用鸡毛和包谷壳撕成细丝绑扎，参与者上至老婆婆，下至小姑娘。三是“抵台力”，这是中青年人喜爱的文体活动，参加人数不等，一对一进行。用挑粪的扁担，双方单手叉腰，对力相抵，后退出界或手弯者为输。“抵台力”通常是较量臂力，也可以较量肚力、膝力、背力，甚至屁股力、下巴力等。四是跳花灯，以村寨为单位组建花灯队，参加者多为中老年。从正月初五到十六止，走村串寨表演，场地多在农家院坝或堂屋。夜里灯笼舞，锣鼓敲，男旦女旦载歌载舞，观众也随声帮腔，仡佬山寨此时洋溢着一年里难得的喜庆场面。

家乡人过年很讲究祭祖宗，进入腊月就要买上几盒草纸，一把香。大年三十，家里第一件事就是要请民间道师先生到家里上钱，在堂屋用桌子摆好酒肉和香纸等，道师先生双膝跪地，一边占卦，一边拖着长声唱腔祝福。当晚吃年夜饭前，家人要拿香纸等到土地庙前祭土地，回家再烧袱包，给祖宗拜年，一直到正月十五。

付　强

男，曾用名司马玉琴，生于1966年4月，贵州省务川仡佬族苗族自治县人。贵州省作家协会会员。现任务川仡佬族苗族自治县文联主席。发表诗歌、小说、散文等，有诗歌作品入选《2002年度中国诗歌选》、《2007年当代诗歌文库》等多种诗歌选本。出版诗集《学会平常》，曾获得遵义市政府文艺奖、社科论文奖等省内外多个奖项。

村子里的物事

老　师

村里的老师是民师，姓邹。村里就一间学校，学校里就他一个老师。虽然老师自已读的书不多，但十分尽责。村子里从比我年长的到比我小10岁的，凡识字的都是他的学生。因而，老师在村子里算是个人物，有酒席什么的，坐上席是自然的事。

老师很看重老师这名分。他说，不当老师了我干什么。说这话的时候正教我们这一批。那时候，民师的报酬由大队提留，那两年，不知何故，他与大队的支书有矛盾，报酬就没了。但他依然认真地教着书，于是就有人劝他别教了，于是他就那么说。其实，别说没报酬的时候，就是有报酬的时候，一回到家里，地里的活他什么都干，他家人口多，光靠教书是养不住的。报酬的事后来惊动了区里才得以解决。

当然，他看重的不仅是名分，重要的是教书这职事。他说，变不成牛莫误了人家的阳春。我们读书的那几年，运动挺多，但他总有办法不让学生参加，正常上课。老师一年四季都穿着劳动布的工作服，那衣服有很大的口袋，口袋里常年有一本《新华字典》。在我的印象中，他从不乱教乱答一个字，哪怕当着学生的面翻字典有点那个。

老师到老也没能转正，但老师十分满足，因为退休后政府能按时发放三百多元的退休金，比教书的时候百多元的老师工资高多了。退了休的老师喜欢喝酒，很有节制、仔细地喝，极少喝醉。前不久，我专程去看望他，他特地请我喝酒，边喝酒边细数从村子里走出来的人，也就是他的得意的学生们。数到二十几个的时候，他满面红光，酒兴大作，已然是醉了。

渔　事

山塬上的村子，以种植粮食为生。但村子临水，一条叫洪渡河的河流日夜不停地奔流，也日夜不停地养育着鱼们。

那场渔事空前绝后。

先说它的空前。那还是大集体的年代，春天里，公社给每个村子配发了 300 斤“六六”粉，用于防治农作物的病虫害。许是生活的艰辛让村人们急红了眼，去领“六六”粉的那天，村里的劳动力全部上了山，他们去采一种叫苦坛子的植物的叶子，这种植物的叶子碾碎后，是药鱼的好材料。那天夜里，人们趁黑在上游七八里的河段将 300 斤六六粉和几十背苦坛子放进了洪渡河，这表明，那场渔事是有计划有预谋的。

人们回到村子下面的河段备好了渔具，耐心地等着。或许是河水太大了，也或许是六六粉和苦坛子都不是剧毒，苦等了一夜，河里无鱼。村人们失望地回到村子里。

第二天下午，大约四五点钟，不知是谁惊呼了一声：大家快看，河里什么东西。村人们朝河下看去，只见河水上面，白瓦瓦地铺了一层。早有反应快的村人奔命似的朝河下赶。那白瓦瓦的一层，是浮起来的鱼。从放药的地点开始，到村子下游十多里，整整二十几里的河段，全是同样的情状。这一河段两岸的人们，无论会不会水，懂不懂渔事，都捞足了鱼。

据说，这一场渔事中，最大的鱼有176斤一条的，最多的一户，捞了五六百斤。那场渔事就像一次艳遇，长久地留在村人的记忆中。至今，说起那场渔事，村人们仍然两眼放光。其实，绝后的事不用说，那以后直到五年前河段承包管护，每年里，大小的渔事不断，方法也各异，但效果却天壤之别。

那场渔事发生后，先是公社说要追究，领头的村人们着实紧张了几天，后来，就什么事也没有发生，也不知道为什么，那场渔事一直在我心里盘桓着，至今想来，恍如昨日。我想，世间的物事，是不是在漫长的聚集之后，都一定要遭遇惨景呢？人们重又努力地恢复，我们破坏和毁灭，这是人类面对自然的一定之规么。不敢细想的是，我们猎取的，仅仅就是自然中的物事么，难道，我们没有被我们自己猎取么。

福　女

村子里的人进城，可以说福女死了，在娘家生第三个小孩的时候死的。福女读过书，福女甚至是村子里的最美的姑娘，还当过教师代过课，福女有学名的，山塬上的人不喜欢叫学名，因而大家都叫她福女。

福女的娘家是山下的，靠河边的寨子。那年，山塬上的村子里办学堂，中学毕业的福女便到山塬上的学校里当了老师。福女不仅漂亮，也很能干。能干漂亮的人眼界就高。她嫁到山塬上，就是因为眼界高了，错过了比较好的机缘。快三十的时候，她决定嫁到山塬上。男人小她5岁，很标准的小伙子，只是有些不够勤，读过初中的，在山塬上也算是有文化的了。

福女的第一个小孩是女孩。男人想生男孩，劝她别教书，她想教书，不想生。这么拖着，又过了四五年，眼看就快熬到转正了。但男人想生男孩的愿望很强烈，先是婆家的父母劝，后来，娘家的父母也劝她别教了，生娃儿。福女的第二个小孩子仍然是女孩。务农的福女不想节育，要生男孩。

福女的第三个小孩果然是男孩。她死了，产后大出血，男孩活着。清明节的时候，我回老家去给父亲挂亲。村人说起福女，都说福女无福，费尽心力生了个男孩，又无福消受。

闲言笑置

一

人类社会发展到一定阶段之后，所有的人都面临三个问题：我是谁，从何处来，到何处去。

佛家的回答大体是这样的：从来处来，到去处去，我是因果轮回中的果，也是下一个轮回的因。

俗世中人的回答千奇百怪。从生物的角度说：我是人，从猿变来的，将发展成为头脑更发达、智商更高的人。从哲学的层面说：我是天地万物的尺度，我从一种生物进化而来，在人类没有毁灭前，我是一种物的存在。从社会的角度说：我是人，从爹妈那儿来，我将改造自然和社会，而后死去。

无论我列举的还是没列举出来的，俗世中人的回答总是让人不太满意，起码，没有佛家的回答那么让人认同和体悟。但更多的人还是生活在俗世之中的。于是，一些人回眸历史，传承文化，沉思过去。无论这些人的主观意愿是什么，他们的努力，使我们离确切的回答从何处来这一问题近了许多。于是，一些人凝望天空，钻研科学，谋划将来。无论这些人的主观意愿是什么，他们的行动，使我们离确切的回答向何处去这一问题近了许多。于是，一些人俯首苍茫，沉思社会，把握现在。无论这些人的主观意愿是什么，他们的思考，使我们离确切的回答我是谁这一问题近了许多。

问题依然存在。

二

中国人不知道孔子的不多。中国人知道姬旦的不多。都在说继承和弘扬中国传统文化，而且，一说中国传统文化，便把她归结到儒家文化那儿，仿佛儒家文化是中国传统文化的根基。

其实不是。如果硬要给中国传统文化找一个根的话，她的根是周礼。

儒家文化是周礼的继承和发扬，是对周公（姬旦）礼制的改良，是把一种制度朝向个人修养转移的一种实践。而且，就对俗世生活的影响而言，便是如今，礼仍然超乎于儒之上。我们日常生活中耳熟能详的长幼之别、尊卑之分、大小之立以及三媒六证、祖宗之祭、生死之规全出于礼。

那么，现在的人们为什么只知孔子不知姬旦呢。我以为，千百年来，儒家文化针对士大夫的教化是主要的原因，此外，礼作为一种制度，于生活而言，是很麻烦的，不若一种修养或内省来得那么崇高和虚无，也是实情。

一个伟人说过，历史是劳动人民创造的，这话无比正确。当然，书写历史的从来就不是劳动人民，这也是实情。一种教养或文化，在士大夫阶层传承，于青史留名，要方便得多了。

如果说，五千年的中国，有一个人是委屈的，那么，这个人非姬旦莫属。他的创造被不断地重复使用，他的名字被遗忘。

顺便说一句，姬旦是周文王的儿子，又称鲁周公、鲁公、周公、周公旦。

三

近几年，中国传统文化是一个使用频率比较高的词汇，那么，什么是中国传统文化呢。

有一个严肃正规的表述是“以儒家文化为代表的中国传统文化”。姑且不论这一表述是否是无可争议的，但这句话透露出来的信息表明，中国传统文化包括儒家文化，但决不仅只是儒家文化，中国传统文化是由多种文化构成的。这句话同时透露了另外一个信息，中国传统文化构成的支系是并存的，没有融合成一个整体。研究中国传统文化，甚至可以推而广之地说考察中国的人和事，这一点十分关键。说到底，是文化确定了人的心态、世界观和价值观，进而行为。多系文化的非融合并存，导致的结果有一种可能：多元的价值取向，多标准的尺度，多向度的行为取向。

就大体的状况而言，我以为，中国传统文化的根基是礼制，而后是道和儒的加入，而后是佛教文化的流入，到理学兴盛，所谓的中国传统文化在大义上已然完成。礼是一种制度，儒家文化的本体是仁，道家文化的本质是和与顺，佛家讲的是因与果及缘和善，而理学，则是理性的思维之后的约束，有礼与儒的基因。

就中国传统文化各系列产生的时间和对世俗生活的影响而言，“以儒家文化为代表的中国传统文化”这一表述是值得斟酌的。从时间上说，儒家文化比礼制文化晚了六百年。从对世俗生活的影响而言，既往的实际是：俗世尚礼、士人崇儒、出世修道、向善礼佛。什么文化更深入中国人的生活，不言自明。

四

半部《论语》治天下是假的，赵普的牛皮。

其一，《论语》非策士之术，也非治国之策，甚至连策论也不是。

其二，国以制为本，以律为罚，《论语》是没讲制度的，非治国以用。

其三，《论语》也好，儒家文化也罢，讲的是心态和修养。如果说，立仁爱之心，使群体的素养提升到某个水准，进而河清海晏，万方泰平，国不治而治是一种愿望的话，结局也只是愿望。孔夫子周游列国，以失败告终。中国几千年的历史，纷争不息，安宁无日，《论语》无力也无为。

赵普之前有治大国如烹小鲜，赵普之后有限阶段（我在位）是历史上最好的发展时期。

典型的中国式牛皮，无边无际，无根无底。

五

在中国的处世哲学或人生感悟中，有一个独特的奇怪现象，那就是一句正面的经典句子之后，总有一句相反的同样的经典句子。譬如：A. 士为知己者死；B. 逢人只说三分话，不可全抛一片心。A. 忠孝传家国；B. 忠孝难两全。A. 恶有恶报，善有善报；B. 好人命不长，祸害千年在。A. 父母在，不远游；B. 人不出门身不贵，火不烧山地不肥。A. 人在屋檐下，不得不低头；B. 男儿膝下有黄金，只跪苍天和娘亲……

有人把这归结为中国人的中庸，这当然是有道理的。但我以为，从根子上讲，这种现象的产生，是中国多支系文化的物理累加导致的多元价值取向最终形成的二元相悖。我觉得，中国多支系文化并存是一个物理累加过程，各文化之间没有在“中国”的容器内发生化学反应，没能形成更具创造力和更具认同度的新文化。

这种文化的好处是进可攻，退可守，任何情况下的任何人，都不会被逼到死角上去，都有自我安慰的理论依据，都能够保全面子。这种文化的不好之处是没有真正意义上的主流文化价值，任何崇高和美好都可以被消解，任何丑恶都可以被宽容甚至被理解。

有资料说，二次世界大战期间，被侵略的国家中，汉奸的数量以中国为多，不知道是否与这种文化相关？

六

中国传统文化的典籍中有玄妙的哲思，有奇妙的想象，甚至还有日常生活的情趣，但没有逻辑的概念，也不研究逻辑的问题，唯一与逻辑有关的问题是矛和盾的故事，可这个问题从来就没有人把它当逻辑问题来研究，仅仅把它当成一个笑话，久而久之，中国人就养成了不注重逻辑思维的习惯。

没有逻辑思维的人容易犯常识性错误，因为他们不懂得悖论。

《周易》本来是一种思想方法或者说哲学思想，是力图对世界进行整体把握的高端智慧，是一部以象为中心，以辞、意为表述，以天、地、人为标的，以变为主题去思考研究世界的一部巨著。据一个研究《周易》的专家讲，能够读懂《周易》且融会贯通的人，每个时代不超过100人。这话说得绝对了些，但起码表明能读懂《周易》的人不会很多。可另一个现象就奇怪了，一些连三字经都读不懂，《周易》上有十分之二三的字都不认识的人，在桥头或角落里摆个摊，给人算命，说是《周易》预测，居然就生意兴隆。更可悲的是这些信服者，不乏有文化有知识的人。如果说老百姓相信，是盲目的（有时是无奈的，此处不说），那么，那些有文化有知识的体面人呢，他们难道不思考一下么，运用一下逻辑思维。

一、如果《周易》是一本好懂的算命的书，流传两千多年后，已与农谚无异，人人能懂，又何必找地摊者算命。

二、如果摆地摊者能读懂《周易》，融会贯通，铁口断命，在当今的中国，起码已然是国学大家，他还用得着摆地摊给人算命么？

多数风水先生有一个招揽生意的广告：我是祖传N代的阴阳，于是，听者点头叹服。这就更可笑了，如果他真是祖传N多代的阴阳先生，要么，他祖传的技艺就很糟糕，不然，在他的某代祖上肯定早已给自己看了块极品的阴宅，到他这一代，都已经王侯将相了，最不如意，也该有好的生计，何必做风水先生呢。其实，风水乃堪舆之学，古已有之，不过是人们为了生活得更好，而研究居住（或坟墓，死人居住）环境的采光、通风、地湿、取水、依傍等方面的学问，不神秘，也不很高深。

他一说就是逻辑的悖论，犯常识性错误，而我们就信了，不是他的问题，是我们的问题。

七

一种文化，是应该有其主流文化价值的，共同的价值体系，才能形成群体的意识倾向，才能聚集起集体的力量。我们的传统文化在主流文化价值的确立上，是有欠缺的。或许是讳疾忌医的心理使然，许多人不承认这一点。

有人说，我们是尚礼的。事实是，礼乐制成六百年，在整个的统治阶层，便礼崩乐坏，天子无为、诸侯无行、士族无状，更别说而后的朝代更替，哪一点符合礼制呢。残存在民间礼的余荫呈现两个特点：一是浅层的传承；二是少数的仕人的坚守。但都与主流无关。

有人说，我们崇德。事实是，李世民杀兄杀弟，抢了个皇帝来当，所有的人都说他是千古明君。事实是，孔子一边说："父母在不远游"，一边周游列国。千百年来，德的崇尚大体是这样的情形：挂在嘴上，亡于行动。

有人说，我们信善。但不要忘了"人善受人欺，马善受人骑"的民谚，更不要忘了从焚书坑儒到扬州十日，每一个朝代更替的血腥。套一个诗人的名句，信善这事其实是"善良是善良者的墓志铭"。

在一个主流文化价值欠缺的国度，有些事的出现便是很自然的。譬如：金钱谁都喜欢，商业于经济发展十分重要，也是谁都明白的，但商人一直被轻视。谁都想做官，在古代，这是报效国家的唯一途径，在现在，是一种途径，但谁都不承认，假惺惺的，羞答答的。

当然，我说的主流不是说要一元。我只是说，大体要有共同的体认。

乡　路

乡路蛛网般布满乡村，从一户到另一户，从一村到另一村，从灰色的院落到落叶的山冈，从炊烟升起的瓦房到充满生机的田野，静静流淌的河流，一切劳作和收获的目的地。

乡路也通向远方。曾经的岁月里，我们不知道远方有多远（现在你问我，我也不敢说），不知道山那边的世界是如何的情状，不知道沿着乡路我们能够走到哪里。于是，沿着乡路远行，去远方，成了我们的梦想。

但远方不是什么人都可以去的，走山路的时候会出汗，长途汽车到站之后，得有落脚之地，火车和飞机则是更为遥远的未知，坐上去，除了有必坐的理由，甚至需要勇气。记得曾经有人写过一篇短文《我是奋斗了十八年才和你坐在一起喝咖啡的》，让我读得欲哭无泪。那些我向往中的远方的人们唾手可得的一切，于我们是遥不可及的，一张从乡村到县城的车票，我要扯一天的青藤，一个帆布军绿色的书包，是父亲 20 个劳动日的工分报酬。我们成长的年月，我生长的广大而幽深的乡村，去远方的路子逼窄而艰难。

人，是在梦想中成长的，也是在梦想中迈步的。幸运者的幸运在于总有一条路通向梦想的地方。当我初中快毕业的时候，读书考学成为一条通向远方的路，那个写文章的朋友比我年轻，他是奋斗了十八年，而我只奋斗了十三年。我读书那阵，小学五年，初中三年，高中两年，我没考上大学，只读了三年中专。那年那月，那时那事，可别轻看了中专。中专一毕业，我就成了国家干部，且留在了城里，虽是不大的小县城，可也是城里呀。

乡村之外，有一个世界叫城市。乡路之外有一种道路叫公路。沿着乡路，我走上了公路，翻过村前的大山，我来到了山外。带着良心说真话，于预定的结局中，我有一种自豪和兴奋。鱼跃龙门，我跃过了；千军万马过独木桥，我过来了。那些说普通话的人，不过跟我一样，食粗米而已；那些衣角带风的人，不过跟我一样，食俸禄而已。走在同样的街上，用同样的时间作息，晒同样的太阳。我虽然不喝咖啡，但我可以跟他们坐在一起喝酒，表情自然，心态良好。

少年虚妄因年少。一晃，10 年过去了，再一晃，20 年过去了。于生活而言，我生之处根深蒂固，说乡音土语，无人取笑，行乡村习俗，无视歧视，于人生而言，尘埃落定，酒如水时水亦酒，波澜不惊涛如风。但毕竟，20 年过去了，中年如一杯下午茶，凉热自知，涩苦人心，余味自品。当人生不再虚妄的时候，细思来路，不禁哑然失笑。沿着乡路向远方，远方很远，翻过村前的大山，山外青山。

路无尽，脚步赶不上，远方只在远方。山外边的世界叫城市，但我们其实没法融进去，哪怕你可以坐下来与他们一起喝咖啡或者酒，哪怕你可以置一栋房，哪怕你甚至不齿于城市的风气或空气，你都注定只是一个过客或看客，因为城市不是具体的人，也不仅是一些楼和街道，不是某种习俗某种风气，不是时尚或潮流。城市是一种被延续的血脉，就像我家祖传的老宅，有我祖爷的愿望和匠心，有我爷爷的心血和修补，有我父亲的痕迹的留存，还有岁月的烟尘，时光的斑驳，风雨的雕塑，甚或还有如今的气象。城市有城市的底气，城市的文脉，城市的情态和脸孔。正如培养一个绅士要三代人，或许我们的后人们会融入城市，但作为赶路人的我们，肯定不行。出生乡村，已然是一种结局。在城市的边缘，我开始怀念和回味。在怀念和回味中，我再一次地惊醒，沿着乡路远行，我已永失乡村。乡音是可以说的，但我的乡音不会进入我的乡邻的心里去了。这么些年来我不了解乡亲们真心的祈盼，乡场是可以赶的，但大碗汤锅和大碗的酒，我已不再习惯。我没法与我母亲在同样的视角看同样的问题，甚或，关于土地的看法我已改变，关于耕牛的重要我停留在口头，关于生活的艰辛我已淡忘。我惊心于我已被梦想异化。

乡路引我回家。沿着乡路，我已没法回家。

我所知道的葛佬寨

一

如同人总是要思考一样，人总是好奇的，因为好奇是兴趣的由来。我好奇于葛佬寨，一是因为它的名字，一是因为它的边远。葛佬寨这名字一听就有些来头，隐约中，我觉着那遥远的时光那古老的民族会从这个名字中显露出一些痕迹来。而它的边远，则有若它所在的大山深处流传出来的传说。

为了这份好奇，今年元旦的时候，我们一行驴行的朋友，曾试图靠近它。那天，我们选择乘车到快拢红丝乡政府所在地的大拐弯处下车，然后想步行经上中坝、毛坝，然后抵达。我们步行了三个小时，在翻越上中坝到毛坝的大山半山腰时，我们放弃了，那天，雪太大了，气温太低了，原本就十分难走的小路已成冰道，为了安全，我们放弃了。

这一次是县委政府组织的“重走洪渡河”活动，让我重又走上了去往葛佬寨的路。这一次，我们是乘车从正在修建的毛公路上到毛坝的。从毛坝到葛佬寨，只有唯一的一条山路，当然，我们只能步行。

二

给我们带路的是上中坝村委会的一位负责人，他在观察了我们的年龄、体形、行囊之后说，大概要走两个小时。他一说，我们便有些猜疑，要么是他高估我们了，要么他是在安慰我们，怕我们心生畏难情绪，按照传说的边远去推断，加之我们的队伍已是背背包走了近十天的疲惫之师，恐怕我们不能真的希望自己在两个小时到达。

离开毛坝之后，小路在庄稼地里蜿蜒，约摸十分钟后，开始下坡，庄稼地渐渐少了。一个小时以后，庄稼地完全没有了，开始穿越森林。上路的时候，我就觉得那小路与别的地方有些不同，感觉要宽阔一些。开始穿越森林后，我的感觉就更加明显了，那路不仅要宽阔些，路两边的柴草也收拾得很干净，完全没有走深山林路的感觉。我问那位带路的向导，葛佬寨有多少人，他说，21 户 80 多人，在家的就更少了，好多都去打工了。我说，那这路应该没多少人走了呀，怎么这么清爽呢。他说，每年卖烤烟之前，葛佬寨都要组织村民砍路修路，一是防蛇，二是背烤烟走夜路好走点。他还说，葛佬寨的人主要经济来源就是种烤烟和养羊，这几年出去打工，也算一种出路。

一直往下走，从海拔一千两百米左右的毛坝，走到海拔不到八百米的兰子河畔，就是葛佬寨了。这段路，我们走了三个半小时。

三

葛佬寨在兰子河畔，兰子河是发源于锯子山的一条小河，是务川和沿河两县的分界。葛佬寨在一片缓坡地上，它的背后是大山，左边是大山，右边是大山，我们是沿右边的大山下来的。它的脚下是兰子河，河对岸是壁立的悬崖，那悬崖高有四五百米，给人一种压迫感，那崖的顶上，是沿河自治县的黄土乡的地盘。

葛佬寨所处的缓坡地有千多亩，都被开垦成了土田。住房三五成群地在被开垦的土中，那些土里星星点点有些庄稼，偶尔有棵树，有几片竹林，最抢眼的是一棵胸径两米左右的银杏。

这土地、房屋、竹林、树木构成的情状与我想象的不太一样。我想了好一阵才明白过来，那就是这里的树木可能太少了些。但这就是真切的葛佬寨。

四

仡佬族是贵州的土著民族，她在历史的承袭过程中，族称大体经历了卜（濮）人、葛獠（佬）、仡佬等阶段。葛佬的族称最早出现在唐宋时代，但元代以后，又很少这样称谓了。一个地名，被冠以葛佬，自然是有点来历的，可惜的是，寨子里的人，对寨名的来历，都不是那么说得清，只知道是祖辈传下来的。这有点含混，但也给人以想象。

我们的考察进行得很顺利。在寨子里，我们看见了挑绣的方帕，前短后长做工精致、装饰精美的服装，有锈迹但仍锋利的摘禾穗的月刀，双面开口刮竹麻的麻刀，它们有的有几十年的历史，有的已经上百年，它们现在闲置着，但被完整地保存着，无言中有着真实的力量。我们探知了他们传承至今的不买地的葬俗，我们也了解他们避居深山的无奈，他们隐忍着，以真实的生活契合着传统民族文化心态的现实。我们还看到了见诸仡佬史籍的传统建筑羊栖和杆栏。这一切都在说明，这个深山里的寨子，是仡佬文化保存中硕果仅存的村寨，是一个仡佬文化考察不可错失的地方。

但这一切并没有使我震惊，因为这与我们的预期大体一致。

五

葛佬寨给我触动最深的有三件事，我觉得，我应该用震惊一词。这三件事，出乎我的意料，而且，我仿佛看见了他们心的波涌。

我们进寨子是没有预约的，向导把我们带到他安排煮饭的罗姓人家，大家都十分疲惫，有的靠在背包上，有的坐在主人家泥土院坝的台阶上，也有的坐在厅甲的长凳上，精神不振，反应迟钝。第一个过来跟我们打招呼的是主人家的邻居，一个61岁的老年妇女，她穿一双自制的千层底的布鞋，着青灰色的袜子、蓝布的上衣，点子花的衬衣立着领子，挽发髻，整洁而又精神。我们回答着她的问话，没十分在意，以为是她一个人如此。第二个专门来打招呼的是主人的母亲，67岁，她从邻居家过来，同样的，整洁而精神，这引起了我的注意，一观察才发现，主人夫妇以及眼光所及的所有的人，都是那么干净整洁。第二天，我们采访的时候，见到了差不多全部在家的人，也都如此，哪怕他们穿脏衣服背粪淋包谷苗，回到家，也会立马换上干净整洁的衣服。这个人口不多的寨子，常年没有外人进来，就连村干部，也只有民选干部每年来那么几次。我们一行8人，是新中国成立以来，一次性进入人数最多的外人。他们的干净整洁是为他们自己。

第一天半天，第二天全天，寨子里，我没有看见一个5岁以上的小孩。晚上睡着前，我问我们搭帐篷处的主人，他说，全送出去读书了，不论大小，都送到红丝的学校里去了。我说，吃和住怎么办呢。他说，有的寄住亲戚家，有的租房大带小，没办法，这样子不读书不行。一时间，我不知道对话该如何进行下去。通过采访，我们已经知道他们的经济收入来源，知道他们每户人的各样的情况，他们以这样的形式送孩子上学，所付出的代价是异乎寻常的，但他们是这样做的，这个寨子里所有的家长。

因为葛佬寨太边远，整个寨子没有一块水泥坝子，给我们煮饭的罗姓主人家的土坝子太小，所以我们的帐篷就搭在了另一户毛姓人家的坝子里。整个寨子里的人都很热情，毛姓主人也不例外。他们夫妇都30岁的样子，热情地邀请我们到他们那里搭帐篷，为我们烧开水，准备洗脸、洗脚的热水。女主人姓田，高瘦，干练，说话时满脸笑容。打扰了主人，无以为谢，第二天傍晚，马松说，给主人家照几张相，冲洗之后带来，以示谢忱。于是，他便约第三天我们离开前照相。女主人说太麻烦我们了，不用照，我们向她解释现在照相已经不麻烦了，她才默许。因为水土的原因，身体有些不适，第三天早晨，我起得很早，大约6点20分我就起来了，这时，我看见主人家也起床了，还烧火给我们热了洗脸的水。女主人边燃火，边对着小方镜梳理头发，理着她那已经很平顺的衣服。相是在七点半以后照的，为了保证光线亮度。在一个多小时的时间里，女主人不断收拾打扮着，想把最美的容颜定格。对于城镇的人来说，照相是太平常不过的事。在葛佬寨里，难得的一次照相，在女主人的认真对待后，我不知道照相人的手是否凝重，但肯定也很认真。

赵伯鸿

男，生于1963年10月，贵州省仡佬族苗族自治县人。贵州省作家协会会员、知名作家。作品被收入《21世纪贵州诗歌档案》。

山 花

一

第二十四场秋雨过去，我渴望找一个地方下种。而这时的风却很猛地刮我的身体，霜也很猛地冰冻我的旅程。以致我的胡子和毛森森的头发都成了荒草林。而你，站在田垄与道路之间，对我意味着什么？

二

仙鹤从四面八方飞来，衔嫩绿的春。麦苗儿、香香的油菜花都用水酒烧红的歌谣接纳她们。你说这一切都很朦胧，女人们就为了这朦胧而生存。女人们就为了这朦胧而生存？

我们结伴而行，不论是去淘金，还是去寻找辉煌的归宿。把手挽起来，擎起火炬，擎起苍天。不可名状的许多种声音接踵而来，如雨，如风。

白房子终于跨不过那座红栅栏，垂老的父亲母亲，在那一边以传统的姿态堆放一些早就散乱的脚印。

三

其实，我的有意义没意义的财富都在远方。勇敢地奔过去，即使倒下了，也在毅然前行。

或许，正是在我倒下的地方，你皎洁得如诗如画，鲜艳得如金如玉，渴望我站起来，站起来攀摘你，占有你。我的身体和心灵都分外透明啊山花。

时间的味道

因为常常无所事事，我总沉浸在对往事的回忆之中。

二十年前，还是20世纪80年代，时光远没有跨世纪。这世上的一切，人们为了生活所做的所有奋斗、拼搏，憧憬人生目标的方式，都是上世纪的，与今天比起来，真有隔世之感。那时，我大学刚刚毕业，被分配到遥远的外县的一所学校教书。作为替人传道授业的教师，又刚从大学里出来进入社会，我自恃是中文系毕业的高材生，真有点“粪土当年万户侯”的狂妄。别人现在的成功、辉煌、荣誉、地位在我眼里，只要需要，只要想要，只要努力，便会在不期然的将来变成我人生的事实。因此，我积极地面对工作，以一种健康的心态去从事我所感兴趣的一切。那是20世纪80年代中期，社会风气真好，所有年长的人们看着我的幼稚、简单和狂热，甚至看到我因为年轻而不断犯下的错误，统统抱以宽容和理解，假装视而不见。

我教的是语文。在我供职的中等师范学校，教学大纲是把语文分为《语文基础知识》和《文选与写作》两门功课的。由于我在大学时曾在报刊发表过一些分行文字（在当时被虔诚地认为是诗），时时以作家与诗人自居，学校便安排我教一个班的《文选与写作》。接到课后，我用一些自以为是的新观念、新思维对待那些被精选的作家作品，向学生传递的主要是我对这些作家、作品的理解，这些理解当然包括我对作者作为人的创作心态、生活经历、人生意趣的体味和感悟。必须说明的是，我在解读这些古今中外的作家作品时是寄寓我自己的人文关怀的。也许是无心插柳柳成荫，我这样的讲课居然大受学生欢迎。于是更加卖命，在课堂上，我干脆摒弃传统的授课方式，有时一整堂课都背着双手，在讲台上像疯子似地摇头晃脑，那些灵光闪烁，那些慧心一现，时不时地在这种似醉非醉的情景里跳出来，抓住学生们尚显蒙昧的心。整堂课，他们除了埋头认真地记笔记，便别无二法。下了课，我便邀约三两志趣相投的学生，到城外的山上去看风景。有时，面对在公路上飞奔来去的汽车，面对在田间盛开的金黄色的油菜花，我会停下来，出一些问题，让学生们思考回答。在那种环境氛围里，一切问题的提出和回答，都自然而然地带有诗意。

那时我还不知道疾病为何物，上苍对我格外垂青，它不断地给我知识、智慧和思想，让我在工作和生活中去尽情发挥。我得承认，那段时间我是迷人的，充满了魅力。当然，现在回过头去看，那些带有诗意的问题都很单纯、纯粹，涉及的范畴也太过单一，无外乎文学、哲学和诗，于现实生活是一点用处也没有的。然而在当时，在那个物质生活尚显贫穷，精神世界却积极向上的20世纪80年代，这些问题的提出、思考以致后来得出的答案带给我们多少快乐、充实和满足啊。在当时，我不但书教得好，千篇一律的内容被我发掘出了新意，而且我还有论文在报刊上发表并每学年都斩获奖项，此外，我的诗歌也不断被刊载。由此证明，我除了会做一个教师外，还可以做个诗人。于是，在教师和学生面前，我以一个诗人自居，在诗人作家面前，我又俨然是一个学者，我的自我感觉好得出奇。

我变本加厉地热爱我的职业。因此非常专注于在生活和事业上，在书本和文学中去发现那些启迪智慧和思想的东西。我一个人的苦读和深思显然太过寂寞，我得有追随者，当然凭我的职业和影响也很容易就有追随者。于是，我取得校方的支持，指导和带领学生办起了文学社。在这方面我自然很有经验，发展社员、创办刊物、点评作品、举行讲座简直是轻车熟路。因为在大学时我就是靠经营学生社团而获取社会影响，并且因为工作卓有建树而一度官拜校学生会社团工作部部长。学生们在成长，在逐渐增加灵心慧识，他们的聪明和上进使我欣慰，工作和生活的成就感油然而生。可以说，在我们的学校，乃至其所在的县城，我是很有名的，人们提起我的名字时，也往往是褒大于贬，赞扬多于批评。我也一厢情愿地期望，假以时日，我一定会成为中学语文教学的名师。

我在教学上，尤其是在利用文学来培养学生的学习兴趣，进而激发起他们求真、向善、爱美的高尚追求的课外读书活动，文学社团活动等方面，一直对该校的学生有着良好的影响。

二十年后的2005年新春，他们中的一些佼佼者在首届中国凤冈茶文化节上聚首，提起当年我对他们的教诲时，一致认为其受益最大的是我在当时那种特定的历史条件下，向他们灌输了一些为人处世、治学读书、乐天向上的理念。且这些新思维、新理念让他们受益匪浅。

还有必要交代的是，在20世纪80年代中后期，在偏僻遥远的凤冈，在一个中等师范专业学校里，能有一种在今天我们想起来都倍感亲切的浓烈、自由的学术空气，所有人能容许一个年轻教师的离经叛道，能容许如我这样的标新立异者把一批批将来专门要做教师的莘莘学子带向一个思想活跃、学术自由的境地，除了当时社会上思想解放、风清气正之外，尤为可贵的是，在学校生活和工作的大多是一些有良知的知识分子和善良的普通人。他们的宽容理解、善良正直令我的热情和干劲在那一方净土里找到了故乡，使我的普通人生因那段岁月而充满温馨。

回家的感觉

上个星期五的早上，县文联的同志打来电话，邀我于次日去参加他们组织的文学沙龙聚会。听到这一消息，接到这一邀请我心里的激动难以言表，一种回家的感觉，回到组织的感觉涌上心头。

感谢上苍，它虽然没有赐予我一颗健康的发育正常的小脑，让我像普通人一样正常地走路、行动和工作，在这样的情形下，正常的健全的人们的一举手、一投足、一个会心的微笑，一个清楚的表达，都成了我的痴心妄想。但它却赐予了我一颗思维正常、欲念活跃的大脑，在它的支配下，我心智健全，对人对事常以平常心处之，得意时不张扬，不迷失自我，失意时独享世间冷暖凉热。我还能幻想，期望着能像古人那样读万卷书、行万里路，时时渴求着有朝一日我也和正常人一样健步如飞，游历和饱览祖国名山大川，在美仑美幻的湖光山色之间陶情怡性，乐而忘忧。那时，我一定会以人为本，在鉴赏美的过程中追求天人合一的和谐境界。

这世上还是好人多，这些年来我深以为然。在我逐渐变得弱势的过程中，许多的人，那些善良的人们从各自的角度，对我进行了尽其可能的同情、照顾。当我行走困难时搀挟一把，当我力有不逮时援手一下，这些点滴的细微的甚至是不经意的举动，让我深刻地现实地感受着人生的美好，人的善良与温情，增添了我与疾病抗争的勇气。比之过去，我更加热爱生活，热爱这生机勃勃的人世间。人啊，我爱你们。

我无法忘记这样的亲身经历：去年夏天，当我步履蹒跚地出现在上海虹桥机场的候机大厅时，那里的工作人员问清我的情况后，告诉护理我的亲人，像我这种情况，可以在机场免费租轮椅休息，上机时，他们又派工作人员专门推着我上了飞机。当我们在天上飞行的时候，他们就把我的情况主动告诉了贵阳机场方面。所以，当飞机着陆后，远远地便见到工作人员推着轮椅等候在舷梯前，然后扶我下了飞机，再推着我出了机场。当时的我，除了对他们说谢谢外，便说不出其他的了。现在回想起来，假若机场方面对我的困难熟视无睹，而对着曲里拐弯的登机楼梯与漫长而繁忙的机场跑道，我可能也会登机，但是劳神费力的艰难可想而知。

人总是从自身的角度来观察和感知外部世界。那种换个角度看问题的想法，推己及人的想法不过是一种良好的愿望。我现在的对人对事的态度、我的世界观，就是从一个身体不健康的人的角度出发而形成的。在这样的情形之下，我从身上和身边发生的每一点小事，每一个不同的瞬间去捕捉和发现整个世界的规律，去打捞人生活着的奥秘和真谛，而不去关心他人的世界，或者他人在他所在的生活里干了些什么。所以，当有人邀我参加文学沙龙这种有组织的活动时，我就会想，在这个组织里，每一个人对待我，都像待自家兄弟一样，他们照顾我，帮助我，关心我，乃至同情和怜悯我，都理所当然，发自内心。

我渴望着天天回家。

我渴望着天天在家里生活。

朱明章

男，生于1978年2月，贵州省务川仡佬族苗族自治县人。贵州省遵义作家协会会员，发表过数十篇散文、小说、戏曲小品等作品。

与石有缘

那石蹲伏在小河川里已经很久很久了。呆呆的，木木的，龇牙咧嘴，头角峥嵘，整个似一头天外飞来怪兽。深通地方掌故的人指点说，这就是婺星化石。小城因此而得名。可惜当年的流星耀眼的亮丽一瞬即逝，现在是投闲散置，圪蹴在这小小的溪流里，一任风霜雨雪轮回着悠长悠长的岁月。

丑石虽无才补天，石与人却缘分非浅：筑道路、造桥梁、建高楼，乃至园林圣地，旅游景区，哪一处离得了石的装点？人与之石交，可说是渊源有之。毛泽东的《凌云健笔》就曾写道："人猿相揖以别，只几个石头磨过，小儿时节。"在岁月的无尽磨合中，人类由"小儿时节"成长为"万物之灵长"，这亿万斯年的历史沧桑，全由"化石"这秉笔直书的"史官"，给我们勾勒出生生不息的生物进化的谱系图，留下了生命进行曲的旋律。

大块造物，让人鱼石演绎得生机勃勃，有声有色。补天石、天柱石，是人与石开天辟地的序曲；织女织机石，谷城黄石是人与石的仙缘际遇；望夫石、化女五色石是人与石情缘未了；三生石、点头石是人与石参禅了悟；东坡五色石、米芾袖中石是人与石相忘于江湖。

石之胸襟广大，石之情态万千，正如马克思所说："人所有的，我无不具有。"石之大，可为奇峰峻岩，风姿绰约；石之小，可为钻石、扇坠，玲珑剔透。石之深刻，可为艺术高峰的《石头记》；石之灵异，可为神通广大的美猴王。说感情之节烈，无过于卞和为之献出双足的和氏璧；论气势之悲壮，更有那填平大海之精卫石。数苍凉，有敦煌龙门石窟；讲雄伟，有凌云乐山大佛。至于那落霞残照古道边的石人、石马，霜天晓月下的卢沟石狮，烟雨氤氲的桂林南天一柱，白云缭绕的梦笔生花，或庄严峥嵘，或出尘超俗，无不具有一种奇趣与魅力。

更有遍布各地园林的太石，以其婉转多姿，把大自然的嶙峋筋骨穿插在花木扶疏之间，让人们流连迷醉。那《水浒传》中的"花石纲"，即为皇家园林搜罗的奇花异石，更由此引出一段血腥的恩怨。至于福州寿山的田黄石，则是雕刻印章的上乘之品，经艺人精工雕刻，即成稀世之宝。有奇石，也就有了醉心奇石的文人雅士。由奇石，更牵惹出若许颠痴狂放的奇闻轶事。一代名相管仲，称"士农工商"为石民，其命意谓"四者国之本，犹柱之石也"。唐代诗人杜牧称至交为"石友"，诗曰"同心真石友"，但最令人绝倒的是宋代米芾，人称"石颠"，此公见奇石必衣冠而拜，更以"石兄"呼之："吾欲见石兄二十年矣。"无独有偶，清代文士张三来读米芾行事亦感叹再三："得石如此，敢不下拜耶！"可见此道不孤。以诗画名世的郑板桥对石也情有独钟，尤喜画"丑而秀，丑而雄"的奇石。看来炎炎诸公都共有一种恋石情节。

对于石，最让人不能忘怀的，还是周总理办公室里那碗浸水的雨花石。郭沫若曾这样评价："雨花石的宁静、明朗、坚定、无我，似乎象征着主人的精神。"爱石而高标出世，周总理堪为典范矣！每念及此，我常常想起罗丹的杰作"思想者"，那块有思想的石头，谁能说它不就是一首生命的赞歌呢！当人类把崇高的品格，深邃的思想，柔美的韵律，精致的线条附丽于石时，人，这个被大自然宠坏了的骄子，就会领略到与大自然协调的快乐。“垒石可以邀云，栽松可以邀风”。人与石，各适其天。痴也好，颠也罢，率性自然，这才叫得其三昧。

邹进扬

男，生于1971年8月，贵州省仡佬族苗族自治县人。贵州省务川仡佬族苗族自治县政协委员。1986年考入贵阳农校学习，1996年自修贵州师范大学中文专业毕业；2003年从务川仡佬族苗族自治县红丝乡镇调到县文体广播局文管所工作。他挖掘整理了大量仡佬族民间文化，可见于《丹砂古县的文化记忆》。

古老原始的宝王祭拜

宝王，传说是仡佬族的祖先，因其献丹砂于周武王而被封为“宝王”，后被仡佬族人尊奉为“宝王菩萨”。“宝王”的故事代代相传，使采砂人相信宝王就是保佑他们采砂打“发槽子”的菩萨，并在盛产丹砂的三坑、板场、金钱山、金鸡山等地建宝王庙祭拜。

祭拜宝王菩萨，有三种形式：小祭、大祭、年祭。

小祭　采砂人祈求打“发槽子”的一种日常祭拜。这种祭拜随时可以进行，地点一般在采砂人的矿洞前举行，祭品主要是猪头。摆放猪头时，猪头要正对采砂人所开矿洞方向。香两炉，插在猪鼻孔里。酒三盅，纸钱数串。采砂人面向自己所开矿洞，虔诚祷念：

天炉神地炉神
家坛香火不安宁
灶王府君不洁净
灶后夫君敌炉神
天上有十二神仙下界

地上还有四角地神
宝王菩萨做主
土地公公有名
要保佑我家在金钱山打发槽子
要保佑我家人身安全
左打左发　右打右发
天天发　年年发
四季大发。

然后焚烧纸钱，敬酒三杯，继续祷念：

许您猪头十八斤
美酒三杯
长钱十二束
板板银钱几十万

祭拜完毕，主人家把猪头清汤煮熟，招待开矿的伙计一同享用。拜祭时，采砂人一定要心诚，他们相信，宝王菩萨显灵是用托梦的形式来告诉发槽子所在的。

大祭　一种还愿的祭拜，是采砂人在采砂前就为宝王菩萨许下的愿："宝王菩萨保佑我打发槽子，打了发槽子，大点给你砍个猪脑壳"等之类的愿诺，也有许下用整猪拜祭的。民间传说，宝王是有灵的，你许得起他就要得起，因此，还愿时的祭品就必须是所许的物品，还愿祭拜的地点在宝王庙，祭祀时要邀请寨内人家共同参加，一同分享宝王菩萨带来的朱砂好运，其他内容无异。

年祭　即过年过节的祭拜，形式要简单得多，如同祭拜祖先一样，在年三十夜、大年十四、月半等节日，到宝王庙烧几张香纸、上几炷香就可以了，不用猪头。没有宝王庙的，到山上选一处石头多的地方或一块大石头也行。

务川仡佬族宝王祭拜，是仡佬族丹砂文化的典型代表，是仡佬族祖先神崇拜和俗神崇拜的文化表现。宝王祭拜不在仡佬人家最神圣的堂屋进行而是在山间洞前举行，体现了祭拜的原始性。祭拜中用猪头献祭的风俗在仡佬族其他一些重大的民事活动中也都有体现，婚礼中轿子“回车马”时要用猪头献祭；丧事中也要用猪头奠祭死者。可见宝王祭拜对仡佬族民俗文化影响之深远。

仡佬族婚俗——一首民族的古歌

仡佬族的婚嫁习俗从“提亲”到“嫁娶”，程序繁多，礼仪完备，具有严格的礼制规范性和完整性。仡佬族的婚嫁习俗充分体现了仡佬族文化与汉文化的相互交融，汉文化元素在其中虽然占据了相当的内容，但仡佬族仍然保留有自己的文化特征。仡佬族的婚嫁习俗不单纯是男女双方婚姻缔结的过程，在这样一个过程中，还蕴含着仡佬族深厚的历史文化个性，如“回车马”、对“四言八句”、装香、传书过礼等仪式中所表现的独特的文化特征和文化内涵，是仡佬族人认知和认同本民族文化根脉的重要载体。

回车马

“回车马”时，桌案上放猪脑壳一个、烛一对插于猪鼻内、香三炷、酒三杯、长钱若干、雄鸡一只。“回车马”先生咬破鸡冠，用鸡血在轿门上画符，并粘上鸡毛，然后把鸡从轿顶往后扔过，口中祷念：“马头三支大红旗，炮响三声人尽知，人人都说神仙好，其实有得在家中。娶亲回，远望一轮车，罗衣四角遮，车来来相接，马来迎酒安。昔日红水混乱策天下，唐王女子梦娘亲，手拿红纸白如云，将来奉劝车马神。将来奉劝车马神，酒一巡，酒二巡，酒三巡，杯杯奉劝车马神，娘家车马您请回，婆家车马出来迎，一迎皇恩治福，二迎金玉满堂，在娘家千年富贵，在婆家万代兴隆。天无忌，地无忌，年无忌，月无忌，日无忌，时无忌，雄鸡飞过，百无禁忌。”抬着轿子转三圈，然后抬人堂屋。“回车马”表现出来的是一种巫术，意在驱除新娘在路上可能遇上的邪气和对“车马神”的感谢。

书　子

“书子”是传统儒家文化规范的礼仪制度的一种体现。如红鸡蛋里放“团书”，礼品正中放“仁、义、礼、智、信”书子，其他还有“请书”、“正启书”、“梳头书”、“投书”、“饭书”、“菜书”、“酒书”、“茶书”、“喊书”等。

对“四言八句”

从押礼先生递“投书”到对礼、摆礼、传书过礼这一整个过程中，男、女双方司仪都要对“四言八句”。

递“投书”时，女方司仪：“你来是何人，手捧书文，恭恭敬敬，自自成成，所为何事，将事告明。”男方司仪：“我来是递书过通文，不知甚何叶，望你先生好言传德。”女方司仪：“谁人请你来传文，那时兴起？谁人请你，不说不知，将事说明。”男方司仪：“我今来是传书文，学而行使之，快快来接去，先进鱼理约，我今不会说，你果将收去走，我与你作个揖来握个手。”

进堂屋后女方司仪：“乘龙府上，来的先生，我未读诗书就知道你的圣文。君子行且行，我们不能说过书和言；小人乐且乐，我们有话不拿今天讲，有事不拿今天说。四言八句用不作，主要是上坡下坡走累了，手上端杯吃酒解个渴。”男方司仪：“来在贵府一从堂，铺毡接彩好汪洋；来在贵府天门脚下，点过天长地久，地久天。”女方司仪：“右的一张，原来造酒有药方，有无接风香，原来吾奉治酒，后来孟斌治黑，孟斌治礼，先生，请你不要推杯。”男方司仪："二位接风先生，上有苏秦说和平六国，下有八王取山练兵，左有苏东坡韵诗作对，右有姜子牙斩将封神。生前周公制礼，口读圣贤之文，我看你府上个个都是凤凰池上客，人人都是往来龙虎榜中人，我站在五台山看见，月公人壹，壹言辞别。"女方司仪："一杯酒，说个杯盘在手，劝无好酒；说美酒，造美酒说杜康，造杜康，说个愿来是个江；杜康先生逞美酒，不论贫穷家家有；今日有个接风酒，我今不会用美酒；你无可推，请你先生举手端杯。"男方司仪："一个杯子在盘中，杜康造酒在壶中；杜康造是葡萄酒，迎宾接客来接风；贵府先生把酒劝，我举手端杯把酒尝；一点天长与地久，二点地久与天长，三点点过接风酒，四点四亲六情情得尝，五点六点无点处，点在我自己口中尝！"

传书过礼时，男方司仪："关关雎鸠，在河之洲，我传书子你来收；悠悠鹿鸣，请客是常情，鸟木在庙，礼将收去谁喊谁到。"女方司仪："你交斗子我喊客，我喊得来就领书领酒，喊不来作竹揖捧手。"

龙潭村仡佬古寨

龙潭村仡佬古寨，位于贵州省务川县东北部洪渡河畔。这一带开发较早，其东 10 里有汉唐采砂（汞矿）遗迹，北 2 里有汉墓群，西 2 里有明代石拱桥。古寨建筑保存较为完好，房屋大多为木构建、木装修。

龙潭村是一座历史悠久的仡佬族古寨，居住村民绝大多数为申姓，仡佬族后裔。据明代嘉靖《思南府志》载，明正统年间"土木之变"中死于国难的明御史申佑即出生于此，该地迄今犹存申佑衣冠冢及其读书遗迹——来雁塘。申佑虎口救父、代皇帝赴死的事迹至今仍在当地群众中流传。《府志》记载，申佑，字天锡，世居务川火炭垭（即今龙潭），生于明仁宗洪熙元年（1425 年）。又据当地申姓道光年间族谱所记，申佑之前尚有五辈人。由此可知，龙潭村的申姓氏族在此至少繁衍了七百年以上，相当于自元末明初以来即居于此。

古寨三面环山，一面临水。寨内石板铺路，石巷相连，幽深古朴。寨前一方近两亩的水塘，四季不干，村民称之为“龙潭”，龙潭村由此得名。塘内荷叶田田，花开时节香飘数里。白鹭悠闲涉水，稚童岸边垂钓，蓝天白云，水光山色，好一派迷人的田园风光。

寨内古民居多为四合院落，院落由石院墙、院门、房屋建筑构成，其布局合理、紧凑，且家家自成一体。正房多为四立三，房子较高，吞口较深，出檐较远，具有地方特色。石院墙大多以片毛石垒砌，间或以方整石砌筑。前者又有平砌、斜砌及随意垒砌等多种工艺。斜砌中，又有上下两层反向垒砌者，形成“麦穗纹”，当地称作“鱼骨头”。麦穗和鱼骨，皆为吉祥物，一向受青睐。一些大户的围墙四角还建有射孔。院门多为一字朝门，开在石院墙上，推开厚重的红色木板院门，仿佛正在打开一部尘封的历史。规整的天井、细雕的阶檐、一抹夕阳的光照、几只归巢的燕子……

古民居房屋窗花采用镂空雕刻，图案精美，雕工细腻，具有鲜明的地方特色。其图案内容除了常见的寓含福、禄、寿、喜的“鹿含灵芝”、“鹿回头”、“喜鹊闹梅”、“犀牛望月”、“双龙戏珠”、“双凤朝阳”等图案外，还有蝙蝠、麒麟、羊、独角兽等祥瑞动物和莲花、牡丹等花卉图案，最具特色的是独具匠心的“左进右出”动物图案、“蛙形瓶”、“猫眼”等。“左进右出”动物图案雕于大门两侧板心上，其左为三个动物尾部图案，右为三个动物头部图案，一进一出，相映成趣，其所表达的寓意众说不一。“蛙形瓶”是一处厢房的窗雕图案，“瓶”寓平安的意思，“蛙形瓶”不仅在瓶的底部多了两只蛙腿，而且这个“蛙形瓶”还是倒置的，大异于常见的“瓶”图案雕法。“猫眼”位于大门吞口两侧，一左一右，以鲤鱼跃龙门的图案饰之，其功能类似于今天防盗门上的观察孔，能从内往外看。特别有趣的是，许多吉祥图案，采用组合手法，造成特殊效果。如，单看似游鱼，组合为蝙蝠；单看似南瓜，组合为莲花；单看似两只桃，组合为两尾鱼；单看是个喜字，组合为二龙抢宝等等。这些别具一格的木雕，想象奇特，充分展现了仡佬族人民的聪明才智以及他们对生活的美好愿望和追求。

由于仡佬族人崇拜祖先，重视对祖先的祭祀，因此，对香龛的修造都比较讲究，笔者所见到的比较精美的有三件。一件为象形桌腿，底座刻龙纹，顶板两端下镂空雕刻人像各一，男左女右，人像下为三节莲花图案，寓“连升三级”，整个香龛黑漆斑驳，尽显古老之色。另一件为异兽头形桌腿，底座刻贝虫形图案，其二台装饰板上雕刻龙、狮、独角兽三幅动物图案。动物图案下又雕四只凤鸟，该香龛的动物造型夸张，想象奇异，兽头面目狰狞，且饰以金粉，使整个香龛散发着一种古老、神秘的气息。第三件香龛主图案为双凤朝阳，配以六幅花鸟图案，其雕刻细腻柔和，加之涂料采用朱砂生漆，从而显得图案层次分明、古雅精致。从这些精美的雕刻中，既能领略仡佬族文化的个性，又能看到在中华民族大家庭中各民族文化的融合。龙潭村民间文化多姿多彩，主要有傩戏、高台舞狮、跳花灯、跳火龙等。民族节日有七月七“吃新节”、九月九“收新节”等。特别信奉“宝王”、“山神”、“黑神”等菩萨。

龙潭古寨是一处集历史遗存和自然山水为一体的典型的仡佬族村寨，其自然风光优美，村寨布局、建筑风格独特，充分体现了仡佬族的民族文化风貌。自2003年被贵州省列为“民族文化村”后，已吸引了国内外众多的民俗爱好者、旅游者到此考察观光。

邹愿松

男，生于1950年6月，贵州省仡佬族苗族自治县人。现供职于贵州省务川仡佬族苗族自治县宣传部对外宣传中心，散文作品致力于展现务川仡佬族风土人情。

务川仡佬族的图腾崇拜

在务川仡佬族聚居地大坪一带，至今流传着“神鹰救兄妹”的故事，记述了仡佬族先民是最早开垦这片土地的祖先。

传说远古时候，大地一片汪洋，所有生灵都将被淹死，天神赶紧用神竿在地上捅了许多消水坑，又划了许多道江河，洪水才渐渐退下。这时不知从何处漂来一个大葫芦，顺着现在的洪渡河水从南往东北漂流。当葫芦漂到现在大坪江边一带时，洪水被前面的彭家岭、麻青山阻挡，在这里产生了很大的回水凼。一时间，洪水夹杂着的泥石沉积下来，形成了现在的大坪坝。水位在继续下降，一部分泥石又被洪水带走，形成了丘陵。今小塘的10个石笋也就是那个时候形成的，所以，至今都可看到整个石笋都是由泥层和鹅卵石混杂而成。大葫芦在回水凼中漂荡，漂到石笋处，被卡在石笋中不能动弹。

洪水退了，天神立即派神鹰下来，用雄劲的鹰爪把葫芦抓到平坦的地方放了下来，据说就是今官学坝一带。有兄妹二人从葫芦爬出来，晚上住在大树上，白天四处寻找，人烟不见，只好在江边用竹子搭棚子，以渔猎为生，相依为命。天神知道当地已无人烟，只好亲自下界，为兄妹俩主婚，让他们服从天意，滚磨成亲，繁衍子孙。又派天狗从天庭偷来谷种，让兄妹俩开荒劈草种庄稼，兄妹俩便成了这个地方的祖先。子孙们为了记住祖先是神鹰救的，又是葫芦保佑的性命，所以务川大坪江边一带仡佬族民众，便把神鹰和葫芦作为崇拜的对象。今天大坪龙潭村一带清代时期木、石雕图案中，有众多各式各样的鸟类和葫芦，显然是仡佬人对凤鸟和葫芦崇拜的一种具体体现。

葫芦是多子的象征，是希望子孙发达的寄托。龙潭村和附近一带民居的木雕窗花和香龛木雕图案中，有不同形状的鸟，有的似鸡、似喜鹊、似岩鹰、似凤凰、似山鸡、似鹤、似燕、似鹅、似鹰、似鸠等，它们神态各异，有的啄食，有的闹梅，有的凌空，有的朝阳，有的栖树叶，有的与龙嬉戏，有的和石榴多子在一起；还有一件石雕，葫芦形的花瓶，在花丛中栖息着一只似凤又似鹰的鸟，形象生动，给人一种幸福安详的感觉。在板场长沟有些木雕窗花鸟凤图案，似凤展翅飞翔，似山鸡戏山花，似鹰与麒麟斗智。在三坑小王坝一座墓的石雕图案中，有双凤朝阳……有的似雄鹰俯冲。在民间挑绣出阁帕等图案中，也有许多似鸡、凤、鹰、雀和葫芦、石榴的形状。这种凤鸟图案，境内其他乡镇也很多，不再列举。而务川傩戏中的木雕傩母像的头饰就是一只飞翔的鸟，表现出对鸟的崇拜。

务川仡佬人始终没有忘记祖先对神鹰和葫芦的崇拜。1992 年，务川仡佬族表演队代表全国仡佬族出席中国第三届艺术节时，为了记住祖先传下的朴素而又动人的故事，曾将象征仡佬族人以神鹰和葫芦作为图腾标志的吉祥物“睦福”送给了各族人民，以纪念自己的祖先。2006 年 6 月，在石阡自治县尧上民族村仡佬族“敬雀”仪式上，他们也采用了和务川仡佬族一样的神鹰和葫芦的标志，这又印证了这一地域仡佬族一脉相承的历史。在 2006 年 11 月贵州省民族运动会上，务川仡佬族服饰又出现神鹰和葫芦的图腾符号。这些都表达了仡佬族人在新时代展翅高空，与全国人民“和睦共处，共创幸福”的美好愿望。

古朴有趣的无字棋

在务川仡佬族聚居地，至今还流传着一些古老的无字棋。不管大人小孩，只要有人想走棋，马上就地而坐，找一根小棍，在地上东划西划，出现一些奇怪的棋盘，再随地找上几颗大小或颜色不同的石子，嘴中唠叨着咒语或喊着单双、手板手背就开战了。围观助战者听见吆喝声也围成一圈，现场显得十分活跃。

这些古老无字的棋，如“和尚棋”、“狗卵蛋棋”、“猪蹄叉棋”、“六子棋”、“上天棋”等，在走法上各不相同，而且还都有故事相传。

和尚棋　传说有一个出家和尚，整天躲在山上念经，没吃的了就下山化缘。有一天，和尚下山化缘空手而归，灰溜溜地回到山庙里，坐在地上，用木棍写字度日。他把自己的庙写成“◇”形，在中间写上个“十”字，又在庙下面写个“田”字，又想到很多田，就把一个“田”字分成四个“田”字，并与庙相连。和尚肚子饿得咕咕直叫，无心再写，就在每个“田”字上打个“×”，嘴中叽咕着：看来今天得饿肚皮了。他丢下了木棍，又随地摸了几颗石子在手中。和尚盘脚坐着，手中倒腾着小石子发呆，有几颗石子从手中掉在地上的图中，和尚眼前一亮，来了精神。他想应该用智慧去化缘，不能白要，让别人心甘情愿给他粮食。于是他把自己比作一个石子放在庙中的十字路中，把有粮食的农夫比作几个石子摆放在大“田”字四周，把所有的笔画都看成路，可四通八达。和尚设想，自己走一步，农夫走一步，不能在路上一见面就向别人化缘。他想出一个办法，就是只要在一条直路上，同时遇着两个农夫，自己站在中间才能化缘，而且农夫都得给，这一着叫“挑”，农夫不愿给，就要想法子改变路线，关键就看和尚自己怎样走，才能把农夫的子全部“挑”完。只有这样才能得斋饭。

和尚决定下山试试这个办法。于是他来到一个院子，找了几家农夫化缘，人家都不给，他就在地上画出自己发明的图形，再找几颗石子，自己取一小节木棍替代，给大家说明各自的走法，谁输了，谁就给粮食。大家一看，这个方法可以，又好耍，于是便做起游戏来。后来民间把这种耍物叫“和尚棋”，也有人称“五马棋”。

上天棋　比和尚棋更难走的要数“上天棋”，有些地方称“三六九”。这种棋没有几番争斗是上不了天的。传说有三个草寇皇帝，各在东、西、南造反，争霸天下，不断向对方攻击，扩张地域。不知何年何月，三位大王兵分三路对峙于一处大坝之中。地势三面高山环抱，只有北面有一大片田原，谁要想北上扩张，必经田原才能通过。三王为减少伤亡，商议用走棋的方法，谁胜谁先走，大家都觉得这方法可行，于是命下人先在自己一方画上一个“王”字，再写上一个“十”字，连接三王中竖为前进路线，另写“田”字，连着“十”字空的一头，再划一“竖”，接“田”字中竖，为上天独路。顶上为“天”字，这就是“上天棋盘”。

棋盘画定，三王各自用不同颜色或大小的石子表示自己，将一子放在“王”字底划。每人规定手握三个或多个石子，用估子方法走棋，每次出石子多少由自己暗定，但必须将石子紧藏手中，握成拳划出，并大声喊出自己的猜数，亮掌确认，谁猜中所出石子的总和，谁为赢先走步，如遇二人同说一数，不算重来，不得耍赖。如果谁先走到某岔路口，下一次某方赢了，也要走被先占的路口，先占者就必须认输退回原“王”字底划上依次重走。尤其有趣的是石子走到“田”字下边缘中间时，必须先从右至上到左至下，再由中竖直上，一个大迂回，难免不碰对手，往往此时，胜负情绪激动，性子急躁者会暴跳如雷，甚至耍赖。三位草寇用走“上天棋”争天下，只是个传说，最终还是靠战争解决了输赢，但“上天棋”却留了下来。

猪蹄叉棋　据说有两个弟兄，爹妈死得早，自己又好吃懒做，就讨口要饭过日子。一天，讨得猪蹄叉一个，两个弟兄争了起来，平日都是哥哥让弟弟，尽量让弟弟多吃一点。可今天哥哥不能让，他想多肥的猪蹄叉，好久没进油荤了。但不能硬争，得想个法子，哥哥在地上画了个“猪蹄叉”样子，先画一个“冂”外框，又在里面打个“×”，找来四颗石子，每人两颗，颜色不同，放在“冂”的四角。对弟弟说：我们来走子，哪个把对方的子围着走不动了就算赢，就吃猪蹄叉。结果哥哥输了，但弟弟还是拿个叉叉给哥哥吃。从此以后，两弟兄只要讨得好吃的，就用这个办法分配食物。

狗卵蛋棋 是一种嬉骂棋，八九岁至十四五岁的放牛男娃最爱玩这种棋，谁输了，谁就是“狗卵蛋”。棋盘也很简单，像“冈”形。二人各占一方，每人三个子，但双方颜色或形状不同，随地可找。各将棋子摆放左右两边，下边三个圈表示“狗卵蛋”，谁将对方的子赶到三个圈中，谁就赢了，输者就被赢家嬉骂“狗卵蛋”，围观者也趁此机会，摸输家的头或裤裆里的小鸡鸡取乐。不服气者又来走，直到在场的个个都是“狗卵蛋”为止才罢休。这种场合，往往是放牛娃回家后被爹妈一顿打。因走棋忘了管牛，牛吃了庄稼，别人上门找赔偿。但是，第二天上山放牛，放牛娃们又玩起“狗卵蛋棋”来。

六子棋 棋格少，只有十五格，棋子各六颗，走法跟围棋相似，谁围困对方，谁为胜。像猪蹄叉棋、狗卵蛋棋以及六子棋这种简单原始的走法，是否就是围棋的初始？

笔者未曾访遍全县，不知有多少种无字棋。只知自己童年走过这些无字棋，今日想起十分有趣而笔录。这些在务川民间流传已久的无字棋，不知是谁何年何月发明的，现已无据可查。但在县城南古驿道去接官坪的石板路上，却有石刻“和尚棋盘”一个，至今还很清晰。务川还有很多奇怪的游戏法，如：挑香扦棍、叠子、母鸡抱蛋、打花龙、甩篾鸡蛋、拐子铧牛等等。这些活动丰富了人们的生活，维系着民族间的友谊，开启过人的智商，确实也是一种民族民间文化现象。

严 新

男，生于1974年6月，贵州省务川仡佬族苗族自治县人。中国金融作家协会会员、中国农业银行作家协会会员、贵州省作家协会会员。著有诗集《野宿之夜》（中国文联出版社），曾在《青年作家》、《解放军报》、《战旗报》、《中国城乡金融报》、《贵州民族报》、《贵州工人报》、《贵州农村金融》、《遵义文艺》、《遵义日报》、《遵义晚报》、《作家摇篮报》、《微篇文学》、《文化生活报》、《洪渡河》、《芙蓉江文艺》、《务川报》等报刊上发表小说、散文、诗歌、新闻通讯等作品千余篇，50余万字。

小镇牛肉粉

第一次吃到小镇的牛肉粉，是在两年前的冬天。

那时候，我和她谈恋爱才几个月。她的家在那个小镇上，离县城有几十公里远。她在小镇的一所小学里当老师，我们每个周末见一次面。每到双休日，她就成了一只爱情的候鸟，在周五的下午飞到城里，与我共度温馨时光，又在星期天的黄昏依依不舍地飞回小镇。

日子就这么甜滋滋地、悠悠地过去了数月。那个周末的下午，她打来电话告诉我，她们学校的一位老师结婚，全校老师都要到那个叫山江的乡下吃喜酒，她这个双休日不来见我了。我说好吧，天气冷，要多穿点衣服，小心着凉。

电话挂了，可我却莫名其妙地感到不开心，好容易盼来了周末却不能和她相见。我这一晚上干什么都没劲，一个人待在屋里发愣，唉，坠入爱河的人就这模样。

第二天一大早，我听到楼下的街道上传来阵阵喧闹的人声，从窗户伸头看出去，细细的雨丝像花瓣一样撒向街面，一支娶亲的队伍在欢快地前进，我听得楼下有人谈道：“这是某某家的姑娘，要嫁到山江去，男方是某某学校的老师。”这话让我心中一动：这不就是她去吃喜酒的那家吗？

眼见着娶亲的队伍争挤着往几辆车上涌，我立即穿上衣服跑下楼去，跟着那支队伍挤上了车，车上的人我一个也不认识，但我也装着无所谓的样子，我从没有去过那个叫山江的地方，我也不怕。恋爱中的人哪！

浩浩荡荡的车队上路了，在唢呐声、鞭炮声和欢笑声中，车队冲破绵绵雨幕，在柏油路上飞奔前进，半个多小时候后到了她们家所在的那个小镇。然后驶上小镇后面的一条泥泞的土公路，便开始爬坡。车到这种路上，一下子就慢了下来，但却坚定地一直往上爬，攀上一座又一座大山。车窗外，深山里的风景如诗如画，虽然是冬天，但那一簇簇、一团团、一树树和一山山的红叶、黄叶、褐叶以及其他各种颜色的草木，构成了一幅幅最美丽的图画，其美的境界是任何美术大师的画笔都难以抵达的。车外的美景与车内的气氛是一致的，特别是我一想到很快就要见到她了，心情是无法形容的好。

不知攀了几十座山，空气越来越稀薄，气温越来越寒冷，终于到山江了。汽车在一座大山的两个峰顶之间停了下来，蜿蜒在山腰间的十多家房子组成了一条小街，我听得驾驶员在说这就是山江，车只能开到这里了。而娶亲队伍的人们则嚷嚷着说要开始爬山了，我才明白：原来到了山江还要翻高山走小路呢！

我的心像被泼了一盆冷水，他们要翻的那几座山多大多高啊，抬眼望去，只见一条羊肠小道蜿蜒曲折，从我们所在的这座山出发，在我对面的那几座山坡上弯来拐去，一直伸向山峰最高处。而那山峰看上去高高耸立，直入云雾深处，让人望而生畏。我正在看着，忽然豆大的雨点噼里啪啦地打了下来。这海拔一千多米高山上的冬雨，打在衣服上，钻进身子里，那股子寒，真是刺骨难耐。但是，我只要一想到翻上大山就能见到她，我的热血就在涌动，浑身就充满了力量，顿时忘却了冷。热恋中的人呀，就这样奇怪。

见到娶亲的队伍往那条山路方向上去，我迈开双腿呼呼啦啦地就赶了上去。我很快追上了他们，并且超过最前面的人，遥遥在前。我奔行的速度很快，就像当年我在部队急行军时那样。但乡间的泥巴路和我平日在城里走惯的水泥路是有区别的，它坑洼不平，又经了这冬雨的煎熬，到处是软兮兮的、稀渣渣的，还滑不唧溜的，我一路上摔了好几个嘴啃泥。不过大概是因为心急行路的缘故，我倒也还不觉得一丁点儿疼。

好容易翻上了两座大山，却见大山之上又是一座山，那条山路仍是曲折向上。好在这里已看得见那半山腰村落里办喜事的人家了，我暗自松了口气：终于看见目的地了。我就又甩开我的两只脚板往上奔。

不知过了多久，我终于奔到了村子前。这时我倒一下子慢了下来，我才想起，我不认识办喜事的这家主人，那进进出出来来往往的都是主人家的亲朋好友，我一个都认不得，万一她不在这里怎么是好。正在踌躇间，那阵冬雨又稀里哗啦更大地淋降下来，我慌忙慌张地躲到村边的一株大树下，伸头向院子里张望，半天不见她的影子，不由心急如焚。

正在急得不可开交之际，忽然我身旁一间茅厕的门吱呀一声打开，却见我们单位的同事小邹从里面走出来，他一见我就咧嘴笑了：“好小子，一定找王老师来了吧，怎么着，才一个休息日不见面就这么想了呀？”我不好意思地笑了笑：“小邹啊，别开我玩笑了。你不知道我这会儿见到你呀，就像敌占区的地下党看见了解放区的亲人一样。”“你别慌，”他忍不住又笑了笑，“刚才我还见着王老师了，我进去给你找一找。”

他进院子里去了一阵，出来告诉我，她已在十几分钟前吃了酒席下山了。我说我就在十多分钟前才上山，怎么没见着。他说那你一定和她在岔路上错过了。我立时回悟过来，我上山的时候只顾低头赶路，没有注意到岔路。说时迟那时快，我跟小邹打了声招呼就掉头往山下奔去。

雨后的山路，上山容易下山难，好容易下得这几座大山来，我向山脚的人家询问。有位认识她的大姐告诉我，她已过去一阵子，这会儿恐怕已经乘车离开山江了。我急忙一路小跑来到山江小街上，用一支烟的功夫走遍了全街，却也没有见到她的踪影。

这一下子，让我好生沮丧。我灰心地坐上了一辆开往小镇的客车，沉闷地低着头。突然，我背后传来一声熟悉的咳嗽声，我转过头去，却见她就在我后面的座位上，惊奇而欣喜地看着我，一副让我无法形容的样子。我不禁哑然失笑，一瞬间，心底涌上说不出的欢喜和愉悦。

客车从山江往山下的小镇行驶，她在车上关切地问我，吃中午饭了没有。我这时才想起时间，一看表已是下午三点半，肚子里的饥饿感顿时一下子翻江倒海地涌了上来——我的天，我连早餐都还没有吃！

车子终于开到了小镇，她急忙带我去吃东西。她说，我们小镇的牛肉粉最好吃了，我说那咱就吃牛肉粉。她让粉馆的老板给我弄了份大碗，那粉才端到我面前，我立时闻到了那股子浓郁的香，几片薄薄的牛肉夹杂着一些香菜飘在汤里，白生生的米粉安安静静地伏在汤下面。饥肠辘辘的我立即端起碗，风卷残云地吃起来。我的老天爷呀，这牛肉粉味道真是好得不得了啊！我直喊：“老板，再来一碗——”

看到我这样子，她在一边开心地笑了，就像一朵鲜花绽放一般。从这天起，小镇的牛肉粉的美味深深地印在了我的脑海里。

后来，又过了一些时间，我带了一支娶亲的队伍，将她娶到了城里，过上了平平淡淡但却温馨幸福的生活。

转眼又是一年过去，在我们结婚纪念日的那天，我提议去小镇吃牛肉粉。电话打到小镇，她姐说那家粉店已经搬到城里来了。于是我们就按照她姐讲的地址，果真在城里的一条街上找到了那家牛肉粉店。

这回，牛肉粉送上桌来，我才吃了一口就放下了碗筷，我轻声问她："今天这粉好像不对劲，怎么怪难吃？"

她仔细地尝了两口："没有不对劲的呀，这粉跟以前的味道完全一模一样。"

我又品了几口："那为什么上次我却觉得那么好吃？"

她说："那时我们还在谈恋爱，那粉里有爱情的味道嘛。"

我想了一下，觉得不对："可是我们现在也一样的恩爱，这粉里怎么又会没有爱情的味道呢？"

她嗔了我一眼："傻瓜，现在我天天给你做饭吃，爱情的味道都跑到咱家里的碗里去了。"

我恍然大悟。

茉莉花香

中秋之夜，我和未婚妻苹儿对坐窗前，沐浴着一身月光。一习凉风送来一阵花香，我和苹儿会心一笑：我的茉莉花又开了。

泡上两杯自制的茉莉花茶，端详我精心呵护的这盆茉莉花，我俩在花香之中深深陶醉了……

"茉莉花多像人的美德呀，无私、纯洁又高贵……"我向苹儿讲起了那个真实的故事——

大约八九年前，我曾伤过一个叫莉的女孩子的心。那时我才19岁，不懂得风情。叫莉的女孩常借我的书看，老是把我写的那些一文不值的小诗当做经典诵读。而我却什么也不懂，平平淡淡地度过了几年中学生涯。那时我的生活，就像初栽的茉莉花苗，拼命地吮吸阳光、有机肥和水分，只顾向上生长。

大约过了六七年，我已工作数载。有一天突然在街上遇见卉——高中时的另一位同学，她告诉我："你当年把人家莉害得惨呢，她为了你得相思病好苦呀……"

"哪个莉?!"我惊愕万分，"我怎么不知道呢?"

"唉哟，你真没良心，人家莉当年是多么喜欢你呀!"卉不满地皱起眉头，"你难道记不得了，那个瘦瘦的，不爱说话，多愁善感的莉呀，老爱读你写的诗的那个，记不得了么?"

"有了点印象"，我苦苦思索了一阵后，脑中依稀忆起一些痕迹来，"可是，连我自己都不知道当年莉居然会喜欢我，你怎么这样清楚，怕是在克格勃或联邦调查局工作吧。"

"唉，连你都这样没情义，这世界上的男孩子真没个好人了，"卉怏怏道，"那时我和莉同租一间房屋住，每天放学做完功课后，莉就跟我说悄悄话，她的话题总是围绕着你，你哪天穿西装来上课了，哪天下课后在操场上打篮球了，哪天跟廖海燕他们谈论时事政治了，哪天唱小虎队、郑智化、赵传或是王杰的歌了，哪天又写什么诗了……"

听到卉滔滔不绝地如数家珍，我的心沉了下去，我从不知道在自己的少年时代还有这么一个人，在默默地、痴痴地关注着我，思念着我，为我倾心，就像一朵小小的、洁白的茉莉花，无私地为我献出最珍贵的芬芳。

"你知道吗?你毕业参军的时候莉偷偷地去送了你，她拉上我一块儿躲在送兵的人潮中，悄悄地注视着你。"卉叹了口气，"我真不忍心见到她那神魂颠倒的样子，你给你奶奶敬礼流泪的那一瞬间，莉也失声痛哭了，她说你是个善良的人。汽车开走后，莉还跟在灰尘中跑了好远好远……"

卉说到这里眼帘垂了下来："你走后她好多天不吃不喝，大病了一场。我去医院看她，她就躺在病床上读着从前暗暗抄来的，你写的那些诗。"

"后来呢?"我急急地问道，我不知道自己竟在无意中伤害了一位纯洁少女的心。

"后来她病好后身体总是不好，影响了她的学习。我考上大学后就没有联系到过她，听说她去了南方打工，在那边嫁了人，安了家。"卉感慨万分地摇了摇头，"总之，她为了你，很惨!"

呷一口茉莉花茶，细细品味。一晃与卉的谈话又是两三年过去，离关于叫莉的女孩的遥远往事，已快九年时间了。但今夜的茉莉花香让我忆起莉的旧事，难以平静。尽管我与莉之间没有发生过一场轰轰烈烈的爱情故事，但仅仅是莉对我的单相思就足以使我惭愧和内疚，我辜负了莉的这份真情，这片茉莉花般芳香浓郁的少女情怀。

终于讲完了故事，我分明看见：苹儿的一双大眼睛里，闪烁着晶莹的泪花。

庭院暮色

苍翠山脉变成了黛青色，一望无垠。黑黝黝的四野里，那些黑乎乎的蝙蝠出了窝，飞来窜去，树叶被风刮得哗哗直响。蟋蟀弹着琵琶，青蛙唱着欢歌。烤焦了的泥土散发着淡淡的气味，星群冉冉升起，点缀着浩瀚的天宇。

深深庭院里，一个小男孩在听故事，奶奶那些翻来覆去讲过了一千遍的故事，他只知道这些，不知道外面的世界有多大，不知道大自然里树叶、小草、野花的缤纷绚丽。唉，城市里的孩子，最多只听得见头上葡萄叶子和水泥峡谷缝中风铃的声音，认为天是多棱形的。

有那么一天，一个乡下来的大哥哥给他讲了一些真实美丽的事，他才知道，树上的鸟儿、虫子，花朵上的蝴蝶、蜜蜂和蜻蜓，溪涧里的螃蟹、小鱼儿，是多么有趣……

忽然，他又嚷着要到乡下野外去玩耍。他吵个不停，奶奶恼了，火头上就奖赏了他一巴掌。小男孩伤心地哭了，哭得好伤心，好伤心……屁股并不是很疼，心里的向往得不到满足才叫人难过。他的哭声尖厉地响彻在庭院里，闹得楼上家家户户赶紧关了门闭了窗。

一阵子，他熟睡了，奶奶便放心地去聊天。

静静地，歪着头，眼角还带着些许泪痕，小手里执着一片葡萄叶子。梦里他成了一条小鱼，在溅着金色浪花的溪流里，自由自在地畅游。游出这小小庭院，游向江河湖海，游向大自然，游向天宇。

山 溪

年轻的山溪，唱着歌儿，汩汩地向远方蜿蜒……

山溪与峰峦告别，同田野握手，和草木相遇。它不寂寞，前方有广阔的原野。

在岩石上天真过，在潭水里深沉过，在石滩上欢笑过，在瀑布前愤怒过；曾月夜里酣梦，曾朝霞中憧憬，曾秋雾里忧伤，曾春光中愉悦。山溪有着多彩多姿的生活，山溪爱唱生活的歌。

细流涓涓，溪水潺潺。山溪不停地前进，不停地成熟。它要成为滔滔的河流，成为滚滚的江。它志向海洋，那浩瀚的海洋，那美丽的海洋哟……

年轻的山溪，唱着歌儿，执著地奔向远方。

神秘美丽的大砣峡谷

在悠远深长的洪渡河流程里，有着无数风光旖旎的峡谷，在那些美丽的峡谷深处，有着许多古老的仡佬文化遗迹和神秘的仡佬先人传说，它们像一颗颗珍珠、钻石，闪闪发光，点缀在仡佬族母亲河——洪渡河的两岸，就像珠宝缀满了仡佬少女的项链。

大砣峡谷是其中之一，像洪渡河岸边绝壁上的一株岩百合一样，大砣峡谷隐藏在长长的峡谷群之中。它位于洪渡河上游的丰乐新田与庙坝一带河段，这一带的山势跌宕起伏，亿万年前的地壳运动在这里的演绎变化，造就出那一道道幽深浓密、蜿蜒曲折的峡谷来。站在峡谷两边的峰顶，目睹金子一般的阳光撒遍山野。看漫山林木，郁郁葱葱，洋溢着盎然生机；听顽皮的河风从谷底飞上来，淘气地摇曳丛林的声音，令人不禁在胸中感叹："祖国啊，你的山河是多么的壮丽呵！"

但是，洪渡河在这一段长达十多公里的流程里，峡谷幽深而险峻，两岸几乎全是悬崖绝壁，人难行走，许多地方，人无法下到谷底去亲近洪渡河，只能顺着峡谷两边的山脊行进。洪渡河考察活动的第一大，从新田出发，我们沿着峡谷两岸的山脊一直跋涉了十来里山径后，不知是谁的眼力好："看，这一处峡谷边有条小路。"顺其手指方向看去，一条羊肠小道在浓密的丛林里忽隐忽现，一直延伸向谷底。给我们当向导的乡亲说："这里是传说中很神秘的大砣峡谷呢，这个地方据老辈人代代相传都说有些古怪，一般人是不敢去的。"我们几个胆大心急的，却不管那么多，匆匆地往那条杂草丛生似路非路的小径奔去了。

沿着蜿蜒曲折的小径，躲开那些荆棘刺芒，穿过那些密密麻麻的野生丛林，我们终于下到谷底，亲近了洪渡河。我俯身掬了一捧河水浇在脸上，一阵清凉顿时驱走了征途的炎热与疲惫。脱下鞋袜，将两只脚板浸在河水里，我舒适地斜靠在岸边的一块大石头上，一边打量着这里的山和水：

峡谷的两边，一排排山就是一面面巨大的绝壁，整整齐齐地插进深深的河水里，在这样光滑的岩壁上，那些红金樱、岩百合、刺梨子、山黄荆、柏树、楠木以及其他各种不知名的野生植物却生机盎然地显示着生命的坚韧，它们的枝叶昂然向上，根须深扎在岩缝中，就像仡佬山民的精神一样。滚滚奔流的洪渡河水来到这里，像是慑于这深山峡谷间的庄重威严之气一般，顿时没了脾气，规规矩矩地静了下来，河水绿幽幽的，既静又净，见得到鱼儿在迅捷游动，但却看不到河底，水太深。

这时不知是谁在耳边感叹道："唉，百年归天之后，要是能埋葬在这个地方的话，那这辈子就活得太值了！"

一石入水，激起浪花阵阵。我们都被眼前美景和这话语感染了，一时间众人竟然默默无语，陶醉在其间。

突然间，在我们头顶半空中传来一阵阵按捺不住兴奋的吼声："发现岩穴棺了，发现岩穴棺了……"

我们吃了一惊，顺着声音扭头寻去，却见我们背后半空中悬崖上赫然隐藏着一个巨大的洞穴，我们那些没有下谷底来的队友们在那里面兴奋地大呼小叫着。可是那洞在这绝壁的半腰，洞壁四周光滑平整，而且草木丛生，看上去绝无路径与其连接，竟不知他们从何而入的。

正纳闷间，上面的人冲我们叫道："要看岩穴棺就赶快从原路退回来吧。"我们恍然大悟，急忙攀上山顶，见山的另一面的山脚下飘扬着我们洪渡河考察队的队旗，便朝那里奔了下去。

在队旗飘扬处是一个延伸向下的山洞的洞口，看得出这里原来是一条从远方流来的小溪消失的地方，民间叫它"消坑洞"。这地方比另一端的峡谷谷底的海拔足足高了好几十米，小溪从这洞口跌失，又从山的另一端汇入洪渡河中，洪渡河流程里到处都有这样的小溪。但天赐我们机缘的是由于气候的缘故，恰好我们来的这天这条小溪干涸了。

我们迫不及待地钻进洞里，顺着陡峭的、凹凸不平的洞壁缓缓滑下，像蜗牛一样往下行了约摸十多分钟，见到亮光时已穿越山腰而过，来到峡谷边的半腰上。从这里可看见我们刚才去过的谷底，在这里看去，风景另有一番滋味，既气势恢弘，又宁静幽深。在此处洞口的左壁又有一洞，进洞几步处，便是那岩棺了。

两口古朴的棺木静静地躺在洞中地上，从那破朽的木质可推测出它在这里已沉睡好几百年了。棺中人的白骨还在，骨架基本完整，但衣衫等物却大概早已在岁月的侵蚀中灰飞烟灭了。没有发现珠宝古董，这倒有点遗憾，也不知是被盗葬者光顾过，还是死者本身就是两位清贫之士。两具尸骨分别是一男一女，二人大概是夫妻，都身材高大，其中男的身高应在1.8米左右，比一般的本地仡佬土著人平均个子要略高一些，属于仡佬土著人中的“佼佼者”了。

棺背后的洞穴曲折延伸，似乎很深很远，但洞中吹出森森之气，令人不快，我们便都不愿深入。转过身来，见到那干涸小溪在洞中的流痕，可以看出并想象：千百年来，跌宕奔涌的溪流从山另一面那上方的洞口轰然灌入，在洞中高歌着前进，又从洞的这一面分为两股，一股从洞中地面的一个深坑消失，在地下很深的地方融入洪渡河中，而另一股则直接从洞口飞奔而出，形成瀑布泻入河里，从而使峡谷呈现出更加美丽的景色。目睹此间风景，我们再次深深感染于其中了，有人叹道：“这两位仡佬先民真是雅士啊，找到这么个妙处来沉睡万年。”另一位应道：“是啊，我都有些妒忌他们了。”而我则想：何尝不是呢，他们不仅在此间美丽的大自然风光里沉睡，而且他们还与这风景融为一体，成为其中又一道别致的人文景观了。

邹利华

男，生于1968年2月，贵州省务川仡佬族苗族自治县人。曾在教育部门工作多年，后改行从事行政工作，先后在县纪委、县文联、县地方志办公室任职。现任务川仡佬族苗族自治县政协文史委员会主任，主要从事地方文化工作，先后多次在县级刊物上发表作品。

幸福的苦差事

今年6月，承蒙组织照顾，我被抽调到县庆办负责县庆二十周年文艺演出演员的管理工作，这对我这个从事文艺工作不久的人而言，既是一次挑战，也是一次机遇。它让我有机会近距离地去与这些文艺人才进行亲密接触，感受文艺事业的艰辛，去了解文艺人的苦乐。在此，特把在这段时间的一些所见所闻所感写出来，以示对他们的敬意！

大山深处追赶野猪的汉子

远古时期，我们的祖先辛辛苦苦种出来的庄稼，经常被野猪等等野兽侵食，为免一年的辛苦付诸东流，仡佬先民们或站在山顶，或于石上，或攀上树枝用“打挂子”的方式追赶野猪，把这些野兽赶走。这种仡佬人追赶野猪和他们追赶野兽的“打挂子”在一代一代的传承和演变中就成了今天我们排练的舞蹈《打挂子》。

排练这个舞蹈的演员是从各乡镇、各单位抽调的文艺爱好者，他们用大山汉子的粗犷、豪迈、剽悍把这个舞蹈演绎得淋漓尽致。

他们是男人中的男人，汉子中的汉子。我本来不想提及他们的名字，但他们感动着我、影响着我。我还是想把他们中的几位代表记录下来。

“野猪”队长张雨扬。他是从一个乡镇的中学抽调上来的老师，是《打挂子》的编导。排练中汗水浸湿了半腰的两尺五寸布，头上直冒气，每天到得最早的是他，走得最晚的是他，撕破喉咙还再喊一二三四五六七八的也是他，但他从不叫苦，从不喊累，也从未向领导提过额外的要求。看得出这是大山里农民的后代，因为在他的身上体现出咱山里人的朴实。听他的同事讲，为了练好这次文艺演出，张雨扬老师自己花钱租了房子，一家三口都搬到县城里来了。

“幺妹”申应明。这是一个多次参加文艺活动的大男人，因为他乖巧可爱，演员都叫他“幺妹”。他们告诉我以往参加文艺排练活动的大妹和二妹这次都没来，只就“幺妹”来了，因此，申应明成了男演员的开心果，女演员的抢手货。排练的时候，男女演员们都想和他搭档。休息的时候，男演员都喜欢逗他顽皮可爱，女演员都想他搂着跳舞。“幺妹”总是扎在女人堆里，裸露着上身和她们开玩笑，有女演员说：“坐在你身上肯定舒服”。他回答说：“当然喽，我这是真皮沙发嘛!”逗得全场一片笑声。这真是一个不可多得的文艺人才。“幺妹”，我爱你。

帅哥和松毛，就是吴帅和高松，两人站在一起如果你会认错的话，你就会犯一个大错，这个错误叫“颠倒黑白”。吴帅这家伙生得很黑，那皮肤怎么看怎么比也得叫腊肉色才行，让人真想吃。但幽默、风趣，每天总有他送给大家的笑声。可一旦练起舞来，那认真劲又叫人肃然起敬。再说松毛，是一个白得刺眼的小伙子，看见他真想挨上去，但千万不能碰，因为不小心碰上皮肤就会“破”，谁还忍心。这么一个白面书生，你怎么也不相信他能吃这么大的苦，与山里人一道追野猪，可他就行，他不但能吃苦，而且舞起来刚劲有力，呼呼生风。这一黑一白站在一起跳舞，让人觉得左眼是一片晴空，右眼是乌云密布，难分清是什么天气。

其实这个节目中的每一位演员都是很优秀的，这是一支团结、勤奋、刻苦的团队，这支队伍是女人心中的极品，男人中的精品。

编织草凳的姑娘

《草凳舞》流传于我县的茅天镇境内，讲述的是农闲时节一群年轻的姑娘小伙向长寿之王龚来发学编草凳的故事。龚来发因为勤劳、善良，所以长寿。

跳这段舞蹈的小伙子优秀我暂且不表，更引人注目的是参加排练这段舞蹈的姑娘们。这是一群年轻漂亮的女孩子，是排练场中一道最靓丽的风景，置身其中，你会在某一个时段内，眼睛直直的，神色呆呆的，如果没有人推你一掌或打你一拳，你肯定是醒不过来的。

施江琴，她是《草凳舞》的编导，生就的舞蹈身材，但显得有些瘦小，有点弱不禁风，有时我在心里祈祷，但愿演出时不要起大风，否则会把她吹走的。但就是这个看似弱不禁风的身子骨，她却用坚强的意志和毅力把编导这个角色扮演得有声有色。每天晚上别人睡了她还在和几个哥们姐们编排节目，第二天又早早地出现在排练场上，把昨晚编排的动作教给其他的演员们。我问她，你不觉得累吗？她告诉我，有父母的支持，有领导的信任，有同事的帮助，我不觉得累，我只是想把我负责的节目做好，不辜负大家的希望。

闷棒，这是演员们给丹的绰号。乍看上去闷棒也不超过二十岁，她开朗活泼，舞姿优美，休息时是一个不懂事的小丫头，可一旦跳起舞来，却俨然是一个娴熟老练的舞林高手，一举手、一投足就是那回事，旋转跳跃间，一幅美轮美奂的流动西施图就展现在你的眼前。最有趣的是她是一个未婚女孩，却有一个孩子亲切地叫她“妈妈”，我一问才得知道叫她“妈妈”的是她的“干女儿”。

涂建丽，她是一个心灵手巧而又腼腆的女孩子，和任何一个男生说话都会脸红。有一天午间休息，别的女演员都在一起吹牛，而她却坐在旁边的椅子上绣一样东西，看着上下飞旋的针线，我就知道这是一个大家闺秀。因为无聊，我便走过去，我走近时，她很礼貌地叫了我一声“叔叔”。我一看，觉得她真像我侄女，一个漂亮而又懂事的女孩子。

这支队伍中还有许多值得特写的演员，如代芹、张珊等，他们都热爱舞蹈，他们都很敬业，他们都是务川文艺界的优秀人才，我相信热爱艺术的人一定热爱生活，他们的生活一定幸福。

不是结局的尾声

我本想把这些优秀的文艺人才一一列举出来，让大家都认识他们。但我不能，因为这里值得我记忆和珍藏的太多太多了，如这当中还有自愿者，他们是舞蹈艺术的执著追求者，他们自愿来参加这次文艺演出，不图名不图利，每天悄悄地来又轻轻地走；这当中有一些刚被安排到乡村支教的年轻老师，他们认认真真地练着跳着，从不讲条件提要求；更有甚者，他们是自已掏钱参加这次活动，每天只是默默无闻地来，踏踏实实地跳，又无声无息地回……

这些，无时不在感动着我，激励着我，我真不知道该怎么写他们，也不知道该为他们做些什么？我只想说，我只能用真心、用真情与他们交朋友，与他们共同完成县庆文艺演出这项光荣而又艰巨的任务。

我很忙，但我不敢说我忙，因为这些舞蹈演员比我更忙；我也很累，但我不敢说我很累，因为这些演员们比我更累。在这里我要说我特别充实、快乐。我时常在想，有这个机会和这些充满青春激情的年轻人在一起，不也是很幸福的么！

申国华

男，生于1965年9月，贵州省桃符古寨人。法学本科学历，1987年毕业后在乡、区、县行政单位工作20多年，对新闻有过狂热的追求，在《人民日报》、《经济日报》、《农民日报》、《科技日报》、《贵州日报》、《遵义日报》等中央、省、市媒介发表新闻、言论、调研报告、写作经验、图片等4000多篇（幅），有散文、小说散见于报刊。30多次被评为《贵州日报》、贵州人民广播电台、《贵州民族报》、《遵义日报》等优秀通讯员。

爱的行囊

20世纪80年代中期，我通过高考迈入一所中专，翻过“康木古”这道坎，不但解决了自己的“饭碗”问题，还给列祖列宗争了光，亲朋好友都来给我送行，“心意”之物把我的行囊挤得胀鼓鼓的。

“康木古”山高坡陡弯多，是务川出县的分水岭，不管老师、家长，还是社会上的人都用翻过“康木古”来表达考入大中专、冲出贫困山区成为“国家的人”。那时候考入大中专不但“转非”了，实现了身份的跨越，还由国家负责书本学费，每月都有生活费补助，分配更不用操心。“康木古”自然是人生的一道坎，寨里寨外的父老乡亲、亲朋好友都来为我送行，流露出自然的笑、亲切的笑、祝福的笑，吃的、穿的、用的，聚集在我的行囊里，装得满满的，还硬是把那伍元、拾元的票子塞给我。拾元是最大的票面，印有各类人物，称为“大团结”，一张“大团结”庄稼人要卖好多东西才能换来。

干爹干妈没有孩子，视我如亲生儿子一样，不但给我了新衣，还送了一双“千层底”的布鞋给我，用做晚上洗脚的“靸脚鞋”。那双鞋一直穿到毕业都没有坏，在毕业的狂欢之夜后，留给了母校，或许很多年后可能成为文物。

儿子要远行，父母不放心。我的父亲跟其他学生的父亲一样提前买好两张邻座的车票，背着那个沉甸甸的行囊，先给我找位置坐下，然后放下行囊，在班车上守护着我。我却一身轻松，像“梦童子”一样天真，见什么新鲜事都要“请教”父亲。父亲还边走边传授我好多要注意的事，大到安全，小到生活常识，他说沿途的茶叶不能买，那是“过笼茶”，是泡过的，还要特别注意：下了车行李不能由别人拿，不要吃陌生人给的食物，火车站附近的旅社要小心等，陪我翻越“康木古”，走了好多弯弯路，坐了整整一天的车，也不知他说了些什么，总算到了城市的学校里。

到了学校，父亲解下行囊，躬着腰帮我铺好床上用品，理顺床单。临走前再三教育我上课要注意听讲，东西要注意保管，津津乐道、滔滔不绝重复着这些已经背得的“唠叨”。走出寝室后，又返回寝室，塞给我二十块钱，用来改善生活，并再次嘱咐那间寝室的同学要多帮助我。

毕业时，父老乡亲给我吃的、用的、穿的都消费得差不多了，钞票更不要说。但行囊总没有空过，仍然装得鼓鼓的，不知不觉换上那些涂得满满的，镶嵌着密密麻麻注释的书籍、本子，我想这些“浓墨重彩”的书籍资料就是报效祖国、回报乡亲们的锦囊妙计。好像所有的希望都装在了这个行囊里。

不久，在一个遥远的小山村里多了一个精神抖擞的小青年，多了一个天真烂漫，唱着《希望的田野》，挎着装满理想行囊的小青年。在工作中遇到百思不得其解的难题时，便悄悄地打开锦囊，找寻妙计，每当一件件公务处理得漂亮时，心里总有一种说不出的喜悦和安慰：没有辜负乡亲们的厚望，对得起祖国的培养和纳税人的薪水。

后来调进县城，那个行囊没派上用场，不知扔到哪里去了。二十年过去了，却不时回想起那个充满爱的行囊，浮现出把我的行囊挤得胀鼓鼓的父老乡亲。

八月瓜

“八月瓜，九月挖，十月打来诓娃娃”，一句儿歌导出了我童年的记忆，采摘和吞食八月瓜的情景隐隐约约在眼前浮现，八月瓜那自然而淳朴的样子就跟我那童年的笑脸差不多。

新学年的开始，摘八月瓜是最开心不过的事了。那果子像个千金小姐总是藏在深闺里，羞答答的，不肯与我们见面。我们这些野孩子自然显得格外冲动，爬坡下坎算不了什么，我们还得钻刺笆笼，顺藤摸瓜，细心仰望在哪个地方挂起，就像夏日的晚上在银河系里寻找牛郎、织女星一样。她不管再隐蔽也跑不过我们的火眼金睛，当侦察到点缀在树叶或野刺里的八月瓜时，激动的心情难以言表，尽管野刺或马耳草划破了双手，血珠子从手背上、腿上冒出来，我们是轻伤不下火线，不去管它，也没心思去计较这些，我们的魂早被炒得火热的八月瓜勾走了，再大的困难也要把那弯弯的八月瓜弄到手，那才叫咬定青山不放松。不要看我们个头小，胆子却不小，手脚短头脑却不短，实在离我们太远、太高了，就在林子里弄个发丫的树枝来调头制成木勾，小小的木勾就拉近了我们与八月瓜的距离。个人力量不足，发个号令，大家七手八脚总能把八月瓜搞定。

摘来八月瓜首先把挖开的拿来尝鲜，只要参与者，不论大小，见人一份。“天道酬勤”，这便是大自然对我们付出的回报。然后把那些基本成熟又未挖开的八月瓜带走，把那弯弯的如月亮般的八月瓜带回家给大人们一个惊喜。在父母面前表功，就像现在的打工仔带个洋媳妇回家让父母扬眉吐气一样，或揣在书包里，在女生面前逞英雄。

据资料介绍，八月瓜的根、茎、叶、花、果全是宝，药食兼用，不仅营养丰富，能治许多顽症，还能通乳。又因每个节上长三片叶子，书名叫“三叶木通”，我们寨子里的人又将八月瓜分为油八月瓜、康八月瓜和四轮棍八月瓜等。其果如香蕉，但大都比香蕉要短要弯要丰满得多，一个节也就挂三五个，甚至只有孤芳自赏的一个，不像香蕉那样密密麻麻的，显得太拥挤，一看就是“脸上无肉的外来物”；又有些像芒果，但不扁不大，色泽自然，不像芒果那样招人现眼。那又圆又弯，有头有面的形状，跟匍匐在娘肚子里的胎儿差不多，这令我想起了《西游记》里被孙悟空偷吃的闻一闻就能活到360岁的“人参果”。

八月瓜的果肉与籽都很滑，黑白分明又粘得很紧，就像新疆的和田玉总是镶嵌在野石里一样，很难将它们分开。吃完了，大人们就问“好吃吗?”“好吃!”又问“籽呢?”“吃了。”大人就收敛了笑容，严肃地指出“那怎么能吃呢，吃了就要从肚子里发芽，从鼻子、嘴巴里长出八月瓜藤”，我们当时吓得瞠目结舌。没想到第二天那些黑籽籽就被排到体外，总算拨云见日，原来大人们是逗我们玩的。我们不知不觉成了八月瓜的播种者，走到哪里就把种子撒到哪里。当然我们只是完成了点播，还有雀鸟们的飞播，因此，八月瓜越吃越发，越吃越多，她的藤一出土，就张牙舞爪的，勇往直前，风雨无阻，有树缠着上，有刺搭着走，随遇而安。一根藤上要开好多漂亮的紫花，在阳光的照耀下一闪一闪的，格外亮丽。通过在大自然中的竞争，优胜劣汰，剩下的花总算结上了小不点一样的果实，那果实又要经几个月的考验，才长成那弯弯的、硬硬的八月瓜。待到农历八月熟透后，她才逐渐由青变白变成红里带紫的果实，才自然地沿中间的那条线挓开一条丝，再慢慢露出果芯。开裂的八月瓜不摘，就成了鸟儿们的美餐，到了十月只剩下那张中看不中吃的果皮打回家去诓娃娃了。

八月瓜有个后熟的过程，打早了是没熟的“傻瓜”，打迟了是被鸟儿吃完的“空瓜”。最好是在即将成熟的八月中、下旬摘到手。摘到即将成熟的八月瓜后，要放在干草、包谷秆、豆壳里焐，当然得保密，就像银行的密码一样，不然被人取走了自己还蒙在鼓里。让她温暖地睡上几天，待其成熟挓点丝或用手捏感到柔软时就可吃了。那呈胶状的白色果肉清香扑鼻，甜而不腻，沁人心脾，吃完了那香甜的味道还留在瓜皮上，留在我们的指间，笼罩在我们的周围，又像山野牧歌一样随我们传遍山里山外，很难有什么水果能够种出这种滋味，难怪有人称赞“犹如蜂糖蘸糍粑”。

外地人要想吃到咱们家乡的八月瓜得看缘分：七月早了，十月迟了。它就是这样不留情面的野果子。

吹牛角

要说那是牛角，3 岁的小孩也会否定，要说她像牛角简直是笑话，就因为吹出来的声音与牛角吹出来的声音如出一辙，所以就叫吹牛角，整个山也因此而得名“牛角堡”。

小时候，我们三五成群总爱出去打猪草，只要去打猪草就要想方设法到牛角堡去吹“牛角”。其实，那只是一块不规则的青石，既不平滑，也无像样的棱角，上面有一个小圆孔，我们都争着去吹，谁先到谁先吹，拗不过小弟弟小妹妹只好让他们先吹，否则，哭起来的声音会干扰“牛角”的音律。

那声音从上面的石孔吹进去，转了个弯，就从另一个石孔出来，就像“改猪匠”用牛角吹时也转了个弯似的，而且也能变化，照样也能“割猪割”、“割羊割”……只是不能“割牛割”，否则就没得吹的了，当然，家乡的牛也是不用刀割的，而是用另一种方式。

虽然不排名次，谁都会用尽吃奶的力气吹，挺胸收腹，用足肺活量，堵足的气将两片脸涨得通红，睁圆了双眼有张有弛地吹进去，使自己的声音婉转悠扬，形象逼真，吹了一次，还想吹第二次，没有谁愿意早些离开。好在那个牛角堡离家不远，还能依稀听到大人的喊声，否则又得挨饿。

后来，我也偷偷地吹过割猪匠的牛角，这才知道，真正的牛角并没有那石头吹起来踏实，吹起来爽快，吹起来带劲。

二十年后，我再去牛角堡时，虽然山也还是那个山，石也还是那个石，经过这么多年的风吹雨打，也看不出有什么变化，可就是吹不出当年那“割猪割羊”的声音，即便从嘴角里挤点声音出来，早已被那汽车的鸣笛声覆盖了。

拜谒申佑祠

申佑祠就坐落在务川县城波萝山麓，从小到大我路过不知多少次，看惯了这栋朱墙宽砖的建筑，却没有细读过。好在这次五省市作家及贵州省写作学会共一百多人齐聚务川采风，我有幸作陪，才算认真拜谒。

申佑祠称“申忠节公祠”，务川城里的大人小孩都叫他“申家祠堂”，占地约二百平方米。主祠四列三间，两厢配房均为一楼一底，中为占地 74 平方米的石院坝。主祠堂屋原供申佑木雕彩绘像。垣墙正中建有石牌楼，四柱三门，门上均有横额，中为石刻楷书“大节光昭”，左右为砖刻楷书“千秋完节”、“流芳百世”。门柱上刻有对联：“于殉节十六人中独缺其名无得而称是为至德；从请祠三百年后重修兹庙奚斯所作乃曰閟宫。”门右侧砖墙上嵌有石碑刻《申御史三烈事迹》。

据史料记载，申佑（又名申祐，申天祐），字天锡，明仁宗洪熙元年（1425 年）出生于务川火炭垭，即今务川自治县大坪镇龙潭村，正统十年（1445 年）乙丑科进士，三甲四十七名，后官至四川道御史。明英宗北伐时，身陷重围，申佑代替英宗殉难于土木堡，时年 24 岁。景泰元年（1450 年）代宗朱祁钰继位，表扬忠烈，为申佑殉国褒显，赐恤荫，建祠于思南府（今思南县）和务川县等。

申佑短暂的一生中，救父于虎口、脱师于天刑、代君殉难于疆场，故又有“三烈”之誉，申佑祠又有“三烈祠”之称。同行的一位作家介绍，仡佬族人香龛上的“天地国（君）亲师”里的“国亲师”他都占了，历代各级官员及文人学士拜谒申佑祠时还书写了不少诗词、对联，如“虎口活父，剑下全君，生民以来无比忠孝；天上游龙，人间瑞凤，霜露所坠莫不尊亲”就是一例。

申佑祠已有“铁将军”把守，门上的锁闩锈迹斑斑，早已无人进出。我们一行人只能在门外看到墙上留下的文字，细读古墙。我怀着好奇的心从门缝里窥见里面的建筑已经破烂不堪，残瓦破房，随时都可能掉下一块板、一片瓦。残缺的、即将掉下的、掉落地下的以及地上的野草交织在一起，使整个祠堂一片狼藉，一片荒凉，目不忍睹。

申佑的雕像被带到他的家乡火炭垭，怀着对这位前辈的怀念与敬佩，我沿着这一线索去火炭垭找寻他的遗迹。申佑的雕像及在当地修建的申佑祠早已在“文化大革命”中被作为“四旧”毁坏，很多物品及痕迹随着时间的推移已不复存在，但他的事迹却深深地扎根在人们的记忆里，一代代传承下来，并演绎出许多美妙的传说。

黄青林前救生父　螺蛳洞里护师生

相传申佑 6 岁时，随父亲到田野劳动。一次，申佑父亲在黄青林这个地方耕地，一头黄斑猛虎突然扑来，叼起其父就跑，申佑正在割草，他毫不惧怕，操起镰刀就往老虎屁股砍去，老虎受到惊吓，终于放下其父逃跑了，但申佑的脸上却被抓伤，黄青林因此改名老虎岩。后来皇上褒显忠烈，敕命在全国建 8 座申佑祠，制雕像时很多匠人因忽略脸上被抓的伤痕这一细节而被杀。在火炭垭有一个干岩阡，下去四十多步石梯就有一块很大的平地，夏凉冬暖，当地孩子有不少在这里读书，这个洞成了教书育人的天堂，不少人考取了“顶子”（秀才）、中了举人。一日桌子下突然长出了两根像竹笋一样的东西来，人们没有在意，申佑发现有水直冒，就带着师生冲出洞口，很快这个洞就被淹没，成了一口好大好大的潭，那像竹笋一样的东西其实是一对龙角，人们就取名这口潭为龙潭，潭后的山为“龙井坡”。这便是现在“龙潭”的来历。

赤胆忠心救老师　聪明才智感皇上

申佑的老师李时勉得罪了皇上身边的红人王振，遭人陷害即将被杀头，开始没人敢劝，申佑等人挺身而出，擂鼓喊冤，伏地不起，愿以身代师殉难。皇上问他有几方风水敢来朝廷胡闹，他说，东有龙朝三道（即现龙井坡）、西有石笋（十省）冲天、南有明塘（龙潭）高照、北有韭菜（九菜）一堡，皇上见他胆识过人并把家乡描绘得如此神妙，很是称赞。然后又出上联要申佑对下联，对好就放人：“开石山，打弯石，修拱洞，走南闯北”，申佑对：“砍坚竹，花抻篾，编背篼，装东载西”。

代君出战瓦剌军　铁梳刑下不投降

在土木堡，明军被瓦刺军重重包围，情况十分危急。申佑见状，请旨装扮成皇帝诱敌，申佑被俘。瓦刺军为迫使申佑投降用铁梳从他头上一梳一梳地梳下，直至梳死都拒不投降，拒不提供任何情况。

弼马单刀出御史　狮子口里吐翰林

相传申佑的父辈去世后就安葬在务川江边河道的一个转弯处，那河道好比一把单刀，在火炭垭对面的江边是务川难得的一马平川，因此，就出了申佑这一位任过几天“皇上”的名人。申佑遇害后，其妻梦见一条红蛇在狮子嘴里，于是把衣襟接好说：“你是我的夫君就到衣襟里来”，这条蛇就进了衣襟，于是将“红蛇”藏在形似狮子嘴的巨石下，即招魂入墓，每年都有申氏人前往挂亲朝拜。虽是秋冬时节，笔者到“狮子嘴”前发现仍挂有不少亲纸，因这是一席宝地，过了几代人，火炭垭又出了一个申翰林。

这些都是民间传说，难以考证。但从这些传说中，我们看到了正气，看到了孝义，看到了赤胆忠心。申佑的义举不能理解为仅是保全皇上个人的性命，而是在国难当头，挺身而出，为国捐躯。申佑的事迹验证了我父亲的名言：“家贫出孝子，国难出忠臣”。这让我浮想联翩，想到了“二十四孝”，想到了“初生牛犊不怕虎”，想到了“精忠报国”的岳飞、“鞠躬尽瘁”的孔明，“人生自古谁无死，留取丹心照汗青”的文天祥等一大批忠臣良将。忠孝之举，正义之行，在我们构建和谐社会的今天仍是值得倡导的。

申佑祠虽然破烂不堪，但申佑的精神却永放光芒，长存于人们的心里，是仡佬族人的骄傲，让务川人引以为豪。

拜完申佑祠，我的心久久不能平静，陷入沉思抬不起头来：老祖宗给我们的财富不要让我们这代人弄丢了，不然，老祖宗九泉之下也会责怪我们。听几位作家私下议论，有不少县都以历代名人命名广场，现在务川城里规划了几大广场，能不能把其中一个广场命名为“申佑广场”，彰显其事迹，让本地人在闲逛中记住这段历史，记住这位名人，也方便外地慕名而来的客人，一睹其“尊容”，感染其精神，推动务川旅游业的发展。

亲情年夜饭

“红萝卜，抿抿甜，看到看到要过年，过年真好耍，又放火炮又吃嘎（肉）”，从这些儿歌里就可看出我们对年的期待，对年的向往。

父亲在外效力，家里的担子全靠妈一人撑起，家里一贫如洗，平时能够有苗饭（玉米饭）、酸菜填饱肚子就已经不错了，要想吃上米饭、豆腐、腊肉，只有请客人帮忙时才可沾光。最好的东西都得挪到过年集中消费，一年当中最好的日子就是过年，年与平时的生活有天壤之别，泾渭分明。我们总是期盼着过年，等待着过年，一天一天地数，盼望着久旱逢甘露的日子，盼望早日长得像包谷那样高。

过年，最让我们高兴的是洗猪（或称喜猪，指杀年猪），从凭宰杀证（要上调一头才能杀一两头）洗猪到自由洗猪是个大解放。喂一头猪都难，为了能有年猪洗，只好两家轮流喂上调猪，以换取那张结束猪生命的“通行证”，否则猪是没有权利死掉的。取消“通行证”后，猪的叫声比过去格外热闹多了。村里的人听到猪叫都要追去一睹为快，帮助把猪拉上案板，要是哪家的猪有三指膘，便成为新闻，整个院子传为美谈，伸大拇指，羡慕不已。人都没有粮食吃，哪有粮食喂猪，能有三指膘那难度是可想而知的。当然，我们并不关心谁家的猪肥猪瘦，只是想去讨点年提（猪脾脏）烧来吃，哪怕每人只分得一小点加了盐烧煳的年提也吃得有滋有味。最大的欢喜就是讨得一个猪尿泡来当气球吹，当球玩，没有尿泡大人们只好用水嘴来满足孩子们好奇的心。

这只是年夜饭的前奏，年夜饭的核心菜要用猪头肉来做。一大早吃过饭，妈就开始将猪头肉烧好洗净放在锅里炖，正面炖好后又炖背面，香味扑鼻，装满了整个屋子，炖得我们口水直流，炖得我们肚子发慌。妈实在缠不过才在切刀板肉时施舍我们一点，打发我们走开，不要干扰她干活。接下来就是妈的拿手戏，猪头肉炒红萝卜（胡萝卜）、猪头肉炒豆腐干等，鲜红的萝卜中点缀着几片黑红白相间的猪头肉，只有过年才能见到、嗅到、尝到。等了好长时间，总算等到饭菜熟了，但还是不能动筷子，要放在香翕上等老祖宗们吃完了，我们才能吃。

外面的人则我行我素，早放起火炮（火药做的鞭炮）迎新年了，哪管我们年夜饭熟没熟，吃没吃。我实在挡不住外面火炮声的诱惑，趁大人不在意时，溜出去捡火炮去了，捡得越多越好，反正又不要钱，没有引线虚头也要，没有亮时在地下摸也照样能摸到几个，捡来捡去捡到自家门口才被大人吼回家吃饭。不过，老祖宗还是没吃，我们便开始吃了，大人才告诉我们老祖宗只吃味道，吃个心意。长大后才知道那是父母对前辈的孝道，是祖祖辈辈留下来的规矩。

饭吃了，妈一直没有休息，精彩的表演还在后头。我们真后悔不该吃得太饱。先是燃起大火蒸红帽子粑、泡粑，家家都蒸，难怪人们戏说“三十夜借粑箦（蒸粑的工具）——不晓得是过年呀?”看到那个热气腾腾的红帽子粑，吃饱了也要撑一个下去。接下来还要擦酥食、打麻饼。印有胖罗汉、金鱼、宝盘等式样的酥食，用香甜的麻糖、米子、天仙米制成麻饼，用盘子端上来，谁能管住自己的小手，人们称之为“鬼牵手”，晚上的宵夜还要吃米酒水、葵花籽、花生、花丫粑，尽吃好的，好多都是平时吃不到的。

这只是物质生活，精神生活也丰富多彩，大家围着柴火猜灯包（谜语），讲“野人婆”故事，摆一些在生产生活中遇到的、听来的精彩趣事、笑话。记得有个谜语“四四方方一块粑，往嘴巴里过，舌头边边都不黏”，我们猜来猜去都没猜着，更没想到这“书”居然是一个“大老粗”（没读过书的人）考我们的。人们尽情地享受，开心地交流，怨恨一笔勾销，抛在九霄云外，句句吉利，句句祝福，吃得眼花缭乱，吃得红光满面，吃得肚脐外翻，直吃到人们一大早去挑金银水。所以年三十，也叫守夜。

守夜是大人们的事，我们急着要到老房子去“打洋战”、“抓长根蛇”等，脚板像擦了油似的。大家在石院坝及附近尽情地玩，把白天要做的事忘得一干二净，开心永远超过胜负，也顾不上弄脏了一年一度才拥有的过年新衣。要是有“唱灯”、电影再远也要追去，乐此不疲。

我们的寨子是以申、邹二姓为主的典型的仡佬山寨，称年三十和初一为小年，元宵节为大年。我想大年肯定比小年吃得更丰厚，过得更开心。结果，大年实在令我有些失望，总觉得过于单调。但细细想来也还是想得通，手表胜过钟，笔记本胜过台式电脑不就是典型的例子吗？要想再吃上这顿美滋滋的年夜饭只好耐心地等待第二年的小年了。

年复一年，现在的过年货都不用自己动手，只管掏钱就是了，即便是年夜饭也可以到馆子预订，年味都让商家赚走了。

刘伟奇

男，笔名微情，生于1974年12月，贵州省仡佬族苗族自治县人。现供职于贵州省务川仡佬族苗族自治县文广局文化市场综合执法大队。在《遵义红辣椒》、《贵州群艺》、《中国仡佬族》、《遵义晚报》、《洪渡河》、《今日务川》等刊物发表文章100余篇。著有小说《城市边缘人》、《病》等；散文《寻找仡佬魂》、《仡佬人北京七天行》、《诗意洪渡河》、《游草纸堂所思》、《泥高印象》、《再到栗园》、《心灵之旅》、《慨叹》、《月色人生》、《辣椒人生》、《与雪攀谈》、《缱绻在你眼眸中低语》、《想些什么》、《还能走多远》等。

缱绻在你眼眸中低语

寻寻觅觅，冷冷清清，凄凄惨惨戚戚。低眉信步，独上兰舟。孤独断肠的女人，倚栏远眺，那思念的情怀，正如江面上缕缕的薄雾，沁入颤颤心怀。正当时，月满西楼。

细雨霏霏，今夜点一炉青烟，袅袅氤氲中，你漫步走来。清风拂动罗裳，你忧郁的眼神中装满了凄美的余香。注视着你用情割开血脉流出的文字，时隔千年的我为之动容。轻轻的透过馨香，触摸前世，沁润今生。

仿佛你那前世冰清透澈的词篇，是我今生超度人生的良方。我与你都误入藕花深处。只不过，你看到的是惊起的一滩鸥鹭。而我看到的是，你的小舟在历史的湖面上画出了生命的分界岭。

多愁善感，情意绵绵，思夫情切，一片痴心。佳节又重阳，东篱把酒黄昏后，仰望明月，思念情人。没有受世俗的干扰，专注地享受着离别感情带来的唯美。虽说有点凄清，随后宛然一笑，多少情愁，黄昏疏雨湿秋千。这是闺中相思的纯洁，这是没有其他压力下的单纯思念。几分惆怅，几多忧伤，人比黄花瘦。你的柔情千年不散，今生品味，余味犹长。

你的感情是那么的细腻，你留下的身影是那么的孤独，或是独自倚栏远眺，谁寄云中雁；或是独撩卷帘，慨叹红肥绿瘦；或是孤立扁舟，尽情藕花中；或是倚门回首，却把青梅嗅；或是扶院梧桐话凄凉；或是倚楼无语理瑶琴；或是寂寞深闺惜春去。言表独树风领，真情感天动地，久久地回荡在历史浩瀚的夜空里。

烽火硝烟，爱夫新亡，肝肠寸断。你以前的那些单纯孤独和寂寞，将一去不复返。它们从清新的唯美一下跌倒在黑色的孤寂里。让人真真切切地感到世间的苍凉。世俗的丑态陡然凸显，你那单纯的容颜，和看似显赫的身世，使你掉入了另一场感情的骗局。要说你以前有凄凉，那是皎洁直白的，而今你跌入了黑色的凄苦中。又有谁真正读懂你内心的孤独呢？

冷冷清清，凄凄惨惨。是的，你不再有花自飘零水自流的那份闲情，也不会有两处闲愁，才下眉头，却上心头的相思之苦了。唯独留下的是，对亡夫追忆之苦，对乱世忧心之苦，于是，你殚精竭虑地整理了《金石录》，完成了亡夫的未竟之功。

你挣扎在历史的眼眸中，你从一位年轻貌美的少女，成长为伤痕累累的老妪。从单纯的相思之苦，成长为复杂的乱世孤寂。时时忧伤、步步成熟。思夫、惜民、忧国，生当作人杰，死亦为鬼雄，势单力薄的柔弱女子，豪情于国事之中。正是历史毁伤了你的容颜，也是历史锻就了你的才情，为这位完美的婉约派第一人注入了人生丰厚的人格魅力。

在轻歌曼舞中，我缱绻在你忧郁的眼神里，品读你那柔情断肠的词令，我读到了历史的醇厚，读到了你那令人折服的人格魅力。

月色人生

我是伴着月亮长大的。如今，月亮还是那么圆、那么年轻。而我……

很久以前，我站在月亮下，用手数着天上的星星，一颗，两颗，三颗……

当我移动手指时，不小心指到了月亮。心里咯噔一下，恐惧袭来。我听大人说，谁指了月亮，晚上熟睡时就会被月亮公公割去耳朵。那晚我睡得很不踏实，总觉得耳朵隐隐作痛。

过了许多年。月亮很圆，我低着头，来回地在草坪上踱步。美丽而又温柔的月色轻轻地抚摸着我。薄薄湿湿的雾气，调皮地滑过脸庞。我又想起了那位漂亮温柔的女生。她的脸像月亮那样干净；她的心灵就像月色一样皎洁；她的笑容温柔如雾。我用千万种浪漫，来洗涤着这干净的夜空。这种爱，只能深深地埋在心里。它属于这宁静的夜空，属于诗意陶醉的爱恋天堂。

那年高考后，月明星稀，凄风冷夜。我一个人来到小山头，我想到那些好朋友离开务川奔向大学校园，挥手的姿态；我看到好友向我投来惋惜和鼓励的眼神；我猜测他们谈笑踱步在美丽校园里的情景。我很伤感，我独自躲在月夜里，没有流泪，但我的心一阵阵难受。孤独的夜空，孤独的月亮，孤独的我。那晚，只有月亮见证了我的伤感。

又是几度春秋，还是那轮明月。我们静静地坐在大学校园的草坪上，你低着头、害羞地摆弄着手指，月色沐浴着你单薄的身躯。你抬头又低头，欲说还羞。风轻轻地，夜静静地。那些摇摆的小草分明在偷笑我们。我窃窃暗笑，这是多么纯洁的少女啊。轻轻地拉过她的手，我狡黠地说帮她算命。她的手微微地抖动着，我感觉到她的心跳。美丽的月色是那么的温柔甜美，让我感动，爱她一万年。

白驹过隙，弹指间，强烈的生活节奏，把我冲荡在繁忙的人群中。我不再顾及月色，或是说我根本没有时间来打量那些无聊的发光体。那位曾经温柔的姑娘，现在总是板着脸唠叨我没有认真检查儿子的作业。我要为我的事业奋斗，我要为我的房贷费心，我要为我的家庭挣钱，我要为我的父母争光。也就是说，在我脑海中，一年四季的夜晚都是漆黑的，我根本就没有那份观夜赏月的闲情。月光和灯光从光的角度来说，没有明显的区别，只有在感情上存在着意境的差异。而现在，我的感情全部透支给了繁忙的生活。

中秋将至，巧遇教师节，恰逢结婚纪念日。我挽着妻子，拉着儿子，来到一块草坪上。风轻轻地，月色撩人。儿子淘气地跑来跑去。我与妻坐在草地上，我们拉着手，仰望着夜空。还是那个月夜，还是那位伊人。闭上眼睛，我那位美丽的姑娘就在身边，她就像这温柔的月色，萦绕在我的记忆里。风过无痕，泪流无声，我被这月色感动着。只有那些善于仰望的人，才能欣赏月亮的美。

每一段记忆，就如同每一轮明月，它窜挂在我们的生命线上。当我们回过头来看一看时，每一轮都散发出不同的光芒。只要我们用心去珍惜生活，我们生命中的月亮就会皎洁如初。

寻找仡佬魂

我一直认为，我对仡佬的认识不太明朗化，有一种被模糊所困惑的感觉。或许，是我雷厉风行的生活形象无暇与你真诚对视。至今，我仍不能描绘出你那熟透于心的面容。

一直以来，我都忙碌地规划着自己的蓝图。突然一天，有人问我："你是哪里的人?""务川仡佬人"，我的回答铿锵有力。"仡佬族有些什么特点?"我搜肠刮肚也想不出什么来。在我的脑海里，家乡和我所见过的周边那些城市，在人情风貌上都有孪生之处，并没有什么特点。在家乡生活了三十多年，那些平实的印象完全麻木了我的思想，甚至，还从没有仔细地打量一下家乡的容颜，我知道，我们如同麻木的亲情一样，经常纠缠在一起，我们有相随相依之情，但无真切交融之心。因为，我一直是感性生活，我从没有真正理性地解读过你的心灵。

在我的记忆中，家乡好像没有什么显目的特点。不就是山大一点，桥多一点，路陡一点，说实话，传说中最神秘的丹砂，我还从来没有见过。我曾怀疑，仡佬族是不是后人编造出来的民族？因为在家乡我还从未听到过像其他少数民族那样费解的语言，也从未见过神秘的仡佬文字，我们的穿着打扮看上去和汉族一样，我们的语言和普通话也没有什么大不同。

当别人问起你生日的时候，你会不假思索地随口而出，但，当有人问起你父母生日的时候，也许你会挠头无语。静下心来想一想，有时，我们成长在熟悉的幸福里，却忘记了给予我们幸福的那些人的模样。

仔细打开家乡的历史，我被它的那浑厚而又沧桑的底蕴感动着。我查阅了很多资料，拜读当地许多作家的作品，当我从司马玉琴的文章里读到他对家乡的真挚热爱之情时，当我读到他那游刃有余的感情表述之时，我的心灵被自己的幼稚和无知深深地割伤。我为自己曾谈笑在精彩人生中的风度而感到难过。

家乡是朴质的，家乡的历史是深远的，早在新石器时期务川境内就有古人居住（新田院子箐遗迹佐证）。商周时期，仡佬先人就向朝廷进贡丹砂。江边（地名）出土大量东汉文物，陶器、俑、耳铛、蒜头壶、汉砖等。可见，当时我们仡佬先人就在这荒蛮之地繁衍生息。先人们开山炼汞，把朱砂进贡朝廷，带领进贡的头目被封为“宝王”。现宝王庙仍饮泣风中。历史把我带到了一个神秘的境界，我能感受到先人们开山凿石的情景，我能感受到先人们跋山涉水的情景，我仿佛看到那些蜿蜒崎岖的山路延伸的模样，我仿佛看到人们供奉朝拜的景象，炊烟袅袅，险山恶水，刀耕火种，风餐露宿，仡佬先人为自己编织着幸福，为我们编织着梦想。

家乡有丰富的矿产资源；有一条千年流淌的洪渡河；有古老的银杏树；有神奇的地貌特点；有地道的仡佬饮食：油茶、酥食、麻饼、三幺台；有独一无二的婚丧嫁娶风俗；有独特的房屋构造结构；有酣畅朴质的民族歌舞；有较原始的民族村落。当我仔细斟酌打量时，我猛然觉得自己的民族是那么的独特和亲切。毕竟，我在她的怀里成长了那么久。

闲暇之余，来到先人采石炼丹的地方，满目疮痍的景象能还原先祖们忙碌的身影；信步走上栗原草场，风吹草低现牛羊的苍茫景象澎湃我的激情；楠木吊桥的迤逦景象令人流连忘返；石朝鬼斧神工雕琢的洞穴令人叫绝；龙潭淳朴的民族风情使人顿生敬重之意。到洪渡河畔走一走；到九天母石寨去看一看；到仡佬山聊一聊；到宝王庙前拜一拜。原来务川有自己的特色，仡佬有自己的风范。

历史是一个融合的过程，人类随着文明的大潮翻天覆地的变化着，我们的语言在变化中找到了方向，我们的生活习惯在变化中走向完善，永远不变的是我们仍是仡佬的后人。

如今，我的家乡仍在变化，我想，一成不变的民族一定是落后的民族。我们有仡佬的根，只要我们心里装着那神圣的民族魂，仡佬之花永开不败！

问　花

不经意，来到你酝酿的意境。

就坐在你的对面，一抬头，你的容颜贴近了我的心灵。

你是一朵孤独的花？

你的周围是枯瘦的草。微风中，你摇曳着淡红的脸庞，怯怯地看着我，生怕我锐利的眼神灼伤了你残留在冬日里仅存的容颜。微风拂过时，那些干枯的草扭动着身躯，干瘪地嘲笑你从地底下生长出来的那一点点意志。你被它们拥挤着，你被它们嘲笑着。冬日里矫情的阳光，不能温暖你的容颜。你想对我说些什么，但，那些狰狞的草扼住了你的喉咙。从你渴望的眼神中，我读懂生命的怯弱，也感悟到了生命的尽头。我仿佛听到你曾经轻快的步履；我仿佛看到你曾经绽放的身姿；我仿佛闻到你曾经散发的芳香；而今，我注视着你被岁月毁伤的容颜。风中，无论你低头还是抬头都会肝肠寸断地拨动我孤独的心弦。

你是一朵平凡的花？

大自然赋予我们朴质的生命意义。无论行走在哪条生命的轨迹上，我们都注定平凡地活着。从你身边流过的那条小溪，孕育着你成长的梦想。生长在你周围的那些生命，仍然静静地欣赏着你质朴的容颜。你不曾幻想站在山顶，饮风高歌，也不曾梦想跳上树梢绽放。你是悄悄地来，而后悄悄地离开。生命中既没有引吭高歌，也没有消极低迷。你只是凭着自己的毅力质朴地绽放。你默默地站在那里，注视着我。我分明从你的眼神中读懂了生命的真谛。没有华丽的外衣；没有绚丽的色彩；没有颓废的姿态；没有低迷的情绪，你只是平视着生命延伸的轨迹，生长着自己的毅力。风中，你摇曳的身姿，抚平了我那些复杂的愿望。

你是一朵绽放的花？

其实，生命的意义在于不停地成长，有了成长才能有希望。是一朵花，就注定要绽放。冬日里的风有点刺骨，我抱着双臂，仔细地打量着你。淡淡的阳光照在你的脸上，那是一位害羞的女孩。那些风雨曾经多少次从你的身边掠过，尽管，亵渎过你成长的愿望，但，你仍然绽放。周围那些枯瘦的草，早已容颜渐去。它们草草地结束了自己的理想，只有企盼来年的春天，能重复生命的旅程。但，你仍继续着自己的愿望。哪怕多活一秒钟，那也是对生命的追求。眼前的景色里，只有你在挣扎着开放。这感动着我，更感动了具有生命意义的一切事物。形如枯草的我，静静地注视着你，流过的小溪七嘴八舌地讨论着你我的姿态。那些瘦弱的枯草，来回地摇着头，发出吱吱的嘲笑声。不知道是在笑我，还是在嘲笑它们自己。风中，你绽放的姿态，诠释了生命的意义。

你是一朵生命之花？

有一种生活叫孤独，有一种生命叫曲折，有一种生活叫丰富，有一种生命叫绽放。无论你怎样生活都离不开大自然给予你的生命。没有生命，你还能生活吗？为了欣赏大自然的魅力，我是从许多荆棘中来到你的身旁，才有了我们近距离攀谈的机会。你是生长在沙坝下游“天景堂”（地名）岸边的一朵不起眼的小花。曾经开阔的河面变小了，曾经苍翠的树林变秃了，曾经绿油油的草变枯了，曾经喜悦的心情戛然而止了。有生命的和无生命的都在变。但，我总在想，只要是地球上的生物，它们都被注入生命的意义。我们应该审视一下自己在生命中生活的态度，不要仅仅为了自己生活的快乐而忽视了其他生命的意义。我游荡的思绪停留在你的身旁。你乐观地摇摆着身躯，微笑地静听我心灵的诉说。你是一朵成长的花！你是一朵绽放生命的花！我慢慢地靠近你，静静地低下头，扒开你周围的枯草，就让你的生命在这冬日里继续成长！风中，你把生命的意义撒向冬日的季节。

起身，我依依不舍地离开了你。

走在那崎岖的山路上，回过头，看到了你生长的姿态，我健步向前。

骆德平

男，笔名落虹，生于1972年2月，贵州省务川仡佬族苗族自治县人。曾在《散文诗》、《散文诗世界》上发表作品。另有多篇作品在国内文学刊物竞赛中获奖。散文诗《故园之恋》被收入《中国当代诗人自选代表作》。

永不褪色的乡村（三章）

叠虫棍的童年

走进暑假，童年便融入牛羊、大山、土地和草丛之中。

放开手中的缰绳，给牛羊一片天空，给自己一片天空。

放松心情，放飞思绪，让思想的骏马在空旷的草地上驰骋，蓝天、白云、烈日下，黄的牛、白的羊、绿的草地和庄稼，连同坡上父母躬身锄草的背影，绘成我童年七彩的板画。

打两个滚，捉几回迷藏，吼几首山歌，翻几页小说。语言尽可以放荡些，动作尽可以夸张些。如果愿意，也可以还人类的本色，体验山风滑过肌肤、抚摸肌肤的痒痒的丝丝凉意。

然后，散入草丛，分头寻找各种形状的草根、草梗。再坐下来，比智慧、比手巧，将这些染绿手指的东西，分门别类捕获。

然后，我们回家，把牛羊连同夕阳，一起赶下山。

白头的祖母

白头的祖母在地下，与我隔界而眠。

十年，时光像鸟的翅膀滑过，祖母，在大年三十的夜晚，独自到另一个世界过年去了，留下我，在鞭炮与旁人的欢笑声中哭泣。

天堂的路有多远?

超生的佛经、纸钱、香车宝马、宫殿，那个晌午，在先生的木鱼声中，在烈火中顷刻化为灰烬，变成一缕青烟散去。化不尽的是亲人的悲痛，像盘旋缭绕的烟雾，牵得越远，扯得越痛。

三月，清风从额前跑过，摇响坟前一树的清纸。

没有细雨，路上走着匆匆的行人，或去或来。乡村的三月依旧繁忙，只有我，可以坐下来，听你唠叨心事，陪你聊起我童年的陈芝麻、烂谷子。

邻居付老婆子走了，门槛下何家姑婆也去了。婆，你在地下不寂寞吧?

二叔一家出工了，婆，你为我藏好的几个鸡蛋，至今还压在我心口。翻开打着补丁的布袋，里面珍藏的仍是你老掉牙的故事、年轻的情歌和满头银丝。

站在村口，多想再听一次你唤我的乳名，再叫我一声：吆!

父　亲

把一生交给土地，没有谁比你更钟情于斯。

春天来了，犁耙、锄头、土地、村庄醒来。

种子发芽。

谁的心事在阳光雨露中、在犁铧深处拔节生长。

睡梦中，谁不小心碰翻了染缸，一个季节，绿了一地。

一茬茬庄稼成熟，父亲，一天天老去。秋天的枝头，沉甸甸的果实，一点点压弯了父亲的腰肢。

没有谁比你更亲近土地，没有谁比你更了解土地，没有谁比你更能读懂土地。

你的颜色就是土地的颜色。

你，就是土地。

讲　台（二章）

一

从这里出发，将以怎样的方式一生泅渡。

站立于三尺之台，岸在何处？历史的彩带拂过千山万水，洞穿时空。阳光拍击海水，空阔无边。

我的舟楫，我的行囊呢？

谁在岸上踏歌而行？

我用古老的语言和历史对话，与古人神交。岸上，杨柳青青，折了千重，历史的潮音响彻耳膜，所有悲欢离合的往事都已湮没。

讲台上，历史的故事依然上演，而我只以挥手和过去作别，只以微笑为弟子送行。在这仅有三尺的仄仄舞台上，站立是唯一的姿势。

贫穷和荒芜，我们拥有。青春和热血，我们同样拥有。面对贫穷和落后，耕种是唯一的方式，从春到秋，周而复始。

三尺，是一种高度，永远在我们目极之内，永远在历史的巅峰之上，光芒闪烁，不管以怎样的虔诚，我们总无法企极那片梦想中的天堂。

但我们出发，从这里出发。

春光明媚的三月，我们出发。

黄花飘香的九月，我们出发。

在这片贫瘠的土地上，我们精心播种，用心做太阳，汗做雨，然后，在夏夜凉爽的风中，听蛙鸣如鼓，看成片的庄稼，拔节生长。

二

走上讲台，如走上神坛。

面对学生，一种难言的饥渴自辽远袭来，丝丝浸入心头，四十几双眼睛是四十几块心田，春光明媚的日子，我该如何播种？

透过历史的重雾，我看见至圣先师在川上慨叹：逝者如斯乎！陶翁在南山下悠然晃首：盛年不重来同，一日难再晨。诗仙太白于蜀道之上高吟：蜀道难，难于上青天……

沿古人的足迹，我拾级而上。

他山，征途多远？

前方，是否有暗礁？

前方，是否有风暴？

前方，是否有荆棘？

……

信念是一艘帆船，手中的教鞭是不倒的桅杆。白深埋进黑土，我闻到庄稼成熟的气息。

讲台只有三尺。

走过去三尺，走过来三尺。

讲台仅有三尺，

三尺讲台，足够我丈量，

整整一生。

一条公路

这是通往家乡的唯一大道，也是家乡通往大山之外的唯一公路。

儿时的梦像一只蚂蚁爬行在公路上，背上一个星期的口粮像一座沉重的大山压在我幼小的心上，使我喘不过气来，肩膀上两只背系像两条纤绳深深勒进我稚嫩的肌肉，在我童年的心灵上烙下两道血红的伤痕。

初中时，到乡外求学，五六十里的山路，能搭上一趟便车是一种奢侈。今天，拨个电话或是招招手，便可以坐上车舒适地躺在里面，闭目养神，一个小时风驰电掣赶回老家。

时光流走了20年，九十多里的车程缩短了两个多小时，我们在时代的车轮上甩掉徒步丈量的辛酸里程和那些与灰尘为伍的颠簸岁月。

路还是那条路，长还是那么长，在社会主义物质文明的滋养下，它越长越胖，越活越年轻。而在路上忙碌的已不完全是当年那些人，来的来了，去的去了，日子像村里秋天高挂枝头的柿子，越过越火红。

从家乡到山外，就此一条公路，它一头系着我，一头系着母亲和家乡。

这头的叫乡愁，那头的叫牵挂。

故土情结——红丝掠影（节选）

老　街

老街并不老，不过上百年历史。

记忆中，老街像一条懒蛇，慵懒地晒在冬日的阳光下，听小桥下潺潺的流水，打发寂寞的日子。

青石板的街道上，横陈一些简易的灶头，一只猫在空架子的横梁上午睡，两只公鸡伸长脖子斗红了眼，抖落一地的鸡毛在风中舞蹈，一群公狗正为一只发情的母狗争风吃醋，几凼污水在空气中散布着绿色的臭味。

没有花香，偶有两声鸟语从街后的树荫中飘过来，几栋青瓦木房歪歪斜斜站立在街两旁，像夕阳下赶集归来的醉汉。

热闹属于赶集的日子，摩肩接踵的人群中，我洁白的网鞋被满地稀泥糊住了双眼，早也顾不得害羞。

老街的日子更多的是无聊，只有一群小孩陪着打发时光。固定的风景是每日三三两两荷锄早出晚归的农民和街道上几堆小山一样的牛粪，其次就是听一群脏兮兮的水牛踩着夕阳归来的牛蹄声和铃铛声组成的交响乐。

记忆中和老街一样老的还有几盏如豆的灯火，在山村早黑的风雨中飘摇。

而今，老街真的老了，静静地坐在新街背后，就连见证老街的观音庙也在时代的烟尘中不见了踪影。

冬日的阳光下，只有老街人的日子在老街沧桑的脸上灿烂成一朵幸福的花儿。

银杏王

没有人能告诉我，你在这里站了多少年？奶奶说她的奶奶也不知道。

家乡的坡上，房前屋后，到处是你子孙的影子，你的家族遍布山乡。

你沧桑的面容是一卷读不透的经书，爷爷的爷爷没读懂，父亲没读懂，我也读不懂。

一个时代来了，又一个王朝去了，尘世的风云变幻中，多少兴亡事，笑看成你眼中的烟云。

纷纷扰扰的尘世中，你的祖先早已寂寞成佛，站成见证地球演变的活化石、植物群中，你是真正的王者，与人类共同演绎地球村的历史。

穿越时空的隧道，我的思绪幻化成蝶，栖息于你枝头，触摸你千年的胡须。

又是金色的秋天，你风中飒飒飘零的黄叶为谁而舞？谁在白露之后摘去你满身的珠宝？而谁又在那个秋天之后去了，安静成你脚下一抔黄土？

岁月的轮回中，我是风中的过客，不能陪你走过这个世纪。我的佛啊，来世，让我做你枝头的一片叶子吧，陪你走过一个春秋，守望成家乡的一道风景。

小 河

弹唱的还是故乡那首歌谣，从大山深处摇响风铃一路涌来，穿过村庄，把我童年的梦带向远方。

遥远的他乡，我长长的思绪长成你堤岸青青的水草。母亲的唠叨在锅碗瓢盆的交响中随灶膛的炊烟袅袅升起，飘入那轮满月，长成月中的梭罗，结满思念的果。而我的灵魂却在那个夜晚的归途中被露水打湿了衣衫，过不了河。

脚上的布鞋还在，心中的信仰还在，不在的是我的青春，母亲双手的灵巧和眼睛的明亮。

黄昏，暮归的老牛涉水而过，一枚光脚丫的鹅卵石硌痛了我的童年。

篼篼舀鱼的故事遥远成父亲的那张老黄历，从童年开始，我与伙伴们摸遍小河两岸，也没捉住一条记忆中的鱼，只有两只螃蟹的大钳，让我的疼痛和伙伴们的笑声记忆犹新，飘荡在小河两岸的芦苇丛中。

那个夏天，父亲的心事长满河岸，早起的阳光揭开小河神秘的面纱，让两岸明晃晃的水田长成一畦畦如鼓的蛙鸣，吵醒了金色的秋天。

那架老水车还在，谷米喂大的碾子不再转动。

小河养大的村庄还在，而村庄养大的壮年男女们随着小河流到了远方，成为远在他乡的打工一族。

家乡，冷清的庄园里，留守的是年迈的双亲炊烟一样长长的牵挂和儿女们长满小河的翘首企盼。

有一个村庄叫十二盘

一片梯田长出一地蛙鸣，你在蛙鸣之上，稻花香里。

一万年前，两只飞倦的鹰，栖息在洪渡河与红丝河畔，站成一座伟岸的山，人们叫它双鹰嘴。

一群村民在双鹰温暖的怀中安家落户，因为双鹰的脖子上环绕着十二根汉白玉似的圈子，这个村庄得名十二盘。

一万年后，村后山岩上，十二根缠绕的玉带依然清晰醒目，而勇敢的猎人啊，却不知去了何方？只有双鹰那高高昂起的头颅，永不疲倦地望着远方，守成一道变化的风景，成为人们判断天气的晴雨表。

春风拂过，一望无际的鹰背上长满青草，春风一吹便产出一地牛羊。

一群银杏在山下寂寞地守着村庄，它们千年的触须伸手可及，金黄的果实与沉甸甸的稻穗盛满我秋天的粮仓。

青山依旧那般葱绿，蓝天依然那样高远。

多年后，关于一个村庄和双鹰嘴的记忆一天天淡去，唯有儿时一个同班同学的作文中，那句惹得全班哄堂大笑的话，至今仍在我心头萦绕，挥之不去。

我的家乡美，美就美在双鹰嘴。

锯齿山

在红丝与沿河的交界处，有一个地方叫锯齿山，山里长着一片原始森林，森林里住着一群猴子。

麻阳河静静地穿过森林，滋养着这片土地。林中参天的古木越发葱绿，动物们快活惬意地繁衍生活着，逍遥自在。河两岸那些叫不出名的野花争奇斗艳，打扮妖娆如山里小家碧玉的女子。

20 世纪 80 年代初，一群锋利的斧子闯入这片禁地，惊醒大山千年的沉梦，咚咚的伐木声在沉寂的森林中四处响起，一片片木屑呻吟着溅向高空，然后无力地落下。惊恐的猴子们在高高的枝头灵巧地闪挪腾跃，吱吱乱叫，掰起枯枝砸向这群入侵的强盗，甚至偷走他们唯一的午餐。

林业站堆积如山的圆木，排成队的汽车和公路上扬起的烟尘，汇成家乡那个年代特有的一道风景，烙进我童年装帧的相册。

成林的松杉消失了，那些几个人才能合抱的杂木也倒下了，在历经几十里山路徒步后，它们成为汗水交换的廉价品，再坐上汽车远走他乡，然后被切割成不同的模样，精心喂养人们不同的胃口。

夕阳偏西了，陡峭的山路上，伐木者与背上鲜活的木头站成一路蚂蚁搬家的大军，他们此起彼伏的吆喝声穿越时空，响在我暮归的耳畔，织成我睡梦中长年的疼痛。

年轻时的父亲也曾是大军中的一员。如今，那把大斧安静地躺在碗柜的旮旯，锋利依然。

那条进山的路还在，不在的是那些被伐的木头和一些伐木者。

热闹之后的锯齿山回归于宁静，父亲那把躺在旮旯的大斧，多年无人问津。

麻阳河安静依旧，两岸的野花璀璨依然，那群调皮的猴子还在，二十多年后，它们摇身一变成了国家珍贵稀有的二级保护动物，还有个动听的名字——黑叶猴。

安静的大山里，那些规则不一的树桩依然安静地守候着，历经风雨，不朽不倒，以沧桑的面容向后来者昭示：

一段鲜活的故事。

一段尘封的记忆。

一段难以言说的隐痛。

杨明繁（1974.11—2012.5）

男，贵州省务川蕉坝人。贵州省遵义市作家协会会员。1996年毕业于贵州省广播电视大学中文系，同年分配到务川仡佬族苗族自治县红丝乡，曾任务川仡佬族苗族自治县城关中学教师。有散文、诗歌散见于《贵州民族报》、《伊犁晚报》、《遵义文艺》、《黔北作家》、《遵义政协》、《凤鸣钟山》、《都柳江》、《洪渡河》、《今日务川》等。

忆养蜂时节

当久违的故乡完全挤占了瞳孔，我才感到家的真实。与生养我的父母寒暄后，总习惯在房前屋后转悠，竭力找寻童年时家的感觉。再抬头看看那些横在屋檐下的蜂桶架，仅寥寥几只桶可见蜜蜂进进出出忙碌着。想及现在的家境，不禁有些黯然。

打记事时起，我家的房前屋后似乎都搁满了圆圆的蜂桶。整天都有数以万计的蜜蜂出入，嗡嗡地响个不停。给本就热闹的家平添了许多生气和情趣。

父亲是个养蜂熟手。他常劈或锯一些木条木板，经刨、推、刨、清光、加箍、打眼后就制成了一个个滚圆的蜂桶。然后到野外去找一块平整、熨帖、宽大的厚2cm～4cm的青石板背回家，再架起梯子小心地搁置在蜂架上或楼板外露出的部分，最后安上桶，供蜜蜂分家时招蜂用。这些空桶偶尔被“相桶蜂”看中后，稠密的蜂群便不请自来，安居、生息、繁衍。有时，父亲物色到一个向阳的好岩矸，便抽空将空桶背到山上，砍一根稍粗的“V”形树枝搭成简易木架，找块石板做底板，再放上桶。以后有空就去看看。半月一月或一年半载后，在某个夏天或秋天的黄昏时分或天擦黑时就揣着手电筒，背上大背篓或高架子，兴奋而安静地将这些蠕动的小生灵背回来安顿好。一次，大汗淋漓的父亲轻轻地搁下背篓，急急地擦洗完汗水后就开始割糖。这桶在山上几年的蜂群特多特勤劳，在满满的蜂列蜂窝里都灌满了清醇的蜜。那次我们割的糖整整有二十多斤。

父亲常教导我们要善待蜜蜂。说有时蜜蜂误以为你要伤它，它才蜇你。蜇了你，它自己也活不长了。父亲还教我们怎样招蜂、养蜂和认蜂王。倘蜂子分了，洒水待蜜蜂息好后，就扛来长梯子，挪稳。举着喷有淡盐水或糖水的桶盖，登上木梯，小心地将桶盖放在蜂群栖息好的上方，然后左手执盖，右手五指微微伸开，细心地靠近蜂群，慢慢地将手指伸入蜂团内，呈舀水状一点点朝桶盖上移去，且一边小声地哄道："蜂王上盖呀！蜂王上盖呀！"就这样这些有灵性的生命就规规矩矩聚拢到桶盖上。然后沉着地将这些悬着和微微摆动的蜂群慢慢端下梯来。最后架好梯子，将蜂群悄无声息地放进架上的蜂桶里。那阵势，像是生怕惊醒一个刚入睡的婴儿。

在儿时的我们看来，养蜂的最大乐趣儿莫过于割蜜和吃酽稠的糖。割糖一般在夏天和秋天的晚上。割糖时我们总要提前邀亲朋和请家族及左邻右舍来家中聚会。他们或坐或立，一边吮吸甜得钻心的蜜，一边摆龙门阵。天南海北，什么百年难逢的"黄连糖"能治好多病了，某地某家姑娘勤快又好看了，哪家的猪牛下崽了等芝麻谷子聊个够。放声畅谈，笑声不绝，好不热闹。

闲时，白天或入夜，在家的父亲总爱在房子周围巡逻。特别是中午时分，更是一刻也不马虎，要么用马蜂篑打去桶周围的蜘蛛网，要么就专注地巡回打跑咬蜜蜂的"天葫芦"、"地葫芦"、"牛角蜂"等野毒蜂。在来回走动间，哪桶蜂要分，哪桶割得糖了，哪桶里有螟虫等，他都了如指掌。若要外出或上山劳作，总要再二叮嘱我们，在家里将蜜蜂看好、管好，不要让野毒蜂来侵犯。如果蜂子分了离桶后，就用备好的水或细沙朝蜂群撒去，让它们停下来，然后就叫叔叔伯伯帮忙招进桶安置好。渐渐地，胆大的哥哥也学会了招蜂进桶。而且如判断蜂群要外逃时也会像父亲那样架上木梯，立在蜂桶旁伺机将蜂王捉住。让群龙无首的蜂群飞回来，再想办法给蜂群换换桶。

在父亲的影响下，一个村子的人很少有没养蜂的。

如亲朋和客人来我家，父亲总要用甜得靓人的蜜作招待或馈赠。遇上丰产年，还要用大坛坛或乡村用来背水用的木桶背到乐居场去卖。

后来，环保意识淡漠的农民乱砍滥伐，一年年地庄稼病虫害增多。为了收成，人们不断地喷洒农药。庄稼是逐渐丰产了，蜜蜂这些小生命却日渐减少。一夜间我家的蜂桶竟空了许多。也不知这些为人类无私酿造最甜最美蜂蜜的生灵飞往了何处。于是一些空桶就成了一些野蜂做蜂包生存和繁殖的好地方。

不察间，二十多年过去。兄弟姐妹相继长大，各自成家。我在外乡任教，三弟远在兴义工作，大哥忙于生计，小弟在去年腊月二十五日就携妻汇入了滚滚打工潮。而今，只有年迈的父母守住昔日曾热闹的老屋，与土地和家畜家禽为伴。

不察间，父亲大病一场。未痊愈时总念叨来学校看看我们的住处和他的孙女。如今父亲虽痊愈，毕竟年龄大了，身体不如以前硬朗，加上闲不住，却一直不曾来过。只是母亲还不时凑点蛋或钱来看看她的儿子和孙女。隔河阻水，回家不便。加上工作原因，我很少回家。只有每年暑假、国庆长假和春节期间回家多一些。每次见到皱纹日渐加深的父亲和略略佝偻着背的母亲，不禁生出些许苍凉和感慨：7 岁起就在外读书，一读就是十三四年。如今工作在外已七八年了。忽然间觉得陪着父母的时间太少，欠父母的心债太多。几次想法调回到蕉坝或柏村，方便回家看看双方父母，均未如愿。

身为人父，设身处地想想，这份血脉亲情竟成了一份永远的牵挂和深藏在心里的一份歉疚。

前次回家，看到在父亲的侍弄下，家中已有近十桶蜜蜂。通过观察和听父亲讲，这些小生命很听话。家中已割了十多斤糖。看来我家的养蜂运又开始转好。

至此，我心稍安。

父亲进城

“爹进城了，找到了没?”乡下的大姐打来电话。手机是大姐刚买的，一是想试试通话效果，然后就是对年迈父亲的牵挂。挂断电话，我怔住了，父亲是前天出发的，而乡下到县城，坐车，最多就一个半小时。

凭直觉，父亲不会外出，和土地打了一辈子交道，离开土地，父亲会像饥饿的孩子离开娘一样难受。

打通了亲戚的电话，证实了我的判断。电话里，父亲说到了丰乐，托即将外出的亲戚顺路给兴义的弟弟捎点灰豆腐。弟弟觉得，母亲做的灰豆腐，有家乡味道，好吃。父亲的声音是那样的舒缓慈祥，如儿时在母亲怀里，睡前享受的摇篮曲，亲切温馨。

父亲说，他来找过我们了，带着老家的熏腊肉，在门口站了两个多小时。一时，我心里五味杂陈，很难想象一个六十多岁的老人，孤单地守候在家门口，那份期盼与等待。父亲还说，他没有敲门，也没有人开门。我怀疑父亲走错了。这个县城虽说不大，可父亲进城毕竟很少。记忆中，就两次，一次是我读书时，父亲从五十公里外的老家，给在县城读书生病的我送粮食。另一次，就是我搬进县城新居时，搬家那天，父亲、叔叔、哥哥特意从老家赶来，看了看，说是家里忙，下午又回去了。

“是不是走错了，要不，你也要敲门呀。”我给父母说过，城里人就像住在笼子里的鸟，回家“哐当”一声把门一关，就六亲不认，就是有人敲门，也还要从猫眼里瞄半天，担心是贼或坏人，好像楼梯巷道到处危机四伏。可此时，他却全然忘记了是在城里，人们都封闭在笼子里。还以为是在乡下，不时有人外出忙活或是干活荷锄回来。

我担心父亲直接回家，或是找不到我的住处。于是我问，明天来我们这里不？要来哟！看得出，父亲也想儿子。我特意叮嘱，出发时给我个电话，我到车站等候。

想想父亲，含辛茹苦将六个子女拉扯大，已是不易。还要送我们读书，更是难得。刚工作那阵，工资不到两百块，物价高得惊人，每每回家“借”钱。以后工资稍高点，又要养家糊口，还有人情世故。再后来又按揭买住房，日子更是紧巴。有时都觉得愧对父母，倒是兴义的弟弟，每年都要给家里寄个几千块。可是节俭惯了的父母又将那些钱存了起来，还说他们能劳动，每年都要种田，身体好着呢，不用我们操心。倒是担心我们一年花费大，只要儿女们好过，他们就好，就满足。为此，我老觉得愧疚。

第二天，父亲来了，因为车的缘故，本来三十分钟的路程却整整两个半小时。

看到父亲，欣喜之余不禁有些酸楚。岁月无情，父亲老了，昔日那健朗的背已有点驼，走路也没以前灵便。本来说是假期回乡下看父母的，可是学习、培训、加班、迎检、人情世故，一晃，三十多天就过了，归家又成了一个漂浮着的远去的梦。

见到了爷爷，女儿比我还高兴，给爷爷倒水，开电视，自告奋勇提出上街买菜，还说晚上陪爷爷逛街。一边却又小声地附在我耳边说，待会给爷爷买件衣服，爷爷穿的衣服有一个小洞，然后，给爷爷的衣服洗一洗。我也说上街给父亲买一件，可父亲执拗着不买不买。家中有衣服，多着呢，背篼里都还有一件，大热天的，又不冷。我可看得仔细，父亲穿的衣服还是那次我在重庆培训，学校发的文化衫，上面有学校的名称、地址和登录网址。父亲当然不懂这些，只是觉得在家中闲着，就穿上了。父亲的鞋是一双五成新的解放鞋，与泥土打了一辈子交道，已经习惯了泥土这个好朋友，日常生活都少不了一点泥土的芬芳。可这对于一个儿子，心里或多或少有些难以言说的辛酸。此后，父亲如一棵年迈的树，坐在那里，虽不拘谨，却很安静。习惯了小时候父亲那充满智慧和慈爱的话语，面对寡言少语的父亲，我倒觉有些生分，问一些家中生活和生产的事，父亲总缓缓地回答，显得简练。想当初，父母拼命送我们读书，跳出农门，然后我们拼命进城，在城里过着慵懒的生活。此时，我才醒悟，因为在外读书的时间很多，工作了又没在家乡，一年回家的次数也少得可怜。工作十五载，忙碌的父亲从没有到过我工作的地方，只知道儿子继承了他那勤恳踏实的基因。如今，在城里的儿子和乡下的父母竟似乎有些疏远与隔膜了。

吃过饭，父亲说要回去，家里忙着呢。女儿挽留，父亲总算住下来了。

晚上，陪父亲走段路，女儿在前，父亲执意在后。女儿如一只快乐的小蜻蜓，在前面蹦蹦跳跳，偶尔问问走哪边。父亲很少说话，只在过斑马线或是岔路口，我叫他当心或是往哪边时，他才略略嗯了一下表示知道或认同。或许，父亲是怕因为穿着土气，让儿子显得在熟人面前没面子；或者不是这样，只是这样静静地走走，感受着无声胜有声的天伦之情，或是在静静地回想乡下的老伴母亲，也或许是在想田地里的庄稼是否抽穗或成熟。

第二天一大早，父亲就起来，第一个登上回家的客车。

生命如杯

早上洗漱时，那只浅黄色的塑料杯从书桌边掉了下来，只是不经意的事，可我分明觉得那声音有点憔悴和嘶哑。直到我用它舀水时，才发现它已破裂，水不住地往外流。慌乱间，我用手使劲握紧杯子，以减少水流出的速度和水流量。

这只杯子还是我四年前买的，还是那次我搬家到学校，它便一直陪伴着我，一直不曾离开过这间十多平方米的小屋，不曾离开过那张陈旧的桌子或是那个绿色的塑料桶。四年了，它的颜色由深黄色变成现在的淡黄直至不均匀的浅黄。

此前我几乎忽略了它的存在，平素只是随意地使用，有时还信手扔在有水或没水的桶里。当然它也从书桌上掉下来过，因为我的不小心，但那时的声音分明是欢快活泼的，如有节奏的舞蹈。可我竟压根儿就没有想过它会破，我不禁为自己漠视生命的存在而有些震惊。

端详着这只已然不能使用的杯子，我不免有些感伤。此后，如游丝般的恐惧开始遍布我的全身。

我不禁想起了去世的两个同事，都是二十多岁的小伙子，一个是肺癌，一个是白血病。生前是一个个多么富有活力的人呀，一个是人在哪里，哪里就有欢声笑语，另一个是安排什么工作，总是热情地答应并不折不扣地完成。生病后，看到他们的乐观、自信和坚强，我深信他们会早日康复或是有奇迹出现。可是一千多个日子后，尽管倾尽全力，还是没能挽留住渐行渐远的生命，当他们走到最后时，那气若游丝和憔悴如槁木般的模样是那样让人泣血揪心，那咳嗽时骨缝间的挣扎作响让人刀割般心颤。听他们的至亲说，在弥留的时刻，他们对这个尘世是多么的留恋与不舍……我难以想象病魔给家庭带来沉重的经济负担，难以想象这个打击给家人带来的心灵创伤，难以想象白发人送黑发人的无比凄惨与悲凉。

原来，再坚强的生命也经不住时间的侵蚀和病魔的摧残。不知不觉间，我们的生命之光在一点点散失。事物都在不知不觉中走向终结，因为朝夕相处，我们未曾及时发现，但当我们发现时，已然很晚或是很久了。比如母亲脸上那岁月的痕迹，那越来越亲密琐碎的唠叨、那逐渐下陷的眼眶……原来，再丰润的生命之水也抵不过时间的旱疫，比如父亲头上那一丝丝揪心的白发，那不再挺拔伟岸的身躯，那逐渐变得混乱的思维、那慢慢走向模糊的记忆……

不禁因借口事情多，无暇看望年迈的父母而心存愧疚；不禁因借口工作忙，忽视自己的健康而叹惋；不禁因输赢几百块，就在牌桌上通宵达旦而悔恨；不禁因昔日虚度光阴，将生命任意挥霍浪费而难过；不禁因遭遇失恋的痛苦，产生的愚蠢想法而汗颜……

是呵，生命如杯，我们应当珍惜，应当爱护。定期体检生命之杯，及时补充所需之物。有了健康的身体，我们才能好好生活、好好尽责，让自己的短暂人生更有意义。

张　强

男，生于1975年7月，贵州省务川仡佬族苗族自治县人。1996年入贵州大学中文系汉语言文学专业学习。现供职于遵义市一家国有大型企业。偶有诗歌、小小说、散文、游记散见于各类报刊。小小说《爹》、《深秋》分别刊发于《贵州党风廉政》1998年第六期、1999年第十一期。散文《人生空山灵雨》被遵义《上城》杂志创刊号选入刊发。游记《西安纪行》被《遵义晚报》“旅游周刊”以网名“行者与风伴”刊发。诗歌《日出》被《贵州资本市场》创刊号（2011年7月）刊发。

香蕉迷城

对遵义的迷恋是蛰伏已久的一粒种子，最终促使这粒种子发芽是大学毕业时分的那份冲动。应该是毫不犹豫地就与前来学校要人的遵义的一家企业签订了意向性合同，最终如意地回到了遵义——这座曾以一根香蕉便完全诱惑了我的城市。

转眼间，生活在遵义已经10个年头啦，成家立业，娶妻生子，一切都在按人成长的过程发生着。说实话，在遵义这近十年，由于工作原因，自己还从未认认真真地抽出时间来到湘江河边去走走，吹吹那舒缓而沁人的河风。从未去爬过凤凰那蜿蜒着的山路，看看东升的朝阳呢。而这，在每次与同学们的通话中聊及和自己工作闲时都感叹不已，惆怅不已：人遵义户籍都这么些年啦，居然连湘江河边吹风，凤凰山头观日这类学文的人特别喜欢的东西都未能尝试与感受过，况且自己还是如此地迷恋着这座城！于是，心中便寻思着无论如何都得找个机会来抚平自己心中的这份惆怅，慰藉自己对这座城市的迷恋之情。

机会总是给有准备的人提供的！

前日，母亲生日。秋高气爽，难得好天气。妻问如何过，我看母亲，母亲看父亲，父亲看我说去登山吧！“凤凰山”，我脱口而出。

是呵，在这个好日子里，父亲提议去登山是有他老人家的用意的，逢岁登高本就是我老家特有的风俗，况且天气又的确是好。当然，选择登凤凰山有我的私念在其中的。只不过母亲的生日能在我所钟爱的这城市登山，我想也是难得的贺岁之兆。又加上凤凰嘛本身就是一种象征吉祥与如意的鸟。

全家心情都顺着这秋日金灿灿的阳光出奇的好，尤其是父母的兴致极高。调皮的儿子忙前窜后，一路笑声让山路两旁树上枯黄着的叶簌簌扬扬，在这秋日的光影和秋日的林间翩翩如蝶，尽情地炫耀着生命的美丽。

山路向上，父母与儿子把我和妻甩在了身后，老与少的身影在我前面的路上活力充沛。对我和妻的落后，老父老母不时回头，眼里满是慈爱和鼓励；儿子不时回头，眼里满是对自己的自信和对我们的不屑。

登上半山，有一歇亭，亭边有挑担客挑水果贩卖。满筐篮的水果在登山已累得大汗淋漓的我们面前实在诱人，儿子没等我们开口，就瞪着那筐里奢侈着秋色的橘子，在大与小之间忙坏了。妻选了一串香蕉，回头冲我会意一笑，那笑里的意蕴我全懂！我对遵义这座城市的迷恋和向往，绝对是来自于自己小时候吃过的一小截香蕉。善解人意的妻呵，结婚几年，油盐酱醋，循规蹈矩于生活的琐碎，大学里那与我相恋的多梦的、聪慧的女孩已为人母，每天相夫教子，孝敬父母。为了我，为了一个家默默地奉献着。那回头会意的一笑呵，在这秋日里竟比那怒放的秋菊还美！

妻递给儿子香蕉，儿子不要，妻就冲我无奈地笑。妻递给我并指了指山下的城市。我拿着香蕉，对着山下的城市笑了笑。是的，当初放弃去部队而选择回遵义，就是香蕉让我与这城市结下了不解的缘。儿子拒绝香蕉，我感到十分欣慰，毕竟在他这个年龄是我被香蕉无条件诱惑的年龄，而他却在学会拒绝，比起与他同龄时的我来，他比我进步得多或是比我强得多。我是生在农村长在农村地道的农村娃。小时候身上穿的衣服上的层层补丁是母亲在油灯下用手一针一线给缀上的穷的“徽标”。记得是小学一年级的一天下午，邻村的伙伴跑来神秘兮兮地告诉我，他在遵义工作的堂叔要回来，并要我和他一块去县里的车站接他。我们去时他爹与妈已到了车站，在我们的左等右等中，他堂叔终于到了。人不高，但精神。他一下车见了伙伴他爹妈，嗓门比汽车喇叭都大，这是当时给我留下最深的印象。还有他那放开了的笑，让我当时怎么听了怎么不舒服。这就是遵义人么?！只不过我想城里人或许都是这样的。说实话，当时对遵义人的这样的身份是无比敬畏与无比羡慕的。到他家时，他堂叔对围着他一圈看稀奇的孩子拿出一串黄澄澄的东西对伙伴他妈说：“呶，香蕉，剥皮才可吃的，很贵哦!”孩子们的眼瞬间都盯向了那串黄澄澄的被称为香蕉的东西上。他妈看了一圈转在他堂叔周围的孩子，只冲我暗示性地挥了一下手就转身进了屋。我机灵地随她也进了屋。她看了看手上的香蕉，又看了看我：“香蕉哦，很贵的，要剥皮才可以吃哦。藏好！别让其他人看到，快回去!”我记得她是在一串中选了一会才掰一根给我的。我如获至宝，藏在腋下，轻轻地生怕压坏了它。我是跑着回家的！满头大汗的我进屋时，母亲责骂了我的晚归。我急急地从腋下拿出那弧得十分匀称的东西：“妈，香蕉，很贵的，剥皮才可以吃!”。母亲问明了香蕉的来历后，用菜刀小心地切成为五截（我家姐弟共四个）分给了我们，留了一截给还在外劳作的父亲。那晚我在那小截香蕉的余味中做了一个美丽的梦，梦到了遵义，梦到了遵义满城的香蕉，而我，在遵义的大街上无拘无束地剥着香蕉在吃。梦醒后，我懊悔不已，床边除了那小截香蕉皮外什么也没有。此时，在我幼小的心中便暗暗下定决心：一定要到遵义去，一定要做遵义人，遵义有香蕉！后来我到遵义工作，户籍落在遵义后，与父母及妻说起那小截香蕉对我形成的鼓励时，母亲说出了一个全家当时都不知的秘密：为了那根香蕉，母亲在伙伴堂叔要回遵义前给他捉去了一只鸡以表谢意。

终于，在儿子的雀跃中我们登上了凤凰山顶，俯眼望去，婀娜多姿的湘江河，在凤凰山脚下撒着欢地扭动着绸儿般的腰妩媚向前。凤凰山的雄性让这河平添了几分灵性。那拔地而起的高楼东西纵横，沿着这条河舒展开去，以一种与时代同步的节奏发展着。山在水中，水在城中，城在绿中，人在景中，好一座山、水、人和谐相处的绿色之城！活力之城！人性之城！

秋日山高有风。父母年岁已高，儿子较小，我与妻在中。虽然有秋阳当空，虽然大家兴致都还极高，但怕山风无意伤了父母或小儿身体，我们决定下山。父母想循来路，我却想寻新路，儿子赞成我。后来父母还是满足了我的提议另寻新路下山。上山路蜿蜒，下山路亦然。只是这秋日的路呵，不管是上或是下，都被那飘落的黄叶铺成了金色的道，只要每一步走稳，上也通达，下也顺畅！或许，城市之路与人之路也应一样。上与下只是路的形式，重要的是走路的过程。

菊花香满园

母亲在这个春季来临的时候执著地要回老家去！对我和妻的百般挽留无动于衷，甚至我们“唆使”正在启蒙中的儿子用还不是太能表意的语言要奶奶留下。布谷鸟催春的时候，母亲还是回到了农村老家去啦——其实，我知道，母亲除了放不下她仍在老家的小儿子外，主要还是那一片片肥沃的土地的潜潜召唤。

母亲是淳朴的农家妇女，识字不多但绝对达理。说实话，对于母亲如此执著地想回到原有的生活模式中去，我从心里是完全赞同的，毕竟那是她老人家生活劳作熟悉了几十年的地方，她在内心深处不会说忘记就能忘记的，况且在远离农村之外的这城市，除了看电视，到广场走走外连个唠叨打声招呼的人都没有，每天有的只是对我、妻和儿子无微不至的担心和照顾。正如我刚读过不久的一篇文章所写的那样：真正能给老人晚年幸福的方式是：给老人一个窝，一个有人可以唠叨的生活环境和适合他们自己的生活习惯。

我、妻和儿子送母亲回去。出于私心，我其实真的想母亲回去，我对故乡的那份热爱和迷恋从未减弱过，反而在随着自己年岁的增长日益加浓，母亲回去后我回故乡的理由与机会就比现在母亲和我同在这座城里要多得多啦。反正，现在我是决意不让回到老家的母亲去做我小时候的那些为了我们念书所要做的过重的农活的。

城市生活的节奏太快，自己内心仅有的一点平静有时都被这城市人为造就的喧嚣所侵犯。转眼母亲离开我们回农村老家已有半年多的时间，说实话要不是姐姐家有事希望我这个她们认为最有出息的弟弟回去一趟外，我还真不知去看母亲要等到什么时候！人呵人，往往就是这样，原本精心打算好的一些想法总会因为生计而改变太大，在自己送母亲到老家即将返回的时候，面对母亲满眼写着的担心还信誓旦旦地说不久就回来看她，说一些让她千万不要为我担心的话，哎，那声布谷鸟的叫声渐行渐远，回声让自己每每尝着酸酸的痛来！而这种痛又每每都被母亲电话里递过的暖暖的话所止住：一切都好着呢。是的，有什么能比“一切都好着呢”的话来更让我们这些做子女的放心呢！

姐家的事的日期临近，也是我能有一个堂而皇之的借口回家的恋乡情节的加浓。母亲的电话也随着这日子的临近而频频，通过这频频的电话我还是轻易地就寻到了母亲那份对我深藏的爱来，她关切地提问，她唠叨我儿子的顽皮，她叮嘱妻关于行程如何的准备——母亲是急着想见着我们啦。其实，我们也是一样地想见到她，说实话，母亲不与我们同住的日子，我们居然是如此的不习惯。

母亲再来电话的时候，我们已在路上。时令虽也深秋，路两旁的物象虽无春的烂漫，无夏的热烈，但也无冬的萧条。其实我是不属于任何季节的，对每一个季节我都有一种成熟了的感性的偏爱。我能在季节的轮回中享受自然对我存在的馈赠。你瞧，车所过处，摇曳的野菊花挤满路旁，随着掠过的风儿频频点头，礼貌之极，并有香味伴送盈鼻，沁人心脾。

哦，这已是菊花的季节啦！

我喜花，但有选择，钟情百合，迷恋菊花。赏荷而不亲近，喜梅但不倾情，能接纳桂花之香，能体味牡丹之贵。凡百花，可入眼但无可入心。

车过小桥，溪流清澈，两岸竟满野菊。妻惊叹，儿子急急且嚷嚷，“求”我暂停片刻。那菊、那水其实在我过桥时已将我吸引，没有理由拒绝儿子的央求。车停，妻和儿子就忙忙地去和着满地的野菊、潺潺的溪水做出各种能相配合的姿势照相。我独除外，做出了一回面对迷恋对象所特有的矜持来，只是内心呵，一种莫名的躁动无由升起，彻底地让自己无法掩饰那虚伪的矜持来。儿子跑来征求我的意见，想采一束野菊带给他的奶奶，我没应允，大的道理我还不能给他说，只是他的听话让我无更多的解释。他不情愿的表情表现无遗。但只一小会，他就去做另外的能让他高兴的事去啦。我不是不让他采这已开得奢侈得有点过分了的野菊的，我是要教他一个道理：美的东西是让人感受的，如果你想毁坏或想据为己有，那么除了你自己之外别人根本就无法感受，无法让别人感受的东西就不能称之为美啦！道理太深，儿子还小当然我没说给他听，他这个年龄还只是听话的年龄，学会思考的时候还没到呢。只不过我想，他一定会比我做得更好，因为我会努力将我一些觉得可以影响他的东西传递给他。

母亲执意要到离村 2 里外的地方来接我们。我怕秋寒伤了母亲，急急地催儿子上路。沾满野菊花香的儿子无意识地将那淡淡的、浓浓的香呵带满了车厢——这是多么让人迷醉的香呵！儿子刚才的不快已全然不见，孩子毕竟是孩子！车近故乡，离村 2 里，母亲那熟悉的身影出现在了这秋日午后时分的路边，眺望着我回来的路。母亲呵！我不禁双眼朦胧了起来。儿子与我不一样，他是雀跃下车一头扑进奶奶怀里的，做着城里孩子见面时的那份热烈懂事地亲母亲的脸，母亲紧抱着儿子，我看见她的身子已明显地佝偻了起来，抱儿子的样子已开始吃力，可她已陶醉在儿子小嘴不断地发出的吧嗒吧嗒声中。抱下儿子，我看见母亲眼角的湿润来，她明显的是哭啦，她看我看她的眼神，自嘲地笑了笑："老啦，不中用啦，稍有风吹，这眼呀就流泪！"

儿子反复地对母亲说我的不是，原本有花要送给奶奶的。在儿子的嘴里那些怒放的野菊花是多么多么的好看，多么多么的美丽，只是可惜没能让奶奶看见，那多么多么香的花味呀没能让奶奶闻到，对我噘起的小嘴呀表现出了大大的不满，可爱的儿子呀！

"没事，没事，我种了菊花的，比野菊花还美，还香呢！"母亲对儿子低声说着。

什么，母亲自己种了菊花，我诧异不已。"母亲，你怎么种的菊花呢?!"

母亲似乎没听见我问她，慈爱地对儿子笑了笑，"你爸很喜欢菊花，我就学着种了一些。"

是的，母亲与我们同住几年，刚开始她还不习惯我和妻每次买百合呀、菊花呀什么的回来插在瓶中，她倒也不多问，后来我常因工作原因出差，回来时家里的花瓶也就常插满了百合、菊花什么的，其时也没觉着什么，自母亲回到乡下后，有时外出回来才觉着少了点什么来。去了花店，花店的员工便问起了母亲，并说起了母亲第一次去买花的情景，并让她们教她如何插花，母亲学东西的耐心让她们感动，因为她如此努力学插花仅是为了我的喜欢（母亲文化不高，学东西很吃力）。

“哇，这么多菊花！”竟然是妻的惊叹！我停好车，循妻惊叹的手指望去，哇，真的不可思议，到家的路新竖的篱笆围种了一圈的菊花，黄的灿烂，白的无暇，紫的富贵……儿子已经在一阵的欢呼蹦跳中去亲近他也认为十分漂亮的这些花儿啦。

看着我们的惊喜样，母亲满足啦。她去了屋，她确有些佝偻啦，那佝偻着的背与我们姐弟几个的成长绝对有关，我们是从母亲背上学会走路的！我们的人生也是从母亲的背上开始的！我看着母亲走向屋去的背影，瘦小，有些佝偻但精神。唯母亲已日渐花白的发在我已湿润的眼中愈发明显，恍惚竟如她所种下的这满园菊花！

无言的感动与心灵的悸动来自思想的深处！伟大的母亲呵，一辈子为了你的儿女已然洗尽了你的全部铅华，燃烧了你风轻云淡的青春，而今，你却还在用你最贴近的方式来给予你的子辈们以一种“菊花”情结的关爱。有泪成行，伴随菊香滑落，怕妻看见笑我，说我矫情，我便转身对山吟“采菊东篱下，悠然见南山”。

城市的喧嚣与忙碌的节奏与乡村的闲适与恬淡形成了鲜明的对比。刚离农村进入城市的无从适处曾让自己惶恐不安，几近都有了逃离的念头，而母亲以一种最为淳朴的方式让我学会了停留——她毅然决定来我所处的城市，用她那慈慈的母爱来抚慰我面对这城市的惶恐与不安来，也就是在母亲的翼护下我学会了适应，并出色地征服了自己所就的工作岗位。每次面对我的进步，母亲都无过多的言语，她总是看着我慈爱地笑，那专注的眼神使我想起母亲在农村偎在圈门旁看那些贪婪进食的猪儿们来（那些猪儿呀，是我们一家一年主要的收入来源，是能解决我们念书经费的唯一保障）。随着自己的进步，随着母亲笑得灿烂，母亲终于开始有事无事地念叨起了故乡来，每次的念叨母亲的眼神是那么的向往，是那么的神采奕奕，而每当这时我知道母亲是想家啦，而我的快速成熟与成长竟成了催促母亲想家的药方。

有时想来，真的不想让自己长大！正如儿子一次生日的眼泪：不想过生日。我问他原因，他竟然说出了我不敢相信的话来：自己过一回生日，爸爸妈妈就会长老一岁，为了我们不老去，他说他不想过他的生日。善良而又可爱的儿子呀！小小的年龄却如此深沉的思想使我震撼，但愿儿子对我们的这份情不要成为他今后成长路上的缠绊，待他稍懂人事时我会告诉他，并让他知道父母的爱应是翼护他一生并伴他为了他的事业取得成功的原动力，一如我的母亲对我一样。

进屋落座，问候起母亲回来后的生活。姐姐递过一杯茶，掀盖后一股清香扑鼻而来，这不是我最喜欢喝的菊花茶么?！淡淡的黄，有细长的花瓣在白色的杯底舒展开来，优雅的身姿让妩媚尽显，浅啜一嘴，呀，满嘴的菊花香——居然还有冰糖的味！

“母亲算着你们回来的日期，就去了县城里寻了花种，回来后细心地像种庄稼一样地培育，成苗后就沿了门前的篱笆栽种了起来，浇水、除草、用肥——每一道工序都是一丝不苟的，她总念叨菊花开时你们就一定会回来的啦！你瞧，这满园的菊花开得有多好，她老人家每天在秋露起时，寻了些花事很盛的做了修剪用来制成菊花茶，自己去县城购了冰糖，她说泡菊花茶要放入一定的冰糖才入口不苦。她说你一天在外忙于应酬交往，多喝菊花茶能清火什么的。”姐姐在一旁边看我喝茶边说着母亲的事。

我哑哑应诺，泪又一次不争气地湿了眼眶，为了掩饰内心的那份不安与不静来，我出了屋，而此时满园的菊花呀慈笑盈盈，轻香频送。而也就是此时，我为一个农村母亲对儿子的爱转换为花事来展现感到了无比的崇敬！母爱表达的方式很多，我想这可能是最为浪漫和最为让人动容的一种啦，而母亲，一位纯粹的农村妇女，竟然将这种人类至高的爱演绎到了极致！

母亲呵，您让你的爱已伴这秋日怒放的花事灿烂无比！做子女的唯有努力向上，才能在新的高度上再拥满园菊花香！

申　忠

男，生于1978年3月，贵州省务川仡佬族苗族自治县人。本科学历。当过老师，从事过仡佬民族文化研究工作，现在务川供职于文体广电旅游局，从事民族文化旅游资源挖掘、整理和宣传推介工作。爱好文学，曾先后在《当代贵州》、《贵州教育》、《文苑》、《务川报》、《中国仡佬族》等报刊上发表文章数篇。

老宅记忆

记忆中的老宅，是一个和谐、温馨、洁净、充满欢声笑语的乐园。老宅始建于民国初期，木质结构三合式建筑，正房六间，厢房两间，居住着申、王、陈姓共八户人家。据父亲介绍：现在居住的八户人家全是新中国成立以后的贫下中农土改户，其实老宅曾经真正的主人是泥高青岩关的大财主申尚廷，此宅是他建的庄园，因此乡邻都叫老宅为庄子。

细湛街阳　孩提时候免费的玩具

老宅的街阳，全是用一块块非常规整的方石板铺成，而且做工精湛，匠人在山间选择石板的时候也很讲究，老辈人都叫它细湛街阳。街阳表面的石板因历经岁月风雨的洗礼和众多行人的踩踏而变得越发地光滑平整，于是它便成为我们孩提时免费的玩具。每当学习或劳作的空隙，趁大人不备的时候，我们就在石板上用粉笔或木炭画上“和尚棋”、“六子棋”、“猪蹄叉”等棋盘，然后三个一群、两个一伙地在这天然的棋盘上下一盘棋或敌一次子（一种小石子的游戏），于是儿时的快乐便在石子的用心移动或上下翻飞中得到尽情地释放。

石院坝子　老人小孩共有的乐园

老宅的院坝很大，和细湛街阳一样，也是用一块块规整的方石板铺筑而成，非常雅致。老邻居陈爷爷告诉我们，这个石院坝子修建的时候很特别，当时的宅主人为充分体现自己的富有和阔绰，便专门请匠人到深山中采集这些大小差不多的方石板，经过匠人精心设计修建而成。这个石院坝子如果用来安席，每排摆放 20 张桌子，可以同时摆 4 排共计 80 桌，并且还不觉得拥挤。宅内现在的主人都非常讲究卫生，所以每家每户都把自家屋前的坝子打扫得干干净净，收拾得很整洁。因此这个宽畅、雅致、整洁的大石院坝子便成为宅内宅外老人小孩共有的欢快乐园。每到夏天的傍晚，吃过晚饭的老爷爷老奶奶们便拿着一把棕扇子，坐在坝子的角落里扇凉快，而调皮的我们则三五成群地玩“老鹰捉小鸡”的游戏。扇凉快的老人看到我们这群天真无邪的孩子无忧无虑地快乐嬉戏，眼睛笑得眯成了一条缝。从他们充满神往的视线里，仿佛在告诉我们：他们从我们充满朝气与阳光的身上找到了自己逝去的那段并不快乐的童年时光。

石墩子墙　小孩心灵安全的港湾

老宅的建筑没有一样能够离开石材，就连四周坝子距地面一人多高的围墙也是用一块块漂亮的条石垒砌而成的。这些条石每块都重达五百余斤，需两三个以上的大劳力才能抬得动。紧靠石院坝子的那段石墙，更是气势雄伟，美观大方，给我们宅内的小孩子一种厚实和伟岸。从小听着《狼和小羊》、《狼来了》、《老命婆》等让小孩子心悸的故事成长的我们，内心或多或少都会留下一抹恐惧的阴影。但每当迈进老宅，看到石墩子墙的坚挺与厚实，心灵深处那缕隐忧便会一扫而光。同时，也是那段漂亮的石墙，让宅内的大人们有一种强烈的不安全感：因为顽皮的我们总喜欢冒险，每当玩得兴致起来的时候，早已把父母亲有关安全的叮嘱忘得一干二净，翻上窄小的石墙在上面急速行走，大人们看到此情此景，心提到了嗓子眼就是不敢叫，害怕一出声，墙上的孩子就掉下外面几丈高的屋檐下，只要掉下去，那后果真的是不堪设想。直到尽兴的孩子从墙上爬下来，揪心的父母悬起的那颗心才放下，当然也免不了一顿狠狠地训斥。

八字朝门　捉弄大人有力的法宝

以前，进入老宅的唯一通道便是那座美观而又充满神秘感的八字朝门。这座朝门建在石墩子墙的一个垛口上，四根柱子底下有四个雕刻着飞鸟、花卉等图案的垧墩儿（方言，指柱子下边垫的石质或木质的小墩子）。据知情的老邻居说："这座朝门是当时庄园的主人聘请那时全县最有名而又最具法力的大法师修建，很有灵气和法力，能驱除邪气，为主人带来平安。记得有一次，顽皮的我对着朝门柱子底下的尚凳撒了一泡尿，恰好被以迷信著称的王舅公发现了，他非常严肃地对我吼道："快给八字朝门磕头认错，以便求得它的谅解！"那语气不容辩解。当时被吓蒙的我眼含委屈的泪水，极不情愿地向八字朝门磕了三个响头。同时，正因为朝门的特殊功用和法力无边，所以它也一度沦为不懂事的我们捉弄大人们的有力法宝。每当我们在院内玩得最欢的时候，总是怕被大人们察觉从而招致一顿臭骂，就把朝门闩上，使他们回家后不易进院内来，从而给我们营造一个宽松而又快乐的玩耍空间。当然这种做法也少不了大人们的数落，而每当这时，我们就会调皮地回击他们："你们不是经常告诉我们，八字朝门对于小孩的保护用心要多一些吗？如果你们再吼骂我们，它可要生气了哦！"呵呵，这一招还真灵，气得眼冒金星的被我们闩在朝门外的大人满腔的火气顿时消了，脸色也逐渐变得和蔼可亲起来。于是一场针对顽皮我们的暴风雨瞬间便被八字朝门的法力化解。

虽然老宅远离城市的喧嚣，少了那份被现代高楼建筑所取代的困惑和迷茫，但宅内居住的主人因生活奔波而逐一离她远去他乡打拼，又使她多了一份失落和沧桑。尽管我工作的地方离老宅的路程并不遥远，但因方方面面的原因却总是很少回老宅重温旧梦，所以，老宅的身影在记忆中已开始渐行渐远，甚至变得有些模糊，可是她带给我童年的快乐时光却永远定格在我记忆深处，从而激励着我以后的漫漫人生！

回家的感觉

家是远行游子魂牵梦萦的思念，更是打拼儿女规避风雨的港湾。回家的感觉真好：踏实、安全、幸福、温馨！

记得我的第一次远行，是辞别家中的亲人到异乡求学。面对都市的霓虹和完全陌生的环境与面孔，在家中主见十足的我竟显得一筹莫展。于是，迷茫与失落占据着我整个心灵的空间，想家便成为学习之余的主题。为了打发孤寂落寞的无聊时光，淡化对家与亲人的思念，我每天就想尽一切办法拼命地学习。因此，我成为学校阅览室、练琴房、书法兴趣小组、文学社等地方的常客。就这样，在繁忙的学习与思家的惆怅中迎来了第一学期期末放假的钟声。想家成“疾”的我迫不及待地坐上返乡的客车，踏上了归家的旅程。

由于当时老家交通极不方便，客车不能直接把我送到家。我们乘坐的客车到达我的终点站，已是日薄西山的时候了，还要走二十余里崎岖而又阴森恐怖的山路。附近的同学便善意地劝我当晚就住在他家，等第二天早上再回家。可是归心似箭的我竟然忘记了时间的不早和那段山路的难走及众多恐怖的传闻，踩着残阳散落的余晖，毅然迈上了那段崎岖的山路。

当我来到归途中峡谷里那条潺潺流淌的小河边时，天已经完全黑了，幸好还有暗淡的月光为我指引前行的方向。平日里溪水发出的动听的声音不亚于优美的琴曲，而在当晚听起来，却那么令人毛骨悚然。林中偶尔发出的叽叽咕咕的虫鸣声，更是让人胆战心惊。俗话说："远怕水，近怕鬼"。我几乎是一口气就趟过了小河中那九道湿滑的河床，穿越了构森溪那片阴森的树林，迈过了传说中鬼怪经常出没的岩梯子和土地丫那两道难走的山梁，终于来到了熟悉的家门口。而此时，劳累了一天的父母早已经睡了，当我急促的敲门声惊醒父母，出现在他们面前时，他们睁大眼睛盯着大汗淋漓的我，几乎不敢相信自己平时胆小如鼠的儿子，竟会一个人在半夜三更出现在他们的眼前，而且还走过了那段平时连白天独自一人都不敢穿越的崎岖山路和恐怖山梁。当他们醒过神来明白这一幕不是幻觉而是真的时，疼爱地把我紧紧地搂在怀里喜极而泣。那一刻，我从内心深处真切地感受到了父母的关爱，家的温暖，黑夜归途上的一切惊悸和疲劳便一扫而光。

毕业后，我被组织分配到离家近一百里的一所乡村学校任教。在那个当时只通电而缺乏电影、电视等现代娱乐消遣的地方，在刚开始的那段岁月，不擅长"筑长城"、"玩窄溜溜"的我，除了备课、上课、批改学生作业以外，其余的时间便是想家。特别是每到双休日来临的时候，那种思家的感觉就会越发地强烈。于是年轻善动的我，在第一个学期周五下午上完课后，便坚持徒步翻山越岭近一百里的山路回家，尽管有时从日影初斜走到月牙升空。当然，那个学期的周五下午也成为父母开心的守望，母亲总会精心准备好我喜欢的饭菜，等我回家后才吃。有时因下雨地面湿滑，回家自然就要晚一些，而当我来到离家附近的那道垭口，总会看见父亲那因长年劳作而与年龄极不相称的佝偻身影，于是一股暖流顿时涌遍全身。回到家里一边吃着母亲煮的香喷喷的饭菜，一边眉飞色舞地向二老讲述一周来工作中愉快的心得和见闻。两位老人总是眯着眼睛盯着得意的我，脸上挂满了欣慰的微笑。从父母布满皱纹的笑容里，我读出了两位老人发自内心的幸福与惬意。

后来，因工作环境的变迁与交通条件的不断改善，我回家再也不会翻山越岭徒步行走，但是回家后那种浓浓的暖意和幸福感觉却一点也没发生改变。

赵剑平

男，又名赵明鸿，生于1956年10月，贵州省正安县人。1978年毕业于遵义师范专科学校语文专业。历任正安县格林中学、第二中学教师，正安县文化馆创作员、县文联主席，湄潭县副县长等职。现为《遵义文艺》主编、遵义市文联主席、市作家协会主席、贵州省作家协会副主席。中华全国青年联合会第七、八届委员，贵州省第七、八届人大代表，贵州省第八届政协委员。1979年开始发表作品。1990年加入中国作家协会。著有长篇报告文学《功勋》，长篇小说《困豹》，中篇小说集《远树孤烟》，短篇小说集《小镇无街灯》、《赵剑平小说选》、《乡里笔记》、《女县长》，电视剧剧本《娄山好汉》、《走出山门》等。《獭祭》获贵州省“山花”文学奖；《杀跑羊》获贵州省人民政府首届文学奖；短篇小说集《小镇无街灯》获全国第四届民族文学奖；中短篇小说集《赵剑平小说选》获全国第五届民族文学奖、全国第五届少数民族文学创作“骏马奖”、贵州省人民政府民族文学奖。

山洞话题

几年前，我曾到遵义县的枫香镇“挂帮”。“挂帮”这个词儿，意思是临时下乡帮扶贫，是一个时代或者是一个时期的特定产物。小镇在通往国酒之乡仁怀市的路上，所以，镇领导当然地把这也作为发展地方经济的优势，要下大力气抓第三产业集镇建设，他们分配给我的工作是开发旅游业。那时候，冠炜还在遵义县当书记，我还没有下去前，他就给我说过，枫香有一上洞，气势虽略逊织金洞，而景观却比织金洞集中。那么，一半为工作，一半也想饱一饱眼福，我们几个“挂帮”队员便上山去看了这个洞。这一看，感觉上确也如冠炜书记说的，除此而外，就多出一些慨叹来。

贵州地处高原，山的灵气并不怎么一样。而喀斯特岩溶地貌，却是中国一绝，东西南北方，你无论到哪旮旯，十里八乡的，有山必有洞。兵荒马乱的年代，人们去洞中躲避匪祸；无处安身的时候，人们到洞里居住；和平生寂寥，人们也怪怪的，要进洞觅幽探奇；有的民族，甚至选择山洞举行洞葬，作为生命的最后归宿。贵州的洞还与朝代和历史紧密相连，列入《辞海》条目的距今20万年的古人类桐梓人的踪迹，就是在岩灰洞里发现的。“蛮居虽毒瘴，逐客犹安居”的明代哲学家王阳明遭贬谪来贵州，曾在洞中讲学；爱国将领张学良和杨虎城也曾被蒋介石关押在这片山地的洞中；及至“备战备荒为人民”的年代，“深挖洞、广积粮”，贵州也被认为是大后方。洞里几多神灵，也几多精怪；洞中有仙有道，也有妖有魔……有了洞，也就有洞的故事与这块土地和这里的人民一起生长。天长日久，洞也就像滚雪球一样的，包裹了浓厚的文化色彩，既沉重又无奈，既神秘又凶险。这种洞文化与喀斯特山地其他文化类型如酒文化、茶文化等比较起来，更独特也更丰富多彩。我甚至怀疑我们的傩戏也受这种洞文化的影响。1992年8月，正值藏民族“雪顿节”期间，我在西藏参加西南作家笔会，看到刚从法国访问归来的自治区文工团表演藏戏，我发现藏戏面具很单纯、明朗，就像那里的雪山一样。而我们的傩戏面具，就如那些石钟乳，是它们黑暗的生命对世界的渴求。傩戏是有“戏剧活化石”之称的，那么，我相信这种起源于巫文化的、眼下在一些地方还叫“跳神”的艺术，它和创造它的人类一样，也是从山洞里走出来的。还有龙，这种现实世界中并不存在，而对中华民族来说已经升华成为一种图腾的动物，它显然是从中原文化产生出来的。可进入喀斯特山地，它就失去黄河千里奔腾的气势，而蛰伏在山洞里，像“龙宫”、

“青龙洞”什么的。正月里玩龙灯，地方上“龙灯会”得要请道人到山洞“开光”，那龙才玩得活，也才能驱鬼避邪。而天干大旱的，则要到有水的山洞，才能请着龙行云布雨。龙既然在洞中，也未必都是庞然大物，于是在一些地方，老百姓根据他们的洞的大小，就有一人一条凳子玩“板凳龙”的，而更直接的，乡里人把山泉都叫做“龙洞水”。

那么会不会有人对枫香洞感兴趣呢？枫香洞如果仅是一种资源，你可以拒绝，因现在一些有钱的人一听“资源”这个字眼，就感到累。其实它完完全全是一件艺术品，你用不着什么开发就可拥有和享受。现在，一些有钱的人一听“开发”这个字眼，也感到累。你可把它当做毕加索、凡·高或罗丹的一幅画、一尊雕塑进行收藏。事实上，你不可以因为它是自然的，便不像大家们的一件作品值上千万的美金。我敢打赌，这个世界如果有人拍卖洞，那么像枫香洞（贵州还有这样的洞）的价值绝对不在毕加索他们之下，因为这些洞是上帝的作品，是上帝历经千年万年创造出来的作品。你想一想，收藏着喀斯特的历史，而且，你用不着用保安进保险还提心吊胆的，只要稍加管理，它就是不巧的、永恒的。

但我心里非常清楚，这不过是一种想法而已。收藏这种行为，只有在资本积累失去重心出现倾斜的时候才会产生。国门刚刚打开，资金在流进来，也在吐出去；而人们的激情和创造力，便在这来来往往的忙碌中，被切切实实地调动起来，就像一个人站在一只滚动着的球上，不得不全身心地投入。况且，一个逾十亿人口的大国，吃饭穿衣就是一个巨大的无底洞，这些现实的窟窿更需要钱，吸引力是你喀斯特——山地的洞不可比拟的。再说吧，枫香洞还是凛然的，它真的保留着原始艺术的那种尊严，那种超凡脱俗。那时候，镇领导为慎重起见，把这个事情拿到人民代表大会上来决定。那么，就有人提出来这是镇山之宝，怎么可以作为商品出售呢。而要卖枫香洞，还牵涉着所有权与使用权的问题，操作起来是很麻烦的。这实际上已经规定你当地政府也好，还是“挂帮”的工作队员也好，不能打枫香洞的主意。

过不久，我就到湄潭县人民政府挂职去了。挂职比“挂帮”通俗易懂，是说虚又实、说实又虚的，在“挂帮”和“任职”之间的一种状态。是喀斯特的洞穴像磁场一样确有一种吸引力？还是在宇宙这个背景下每个人大凡小事都有一种冥冥的指引？我在这个称之为“高原小江南”的地方，又把枫香洞那个不了了之的活捡起来，续下去。那是在春天，屠格涅夫说过：在春天容易别离，在春天，幸福的人也会被吸引到远方去。美丽而又热情的春天，谁能够顶住你的诱惑呢！于是，一天傍晚，一个朋友告诉我说，在距离县城五十多公里的西河乡，嬉春的人发现一个洞，县政府应该去看一看，看有没有开发价值。就这样，一半为工作一半也想饱一饱眼福，我又走在了通向喀斯特山洞的路上。

还在山脚，我看见山腰彩旗飘飘的，一派欢喜景象，就知道快到洞口。这里，山路已经进行简易的修整，登攀起来不算太费力气。洞口，搭着一个茅草棚，一个瘦瘦小小的年轻人坐在里面。见着我们到来，他便站起来，笑一笑，欲言又止的样子。有人凑近去打一个招呼，他才明悟什么似的，很文雅地点一点头，把我们往洞里让着。洞口窄狭，一个人侧着身子才能进去。但洞中没有灯光，只有不知从哪里来的几支电筒在洞壁上晃来晃去。电筒的光亮凑合着看那些名字，对比那些景点，觉得虽不怎么恰合，却也并不虚飘。越往里走，洞越空旷，并渐渐地感觉有风吹。随着电筒晃动，我看见顶上有一个洞，风大约是从那里进来。这个洞中洞又通向哪里呢？可惜它太高了，没有一架长梯是上不去的。正思忖着，就有人叫起来，让我看地上一堆黑糊糊的东西。几支电筒照着，我看清楚那是一堆牛粪。

可是，我很快打一个冷噤——这洞里怎么会有牛呢？洞口那么小，就是大一点的羊也不可能进来。那么，不是牛，还会有什么动物留下这么一堆粪呢。那工夫，我们都愣在那儿推测着，而越推测，也就越迷糊；越迷糊，便越是穷追不舍。不知不觉中，一种非常原始的惧怕悄悄地来到我们中间，在我们每一个人心里膨胀起来。终于，我们都不说话，沉默使我们拉扯在一起，似乎只要发出一点声响，这个集体就会溃散。我们在黑暗中，我们的心灵也在黑暗中沉浮。

忽然，一缕婉转的乐声从洞口那边飘过来。是笛？是箫？一下分辨不清楚。但很奇妙的，我们一颗心仿佛找着依傍似的，就松弛下来，明朗起来。循着乐声，也循着一种指引，我们开始沿着来路往回走。这时候，我听出那是箫的声音，既沉静又清澈，经过水漂洗一样的，还湿漉漉的。这真是一种非常特别的感受，你听交响乐，或者听卡拉 OK，是绝不会有这样的感受的。我想到八仙的故事，吕洞宾一管箫在手，逍遥于天地之间，竟成为八仙中在民间最有影响的。洞箫声声，它是那么单纯，单纯得让人心疼；箫声如山涧鸣泉，也如平湖秋月，它让人迷恋和向往。

出洞来，我看那瘦瘦小小的青年拿着一支箫管，才明白那箫声是他吹奏的。艺术也怪，它不需要完整，不需要强力，只要一颗纯粹的心，就能够产生无穷的魅力，比如瞎子阿炳和他的《二泉映月》。言谈中，我又知道他和刚才洞中的解说员是两兄弟。哥嗓子好，分工解说；弟身体差一点，负责售票，一元钱一张的门票出去，游客进洞，就吹箫，给洞增加一点气氛。两兄弟以前在广州打工，虽找了钱，却也受了气，发现这个洞后，就回家来。殊不知，洞口在自己的地界上，而整个洞子却延伸到人家的地界上。为此，山那边磨刀溪人还来扯皮，几乎对簿公堂，才由乡政府出面进行调解，眼下没有一个结果。

但事情是会有结果的。不是么？只要有人不断地去，不管是看它那姿态万千的石钟乳，还是听它那单纯清远的箫声，抑或出于好奇或探险，只要有人不断地去。

我这一生并不喜欢山洞。很小的时候，山上背煤打柴的，总要经过一个叫着“难力口”的地方，那里就有几个黑糊糊的窟窿，每次经过那儿，我都莫名地心惊胆战。可是，就像有的孩子不喜欢读书一样，家里人偏偏把他往学堂里赶。生活本姓天，你又奈之何！喜欢的常常与我们无缘，不喜欢的却与我们朝夕相处。顺其自然，这是人人都会说的，而我们的内心是不是一种自然呢？况且，常常外表上看着自然了而骨子里未必就可以是自然的。依然拿这些山洞说吧，你真的能够摆脱么。西河乡的两兄弟回来了，那是他们自己的山洞；尽管在胡同里乘车，不如在大街上机会多，可他们仍旧要从那里开始。而枫香洞是整个镇子的骄傲，不在乎那几个钱，保持一种自尊和自信，这很重要，也很幸福。那么，我们的洞呢？我们的洞在我们的心中，在我们的血液里……

我看你深藏不露，只等着人家来认识你、发现你，就看见洞；我看你性情孤僻，冷眼对人，就看见洞；我看你绞尽脑汁，呕心沥血，只为那一束光亮，就看见洞；我看你无所作为，而又无精打采，就看见洞。

但我们依旧要努力走出这些洞啊！

路迢迢

很早的时候就听祖父说，我们这个家族从四川迁徙而来；而更早的时候，是明朝末年吧，张献忠攻四川，把那里杀得很空，那么我们这个家族又是从江西填四川上来的；再往上追溯……

我于是感到很累，殊不知人一辈子过来，有许多的光阴却是在路上，无论步行，还是骑车，抑或现代巨轮、超音速飞机，都在路上辗转和奔忙。只是时代的不同，人的愿望也不同，路有逃亡之路，有致富之路，有求学之路……因为路对于人生的重要，乃至生命归于尘土。还要走上无可奈何的黄泉路，有了路，人的躯干得以进化，才分服饰的体面，才有文明的进步。

路几乎是生命唯一的选择。小儿落地，从爬行到站立，从站立到行走，这才标志着生命的立意和创造；长大成人，能够经风雨、见世面，行走远、行走稳，这也是人生的骄傲；“要想富，先修路”，哪怕砸锅卖铁，一村一寨也要有一条通天大道；车祸不断发生，飞机接连失事，人们也要乘坐，不会有丝毫的犹豫。那么，关于路，就有壮怀激烈的诗篇，像两万五千里长征，像麦哲伦航海，像唐三藏取经，像十字军东征，像丝绸之路，也就有“风萧萧兮易水寒，壮士一去兮不复还，”“路漫漫其修远兮，吾将上下而求索”，“古道、西风、瘦马，断肠人在天涯”，“蜀道之难，难于上青天”……这无尽的慷慨悲歌，这无尽的如泣如诉，怨幽幽，而思亦悠悠。

那年，正是七月流火，我有一个机会出差江西。当时，“告别三峡游”正炒得火热，我摆脱不了这种诱惑，而不走近路走远路，选择了下重庆绕长江去江西。火车很挤，好不容易找熟人、开后门，我们一行人才坐上邮件车厢。经历远行最初的那一阵凄惶，我开始进入另一种适应。这时候，听着列车节制而枯燥的哐当、哐当，我意识到这钢巨龙正从高原向盆地里滑行。人的时空观念真是很怪的。空间包围着我们，而时间则是一点一点地体验。那么，时间性在牛顿那里是对称式的；而在爱因斯坦那里，“过去、现在和未来之间的区别，尽管老缠着我们，不过是一个幻觉而已”，则认为“时间是空间的扭曲”。那会儿，我就感觉有一种遥远的呼应，正把现实与历史契合在一起，仿佛穿过一条神秘的隧道，我来到几百年以前，看着先人们在路途上跋涉。

三个小伙子，亲兄亲弟，带着几褡盐巴，从四川合川上来，先做灯草生意，后开油榨坊，那其中一个就是我的曾祖父；一个父亲，带着他的儿子，从四川涪陵上来，顺着乌江走着，来到芙蓉江，置田办土，造房修屋，他们后来形成一个巨大家族，几乎覆盖一个乡，我的母亲就出生在那里；一个年轻人，带着他年轻的妻子，扛着一块油沙石，从四川江津出发，来到高原上，就用这油沙石磨刀修牛皮，他们后代的一个女儿如今成为我的妻子。

事实上，整个黔北就是一个移民社会。早一些时候，漫步城镇乡村，还能够看见“打玩友”和“江西会馆”、“湖南会馆”这样一些外来文化的影子。诸葛亮的“木牛流马”进入黔北，就成了大众运输工具“鸡公车”。“贵州是个饭甑山”，“搞烂就搞烂，搞烂就往贵州搬”，这是当年在川南一带最流行的“口头禅”。在那兵荒马乱的年代，偏僻与遥远就意味着和平与宁静；“山高皇帝远”，也就多一些自由，少一些剥削，能够耕者有食、桑者有衣。习惯成自然。时至今日，川人依旧信奉“树挪则死，人挪则活”，这禀性没有丝毫改变。只是由于时代的不同，迁动的意义也不一样。当年逃避战乱，如今向往文明；当年为了穿衣吃饭，如今为了兴旺发达；而这之中，则有一些属于“超生游击队”的“盲流”。所以川黔铁路成了中国最拥挤的通道之一，所以960万平方公里土地，只要有人烟的地方，就有四川人。

那趟列车大约半夜光景进入四川境内，在一个叫“石门坎”的地方停了下来。车厢的那头，几个乘警用一些货箱搭成一个平台，正兴味浓浓地在上面打着扑克。忽然，车厢接口处传来一阵咋呼。也就是一种条件反射，几个乘警呼啦站起来，拉开车门，就跳进夜色中。我站在门口，借着站台昏暗的光亮看见一个黑影顺着铁路奔生奔死地跑着，而几个乘警跟在后面，也拼命地追着。由于脚下的枕木都是等距离的，他们迈不开步子，只有那么匀速而节律地往前蹦着。这种情形下，即使刘易斯，也不一定能够跑得起来，速度其实就是一种适合。果然，几声枪响后，几个乘警从夜色的那面带着一脸憾色，汗淋淋地回到车上。原来，天气热，车厢里的旅客开着窗户，正打瞌睡，小偷便从车窗外伸手进来取了挂钩上的提包和衣裳。“小偷逃掉了，”我想，“小偷的命运是逃不掉的。”我也希望那个失去财物的人这样想。

火车开动起来，很快进入一条隧道，我也跨越时空，晃荡在遥远的川黔古道上——这是蜀太守李冰聚薪焚石，而后浇水激灵使其爆裂，在山崖上扩展出来的西南丝绸之路；秦将常某继续将这条路开拓到黔夜郎和滇味县，统沿线部族入秦版图。秦王朝覆灭后，蜀南诸道一度中断。汉武帝时，番阳令唐蒙又上书开通夜郎道，被任命为中郎将，前往夜郎，以厚礼招夜郎侯多同归汉。汉王朝在夜郎设犍为郡，并发巴、蜀数万士卒凿山开路两千余里，大文豪司马相如称为“盖世必有非常之人，然后有非常之事，然后有非常之功”。由于历史的影响，川人的“路”的意识从来就很强烈。甚至小名“四川”，也是从宋代的益、梓、利、夔保留下来的。而宣统三年，为反对清政府将民办的川汉、粤汉铁路收归“国有”，并将筑路权卖给英、法、德、美四国银行团，四川参加保路同志会的人数达十万之众，并爆发武装起义，成为辛亥革命的前奏。大路如此，而小路也有“坐垭口”的“老二”，“一夫当关，万夫莫开”，来往客商须留下“买路钱”，才能够顺利通过。随着时代的进步，“路”的涵义发生了巨大变化。如今，川黔驿路跌落在荒草丛中，已成为历史的回声，连接两省的不仅有蛛网一样的公路，还有铁道、水运、空中航线。当年丝路巴蜀段修筑起来的成渝高速公路，可以说是西南第一路，而黔北至长江上游中心城市重庆的高等级公路也正在酝酿中。

我们在翌日上午十点钟到达重庆。一下火车，感受扑面而来的热浪，我就意识到在这个季节做这样的选择是一个错误。而媒介都在渲染，说三峡库区移民已经开始大迁徙，整个风景将要被淹没。我在长江上走过船，却从来不曾走三峡，这次不去，恐留下终身遗憾。再说，游览本来是愉悦的，却又多一层告别的意思，这应该是像怪味胡豆一定很特别的。我们在一家招待所喝两碗稀饭，又要一个房间，把空调开到冰点，才在篾席的铺上躺下去，着实地睡一觉。估摸着上船的时间，我们离开旅馆，踩着吱吱的被太阳晒化的沥青路，无可奈何地往朝天门码头走去。一路上，看着那些在撑花下面光着大半个身子吃着火锅的重庆人，我心里直发毛。老婆跟在身边，头顶草帽，还一只小手摇一柄大蒲扇，急促地往细白的脸上扑着；我想，不要为了看那个垂死的风景，而把眼前这个天天都要照面的风景给破坏了，那可就冤哪。

从朝天门街上往河谷里落，我一下想到乌江上一个叫做“槽底”的地方，觉得现在才是真正地到槽底；风很大，却是辣辣的热风。在这样的风中呼吸，不一会就肺上蹿火，直烧得唇干舌燥。登上“望远号”什么的船，站在荫凉里，灌两瓶汽水，漾几个嗝儿，这才感到有一点滋润。也是这时候，看着滚滚滔滔的长江、嘉陵江，看着它们在河岔里撞击与融合，我忽然发现作为盆地的四川，竟像用电器一样有一个回路，四川中路，而水往低处流，四山的江河都涌到盆地里，只要一种本能，便促使生命从盆地向高原漫溢，这一来，路就显得尤其重要，那么北有秦岭雄关，西有三级阶梯青藏高原，东有夔门险要，只有南面二级缓坡云贵高原，才是理想的出路。

我在命运的槽里动起来。走到这里，我已经意识到我选择的这条路线，正是先人们当年迁徙的路线，只是方向不同而已。这一点很重要，它使两天的航程中一直有一种飘忽和期盼。去大宁河小三峡，我看见一只棚船，在纤夫们的拉动下艰难地走着，就有些心动。黄昏时分，船进入巫峡。“巴东三峡巫峡长，猿鸣三声泪沾裳”，这情味被底舱发动机的吼啸吞噬着，让人没有一点感觉。但突然间，我看见左边刀切斧砍的崖壁上，出现一片密实的网纹，它像一张一张老人的脸叠在那儿那么沧桑；它又像巨人的胸脯被一柄刻刀划过，而渗着丝丝缕缕的殷红那么悲壮……我没有去白帝城，也无心石宝寨；但我的飘忽和期盼寻找着一种系挂。“天门中断楚江开”是什么时候，这似乎无关紧要，而要紧的是它一直守在那儿，成为一种见证。在这些岁月的痕迹里，我们每一个相关的人都能够看见一种对应，从而理解历史，也把握未来。船到三斗坪大约半夜光景。大片繁星一样的灯光从夜帏的那边透过来。隐隐约约地，我听见挖掘机隆隆的吼声，想着“高峡出平湖”的情景，竟莫名地有些不知所措。

但毕竟，眼下当前是重要的。不是么，一种选择从开始到决定，本来就是够历史的，沉重而且纷争不断，却还是这样的结果，让人还有什么可说的。正如我们要达到的目标，虽直着一段长长的弯路，但看见风景，也找着感觉，便可以心安理得。

三天后，我们住在长江边庐山上，享受着满世界的清凉与洁净，回想来路，竟如梦如幻。苏轼说，“横看成岭侧成峰，远近高低各不同”；而那几日庐山浓雾深锁，我们无缘相见；人不可能什么时候都有好运气。但庐山是一个中转站，漫长而艰苦的途程离不开这样的中转站，它让我们休整和清理，以持续前面的路。

一切都仿佛因为验证，我终于在江西发现黔北乡镇常见的封火墙，也听说那里在年节里，民间有举行“提灯会”的乡俗，而这在黔北遵义城里，红军到来的时候，也曾举行“提灯会”。

江西回来不久，我从电视上看见长江南岸三峡地段的巴东县城山体大滑坡，就很凄惶。所幸整个山体没有坠落长江，阻塞航路；而这毕竟又是不幸的启动，尽管它或许仅仅是一种路的警示，千年万年地存在下去。

从路的这头到那头是一种因果。我们天天面对世态物象，一掠而过，很少沉静下来往深里追索。我们会说，这一切都与生俱来。既无由，也无缘。而期间换一个时间，变一种场合，我们就会觉察我们原来有多么草率，有多么无知。我们一人一个天地，心灵是太阳，情感是草木；没有太阳，草木要枯萎；没有绿树花草，我们寄放生命的躯体，也就是行尸走肉。我们理会本能，但更应该尊重内心；因为本能是大家都有的，而内心才是自己的。也许，很多时候，因果木身并不重要，即便看上去那么严峻。但因果这种形式却不容忽视，哪怕有多呆板，甚至一成不变；而智慧的神的安排，或许本不在对事物本质的穷究，不过如卡夫卡那永远不能到达的城堡，只是一种推动；没有这种推动，我们心灵的太阳不会升起来。河流没有思想，但河流是有生命的，它的生命依赖岸的存在。我们的世界也有岸，这岸就是我们的生命的关联，它使我们不停歇，并抖擞精神，关照一事一物，也检视自身本体那一己的存在。

茅台河谷的风

坐在车里，不经意地和司机小李聊着，问“五马”这个地方是不是山呀岩呀什么的像五匹马；年轻师傅笑笑，操着一口本地腔道：“大约是有五条马路吧！”

那么，车到五马乡场，我就认真地数了数：不包括乡村公路，一条连遵义，一条接金沙，一条通仁怀，一条往茅坝，一条到云安。但问题接下来，地名属于一种历史的遗留，而马路，尤其是一个遥远的乡场有五条马路，则属于现实的事情。这种历史与现实的吻合，到底是一种机巧？还是一种对应？抑或一种穿越时空的预言？谁能够说清楚呢？

从地图上看，我们在大娄山麓的西北坡，正向赤水河畔的茅台谷地滑行。坐落在谷地的仁怀，1996 年秋天，才由国务院批准县改市。在省八届人大五次会议，我就听周梦声老前辈如数家珍地说过仁怀这几年的变化，像盐津河大桥，像茅习公路。周老今年 93 岁，是省人大代表年龄最长的。但人老雄心在，他在家乡办的私立中学，不仅收费低，而且教学质量高，被社会各界传为佳话。那次，因为姓氏笔画相近的缘故，大会上我们的座位挨在一起；而分组讨论，由于所代表的地方在产业结构上有相似之处，我们又同在一个讨论小组。老人虽已步入世纪之轮，却举手投足不抖不颤，讲话发言思路清楚，而且声音洪亮、气势高昂，让人钦佩不已。有一次，我问他养身之道。他悄悄地说："喝我们的酱香酒。"又神秘又率直的。那时候，我就隐隐约约地感觉到仁怀这几年的变化中，有一种琢磨不透的东西，便很想实地看一看。

机会终于来啦。这天，庆义在电话那边，稍稍带着一种倦意，说市区几条街的改造工作刚刚开始，又有一个很特殊的客人要接待。我听着诧异，禁不住问下去，才知道是江西省九江市一位法名释妙乐的大师，不日里就要到仁怀。原来妙乐大师不久前一梦，说她前世曾在仁怀得救，今世须前报答。大师原不知道有一个仁怀市；梦醒后，她顺着佛的指引在西南方向上找着仁怀，又亲临印证，观其景，察其形，果然如梦中所见，当下便拿出一万元来扶危济困；而这一次，她则领着十八个弟子，特地从九江赶来，向仁怀市捐赠100万人民币和一辆崭新的桑塔纳轿车，用来资助希望工程、修缮"云仙寺"以及补路修桥等善举。在苦难的尘世里，这种事有如天方夜谭。我没有丝毫怀疑，奇人奇事也是大气象，而无缘，也是不能相见的，这就一路奔来。

到盐津河大桥，定在桥头下车，让司机把车开到桥那边等着，就徒步从桥上走过去。这是亚洲第二大衔式组合拱桥，我将在一篇《贵州桥》的文章里进一步写到它。大桥两边的坡上，蜿蜒着陡上陡下的老路。一桥飞架后，从前半小时的路程，如今缩短不到一分钟。从桥上往下看，正在兴建的盐津河水库工地上，峡谷的褶皱里已经凿出基础带来，蚂蚁一样的人们正在那儿砌石担土地忙着。可以想象未来的盐津河风景，青山碧水，长虹枕波眠，那该是很美的。过桥也就是仁怀市区，也就进入国酒门；虽言门，却不过象征性的一座牌楼，并无任何机关阻碍。国酒门旁边，一座翠绿的山峁上，一只巨大的茅台酒瓶擎天柱一样耸立着。酒乡人对自己的认识是坚定而且深刻的；一幅大朴大拙的摆布，便把他们那既发挥传统优势又坚持改革开放的决心准确地表达出来。

我如约往酒中酒厂去。酒乡的故事多传奇，酒中酒厂也不例外。当差不多的企业产品宣传都盯着电视屏幕的时候，酒中酒厂却独辟蹊径，投入巨资在长春国际电影节。那一年，酒中酒厂买下沈阳、长春两大城市出租汽车广告权，而一炮打响，成为都市贵州酒业后起之秀。我在厂办公大楼门前见着厂长曹本强，他那会正和市林业局的专家们研究花圃里的雪松的事情；这宝贝树并不像他的“酒中酒”那么争气，害一种名叫“松赤枯落叶”的怪病，要到省学院去购一种特别的药来喷洒才能治疗。傍晚时分，庆义从乡下赶了回来。看他兴冲冲的样子，我便打趣他：“是不是又认了亲戚?”人们都知道，还县制那会，正是财政丰收，这位年轻的书记却以自己独有的方式走村串寨，东拉西扯的，认那些生活困难的老百姓为亲戚，借机拿出自己的薪金进行救济。庆义无奈地笑笑：“有什么办法哟，这就是仁怀经济的特点。”这么说着，“县富，靠支柱产业、利税大户，而在一些边远角落，由于客观环境的制约，还不能摆脱传统农业的束缚，这些地方确有一些人家吃不上饭穿不上衣的……”我听着，觉得做官其实也就是做人，只有心时常和老百姓贴在一起，体察民情，通晓人情，才能真正做到为人民服务。

到仁怀而不到茅台，是不能够算到仁怀的。翌日，依照在电话上的约定，我来到位于茅台河谷的国家特大型企业茅台酒厂，根据邹开良书记的安排，参观刚刚竣工的“国酒文化城”。有一位领导曾经说过“企业家是企业的生长点”，意思是一个优秀的企业家是企业兴旺发达的关键。也是因为会议的缘故，我这些年每年都有那么十多天光景有幸和开良书记在一起。在文学创作的会议上，大家认为开会就是认识朋友的，而在别的类型的会议上，也未尝不是这样的。都是在冬天里，他常常披一件黑色的皮大衣，乍一看，你有些为他担心，觉得那皮大衣和那文件袋于他瘦削的身坯有些过分。但他在一个位子坐下来，开始参加讨论，这时候，你就发现他眼睛很亮，那么盯着发言的人，有一个观念或者一句话引起共鸣，便会意地点一点头。他发言了，大家都注意地听着，虽然很少激动，声音也不大，却每一句话都显着一种底蕴，摆事情条清缕析，讲道理丝丝入扣，说观点鲜明恳切，那么令人折服。他从来不打瞌睡，始终端正地坐着，也不跷二郎腿，一直到会议结束。这样，大家都对他很敬重，觉得他不愧是一个成就卓著的企业家，而在做人方面，也有非常的内涵支持。

"国酒文化城"坐落在半坡上，因为没有验收，展室打不开，我们只能在"城"外观景看花了。"城"大小建筑十多处，倚山而构，高低而错落。根据历史阶段的演绎，大致按一朝一宫分设；朝代不一样，自然宫殿的格调不一样，里面的陈设也不一样。一宫一个庭院；庭院里有相应的碑文塑像相配。宫廷与宫廷之间，回廊曲径通连，两旁辅以花草流水。墙壁空白地带，或大理石雕画，或简片刻写，或墨幅垂挂横拉，布置诗、书、画精粹。人流连其中，也就在历史的走道里穿行，不仅有古往今来的沧桑之感，还有对当时当代民俗风土的把握，从而产生一种文化教育的愉悦。在这里，你不只是看见酒的历史，了解酒的知识；而你更重要的是能够悟着酒的神奇，比如"曹操煮酒论英雄"，比如"赵匡胤杯酒释兵权"，又如"李白斗酒诗百篇"。好比皇帝要龙袍蟒褂一样的穿着，作为酒中一国之君的"茅台"，也应该有这样的佩戴，于是才完整，也才能够名正言顺。我想起了1993年秋天的贵州酒文化节，开幕式那天，来自全国各地的厂家列队游行，一家声名赫赫的酒厂就放出风来，说只要让它排在"茅台"前面走一遭，三百万、五百万都愿意拿；幸而组委会是清醒的，没有丝毫动摇对国酒的信念。其实，任何企业，尤其是白酒这样的行业，只要产品是面向社会面向人的，最后的竞争都是文化的竞争；这也就像帝王将相得天下，要重教化、正风俗，那统治才能长久。

能喝酒，是一种福气；会喝酒，是一种文化。我能一点，也会一点；但进入仁怀，尤其是来到茅台，就只是一个小学水平。酒乡的空气里流荡着馥郁芬芳的酒分子，所以酒乡人差不多能呼吸的就能喝酒。至于酒文化，在酒乡则五彩纷呈，仅技巧而言，我就知道一个朋友喝“滚杯”，那酒入口必定也是旋转着的，漩涡一样透进胃里；所以，他特别能喝，好像在一种摇滚乐中，兴奋着，也挥发着，一般人不是对手。另外一个朋友呢，却把一种“龙胆紫”的药水滴在舌上，你请他喝酒，他就把一块乌黑的舌头掉出来，说害了一种什么毛病；你看那样子，就很惊吓，并生出来同情，免去他那杯酒；而最后，看你和其他人喝得差不多了，他才杀出来，说“宁伤身体，不伤感情”真正搞你几杯要害。我经历过这些名堂，至今心有余悸。但搞酒的确也是朋友之间才有的事情，所以还有些回味。当然，像一些人那样走到一个地方而没有人与其搞酒，就浑身毛皮擦痒的，我又不至于。这天，我们是文雅的，大致国酒的饮用就应该矜持一点，像国酒不要随便做广告一样，也不应该通过打酒官司来消费；或者，地方撤县设市，农村文明向城市文明过渡，人们的文化观念也渐渐地发生变化。

但我还是有一点晕。晕而不醉，是饮酒的一种境界。告别茅台酒厂，回到市中心区，街路一片灯火辉煌。刚刚在旅馆的房间里坐下，正好有文学的朋友来访，便乘着酒兴吹起来。不一阵，听着有音乐叫着，又约着朋友走进隔壁一家卡拉 OK 厅。但生意很萧条。厅堂里既无人唱歌，也无人跳舞，只有机器在毫无节制地震动着。我觉得诧异，禁不住向老板打听；老板迷迷糊糊地说大约人们都往云仙寺去了；又问及云仙寺，这才知道江西九江的妙乐大师已经到达。因为说好要看捐赠仪式的，所以并不急着去云仙寺。只是想到全市二十多家歌厅，这一夜如果都这番景象，那么事情是耐人寻味的。次日，我听《仁怀日报》总编陈富强说，这一夜果然有几千人到云仙寺，很有些像西藏拉萨哲蚌寺晒佛节那样的盛况，是景仰、朝拜？还是出于好奇？

我有幸参加这样的仪式。什么叫真、善、美？你只有摆脱现实的桎梏，为一种平凡而单纯的救苦救难的目的去奋斗，才能够触摸。而此时此刻，我得承认，面对这样一个人，我有一种震动，是惧怕佛的庄严，还是畏怯佛的悲悯，“佛法无边”。其实就是崇高与神圣对凡俗与涉微的一种浸透、一种震慑。我想，真正的宗教是一种大知觉，它与无知和功利的迷信是毫不相干的。事情似乎不在于100万元能够决现实世界的多少问题，而在于佛的认定。梦不过是一种凭借，就像到河的对岸要坐船一样。现在，妙乐坐着船抵达仁怀的岸。但天下那么多圣地，都不是妙乐的船能够抵达的。“这里有缘”。妙乐说：“有缘千里来相会，无缘对面不相逢。”确也是的。而“缘”的背后什么呢？“了了因果。”妙乐说，这样，她此生注定要在九江和仁怀之间往返，每年一次，并不断地“把弟子们给她的供养”用来救济贫苦；这是她向市委书记和市长表白的。在宗教界，有几个妙乐这样的人呢？也许太遥远的缘故，我们对她一时还不完全能够理解。但她那一片追索真知，努力尽善尽美的苦心，却是我们都切切实实地感觉到的。

辩证法说，偶然里有必然。因此，贺拉斯让我们“万事勿表惊奇”。所有的结果都是积聚的总和。而积聚作为一种过程，则是我们时时刻刻的经历。你面对一个非常揪心的现实，必须一个疙瘩一个疙瘩地解决；这时候，你就会发现这一点。当然，一些陌生而且深奥的线索，我们无从也无法穷究；比如像释妙乐那样的。但对于那些发生在身边的，比如改造城市面貌这样的事情，我们却是可以探求的。不是么？在仁怀市中区，许多人家为统一规划，将自己刚刚建起来的房子，花费多则四五十万少则一二十万，都拆毁搬迁啦。或许，在这种牺牲的背后有一些严峻的因素；但事实上，也没有哪一家是在大兵压境的情形下不得已而为之。如果仅仅看重眼前，你是无论如何也觅不着答案的；我们只有回溯过去，只有放眼未来。

我在太阳当顶的时候离开仁怀。汽车沿着宽阔笔直的公路轻快地奔驰着，给人一种八面来风的感觉。又看见国酒门，又看见国酒门旁边的那只巨大的茅台酒瓶，也就在走上盐津河大桥的瞬间，我一下意识到作为酒乡的仁怀，它的脚步的确是很特别的。“精神”这个概念，如今在一些地方已经显得几分浮躁。但是，像酒乡的酱香型的酒要有若干年的窖藏，而我身后的这片土地，的确也有一种能量的储蓄。“中国第一”，哪怕一事一物，而多少地方能够有此殊荣。“茅台”是一面旗帜，这旗帜虽然不是血染红的，却离不开年年岁岁文化精神的浸润。从读书救国的韩念龙到私立育人中学的周梦生，从营构“国酒文化城”的邹开良到利用国际电影节投资出租汽车广告的曹本强，还有中国美术馆首次举办的“仇珊家庭文化展”，还有才华横溢的青年诗人姚辉，还有在埃及开罗国际数学论坛宣读论文的仁怀师范学校教师柯华，都是这种潜质厚积薄发的最好证明。文化的积聚的发展，必然要带来社会的进步与经济的繁荣。“五四”新文化运动，马克思主义在中国传播，从而中国共产党诞生，新民主主义革命才取得胜利。而日本战后经济腾飞的奇迹，则是建立在日本本土传统文明的基础之上的。文化精神是一种继承和发扬的精神，它使我们珍视历史而不墨守成规；文化精神是一种科学精神，它使我们保持清醒的头脑，既实事求是，又高瞻远瞩；文化精神是一种开拓进取的精神，它使我们不畏艰难，创新出奇，走在时代的前列；只要有这种文化精神，我们就不会以牺牲环境为代价，来发展地方经济；只要有这种文化精神，我们在我们的建设中就不会急功近利、贪大求洋；只要有这种文化精神，我们就不会故步自封、自以为是。

这是我们这个时代多么需要的一种东西啊！

挂在悬崖上的街

我很小心地写下这个题目。这是我的出生地，依了人世间很多经验，是有些犯忌的，所以，这才有“近乡情更怯”一说。但故土难离，却也由不得人啊。人从娘胎里掉下来，一如籽实落地生根，长大成材，或许有些枝枝叶叶的漫了出去，便唱着“好男儿志在四方”，腾云驾雾起来。殊不知哪一天，也甭遭受大的挫折，抑或秋雨淅淅沥沥下个不停，你就莫名地悲凉，也莫名地空落。而这光景，你才发现你的根须其实也不在原来的地方，所以，有人说故乡是一个无法摆脱的梦魇。“少小离家老大回，乡音无改鬓毛衰”，这是远的；而近的，则是现实世界一年一度的“春运”，闹得铁路部门紧紧张张的，增加好多调度，帮大家找根须、圆梦境。

幸而我还有这种意识，“幸而”，也只是为说着方便，事实上，因为职业的缘故，我不得不琢磨这地方，那些人啊事的，一遍又一遍地在脑子里过着思想的探照灯越过黑暗的夜空搜索着，终于停在哪一个哪一桩事情上，我想提起笔来，勾一勾，着一着色。这么着，虽然很笨，没有现代主义者那么轻松（他们所表现的以心灵为对应，而心灵是不确切的，是约略和游移的；“画鬼容易画人难”，他们画鬼，画鬼的都很聪明）。但我心里踏实。我把写作当做一种生活，我只需要踏实。而这样的结果，即便不是“照相式”的，却也能够看出生活的影子。

去年的一天，《遵义日报》有朋友从正安县采访回来，说我家乡庙塘镇拉出来一条标语：圆作家梦，小镇有街灯。我听一怔，一下就想到我那篇《小镇无街灯》的小说。我不想说《小镇无街灯》是怎么文化的东西，但它的确像黑暗的时候，人就渴望着的那份光明。任何一个作家都是有“梦”的，没有“梦”，也就没有文学。而有人给你把梦变成现实，你说这有多惬意啊！我因此感到一种鞭策，一种来自生活的鞭策——生活都变了样哪，你还在那里重温旧梦，不是太滑稽，就是太冷漠。

我终于瞅着一个机会又去庙塘了。

转过山冈，还远远的，看见峡谷那边一溜房子斜在崖畔，心有一种紧。大多木房子，屁股上生一些桩，斜斜地坐在崖壁，成一溜吊脚楼。风吹草动的，那房那楼的仿佛也吱吱嘎嘎地响。这是一个外乡人的感觉。作为一个土生土长的人，我却感受到亲切。谷底有一条河，夏天里一泼雨，我就站在哪一家吊脚楼上看涨水。去峡谷深山的找柴回来，走过街子，我把那背杵的钻钉拖在青石板上，叮叮当当地摇曳，唱歌一样好听。月亮下面，藏猫啊，斗脚鸡啊，打飞机啊，抓鸭子摆水啊，还有好多乌龟在玩耍……不知不觉的，又旧梦重温哪。

我那天在老表家吃晚饭。这年月，城头乡里的，吃饭了有一种机缘；被人们看重，动不动就"安排一个饭局"。而乡下吃饭，又老表家的，当然很家常。书记镇长的也来哪。老表是教育辅导站的站长，在镇上还是很有面子的。大家围着炉子，炉子上坐羊肉的火锅，喝杨梅酒，头道工夫，酽酽的，也红红的，气氛温馨而地道。吃着、喝着，也就唠嗑着。这些年，学校变化比较大。中学在重重石板坡上建起来新的教学大楼。小学先前在破旧的木屋里上课，现在也迁进"洋房子"哪。县城和镇上的领导对教育重视，这是一方面；而地方上也确有尊师重教的风气。"文化大革命"中破"四旧"，毁菩萨拆庙宇的，居然还留着一个石头嵌的字窟。这一点，从小镇另外一个名儿——教良，也可以看出来。这些年，尽管政府财力紧，拿不出多少钱来投资教育，而一些德高望重的老人便出面"化缘"，硬给学校修了一片水泥篮球场，旁边还建了一片花园。

晚饭后，大家转街去。转了老街，又转新街。新街不像老街那样给人一种挂在悬崖上的感觉，却也倚山而筑，不少吊脚楼、地楼。材料都是水泥的，感觉有些僵硬；而家家门面上一色的猪肝红，看上去也喜气、也生气。一边转悠着，我就听镇长一边介绍着这古老的山镇这些年的变化（什么程控电话哪，架设电网哪，闭路电视哪，自来水哪，水泥的街路哪）。印象中，仿佛大城市里有的，这里也不怎么缺。镇长说起来漫不经心的，摆龙门阵一样，可我在这片山地上生活 20 年光景，亲眼目睹这里的人民追新求变的创举，谈何容易啊。比如修公路，那真是逢山开路，遇水搭桥，有一种前仆后继的精神，至今，在公路边还长眠着八位烈士（我在小说《穷人》里称他们是“为生存而奋斗”的英雄）。又拿建电站来说吧，山里的水野得很，电站建了一个又一个，却都一次又一次地被冲毁，可这里的人民不屈服，总不懈地奋斗着，终于使黑暗的山乡亮了起来。

天黑下来，小镇也亮起来。走在橘红色的街灯下面，我有一种如梦如幻的感觉。镇长兴致很好，还不知疲倦地介绍着年内要办的几件实事，像建幼儿园，像修农贸市场，而一边就把那些位置指给我看，让人感觉这已经不仅仅是一种筹划，而是进入实施阶段哪。站在河湾，往山坡上望去，小镇犹如不夜城。城与镇，除了设施和功能上的异同，似乎没有太大的差别。听人们说，前不久，一个外乡人在街上割了一坨牛肉，在连接和新街那迷宫一样的街苍上转悠大半天，才问着路走了出来，“这地方像重庆复杂”，看着没有鲜色的牛肉，外乡人无奈地说。很自然的，人们就把小镇和城市联系起来。事实上，物质文明发展到一定程度，如果没有精神上的升华，便不是真正的进步，小镇显然已经意识到这一点，开始以“创卫”为突破口，着手环境面貌的改善，以“千乡万村书库工程”为契机，抓文化建设。

只是不知怎么的，也许是生而惧之的感伤，或者梦的本质就是一种缺憾，我面对乡土几近完美的变化，心里仍有一种隐隐约约的空落。小镇之名“庙塘”，一是宗教文化为背景，一是地理环境使然。四面山、四条峡谷交合，几多河湾、几多坡坎，却都有在一眼巨大的山塘里，这是无法改变的；而那些曾经闻名四方的庙宇宗祠，如今却了无踪影。“文化大革命”中，造反派灭绝文化割断传统的同时，还把“庙塘”更名“红星”；而时过境迁，人们或许对那曾经拥有的东西有一种抹不去的怀想，又顽强地把“庙塘”找了回来，即便只一个名儿。是的，旧的文明正在消逝，不管我们愿不愿意，而在迎接新的文明到来的时候，我们是不是也有什么遗忘在过去哪？比如水泥的街路让汽车通达小镇家家户户，而小镇同时也失去青色的石板街；比如越来越城市化的小镇，正一步一步地失去一种文化的凝聚。

“找一个‘眼’，建一座牌楼，给大家提提神。”我给镇里的唐大军书记说。大军是外乡人，他在来这里以前，我们就相识。那时候，他邀请我去一个叫林观的地方打野猪。不知为什么，我虽然没有去，却格外有一种感动，觉得他悟性好，也很能理解人。所以，我们在一起也没有什么拘束。大军沉吟着，我看得出来，他是赞同这个建议的，只是“眼”在哪里呢，他那眯细的智慧的眼睛多少有些茫然。的确，处在一个开放的社会环境里，地方在变，人在变，多更新，少沉淀，哪里会有“眼”。但我还是固执地认为，无论什么地方，就像北京有天安门广场一样，总有一个集合点，它代表那里的地理特征、人文风景；只是寻常人们很少用心去发现而已。

第二天，我离开庙塘。汽车下一重坡，又上一重坡，就要转过山弯。太阳西斜，却很明亮，家乡那挂在悬崖上的街倔强地横在眼前。那光景，我心底猛一颤，一扇窗渐渐地打开。

还去哪里找“眼”呢？这挂在悬崖上的街，难道不是故乡最好的说明和进入一座绝妙而又巨大的牌楼么！

不会忘记的风景

人的一生说不清楚有多少机缘。山不转水转，水不转路转，各种各样的机缘，即便开一扇窗户、搭一架梯，可能就有机缘出现在眼前。用不着慈悲为怀，也用不着法力无边，只一个平常人、一颗平常心，饿了吃饭，冷了穿衣，如雁过寒潭，雁去而潭不留影，如风来梳竹，风去而竹不留声，那么，你就能够看见生活的河流滚滚滔滔、汹涌澎湃，其实也有和平的港湾可以停靠，而阴霾重重的日子里，你也可以感觉到有阳光在不远的地方照耀。更何况我们会开一家店，尤其在今天，很多人的辉煌就是从开店起的，而我们又会在这家店认识许许多多的人。

是在作家书店，我认识了漆春华兄。你得承认，认识一个人是在什么地方，这一点很重要；这虽然不是绝对的，但也不是玄学。比如在麻将桌子上、或酒桌子上、或KTV包房中认识的人，与在生产劳动中和战场上认识的人就不一样。所以，传统戏剧里讲究特殊人物特殊环境，规定什么样的人物在什么样的背景登场亮相。老实说，你如果有一官半职，悄悄地在一个角落认识一个对你有所求的老板，可能就是一场灾难的开始。我不想故弄玄虚，也不想故作高雅，但平心而论，书店的确有它特别的地方。不知道读者诸君以为如何，根据我的发现，比如说，到书店去的女人，就极少有浓妆艳抹的。而在书的背景下，她们又拿着书，微微低了头，黑黑的发丝半遮半掩着面庞，即便随意地浏览，那真是“一字千金”，给人一种无以言说的美；只有这种时候，你不仅仅触摸到这个时代实实在在的进步，还看见一片宁静和谐的自然风景；用不着看那眉眼有多端庄秀丽，也用不着看那身段有多苗条，因为只有这种情味，才是真正的形而上的美，它唤起你的自我，并认真地修正和长久地憧憬。

我那天和漆春华兄谈得很投机。当然，不是谈我的文学，也不是谈他的建筑。这个时代要谈论的东西很多；但人们自然对发生在身边的事情更关心一些。那一阵，这座城市矗立在中心的一座叫“晨光”的雕塑，已经成为“热点”，可以说街谈巷议，还演绎出一些新民谣来。而雕塑是艺术和建筑的结合，我们谈这个话题是再自然不过的哪。依我之见，作为一座城市的雕塑，当然不是公园和路边的那种小品，它要么表现这城市的特色，比如拉萨街头的牦牛；它要么表现这城市的一种观念和对未来的理解，比如纽约港的自由女神。而“晨光”显然属于后一类的。只是所有的艺术品都应该是美的，尽管美作为一种抽象的感觉会因人而异，但各种各样的美，它们之间都存在一个契合点，就像圆和直线有一个切点一样。那么，作为城市雕塑的创作，自然要找寻这种契合，因为你的对象是公众，说白一点，应该尽可能让多一些的人愉悦和认同。所以，艺术家要研究这城市，研究这城市的人、历史和现状、做什么和想什么。城市雕塑之难，这一方面的讨论会，从报刊上看到，也还不断在召开着。一些聪明的艺术家，为了逃避这种公众的审视，则采用抽象技巧，把抽象技巧，把形象简化成符号，做集团标志和会议徽章似的。现代派艺术有一个最大的特点，就是它的模糊性，它的很多玄妙，是秘而不示的。如此一来，公众不懂，则不说，不说则近于认同。从这一点来说，“晨光”还是有胆略和气魄的，它的很多东西，还是努力要让人们明白的。不过一些地方显得“词不达意”罢了。

老漆是红花岗的人民代表，关于“晨光”的话题，他自然接触得比我多，也比我谨慎。但这与一个人的深刻是一点不冲突的。某种意义而言，老漆所从事的建筑也是对城市风光的一种营造，与“晨光”也算殊途同归。也许天天与灰色的水泥石粉打交道，老漆自己对这种人为的构建已经疲惫，隐约中对自然风景就有一种掩饰不住的渴望。前不久，他在《遵义日报》登载半片“联子”：“登碧云峰巅，览播州胜景；东栖凤凰处子，北驰娄山神骥。喜云淡天高，山峦层叠眺无尽，仰首长啸抒襟怀。”出重金征求下联。应者甚众，不少高人出新出奇，把整个黔北地区的名胜古迹都囊括在一副一副“联子”里，仿佛一次风光的展示。这让老漆很兴奋，他那一阵三天两头往书店里跑，总想在那里找一个听众。从他背诵出来的那些联语，从他慷慨的谈吐，我一下就感觉到这里面不仅仅是一种对自然、对风光的讴歌，还包括对乡土的一片爱。

但老漆还是有他的忧虑。那一天雨天，他来到作家书店，让人把我找去，便说他要写一篇《遵义城赋》。我琢磨着他又有什么稀奇古怪的念头冒出来了。一个作者，专业的也好，业余的也好，写出来的东西总要通过报刊发表。而漆春华呢，通常意义的发表对他来说，似乎并不行。除了出上联征下联这一类弄法，他还会搞什么名堂呢？“你写一篇序。”老漆说，“和我的赋一同錾在碑上。”我看着他，多少有些吃惊，而更让我吃惊的却是他要把这块碑抬到山上埋起来。“有这个必要吗？”我迟疑地说着，但说完之后，我就意识到我的唐突，老漆很快从店堂里找了一个年轻人到办公室，当着我的面，问碧云峰在哪儿，年轻人摇头，问狮子山在哪儿，年轻人也还是摇头。我一下感到一种震惊。我的记忆里，儿时面对的那一片山水，什么猫猫山、藿麻沟、隘门、台北垭的，都能够呼之欲出。这不仅仅是一个环境意识淡薄的问题。当我们铭记丁字口、大十字、海关大楼、工商银行、埃菲尔铁塔这些城市文明、工业文明的时候，却把母体的原初文化遗忘，这不能不说是一种历史的断裂。一个地方，尤其像遵义这样的历史文化名城，新成长起来的一代人既对历史模糊，又对自然冷漠，它的未来是不可想象的。当然，各级政府都有志书编纂办公室，志书编纂工作也旷日持久地进行着。但作为一种资料档案，它只能提供给专家学者；而要提供给未来、提供给社会，的的确确还要有全民意识作为基础。老漆作为一个普普通通的市民，他能够想到这一层，就实在让人钦佩不已。

星期天，老漆约了我，还有电台的几个朋友，我们一起去沙滩。那工夫，我看老漆默默地站在青岩山莫友芝墓前，那个虔诚劲儿，我就想他的《遵义城赋》快要写出来了。果然，从沙滩回来没有几天，老漆的《遵义城赋》就写出来了：“南靠乌江，北倚娄山。”首先想到的还是这块土地的位置，“山川含清淑磅礴之气，地灵育俊彦英慧之士。”统领全篇。然后，滚滚滔滔，从古到今，述历史，说文化，举风物人情，赞人杰地灵。有气势，有铿锵，是留给未来遵义人的一篇好文章。而我则不敢为序。我的文字已经习惯印在轻飘飘的纸上，哪里敢凿在高原特有的沉重而坚硬的石头上。

我的发表趋时应世，面对芸芸众生，哪里敢面对苍天，发表在大地上。再说，真有那么一天，有人翻出这文物来，说这“赋”不错，而这“序”并不怎么样，岂不冤枉我们这一个时期的文学。

但我还是要为老漆叫好。老漆平日里除了弄他的建筑，闲了吟诗作对写文章什么的，还喜欢养鸽子。他常常把鸽子弄到千里以外的地方放飞，这种奇怪的鸟居然不会迷失，经过若干天后，便回到出发的地方。那么，我们人在江湖，身不由己，面对光怪陆离的社会，面对声色犬马的诱惑，会不会迷失？是不是能够从欲海里挣扎上岸，找着自己回家的路？这时候，我们要感谢老漆，他做的事情虽然说不上拯救，但却为我们留着一条通道，从这里走下去，我们就可以回到我们的家园。

末了，我要说老漆这篇“赋”的标题应该改为《遵义赋》。它是给撤地设市的新遵义的一个献礼，至少也是一个纪念。

余　灵

女，生于1979年1月，贵州省正安县人。现供职于正安县社会救助局。2009年开始小说、散文创作。同年在《芙蓉江文艺》上发表小说处女作《一步之遥》、《今夜不设防》；2010年在《贵州作家》发表小说《让我摸你的耳朵》，后转载于《遵义文艺》；散文《如你这样的女子》曾刊于《遵义旅游杂志》“茅台系列专栏”；2011年发表小说《早点》、《暗河》于《黔北作家》。散文散见于《遵义晚报》、《黑山谷》。

难忘《高考1977》

影片《高考1977》。

看了两遍。第一遍，看到一半，后面部分几乎是流着眼泪看到剧终，直到手里的纸巾被泪水濡湿成了渣掉在胸前的衣服上，都还怔怔地坐在椅子里，半天沉浸在胸中无法排解的压抑中。第二遍，没有流泪。

不能赶上火车的绝望，父女相见不能相认的悲痛，个人的权利被剥夺后敢怒不敢言的悲愤，战友离开后心里的悲恸，很沉重地锤打着心中对他们处境的紧张和命运的同情。不能抑制的情感，随着剧情的推进，越发激荡着我的泪腺。是谁说过，无声的流泪比声嘶力竭的叫喊更能表达人内心中的悲痛？

我没有经历过知识青年上山下乡的锻炼，也没有感同身受过那一代人所遭遇过的关于对人性、情感、信仰、亲情、伦理的考验。我只知道，他们那一代人，忍受过的那一段饥饿、寒冷、无助、迷茫、失望、伤痛、战栗、震撼、沉重，对于他们今后的一生来说，都是一笔非常宝贵的财富，都是我们后来的这些人，在自身的经历中可望而不可即的。当然，现在的我们有着丰厚的经历，大可以算作是对生活的体验。而他们，被迫接受的这一段经历，让他们完全领悟了命运对一个人、一代人的捉弄。就是这被迫接受，让我们这种从未经历过的人根本不能完全体会，当时的他们对环境的改变有着多么迫切的渴望，又是怀着多么复杂的心情融入社会的大熔炉里的。

不能不感叹，我们是多么的幸运。

我们没有再遭遇祖国历史上如此大的动荡，没有在学生时代再去盲目地随大流，更没有要去如此深刻地面对关于亲情、命运的残酷选择。

比较他们，整整被耗费了 10 年的青春，我们，还如何能哀怨命运的不公？

眼里的泪水，是在看到父亲写给女儿的那封信时夺眶而出的。简简单单名字中两个字，让一个铮铮硬汉把心里流出的血化成了眼里的泪，管你世间动荡，任你满场喧哗，再没有什么东西能够阻止一个父亲对女儿深沉的爱，天地间再没有任何力量能把一个父亲的柔情割舍掉！独是那满纸的泪痕让我们又一次体会亲情的可贵！当看见了那拖拉机从天而降，及时把他们送到考场去的一幕，我紧锁的眉头终于才得以慢慢舒展。何曾想到？威严肃穆的表情背后，还有着如此细腻而博大的爱!!

难过、心酸、压抑、嘘唏、感叹、悲愤、喜悦，情感的波涛一重一重，曾经的过往和未知的将来，就如此细密且紧迫地敲打着我的心房。

第二遍，特意下载了放在电脑里和母亲一起看。

母亲本是农民出身，与共和国同龄，家庭出身和成分都属根正苗红。在我们国家还没有恢复高考以前，她很荣幸地被当时的大队支部推荐去上了农业技术学校，现在的中专。母亲现在都记得，给她的一生带来转折点的那一场文化考试，作文就是要求写一篇：《对“万般皆下品、唯有读书高”的评判》。事过境迁，很多事，很多人，在母亲的记忆中，都依稀了。唯有那一场考试，那一篇作文题目，母亲还如此记忆犹新。

母亲算是幸运的，生长在那个时代，但没有像大城市的同龄人一样，要远离家乡，投入陌生的环境。母亲只是在这里，在我们这个当时算作是穷乡僻壤的小县城里，迎接过来自繁华都市里的知青们。她见证了他们的到来，看到了他们所经历的那一段特殊的人生经历。

但母亲也是不幸的。作为中国实行推荐上学的第一批知识分子，母亲所接受的知识文化决定着她的人生走向，同时影响着她对人生伴侣的选择。正是出于对才华的倾慕和对军人的崇拜，母亲的选择遭遇到她生命中前所未有的动荡。母亲选择的爱人、我的父亲是一个比她大 8 岁，且是一个有过丧偶婚史、长期驻扎在边远山区的军人。当时的母亲正当韶华，家里那些发黄的照片依然保留着她当时的风采。在当时的年代，有过婚史，而且一去就要给别人当后母，可想而知，母亲当时娇嫩的肩膀上承受了太多来自亲人和朋友的压力。但是执著的她还是毅然选择了父亲。也许从那时候起，母亲就做好了迎接生活风雨的准备。父亲长年在部队，与我和母亲的日子聚少离多。母亲就用她微弱的力量为父亲支撑起了一个坚强的后盾。直到我长到 4 岁，父亲才从部队转业回到了家。但是，相聚的喜悦并没有让母亲开心多久，父亲肝部时常疼痛，检查的结果是肝硬化晚期。

那一年，我 6 岁，母亲 34 岁。

34 岁，刚过而立之年没多久的年纪。还没有好好地领略生命的灿烂，母亲已然独自肩负起了抚养我的责任。让我学有所成，成家立业。母亲孑然单身一人直到现在。

之所以和母亲一起看《高考1977》，因为我明白，那一段属于她们的青春时光，会有着母亲太多太多美好的回忆。如今年迈的她，相信在记忆的深处，也会重温过那些岁月里对美好生活的向往，对纯洁爱情的憧憬；也曾有过满怀的激情，要对伟大祖国的报效之心。而在与母亲一脉相承的温热里，我相信，母亲能从影片中找到她记忆的闪光点，也能从我陪着她观看这部片子的氛围中，感受得到女儿对她的拳拳之心。

只有母亲找回了年轻时的美好记忆，才是做女儿的最大快乐，不是吗？

难忘《高考1977》。

如你这样的女子

知道茅台酒厂出了啤酒，是在十周年的同学聚会上。

为了这一次相聚，很多同学从四面八方赶来，岁月的风尘都在脸上划出了些许皱痕。同窗三年，共同经历的青葱岁月，在这一刻，竟让人生出无限惆怅。

为了这一次相聚，为了相聚的不易，大家都嚷嚷着举起手中的酒杯。似乎十年酸辣甜苦，就在这一声轻响的杯中。此时此刻，我方明白酒的意义。而我们几个女同学杯子里盛的全是黄澄澄、清亮亮的“水”。看似饮料又不像饮料，清澈透明竟有些白酒的晶莹。细心的同学解释：“这是专门为我们女同胞准备的‘茅台啤酒’。十年相聚不容易，如果几杯白酒下肚就不胜酒力，岂不是扫了兴？有这个醇和、回甜的啤酒，喝起来也许更能符合今天的心情。”

同学的话，真是感慨万千，这些年，风风雨雨里走过，见惯了台上握手台下踢脚的把戏，有几个是真正为你着想的朋友？却只是面前的这杯泛着小气泡的啤酒，见证了同学之间的真挚情谊。

由此，我记下了“茅台啤酒”。它的名字，开始出现在我低调而积极的生活中。

喜欢它。清新的芳香，虽然只是入口的一刻。但就是那一瞬，带出的丝丝回甜，能把躁动的心绪熨帖。

喜欢它。和朋友在酒吧小聚，暗淡的灯光、斑驳的光影、音乐静静流淌。握着盛满它的杯子，细细啜饮。或许什么也不说，只轻轻地碰一下杯子的边缘，发出清脆悦耳的一声低吟，就仿佛听见了时光断裂的声音。或许淡淡地诉说，不着边际，不用伪装，就让心绪在不经意间得已舒展。待到曲终人散，走出门外，是一片豁然明亮的天。那一刻，所有的烦闷所有的忧愁都化作漫天烟云，转眼消失得无影无踪。

想一想，如果没有它的陪伴，不能至情至性，那么即使丝弦轻弹，氤氲荡漾，或许也就成一幅没有灵魂的画，抑或一幅失了气场的字，完全失却了那份灵动的景致。

夏天的夜里，坐在清风徐徐的凉台上，浩瀚的星空，天边一轮高高的清月，勾起无限情思。脑海里就会无端地浮现它的影子。这样的夜里，最适合品尝它的苦涩；这样的情境，最适合回味它的甘甜；这样的夜里，即使醉了，又有何妨？

浮生尘芥蒙心境，唯其清新拂旧尘。

无意相识而走近，因为吸引而了解。知道了它是由远道而来的优质小麦酿造而成；它的身上具备了当今世界上最高级的工艺流程；它的孕育成长，积聚着茅台人数十年的殷切希望。不能不感叹，茅台啤酒，它是幸运的。优越的环境决定了它优雅的气质，让人怎能对它不生恋？

朋友不解，我作为一介女子，为何对它有着如此不能忘却的情怀？

我莞尔一笑。是的，我常把它比作一个婉约的女子。

如果把带着深厚的文化底蕴走向世界的茅台酒比喻成一个稳健成熟的男人，这温柔含蓄意味无穷的啤酒就应该是一个极具才情的大家闺秀。它跟随在男人的后面，不张扬不泼辣，躲在男人伟岸的光环背后，却不骄不躁。

如此智慧不光让人悦目还能赏心。

如果把茅台酒比作雄伟巍峨的群山，那茅台啤酒就应该是山谷中静静流淌的一条小溪，终年承受日月精华，春飞花絮秋送落叶，唯独不染尘埃。倒入杯中的一瞬间，泛出的酒花，真是风情万种。但转眼又合眼垂睫，静如处子。

让人心存敬慕却不敢有亵渎之心。

一生当做这样的女子，夫复何求?

朋友知道我对它的珍爱。前不久，特意打电话告诉我，进驻上海世博会特许商品的啤酒定下来了，是茅台啤酒！听得出，言语当中是止不住的兴奋。对茅台啤酒的喜欢她多多少少受了些我的影响，但此时此刻，我的平静却不在她的想象之内。挂上电话，我轻轻舒一口气，茅台啤酒，啤酒中的茅台，获此资格，它当之无愧。这样的结果既在情理之中，也在意料之内。因为它从承载着渊源文化精髓之地的茅台走出来，它带来了与生俱来的知性与文化底蕴。它的智慧它的眼光注定它将拥有一个华丽的舞台。

作为上海世博会特许商品，这，仅仅是个开始，茅台啤酒，这位大丈夫后面的端庄女子，它的天地一片宽阔。

这样的女子谁不爱?!

心中有月心亦圆

临近中秋，不开灯，窗外的月亮也能如一汪静静的水，把光线铺泻进屋子里，清晰地把影子投在地板上。

很多年前，一直很怕过这些节日，中秋、春节，都是让我惧怕的时刻。那个时候，真希望能有一个不过这些节日的地方，好让我不要感受那世间的团圆之美与相聚之喜。或许是年龄的缘故，并不能领会这些传统节日对“家”的意义，只是从别人家的喜庆气氛中，我分外感觉到只有我与母亲两个人的家，是多么的冷清和孤寂。于是，那些欢笑声，那些美满的幸福，对于我来说，就是一种无形的伤害，让我想要躲开，想要逃避。

去到外面读书以后，很多刚进校的同学，会念叨着想家，甚至还会思家而流泪。我没有，常年在乡下工作的母亲，留给我的只是一个人的孤单，家里的凄清比起学校来，学校更让我喜欢些。只有在第一次听到同学说好想家的时候，我才在一刹那间认识到：原来，家还能让一个人如此想念！

而之前，我竟一点不知道！

从学校毕业以后，辗转于打工的城市，领略了形单影只的微弱，开始怀念家的安稳。那个时候，对于喜庆团圆的节日，不再有当初那么敏感。对团圆的理解有了更深一层的认识，意识到家不光是充满欢笑，它还有一个宽容的怀抱。

穿过黑夜，黎明的曙光展现出耀眼的光芒，飘荡的小船有了一方停泊的港湾。人生的道路展露平坦的趋势。立业，成家，一切似乎意味着平常人的生活慢慢在我身上体现。中秋、春节曾经让我不堪承受的气氛渐渐带给了我一丝温暖。有意无意地知道了传统的节日对每一个平凡人的意义，感受了一个健全的家庭里平凡的幸福。

时光荏苒，当年的青涩褪去之后，历练过后的成熟占据着而立之年的岁月。对于这些佳节的理解，有了更深一层的意会。方才明白，世间里还有些思念，缘于天上那一轮圆圆的满月，还有些喜庆，缘于相互愉悦之人的团圆。永远不会忘记，在那一个晚风轻拂，灯光照进窗户，就像柔和的月光洒进屋子的夜晚，彻夜的长谈，披心沥胆的诉说，相互理解的深刻。试想一下，把自己的一生，经历的种种，重新用语言的链条撺掇起来，用今天的眼光和倾诉为它划一个圆满的句号，该是何等难得的幸事？该需要多大的默契？更需要多么难得的知音？

月光如水。

孤独如它，偌大的黑幕，只它一个照亮所有的归程。

骄傲是它，全世界都隐藏在黑夜里的时候，只它还能让人仰首光明。

能够知道它的孤独，也能理解它的骄傲！

红尘漫漫。不断地有人从我们身边走过，或是稍事停留，或是匆匆即逝。如同行走在旅途，只有在那个月光如水的夜，我们的灵魂终于得以皈依。在走过的路和将要面对的前程，我们的心终于安宁。

所以，知道它的孤独，理解它的骄傲。

一个夜晚，倾其一生来怀念的月光，一定是孤独而骄傲的。

从此的中秋，将不再是惧怕和凄清，心中有月心团圆。

遇　见

我一生渴望被人收藏好，妥善安放，细心保存，免我惊，免我苦，免我四下流离，免我无枝可依。

我从山中来，阳光的浓烈刺痛了我的双眼，使你在遇见我的时候，看到了我那一脸的愁眉；我从水中来，海水的凛冽冰冷了我的脸颊，使你在遇见我的时候，看到了我一脸的冰凉。

我们的遇见成为我唯一的遗憾。我们在风雨过后霜冷星殒时遇见，我们在伤痛背后心灰意冷时遇见。我们的遇见，是在经历世间种种过后，最心酸的一种遇见。我们的遇见，是我已经走过了杂草丛生、风急雨骤之后，我们的遇见，是我已经立足舞台看过光怪陆离之后。

我们的遇见，注定是个遗憾。我们的遇见，是个永远无法弥补的心愿。因为，你已经看不到我的清纯，因为，我的底气足以让你怀疑。你无法想象，没有经历一定世事的人，能和你有着如此重要的默契；你无法猜测，没有洞察过人群的心思以前，能够具备真正让你心悦诚服的语言。

你揣测，你寻思，你回味，你高兴，你感激，你忐忑。

你高兴能在这样的时节与我遇见，给你平淡的生活增添不少色彩；你感激上天能让你与我遇见，给你已经枯竭的心灵注入一丝甘泉；你忐忑在这个时候与我的遇见，是不是上天和你开的玩笑，你总怕我的离去就像某一天的遇见一样，不可预知。

你回味，与我的遇见。那是你生命当中不可多得的一朵瑰丽之花，它常常让你在夜晚的宁静把心情舒畅；你寻思，如果你在更早的时候与我遇见，初次走进你眼眸的我，该是怎样一副娇羞的面容；你揣测，这样的情投意合，该不会是我刻意经营？否则，怎会生得如此的恰当，尽如人意？

望着你，欲语还休的样子。我听见，发自我心中，一声声的叹息！

曾经的我，多么渴望你的手臂，挽我于山谷幽闭当中；多么渴望你的回顾，搀我于海潮没退的寒意当中。

你没来。

唯剩我，用青涩的姿态一次次奋力在山涧峡谷；用微薄的力量抵挡浪花的挑衅。

所以，当你遇见我的时候，你看到我脸上是比胜利更富有深意的微笑。从中，你看出了它如海水般的胸怀。

所以，当你遇见我的时候，你已经无法相信我的单纯是来自于骨子，你已经不能确定你初看到我的第一眼时，我如孩童般纯真的眼神。

叹息，如一朵暗夜的荷花，在我心中散发出低迷的沉香。

让我在这个时候与你遇见，让我在这个时候才与你遇见，让你不能完全判断我的情趣是否真挚的时候再与我遇见，成为我心中最大的遗憾。

其实你应该想到，再耀眼的色彩，总会有它最基本的底色。

再卑微的心房，都有它对美丽的渴望。

冯其沛

男，生于1964年6月，贵州省仡佬族苗族自治县人。现供职于贵州省正安县邮政局。20世纪90年代开始创作，曾在《山花》、《黔北作家》等刊物发表作品，《二嫂的半苗地》入选《遵义市仡佬族作家小说选》，中篇小说《神牛》、《大磨》分获遵义市文学新秀奖、遵义市“尹珍杯”文学新秀奖。

水边小镇

——庙塘古镇之一

2009年的这个春天天气一直不利索，哪像个春天哩？一抬头看天我就生出报怨。但这个春天珍州文学沙龙安排了采风，这才使人眉目一展。这次采风去的是庙塘镇，一个水边小镇。

4月25日，天气还算不错，绵绵缠缠的雨也停了下来，大家脸上分明写着对老天爷的感激。有朋友调侃道：看看，“作家”们出行，老天爷宠着哩！

要去的地方不算远，从县城出发一个多小时的车程，只是要翻越一座大山。盘山公路三转两转，像乘飞机着陆。下至五甲沟，透过车窗看峡谷，撞入眼帘的是，青瓦房、吊脚楼，高高低低的一大片，长长地排在一线断崖之上——露出了镇子的横断面。作家把他说成是“挂在悬崖上的街”，还真是那种感觉。通信铁塔、古庙、断崖边的歪脖子古树、街口巍峨雄伟的石拱桥，一一展现。行人车辆在大桥上穿梭，进进出出，河流从大山的两边奔流而出，交汇在镇街脚下，像飘逸的玉带环抱镇子……

这就是庙塘镇。

我与庙塘镇有着特殊关系，只是这次去庙塘有别于往常，专程采风游玩。

小时候听得最多的就是有关庙塘的故事，准确点说我一生中第一次出村见到的街镇就是庙塘。所以有两件事使我至今印象深刻。认识客车和饭店。一个人最初认识世界、认识事物无疑是很好奇的。当时我还是一个不满六岁的小孩，随大人到庙塘附近的水沟去走亲戚，下午闲逛，无意间就走进庙塘，是跟两个比我大点的孩子一起去的。走一条足有两里的河堤，涉水过河，爬一道坡才到街口，这道坡是一条不低于七八十度坡的石梯路，不下三百步，一级一级往上伸。上到卷洞门，才是一个三岔路口，这里叫三角号，可是当时街的中心了。那天不赶场，又是下午，街上显得清静，街很清洁。尽管人口密集，居住拥挤，街道仄逼，弯弯拐拐，上上下下，青色石板街也踩得光华闪亮，长龙似的木屋也古老得黑糊糊的。但印象当中，庙塘街至今一直就是那样清洁、卫生。据说旧时（1949 年前）的庙塘卫生清洁亦然不错，有专人负责，有规矩。那个时候全是木房子，每到晚上一定时间有人敲更寻夜。下场口、上场口、横街三道城门一关，盗贼难入，街市内极安全，人们和谐安宁。街道显得紧凑，但长，长得看不到尽头。一个乡下孩子，见过四合院的房子，却没见过面对面、铺连铺的沿着街的群居。不像现在的小孩子有电视看，有图书画报什么的，很容易地就能了解外面的世界。所以我当时异常好奇，也特别兴奋。在三角号碰到几个小孩在玩耍，玩具是小客车。找一个斜坡，将小客车擦出，“哧、哧、哧”一路响，小客车冲出去老远，碰到东西了或用力过猛，会闹个“翻车”事件，车子四脚朝天，小轮子打转儿，这时一帮娃儿乐了。我在一旁分享快乐，但没有表现出特别的好奇，守着乡下孩子故有的拘谨。我就这样第一次见到“客车”。见到饭店在横街，人们称这里叫新街。我被两个大孩子带进一个名叫“工农”饭店的房子，一栋橙黄色墙面瓦盖顶的新楼，在当时被视为最“豪华”的了，加之有别于街上的所有木楼。三个孩子进去后找一张桌子围坐着，没人问津也没被“请”出来，后来才知道买票的窗口和其他工作人员都已下班，一个看管的人在内间么，大堂就像公共场所。这一切我都没在意，我只顾好奇大堂里那些桌椅。谁家摆了这么大的酒席？我问。摆酒席？真好笑。两个大孩子大笑，很是惊讶。他们笑我没见过世面。于是我才明白那是饭店。

自那以后我常常去庙塘赶场，尤其是父亲卖小猪的时候总是带上我这个“赶路狗”，离开时总要坐到三角号那个木桌木凳非常干净的合作社，花上两毛钱买张牌子，吃一碗美味的抄手，比现在出国吃大餐还有感觉。这庙塘一赶就是几十年，以至于后来我有幸成为这个镇子的女婿。

世事沧桑，街上多处石级都被水泥所覆盖，有的房子和吊脚楼也被白墙平楼所替代，但它的基本格局依旧如是。走在街上我还是很怀念那个古朴雅致、全木楼的青色石板铺就，既清洁又卫生，近乎工艺品的庙塘街，记忆深刻挥之不去。我敢说，那个原貌恢复出，如今的玩客们一定会惊叹是丽江第二。

庙塘镇素来有小重庆之誉。位居水边高地，山城，石级路，石板街，再有就是作为黔北山水镇，相对较繁华。要是看夜景灯光闪烁更有感觉，源旧坝桷子坝半边街分布在河那边，河流把庙塘大坝划分成几部分，河水波光粼粼，倒影的庙塘繁星浩渺，简直是另一个仙境。

两条河的交汇处通常是个三角地形，所以修出来的街也是三角街。庙塘正是这样的，街中间还有个三角号的地名。街道沿悬崖往上展，直到上场口，上下两公里，左右不止三公里。街不宽，三角号处两三人互让都还要侧身，所以从外看可是看不出几条街几条巷，整个就一片房子，看起来有些古老。

这里的居民80%来自川渝移民，小商小贩为生，任找一家不上三代都是外来户。他们的父辈或祖辈或经商或逃生来到镇上，见是块风水宝地就安家落户。这里的原住民也比较宽容大度，能容纳他人。

人们说山管人丁水管财。山水的灵气养育着人的个性，养育出独有的地方习俗。庙塘的山大，雄踞巍峨，体现出粗犷的个性，但又显出温和之气。五座大山合围，两道河流交汇，像虎像狮卧伏的山俯视着一个“庙塘”，如龙如蛟缠绵的河梁系住这个“庙塘”。旧时人称五虎群羊之地，我看五虎群羊正好，不仅阻留住风水，财不外流，而且体现的是全力共创，和谐共存，共享成果。由此有所悟，庙塘人富有大山一样粗犷豪爽之气，又富有团结合作、能容他人、勤奋创业的精神。

说庙塘是古镇，似乎得给个理由。我没有考证，也给不出个像样的理由，但我似乎非得这样说不可。世上的事哪有那么多理由呢，有点感觉就差不多了。

小镇的历史能够考究到哪儿，谁也说不准，五百年，八百年？但能够准确判定的是，这是个商贸古镇，是旧时川盐入黔的囤货码头。远的不说，民国年间这儿就曾经繁华一时。这里一直是一个地方政治经济文化的中心，县政府划为正安西区局，所辖现在的庙塘镇、小雅镇、桴蔫乡，人口近十万。街上建有万寿宫、戏楼、钟楼、茶馆……打围鼓唱川戏，听说书、纸牌，无一不给人们烙下了记忆。随着历史的推移，新中国成立后分出小雅区，1992 年行政区规划搞新建并撤，又分离出一个桴蔫乡，虽所辖地盘逐渐缩小，可镇子却在长大。但是不管怎么长，它的基本格局和古朴典雅的风韵犹存，仍还是三角街，仍还有三角号、卷洞门、康家坡、龙口河等旧地名。

老实说，我很怀疑庙塘镇是唐时乐源县址，按县志所载所指的方位，乐源县在洲城西百里。不管当时洲城在道真旧城还是在新洲。那个方位正是庙塘，而且方位里程都很接近。这是我的一个猜测。此外现在庙塘仍有一个地名叫原旧坝，是否是乐源县坝址之意？可以考究。另据县志载，唐时骆世华、骆文贵弟兄进山，“骆氏弟兄率众献上地图表示归顺，始设乐源县……”云云，为此立县是否跟骆氏选此落业有关？而且“乐”和“骆”近音，也是值得考究的事。

应该说骆氏进庙塘是最先开辟此地的先民，骆世华、骆文贵自四川南川迁来，其后代在庙塘街上约两公里处磬口有十二涵深栖古墓。据说那是十二个弟兄合墓。所有正安境内、周边地区骆姓，皆为庙塘骆氏后裔。现在庙塘镇政府办公楼处也都是原骆氏宗祠旧址，昔日这里古柏参天、香烟缭绕，1949 年后将宗祠改做区公所办公房。居住在庙塘、小雅、桴蔫的骆姓族人占整个地方姓氏的比例都相当大，而且都源自庙塘，都是一祖之裔。

庙塘还是军事要塞。因与桐梓县接壤，桐梓又是兵家必争之地，往往娄山关有障碍，军队就迂回庙塘，经小雅，入正安县城南上。有记载以来，号军当时就是通过这条路线进入正安的，古盐道、古商道使这儿成为交通要道，所以成为川渝入黔的最佳迂回线是顺理成章之事。罗彬、唐克明部进入庙塘后就在此招募贫众成立黔北救国义勇军，向县城进发。解放正安那年，听老人们说，解放军由桐梓途经庙塘挺进正安，这条线热闹了三天三夜。

古时交通不便，全凭人力步行，总是要选择走捷径，所以尽管庙塘镇地处偏僻，成为通商码头，文化经济交流就比别的乡镇活跃。据说为躲避朝廷追杀，宋相潘仁美的后代隐藏于庙塘后山居住。后被朝廷发现，宋帝下旨将潘姓祖坟以铁铸封锢，所以一直流传着后山铁丘坟的故事。现在居住在砂岩、街上、绥阳八甲等地的潘姓人家，亦是其后代，更有不少潘氏后人迁居外地。20 世纪 80 年代初，绥阳八甲的潘姓后裔前来寻祖，在后山挖过铁丘坟。几百年来潘氏后人在这块土地上繁衍生息，与当地人融洽生活，他们早就应该过上安稳日子了。又传距庙塘街上 8 公里的簸箕寺，在元朝年间有一名叫余世英的皇犯，原本蒙古族铁木真的后代，迫不得已改姓余，被寺庙一杨姓和尚保护，躲过皇家追杀，后又改姓杨居住在寺庙对门周村，至今后代不少。总之，有无数个流传着的故事与古镇同生共在，诉说着庙塘镇这一古老的历史。

现在的庙塘镇曾因交通的发展，不再是要道，相反较闭塞，但是庙塘人勤劳、朴实，没有自卑，历来就不示弱。小城镇建设走在全县前列，还在20世纪80年代末街上居民建房就能修四五层楼房，90年代初新街地价炒到每平方米450元，白墙平顶的瓷砖楼，在新街一字排开，敢于与办公楼、学校之类的公家房媲美，当年现场会在这儿召开，现在民房盖个六七层高的不算少；街道卫生走前列，多年一直是先进，整脏治乱总是扛第一名的牌子；通信发展在最前列，1996年全省农村电话程控化现场会在正安召开，正安县夺得全省“农话”改造金牌，连城里人都还未觉悟，可这里就先知先觉地信息领先电话进家庭；烤烟生产、木材、土特产等都在全县拿第一——一直以来，这个镇发展不减。庙塘人总是以自身的优势，以及特有的勤劳和拼搏精神，书写着奇迹般的历史。

镇长说，庙塘潜力还在于旅游资源，要着手开发。南泥口寺庙修建规模宏大奇特，是闻名遐迩的香会和参观游玩的圣地。宝山原始森林与宽阔水、黄莲乡相连，共同打造重庆后花园再好不过。连线和麻沟、九道水国家级公园、螺蟹峰、小雅风雨桥，那都是使人最向往的地方了。

庙塘镇接待我们采风团很热情。两天时间真嫌不够。参观了陶蕨坝胡幺老爷的鲊人坑、木耳塆的香合、宝山原始森林等景点，大家就兴奋不已。可座谈会上听了镇长的介绍，却又使人感到遗憾。还有五柱擎天的风洞、义勇军成立遗址李钻台、大峡谷七十二道脚不干河麻沟、螺蟹石笋峰古战场、南龙洞……只有留待下次了。

木耳塆往事

——庙塘古镇之二

“木耳塆的香合亮堂堂！”亦说“木耳塆的房子……”其实早已不只是一种传言。正安庙塘镇东南麓的木耳山上，有个叫木耳塆的村子居住着一胡姓人家，留下一栋前清时期盖的四合院，全雕工精巧别致，那香合（神龛）更是刷金烫字，格外炫目。由此，方圆百里传言百年。如今庭院早已变形破落，腐朽不堪；香合也斑驳裂纹，烟尘垢积；虽人事已逝，但故事却不老。胡家昔日的繁华景象，发家历程，那段传奇故事，仍能让人唏嘘惊叹！还是那样越传越神秘。“木耳塆的香合亮堂堂！”“木耳塆的房子……”无疑是胡家曾经富庶和风光一时的缩影，也似乎成为一种地域文化现象，乡村的“精典”谣曲。

说到底，木耳塆的故事源自于一段风水。一谈到风水似乎涉及山的话题，难怪被称之为风水学、堪舆学，看来还多少带点科学的、唯物论的，不完全是所谓唯心的、迷信的。是啊，山是生事造物之源，有了山才有那么多的神秘。

我家也住山里，村后是山，村前还是山。那些山雄奇峭拔，刀削斧劈。要是远方的游客来此，无疑正是他们喜欢的那种。对面的那座大山却像一只船，中央突起的山峰像船桅。火烧崖、笔架峰、独崖，那就是木耳山。

看着木耳山，我渐渐长大；听那些离奇的故事，我童年的记忆——深烙着木耳塆的香合或木耳塆的房子——听得好奇了，总要刨根问底知个究竟，但得到的又是一片茫然。

从我的村子看“船”是低矮的地势，脖子都给够长了，但是特别能体味出“船”的韵道的位置。夏天只要看到船舷一样的山崖布满乌云，一会儿就会雷鸣电闪大雨倾盆；冬天若见“船舷”垫了一层白，就等于告诉你冬天来了。“船”总是心甘情愿地义务地为人们提供着四时变换的信号。

木耳山像只船，此乃阴阳先生之说。当地人管风水先生叫阴阳先生，一提到阴阳先生，世人都明白是看相阳宅基地、阴宅坟地的风水的。此类事玄，玄得让人迷信，但几千年来一直影响着人类社会。我在这里也不便妄谈，但对阴阳先生的视角和研究山水的态度，还是佩服之至。木耳山四周有出水的溶洞，两边是河道夹流，整体形象倒是符合船行水之道。站在哪个山头怎么看，哪个山像什么，是什么，是什么的什么，一点拨一明示，嗨，真还是那么一回事。

就在阴阳先生的点拨下，这木耳山的一草、一木、一石、一峰似乎都灵物了，神奇了。

据说，木耳山独崖就有一段故事颇耐人寻味。其实独崖本身就很奇特，独峰临霄，峰巅冒泉。人常说山有多高水就有多高，如果把山比作人体，水是血细，高山出水就不难理解了，再高也得循环上去。但正是这个道理、这种奇特，成就了阴阳先生的神秘。传说某年，有人将骨灰埋葬于独崖要穴，之后竟然使四邻乡民一夜之间哑然，鸡不叫狗不吠，万物都脑子麻木不醒世事似的，人也萎靡不振，精神不起来。这样的事在那个时代不会有政府当着什么瘟疫来管管，乡民也无从报告，但大家也最敏感，径直怀疑风水问题，是否遭遇了侵略？努力地去找原因。同样去请法艺高超的阴阳先生四处寻觅，这才发现“龙脉”被人占葬，然后挖除骨灰盒才使这一地区人们恢复正常。据说当时打开盒子，发现骨灰已长成魔芋豆腐脑状，快成人形。

这事无法验证，说也说不清楚，问谁谁也只说是传说，无名无姓不着边际。用来证明风水还不够有力。然而木耳塆胡家，如今仍可以寻找踪迹。不管是“木耳塆的房子”，还是“木耳塆的香合”仍还存在。

木耳塆位于“船桅”处，祖山峰下。

胡家到这里大约在前清道咸时代。名叫胡其恒的自四川入黔，以摆簸箕摊生意、砭针头麻线为生。那时庙塘街市是较繁华的码头，胡其恒经常来往于此，见黔北山水好，是个宜居之地，于是请阴阳先生看风水看到木耳塆。然后堪舆选穴，建房定居。然后胡家一发不可收。

胡其恒请的是四川阴阳先生，师徒两人分道追脉寻龙进入贵州，徒儿因年轻脚力好提前一个月到达木耳塆，选定要穴敬候，师傅体力差走得慢随后才到，也选定了自己看好之穴。师徒见面后先叙说一翻路途艰辛，然后讨论正题。结果师徒相视惊叹，竟有诸葛亮与周瑜举掌同计之妙，要穴都落在木耳塆一处开阔地。师父以一根针着记，徒弟以一个铜钱为记。待双双前往指看，实地验证，更神奇的一幕出现了，师父的针恰好插在徒弟的铜钱孔中。这倒使胡其恒乐在心里。接着师徒验证的第二步是“插竹生枝”。砍一截竹节插入穴地，一夜之间枝叶繁茂蓬勃生长！主人将信将疑。到第二日师徒和主人同往验视，却只见竹节处刚吐新芽，没有出现所承诺的蓬勃枝叶之象。师徒大为疑惑，尤其徒弟显得冲动，以为没看准穴位，想讨主人的大钱眼看没了指望。其实主人自知，头天半夜里胡其恒前去偷视，果如其然，枝叶蓬发。胡其恒高兴之余来了心计，扯竹弃之，另插一竹。所以才导致第二日只见其芽。这一事实当然没有瞒过有经验的师父，他心里有数，嘴上却没说，只跟徒弟说了得尽快离开，此地非为久留。于是师徒领了少许工钱走人。

胡家打发了师徒后就在木耳塆住居下来。以针钱定穴处为正堂建造房屋。随后出现了出奇般的发迹景象。做生意四方走运，挑生漆下重庆，偏遇上好行市；贩盐和布匹来黔，也获暴利。又生了10个儿子，就是后来的十大房人。又买田置产，得良田万顷，富甲一方无人能比。其子胡先绍、胡先海、胡先科读书过考一门三附生，后又因办团剿匪有功受朝廷封赏，得花翎都司职、领同知县衔、县团总把总职。却也是家大业大势力大。胡其恒又将10个儿子各以特色分居一地发展，其中，有四房迁绥阳县反坪，留在庙塘境内的就产生后面的说法：木耳塆的房子，陶脚坝的坝子，大方土的儿子，茶台的院子，桷子坝的谷子——

木耳塆是其发祥地，房子重新修造，三进四合院格局，回廊亭阁，雕梁画栋，刷金粉朱，甚似耀眼。尤其堂屋祭祀供奉神祖牌位的香合，纯雕刻，刷金烫字。陶脚坝的坝子是一军事古堡，依山势而建营盘，仍是四合院，前有过厅，后有炮台，陶脚坝地形又称回龙转向，胡先科又名回龙，所以宜其居住，四面山崖，一条独路入，易守难攻，加之院墙又增高了山势，加强了防卫，因此独特，全是青龙古石砌成的坝子。大方土位于今庙塘镇新朝村，乃胡氏一支，其儿子最多，个个强壮，称雄一方。茶台系今庙塘镇茶台村，也是胡氏兄弟中的一房，他家的院子，比谁家的都修得好。桷子坝位于庙塘镇街东南一公里的田坝子，以粮食多钱多而誉。后代中，一胡陈氏的内人做出捐百担谷田的义举，用作政府黉田办教育用，每有子弟上学，政府不收学费，一直沿袭到民国年间。

当然，有陶脚坝胡幺老爷的鲊人坑的出现，毁了胡家的正面形象。据说这也是当年待风水先生不好，被算计的原因，使其出“反王”，后终被朝廷正法。但为什么不把胡氏整到不得超身的地步呢？看来风水先生有自己的规矩，万事万物各有其道，有自己做事的尺度。

即便是“木耳塆的房子”、“木耳塆的香合”及其胡氏家族那一段不一般的兴盛景象，是否真如其说源自于针钱定穴的风水？谁又能说清楚？这仍然是个谜。只是让人明白一个道理，山有灵，还完全掌握在人，而人之所为，全在于价值良心。我想应该是这样的。

胡幺老爷的鲊人坑

——庙塘古镇之三

胡幺老爷的鲊人坑并非人力开凿，是天然洞穴，只是被胡幺老爷巧妙地利用了。在我幼小时候就听说了这事，想象中鲊人坑是有边有底，人力挖掘或山石砌成。亲临近前才知，按当地人的定论那叫消坑。山里人解释自然山川的逻辑很朴实。大山形同人体一物，总得有个入出纳消的去处。这消坑就是将山上下来的山水溪流，一并吞下，然后进入大山之腹。地理自然就是这么巧妙。

临近鲊人坑，寒气逼人，听向导讲着玄乎而血腥的故事，确也让人毛骨悚然。

抬头望处一壁断崖前倾，似乎盖过人头顶，往下是一穴深渊，紧靠着的是几丘迂回的大田。观看的人都站在大田边上，树木杂草把洞口塞得很满，更使人不敢靠近一步，似乎杀机四伏。山溪至此绕田成为一条溪沟，哗哗哗朝着消坑急流淌下。那水声似雷鸣惊乍，越流声音越大，它们似乎欢快地要去天堂一样。要不是我们人多，简直让人生畏，生怕妖魔鬼怪一样的东西突然从坑口腾起。

找了位七十多岁的当地老人做向导，他缺了牙的嘴将鲊人坑曾经的往事讲得有板有眼，骇人听闻，血腥而惨烈！也仿佛那水流里缠裹着无数的冤鬼的呻吟、呼唤。田埂边上前竖立着“胡先科鲊人坑”的石碑。由于看不太清楚，人们浇上水洗，这一来，更模糊，怎么看那碑也好像血淋淋的。那些文字到底还是可读下去，“大清诰封胡府张老安人之墓”。原来是胡先科之妻墓碑，1958 年，上坝生产队将其砸断，然后在其上覆刻“胡先科鲊人坑”，“不忘阶级苦，牢记血泪仇”等字竖立于此。

胡先科亦是胡幺老爷。胡先科有十兄弟，他居最末，少年得志入学中考，取得附生资格。人称胡幺老爷。父亲自木耳塆发迹后，以其乳名回龙选定陶脚坝回龙转向之地分房居住。成为木耳堉胡家数“子”之说其中较有名的一处。回龙居回龙转向之地，取其人名与地名相生相合之意。陶脚坝与木耳堉相距甚近，以一山梁生相得其名，山势自北而出，绕西经南下山，然后回头向北上山，回头隆起部位好似龙头，整个山梁活了，恰似一条龙。胡先科的房子修在龙头上，三面高地形成天然屏障，一条独路进入，加之围墙高筑，自然天成，实属坚固的军事防卫工事。龙头左边是后山悬崖下的消坑，很像龙的左耳。此乃胡幺老爷的鲊人坑。

“陶脚坝的坝子”是一军事古堡，依山势所建营盘，内为三进四合院庭院，前有过厅，后有炮台，易守难攻，院内坝子全是青龙古石砌成，方圆百里的富户也无人能比。据说个别防范设施的修造还是胡先科妻子张氏出的点子，难怪后人砸张氏墓碑刻血泪记，看来张氏是陶脚坝血泪史幕后的黑手。当然也说明张氏非等闲之女，定是女中强人。

胡先科小名回龙。相传胡先科大哥生下后取名胡龙，聪明过人，但无恶不为。同时在他身上有些奇异现象，给村子上惹了不少麻烦。一次他父亲到乡邻家吃酒，半夜时村人呼救火，说是木耳堉房子着火了，村人急匆匆赶来，其结果房子依然如故，只有胡龙在家睡大觉。类似之事连续发生，村中人多有怀疑，并传言胡龙恐为妖乱。胡龙长到十七八岁时，更是作乱乡里，尤其不能容的是，凡有迎亲嫁娶路过，必拦轿审查，如新娘美貌，他看得上，劫上寨中先寻欢三天再放回。有不少新娘因难忍其辱，出院自尽。同样，村中哪家如有小女子，往往都逃不脱他之手，胡龙作恶为乱使村里不得清静。众怒之下，村人又怂恿，又有高人游说胡父，加之联名告上官府的压力，胡家才做出决定用家法诛之。因胡龙身手不凡，明着无法下手，用酒醉后，背上绑磨沉溏。山溏位于胡家房子后面，溏大，非人力所造，自然生就，四季不枯，溏深难测。可胡龙死后溏自然干枯。溏边自是胡家菜地，一个 6 月天胡母到溏边讨豆荚，偶听一个声音呼唤："母，我要回来！"仔细听来，仍依旧如是，而且分明是死去儿子胡龙的声音。连续两日如此。胡母将此事告诉丈夫，丈夫便说，他要回来就回来吧。是夜，胡母又受孕，十月怀胎后生得第十子。胡家父母俩认为是胡龙转世，故将小儿取名回龙，字先科。

回龙从小聪明不减其兄，而且精灵亦如其兄，读书过人，入学得中附生。因胆识过人，又与其兄胡先绍、胡先海等常操习练武，一身武艺超群。时逢"诸王反正"正安洲城沦陷，12 岁的胡先科勇于参战，并提了贼首之头。又遇正安洲西与桐梓县界处螺蟹山有贼匪作乱，政府调兵遣将多次，无法剿杀。螺蟹峰四面断崖，一条人行道上山，在那个年代要剿匪难度如同登天。朝廷于是征用胡先绍、胡先海、胡先科弟兄前往，胡氏兄弟以绳索系身，赤脚从后山攀崖而上，剿杀其匪。朝廷故授封胡氏三兄弟为"花翎都司游击衔"候用。咸丰年间号军在正安洲境内扰民，朝廷以曾国藩等办团练，胡氏兄弟派上用场，曾攻打号军于洲城，并追号匪于绥阳郑场、火舟、麻家坝等地。平乱后，胡先科兄弟又得以加封。

胡先科得势后，地方上无人敢与之比拟，而争强好胜的胡先科也容不得地方上任何人能强过他，加之他闻听其自己的大哥被村人所陷害，于是对多数人都心存不满。因此凡他要征办之事无敢不从，或拉兵抽人为其做事，一有不从立斩不留。其中，有当地卢姓一家，弟兄八个，势力较强，企图与之对峙，胡幺老爷将挞斗呈于院子门前，卢姓八兄弟杀掉七个，并杀了很多家人，杀完，挞斗盛满人头。另有蔡十龙十兄弟，自认为弟兄多，势力大，不听胡幺老爷的吩咐，结果仍被全部杀掉。胡先科杀人之法独特，有飞刀的，有抛刀的。抛刀法专用于杀小孩，刀锋指天，将小孩子向空中抛，下落到刀锋上。胡先科的行径传出后，无人敢惹，无人不怕，只要与之为敌者皆没有好下场。

又有一次，罗坪马村人纠结四百余勇夫，与他相战，从陶脚坝后山攻入，待进寨方从烟铺出寨迎战，一人敌百余夫，杀退来犯，血流成河。

胡先科勾结官府草菅人命，方圆一带流传出胡家领了朝廷斩杀权，可以先斩后奏。这一说法，因无准确记载，只能是一种传言而已，我想在那个时代，山高皇帝远，滥用职权为非作歹一方恐有可能。然而，历史的教训使人觉悟，胡幺老爷所作所为与当今贪污腐败又有何异，曾经的有功之臣一旦不能把握自己，就会为难一方，走向邪恶，犯下大罪。

因胡幺老爷杀人太多，为恶太胜，地方中文人绅士联名上书朝廷，朝廷派遵义府台大人调查。时任遵义府台大人的是一范姓（一说姓李），便衣体察其罪属实，这期间范大人乔装成到此收厘金小差，因其貌不扬，胡先科看不起他，曾被先科打过一巴掌（一说范与胡父下重庆做生意期间被说坏话，留下祸根），总之，范大人决意要诛他。用计策遣调胡先科到遵义府，范大人了解胡氏社会关系复杂，如不及时除掉恐有后患，便从速将胡先科处决。就在这时，朝廷圣旨任命胡先科外任，无奈人已处决，留下遗憾。

胡幺老爷被诛杀后，家道日益败落，房屋被烧。张氏夫人郁闷而死。他的后代中，第二代仍有强者，亦有乱杀无辜劣迹。第三代胡渊做过民国小雅乡副乡长，新中国成立后在逃期间留下了“胡渊变天账”一簿。

在胡幺老爷的鲊人坑处，做临时向导的老人还介绍说，最大的鲊人坑还在山那边。那消坑比这个大几倍，这个坑鲊下去的无非是即刑急处者，不急处的和更多被杀的人，都是鲊到大坑里去的。我们朝着他手指的方向望去，什么也没看见，只看到一道长着树林的山梁，那道山梁就是被叫做回龙的龙身。一切都被“龙身”遮挡了。

宝山之宝
——庙塘古镇之四

在庙塘的第二天，文学沙龙采风团的行程安排去宝山。那地方在北面，镇子背后，是镇子的大靠山。难怪庙塘富庶，背负一个“宝山”哩！大家调侃着。

以前叫板房公社，历史沿革，现在成了宝山村。不过宝山这地名也是历来便有的。板房五山之双山、团山、宝山、奇山、广山。如今这宝山是“出人头地”，升格了。

叫宝山好！有宝之山。我们一路上笑谈取乐。是想分散一点注意力，免得车子一路颠簸得厉害，让大家生怕。这里还是20世纪70年代修造的运木材公路，坑坑洼洼，狭窄而陡峭。

不仅如此，尚未到目的地大家得下车步行。这样也好，步行虽累了点，给人一饱眼福。广袤的森林群山连绵，叫人怎么看也看不够。除了森林还是森林，除了一片绿色还是一片绿色。

我们去的是一个叫泡木林的地方，很有宝山的代表性，路程也不远不近，但离宝山最远的边界却很远很远。大家一头扎进原始森林，似乎有被迷失了的感觉。几十人的“队伍”，一路上本来噪声不小，可是一进入那个气场，像被特有的宁静清新湮没了，一点声音也没有，着了魔似的安静。但同时也使人感受到，大自然鲜活的气息，森林的呼吸是那样的匀和，是那样的富有节奏。走到那个圆顶的山冈，大家不想走了，树干林立，林中空旷，一个清凉幽静的世界。这片林子长着斯栗木，满山冈都是。这斯栗树也怪和谐的，不管怎么浓密，树冠总是互不侵扰。作协王主席朝天举起他的相机，卡喳了一张，把大伙给吸引来了，争着欣赏。画面上有如月夜星辰，银河绕绕。树冠与树之间的缝隙造出的奇观，像伞一样的树冠，相互之间总有距离，任你怎么看都互不交叉，总是每株头上有片天，一株株都能得到一缕阳光。但我想，它们幼小时是否也曾有过争夺？对于一个纯“斯栗树家族”的山冈，头上的天空毕竟是有限的，如果没有争夺，又何来那样平等、均衡、和谐呢？看来，“有竞争才有高度!”、“有竞争才能人人出人头地!”在这里得到印证。

九万亩森林，百十平方公里的宝山，实属正安森林之海。它西临螺蟹，北与桐梓县水坝塘相连，东与红岩相邻，南临庙塘镇街上。林中珍稀动植物不少，豹子、黑面猴、白朗鸡之类都是重点保护对象。在山民家吃中饭时听说，为我们服务的几个妇女，在采摘野生鱼腥草时遇上四只黑面猴。听说此猴很珍稀，前不久贵州大学生物系教授来此考察过。山民们还常听到豹子在林中叫唤，甚至亲眼见到过。环境比较理想。山中有上百种珍稀植物，如红豆杉、樟树、金丝楠木，斯栗、猴栗，各种竹类还有十多种。可见这儿的生态已达到了一定程度。

据说1958年曾有六百余人来此伐木数十年，几乎整个湘黔铁路所用枕木均取自于此。伐木一直到20世纪90年代末才告结束。境内有红溪河流入乌江进长江，曾是放木水道，一条公路由南外运木材。通过红溪河、庙塘河水运和板房公路运输出外的木材无计其数，但是好像一点也没有影响到这林海，看不出被大量砍伐过的痕迹，仿佛什么事也没发生。可见宝山林海之大。

宝山看似林海森森，却也有一段尘封的历史。一直以来，宝山不乏人迹。曾是古盐道、古商道通川入黔的要塞。也曾是军事战略的埋伏地。许许多多惊心动魄的故事曾在这里发生。

古盐道古商道经这儿北上风水岭梁子，下桐梓羊蹬，到青扬石，到綦江，下重庆。由于林深路遥，常有盗贼出没，加之虎狼侵扰，经常威胁着过往商人，一出出悲剧常常在这儿上演。

清时号军流落于此，曾在这儿休养生息；红军长征留在桐梓的伤病员也曾在这里活动。

宝山民风淳朴。在山民的向导下，我们打算参观菌王诞生地，遗憾的是林中路太湿滑，路程遥远，无法前往，只得作罢。一个山头生长一种叫大奇果的蘑菇，能长百多斤，至少也能长七八十斤，此菇秋天生长，约两周成熟。经省农科所化验，证明为可以食用菌。于是山民们一直当珍品，采集后坛装腌制后食用。据说奇果菇是世上绝无仅有的大，完全可申报吉尼斯世界纪录！有幸的是，这天的午餐，我们竟然也享受到它的美味，算是有缘了！多么热情的山民噢！不惜四处搜寻而来，当我们做上宾招待。

是啊，只要到这儿来都是上宾。前些年，生活紧张，四川有不少逃荒者来此栖身，这里的山民也不排外。至今仍有定居者。想想这宝山在非常时期救过多少人的性命。地阔人稀，一个山头住一家人。往往这山与那山呼唤能应，但要到达对岸却要费很大工夫。当时我一直在思考着，为什么不把房子集中修到一块，让大家居住一地，便于生产，互相帮助？后来我才知道，那是不可能的事。因为每家的山林土地各在一处，不就近居住实属不便耕作、管理。但是，山民看似分散，每遇春种大忙季节却又团结一心，互相帮助。即使哪家没了男劳力，家中农事也不会耽误，他们自发地集中起来，一家一家地完成。他们的换工习惯一直保持到今天，所谓换工不是等量而换，不管劳力多少，或三个五个或一两个，也不管地有多少，或十亩或八亩，只是一个字换，一句话不能让任何一家误了农时。在计划经济时代，生产队那个集体也是虚名，几乎是执行单干；如今家庭联产承包，仍需换工帮忙，集中作业，生产生活方式几乎没有改变。民风民俗还是那样淳朴。改革开放让他们改变的只是，大家可以外出开开眼界，有钱到山外花；再有就是政策将他们的山变得遍地是宝。

听村里的人介绍，宝山山民都较富裕，每户人家年均收入不下五万元。烤烟户均收入不少于两万元，松子上市可打个三至五千，山竹笋子收入，野生天麻收入——似乎四时可挣钱，处处是机会。

林权改革了，不但可以伐木以自用，还可以伐木材卖钱。最多的人家森林高达三千多亩，上百万元资产的人户却也不少。这儿的山民还能到哪里致富？他们守着宝山。难怪曾组长的兄弟，在招待我们吃饭时说，我哪儿也不去，一辈子守着“宝山”！

是啊，他们生活在宝山之中，还有哪儿值得他们羡慕呢？唯独，出山的公路实在该整治，如果公路维修好了，从庙塘镇上到宝山无非半小时，就是到更远的奇山也不过一个小时行程。到那时，不仅是这里的人们不愿出山，山外的人也会蜂拥而至，这里是游玩度假休闲的好地方。

宝山旅游开发有着很大潜力，与绥阳县宽阔水、本县九道水国家级森林公园配套，与桐梓县黄莲乡和本镇的螺海旅游景点配套，精心打造重庆的后花园。一个美丽的森林氧吧，恐怕是世上最好的休闲纳凉、洗肺清心的绝妙去处。让游客们来品赏蘑菇王，观黑面猴、白朗鸡，红豆杉、斯栗木。

时下，人们大都向往城市生活，要待几时，才轮到人们羡慕乡下？乡村生活有乡村的乐趣，风水轮流转，总有那么一天，城市人总会长出慧眼，识得“宝山”的。

东升恒盐号

——庙塘古镇之五

庙塘镇算不算“商贸古镇”，真是说不准，但即使那样说了也不会错到哪儿去，就像有人说“庙塘人的经商意识浓”一样。相对而已。这里或许是庙塘人自信的表露，或许是恭维庙塘人的一腔热情。但事实上这个镇子极富黔北山水小镇的代表性，也很有商贸代表性。或许因为如此吧，才在交通不畅的年代，人力运输方显优势，“东升恒盐号”于是诞生。

盐是最重要的生活资料，人一天不吃盐就撑不起，只是现在食盐充足，人们忽略了它的重要性。旧时不一样，盐贵如金。生活在山里的人更是求之不易。小时候常听说，盐可是稀有物质，人们拿盐当礼送，亲戚朋友家办喜事，往往以此为贺礼。包上一包盐，贴上红帖儿，主人收着盐礼春风满面把客人当上宾。除此之外，还有把盐充当货币使用的，以盐换物。

据说那时吃的还是粗盐、块盐，根本不能跟现在的精盐相比。做菜时将盐盛勺沉入锅中，转三圈后捞出，一块盐反复转，惜着哩。有了钱也不是随意可买的，更不要说没有钱了。

我家就曾经有过关于盐的经典故事。父亲的少年时代家庭有十几口人，挤在一间做过秀才的曾祖父留下的屋子里。祖父是老实人，带上大伯父、二伯父种田，三伯父、四伯父和父亲都还是小孩。自家有十亩田，又租种了薄田几亩，凭劳力做一年下来使自家的粮囤装满了楼。但由于没有经济来源，一家人吃、穿、用全靠那几囤稻谷，一有需用就挑谷到市上卖。日子也过得紧巴，只是吃盐还从未断缺过。隔壁的堂伯父家就老是为盐的事苦恼，没有余粮换盐，加之堂伯父经常在外，堂伯母带着几个孩子，家里经常缺盐。一次祖母看不过去了，就暗里给了伯母家一点盐，家人知道后都很有意见，四伯父在屋外偶尔听说有人偷盐，就凑到门前说，谁偷盐就剁谁的手！那时四伯父还是个小孩，不知是祖母所为，所以不知自己说错话了。祖母生气地跑过来伸出双手，冲四伯父说，你剁，剁呀，是我给你那边屋大嫂盐的，剁了我手看还有你吃的？四伯父羞得躲了起来。可见盐有多重要。

“东升恒盐号”、“黎园亨商号”的杏黄招牌锦旗般飘扬，拥挤嘈杂的买卖声、吆喝声鼓噪飞扬。如若不信，那一级一级的石梯子直通上场口望也望不到头，吊脚楼青瓦房高低坐落，三岔五道窄窄的街巷，房檐欲吻铺面相对的基本格局还可以作证。昔日的茶楼、戏楼、万寿宫、骆氏宗祠、盐号、商号……稍大点岁数的人都能指得出旧址，说得出情形。只是早已没有了围鼓的敲打声和川剧傩戏的长长调子。搜寻过去的这一切，老人们口若悬河，口干舌燥，生怕年轻人脑子不强，记不下来，担心那些事成不了世代相传的歌谣。这是一个怎么样的镇子？省际临界，川盐入黔的重要码头，古商道要塞，极富巴蜀文化气息。

所谓“东升恒盐号”听起来也有些年头儿。这是由于交通的障碍，原始人力运输主道，才有的昔日辉煌。不过要论及“东升恒盐号”、“黎园亨商号”，当然离不了要涉及它的创办者——冯建廷。冯建廷（1878—1948年），字开业，号建廷，国民庙塘区区长，东升恒盐号、黎园亨商会会长，“哥老会”会长（大哥），出生于镇外10里的冯家沟村子。翻开家史，他家上三辈都是读书人，名望之士。他自小随父移居庙塘街上，受母亲教导，见识颇广，天资聪颖，行孝仗义，好交际，社会活动能力强，深得人推崇。曾收留一罹难川人，容其家治疗秋痢，三年如一日衣食住宿全数供给，待若上宾。其母、妻皆贤，待人无累。川人离去时，还赠予盘缠和营生之本。后川人发迹，尊以为大哥，组织哥老会，由此扬名。某年隆冬，天寒大雪封山，加之荒年道匪四起，风水岭梁子难以通过，盐商众集庙塘码头，人人焦头烂额。于是商定拜请冯建廷出马送绑。冯再三考量，为了地方经济繁荣，人民生活所需，答应冒胆承担重任。出行那天刚行至出庙塘场一里的测立口，冯忽然令轿夫调头，众轿夫不知何意，只好往回走。原来冯建廷是个大孝子，每次出门都要跪叩母亲，这次竟然忘记了，所以返轿拜母，并讨得母亲吉言方才启程。此行真是顺畅。行至青扬石，遇故人报恩，将所送绑项包揽运到重庆交易，并打好返程货物，随行商人尽受宾客上礼，观光游玩，返回时护送到庙塘场。此行获利丰厚，名声大作，同时为盐运打通了关节。为后来建盐号、商号，繁荣庙塘码头奠定了基础。

地方中绅士商众一再推举，要求冯建廷成立一个相应的组织，于是约于民国十八九年建起了庙塘“东升恒盐号”，继办“黎园亨商号”，并出任会长，后商号交由其弟冯义端经管。至此庙塘古镇，商贸码头翻开了历史新的一页。由于盐号、商号经营的需要，社会环境的因素，冯区长组织民间哥老会，被尊为“川黔大哥”，会中若有要事，或者有生意，只要拿着他的名片行走，定有仁义堂兄弟相助，安全有保障，经商顺利，上至贵阳，下至重庆，都有名望。集社会力量为我所用，保乡中平安和繁荣乡里经济，冯区长的口碑一向看好，事迹经久传扬。

盐号成立后，国民正安县政府选拔冯建廷任庙塘区长，管理西区局。任期长达二十余年，同时任命他为正安团防局长。盐有保障，商业繁荣，大量物资丰富了市场，人民于是安居乐业，治安良好，乡事、族事皆调解谐和。冯任内期是庙塘镇历史上政治、经济、文化最辉煌的时期之一，创造了庙塘“冯建廷时代”。

庙塘盐道覆盖面较广，横跨几个县数十个乡镇，里程近千公里。下线途经风水岭——羊蹬——青扬石——石角镇——綦江——抵重庆；上线至小雅——土坪——马头山——湄潭——瓮安；还分道经流渡——市坪——凤岗，甚至还到别的地方。以贩黄丝、生漆、猪油、烟土、皮张等土特产下重庆，将盐、布匹、百货运进庙塘，囤积庙塘码头，然后贩运到以上各地。足见此道实属一条川盐入黔的重要盐道。在正安境内还有另一条盐道，安场古盐道，还在安场建盐库。安场盐号与庙塘盐号形成相互补给、相互交流的机制，共同为正安盐业发展作出了特殊的社会贡献。

由于盐号繁荣，地方生活资料保障供给，而且盐号本身经营顺畅，积累日甚，于是冯建廷组织修建庙塘完全小学（今庙塘完小前身），自己出大部分钱粮修建木质教学楼一栋，桑梓从此有了学校，儿童从此有入学的机会。该校迄今百年，为国家和地方建设培养了无数人才。

冯建廷年老卸任后仍受尊敬，凡政事都要顾问于他。更专心致至于盐号经营，直到1948年去世。1949年后，盐号交政府管理，由供销合作社经营，1962 年不慎失火，从此“东升恒盐号”只在风雨飘摇的万寿宫旁留下了遗址。

冯建廷成业不忘乡里，怜悯贫苦。受恩惠的人不少，如今这些人家能落业镇上，都与冯区长当年的关照分不开。近年来这些人家的后人，为报答恩情，集资为冯建廷修坟树碑。

庙塘镇即使在计划经济时代，打击投机倒把盛行时也没能禁止经商。一方面是历史形成的原因，另一方面是人们生活的需要。这里赶场县内有小雅、黄渡、梨垭、二河、东山，桴蔫、红岩、五汇、安场、青定，碧丰，县外有绥阳反平、野茶、万寿，有桐梓县的狮溪，水坝溏……方圆百里纷至沓来买盐买布。改革开放后，市场放开，庙塘迎得更加繁荣。20 世纪八九十年代初，新街建设，私人修房竟然全是四五楼一底楼房，而且不断往茶台方向延展。新世纪后，黔北民居建设，又一公里多而且全是六七层的楼房临街拔地而起，这又是一个新高度。庙塘镇永远不落后，总是领先时代。

尽管今天因交通发展了，古盐道、古商道被尘封的历史湮没，庙塘镇沦为僻远之镇，较闭塞，但勤劳勇敢的庙塘人，与生俱来的经商意识，商贸活动仍然活跃。而且，在种植业上，烤烟成为全县之最，茶产业、方笋、野生天麻、木材，均是经济收入的源头活水。

罗遵义

男，生于1958年6月，贵州省正安县人。大专文化。现供职于道真县政协，创作了大量优秀散文。

金钟山

从土坪镇石志村村委会所在地出发，沿着陡峭直上的岭岗间的羊肠小道足足行上四五个小时，才能登临正安南部边界上最为有名的山峰——金钟山。

金钟山是作为正安、绥阳两县界山的金钟山山脉的主峰，海拔1714.3米，比起脚处的石志整整高出1000米，是正安境内的第六高峰，堪称正安的“南岳”，其突兀高峻之势可想而知。山上植被茂盛，盛产山竹笋、生漆、天麻和多种中药材，是一座名副其实的宝山，所以相传在山之深处藏着一口硕大的金钟，山也因此而得名。

金钟山在历史上曾经是川黔一带最负盛名的佛教圣地。据说山上除了分为上下二殿的主庙之外，附属的还有石场寺、鸡村寺、铜鼓寺、五峰顶、三星殿、燃灯殿等四十八座殿宇，就连相距几十里的林溪的龙塘寺、新洪的水口寺两座大庙也被纳入了金钟山的名下，故有“一龙塘，二水口……”之说，意即谁要到金钟山朝圣，必须先到龙塘寺、水口寺等几座庙宇烧香拜佛，然后才能进入金钟山主庙，否则就是不虔诚，山上的菩萨就会因此而怪罪于他。我们单从这重重“山门”的设置，就可见当时金钟山有何等的森严气派了。那么，对于金钟山名盖川黔两省，每逢农历六月十五“香会”之期，两省专程来此朝山拜佛的人数以千计的说法，就有些让人深信不疑了。

对于金钟山寺庙最初修建的确切时间，历来存在不同的说法。《正安县地名志》和《正安县志》记载建于元朝时期，而民间却认为远在元朝之前，并说四川峨眉山声名的鹊起也大大晚于金钟山，那里的庙宇也是完全比照金钟山庙宇的式样来修建的。

民间的这个说法，居然把我们这个如此僻远之地的名不见经传的小山小庙与名扬海内外的峨眉山相提并论，并明显地贬彼抬己，似乎很有些夸口之嫌。但事实上这种“妄自尊大”的言行，也并非是凭空捏造，它源于当地一个十分久远且妇孺皆知的传说故事。

话说在很久很久以前，有一个坐镇四川的姓陈的大老爷，虽然官财二运都十分通达，但夫妇二人年近五旬膝下却无一男半女，这成了陈老爷最大了一块心病。为了求得有后，他四处求神拜佛，烧香许愿，并成千上万地捐钱大办善事，但夫人总不见有喜上身。正当他一筹莫展之时，一位幕僚告诉他，说人们盛传珍州（正安古称）金钟山的菩萨十分灵验，不如前往求拜，或许能遂夙愿。陈老爷大喜，便与夫人吃斋沐浴整整一个月之后，径直取道珍州，逐一拜过龙塘寺等几道“山门”，终于登上了金钟山。当时尽管已是薄暮时分，一路跋涉早已疲惫不堪，陈老爷夫妇二人马上沐浴更衣，进殿烧香许愿，并当即捐献黄金千两，为全庙众神再塑金身，令全庙僧众高兴得只差高呼“万岁”。

陈老爷见金钟山庙宇规模如此宏大，三界神仙无所不有，自己又是心诚毕至，料想绝对不虚此行，因之心情十分畅快，竟与方丈叙至半夜方才歇息。但细心的陈夫人却产生了一丝不祥的预感。就在她和老爷双双朝拜各殿菩萨刚走进二郎殿时，她觉得那尊威武的二郎神对她笑了一笑。她当时没有十分放在心上，认为可能是因为疲劳过度眼睛花而产生的错觉，可当她恭恭敬敬地磕完头许完愿站起来时，她发现那二郎神又对她笑了一笑，而且那是一种明显地带有挑逗意味的笑，使她全身冒起大片大片的鸡皮疙瘩，十分不自在。她本想把自己的这个感觉告诉老爷，又怕老爷反而责怪她自身心地不纯，就将此事阴在心里，但心里总悬着几分担心和疑虑，入夜上床后老是恍恍惚惚地难以入睡。

夜半子时，陈夫人担心的事终于发生了。她恍惚之中觉得房门轰然大开，随着一阵猛烈的阴风，高大威武的二郎神走了进来，脱下笨重的金盔金甲后，便大山似的重重地压在她的身上，使得她丝毫动弹不得，任他在她的身上纵情地折腾。但这时陈夫人并未完全丧失意识，她怀疑是庙上的和尚装扮成二郎神强暴于她，为了留下证据，她趁对方强行与她耳鬓厮磨之际，一口将其耳朵咬下半只，痛得那人大叫着起身仓皇而去。

蒙受了这一番突如其来的凌辱之后，陈夫人觉得不能再瞒着老爷，于是跑到老爷住处将他叫起，泣不成声地将事情的前后经过说了出来。贵为封疆大吏的陈老爷怎受得如此大辱，当即大叫一声，口吐鲜血昏厥过去，经随行太医全力急救才慢慢苏醒过来。因事关夫人名节，经一番考虑之后，陈老爷诈称有一奸贼欲行刺于他，被他削伤耳朵后脱逃，现可能混迹于僧众之中，命部下务必将奸贼查出严办。可随行军士忙乎折腾了大半天，几乎将整个寺庙翻了个底朝天，仍未逮着伤了耳朵的贼人。这时陈老爷才想起夫人提过的二郎神，忙与夫人到二郎殿中查看，果见那尊二郎神不见了半只耳朵，伤口还在浸血。陈夫人从怀中掏出她咬下的半只耳朵一看，那东西不知何时已变成了泥塑的，放到二郎神耳朵上一比，居然正好吻合。陈老爷见状勃然大怒，认定这是一座妖庙，便不顾方丈和众僧的苦苦哀求，一气之下将寺庙付之一炬。据说那场大火一直烧了七天七夜，才把金钟山四十八殿全部化为了灰烬。

且说陈老爷火烧了金钟山打道回衙之后，陈夫人竟然有了身孕。直到这时，陈老爷才明白是祖宗积德厚重，夫人才得以怀此

“神种”，而自己却一时冲动，干了件人神共愤的大蠢事。为了弥补自己天大的过错，他在府衙后园建了一座规模宏大的二郎神殿，早晚朝拜，终年香火不断。也许是他的悔过诚意终于赢得了神众的谅解，夫人怀胎刚界十月，“神种”陈公子便平安临盆，并健康长大成人，18 岁就中了武状元。不料“福不双至”，就在状元公奉钦命回川省亲之时，可能是太高兴的缘故，陈老爷突遭中风一病不起，临终前一再叮嘱陈公子，要他到金钟山重修庙宇，每年“香会”之期务必亲往朝拜。

陈公子极有孝道，对父亲的临终嘱托自然不敢含糊。他承袭了父亲的爵位后，尽管公务浩繁，仍于当年就重修了金钟山，每年“香会”都携家带眷前往烧香祭拜，并捐上大笔钱财，成为金钟山最大的施主。但随着时间的推移，陈公子觉得每年一趟的千里跋涉，确有几多不便，于是就选定在距成都不远的峨眉山，完全按照金钟山的格局和规模兴建庙宇，硬是把千里之外的金钟山活脱脱地“移植”到了峨眉山。这样一来，陈氏一家就可以很方便地永续与金钟山的那一段佛缘了。据说从那以后，峨眉山的寺庙越修越多，宗教文化越积越厚，终于位列中国佛教四大名山而名扬海内外。

这个传说道明了金钟山兴衰起落和它与峨眉山的递承关系，应该说够曲折引人的了，但笔者对它的真实性却很是怀疑。大凡去过峨眉山的人都知道，峨眉山作为历史悠久的佛教名山，它的兴起最早可以追溯到西汉末期。而《遵义府志》、《正安州志》等较早的方志典籍所载金钟山庙宇的最早修建是在元朝时期，明朝初年被四川一陈姓抚台烧毁。虽然烧庙者的姓氏官职都相吻合，但“先有金钟山，而后才有峨眉山”之说与两山的既成历史却大相径庭，根本不能自圆其说。从中可取的是，它从一个侧面向我们展示了金钟山曾经有过的辉煌。

陈老爷那一把火烧得太彻底了，致使直到清末民初才又重修，但规模远不如前。新中国成立后，为了破除封建迷信的影响，该庙又被全部拆毁。20 世纪 80 年代改革开放后，当地群众自筹钱粮，在旧址修建了部分庙宇，并塑神像三尊供奉，然而其规模及工艺水平较之先前相差太远，可说是地地道道的“小庙土菩萨”，让略知金钟山历史的人唏嘘不已，感慨万分。

金钟山数百年的沧桑历史，客观地反映了我们很多传统文化所饱受的近乎于毁灭性的抑制和摧残，同时也体现了它们顽强的生命力。教训是深刻而惨重的，但愿我们能痛定思痛，不再做出“焚书坑儒”之类的蠢事，而是为文化的繁荣和发展付出更多的努力和奉献。

倒开门

小雅至二河和黄渡的公路穿过小马村一直往南，在石碗架处便一头扎进一条大峡谷。这峡谷全长近二十里，直到茅盖石处地势才渐显开阔。峡谷里，两边崖坡高耸入云，陡峭难攀，气势十分雄伟壮观；又因为两山林木苍翠，浓烈欲滴，谷里便荡溢出一股静谧而灵秀的神韵，把人熨帖得很是恬淡逸然。

这条峡谷曾是古盐道的必经关隘，经这里可以上达土坪、遵义，下至松坎、重庆，是一夫当关、万夫莫开的险要通道；加之那时候谷中树木更为繁密，山道上一路阴森恐怖，所以这里就成了土匪拦路抢劫、杀人越货的凶险之地。自古以来，峡谷中究竟掩藏了多少盐商布客的冤魂，恐怕只有那永恒的两岸青山和滔滔河流才真正知晓。

峡谷中至今没有一户人家，荒凉得瘆人。但小时候听老人们讲，在临近新中国成立的十几二十年间，峡谷里却住了一户人家。说是一户人家其实不很确切，因为常住那里的就仅仅是一个人。据说他表面上是在那里看护庄稼，免得野物糟蹋，实际上却专干些独守关隘、杀人越货的勾当。单从他居住的房子的朝向，就可以得知这人古怪得非比寻常。他的屋基选在从河边壁立而起的一个吊嘴嘴上，大门不朝河对面开，却朝向里面的山坡，所以人们把这种开门方式称作“倒开门”，以此影射那人干的全是有违常理的邪恶行径。这样，“倒开门”这名字就这样一直叫了下来。

那人杀人越货的手段是极端毒辣和残忍的。当然对这一点局外人先前是无从知晓的，但随着逐渐发现他的家里吃细盐、砂糖，穿洋布、胶鞋，用的也几乎全是洋货，人们才开始有些猜疑，直到他但逢酒醉便得意忘形地炫耀他杀人越货的事情，人们才知道他是一个杀人不眨眼的恶魔。他经常站在房子横边的高坎上向峡谷深处张望，只要看见有客商模样的人，就用青布蒙了头脸，或是用锅烟墨把脸一抹，扎紧腰带，手提板斧，提前隐藏在路坎上的密林深处，待客商走近，便大喝一声跳下来拦住去路，多数时间客商还没有反应过来，就被劈脑壳几板斧，稀里糊涂地做了冤死鬼。当然偶尔也有反应得快企图反抗的，但怎能敌得过他那黑煞气势和夺命的板斧，仍旧难逃厄运。从他吃这碗血饭以来，究竟有多少人在他的板斧之下丧生，严格说来他也无法记清楚了。

当时的政府腐败无能，从未把百姓的生命财产安全放在心上。对在倒开门发生的连串血案，历任乡长、保长并不是没有听说过，但就是装作不知道，甚而心安理得地享用送来的洋货，致使这个独行土匪杀气更重，导致人们欲过倒开门，非得像过“景阳冈”那样，不成群结伙就断不敢成行。“倒开门”在那个时代真正成了“鬼门关”。

杀的人多了，他也渐渐有些胆怯起来，这也许就是做贼心虚的缘故吧。据说到后来每到太阳下山时辰，满峡谷就有无数的冤魂大声叫着他的名字，呼喊“把我的脑壳还来”，声音此起彼伏，凄惨惋切，一直要闹到天亮才止，闹得他心惊胆战，做不完的噩梦，就不大敢在倒开门单独过夜了，凶煞之气才渐渐有了些收敛。这时，已经临近新中国成立前夕了。

新中国成立后，这个血债累累的独行土匪遭到了人民政府的镇压，人们无不拍手称快。从此，倒开门的血腥悲剧终于画上了句号，当地人民安居乐业，日子越过越甜蜜，但人们仍然没有忘记过去那段历史。乡亲们曾经用了这么一句很朴实的话来评价和总结过去和现在两个不同的时代："国民党不仅治不了土匪，反而还养匪为患，祸害人民；共产党一来，很快就消灭了土匪，社会清净太平。还是共产党领导得好!"

倒开门的自然景观也是颇具特色的。除了它所处的整个大峡谷磅礴雄浑的气势之外，在它河对面有一堵高宽均约数十丈的岩壁，经千万年风雨剥蚀而留下的白斑黑纹交错成趣，是一幅不可多得的巨幅画岩；画岩的一侧有一道形态优美的瀑布，终年飞珠溅玉，倘若赶上山洪暴发，其势更为壮观。在"倒开门"房屋遗址左侧几十米的岩石岗上，有一道一贯到底的天然裂缝，宽三五米，深近百米，直达河床位置，从河边口子进来可一直走通头。这时你抬头仰望，你会觉得这才是最为经典的"一线天"景观。关于这"一线天"，人们传说是天上神仙用神剑砍成的，其实它是地壳运动留下的杰作，应该具有极高的考证和研究价值。

我想，倘若今后有人将这里的自然景观与它的那一段血淋淋的历史糅合起来进行开发，对于激发人们维护和平、关爱自然，绝对是一件很有意义的大好事。

务本堂

走进今天的新州镇政府大院，靠左面有一幢坐南朝北的古建筑，那就是在西南诸省都很有名气，早就被贵州省人民政府列为省级重点文物保护单位——在当地被人们视为圣殿的务本堂了。

这是专为纪念被尊为"汉三贤"之一的尹珍先师而修建的

祠宇。

据《正安县志》记载，该祠宇坐落处，原为尹珍“亲建草堂三楹”之地。为纪念先生德绩，明万历四十年（1612 年）遵义知府孙敏政兴建祠宇，并据先生精神要义命名为“务本堂”。随后，清康熙二十四年（1685 年）遵义知府陈师沆、嘉庆二十年（1815 年）正安知州赵宜霈、咸丰六年至九年（1856—1859 年）正安知州朱百谷、于钟岳先后又加修葺。清同治年间毁于兵匪战乱，光绪十二年（1886 年）由民间集资复建，其规模明显逊于先前。

近代人所见到的务本堂，是一座砖木结构的三合院。正门临河，高大的石门枋上镌刻着一幅题为“学者必由是，逝者如斯乎”的对联，其意蕴初看似乎浅显，细究则不敢妄推。进门去是一个青石铺墁的长方形小天井，两侧是厢房，正堂中神位台上，最先供的神位牌是木质的，清道光二十三年（1843 年）改为石碑，上面是竖行楷书“汉儒尹公道真先生之神位”。堂内四壁有五彩壁画，以及历代游人留下的赞颂诗和凭吊词，可惜因岁月风霜的侵蚀，大多已难以辨认了。

走进这之前的务本堂，我们首先从近几百年来官方民间对它的多次修葺，便深切地觉到尹珍先生的千秋功绩在人们心中铭刻之深，但从眼前荒凉破败的景象，又不能不生出一种“逝者如斯乎”的凄怆和无奈，而久久默然无语甚至于怆然而涕下。

尹珍先生所处的东汉末年，我们这个地方之荒僻和人之愚蛮是可想而知的。为了改变这种状况，年仅 20 岁的他不远千里，于和帝永元十一年（99 年）奔赴京师洛阳，拜当时名满天下的儒学家、经学家许慎为师，刻苦研习五经文字和儒家思想，历时八年，终于成为经师大儒，于安帝永初元年（107 年）返回故里，“手建草堂三楹”，开始了他的教学生涯。从他 28 岁开馆教学到 84 岁病逝的 50 多年中，除了被朝廷擢用，先尚书丞郎，后官至荆州刺史的几年，其余时间均在川黔各州县兴教办学。

尹珍先生的巨大贡献在于开启了贵州教育的先河，提前并推动了贵州文化的发展。他倡导的“务本”精神，其实质就是通过教育，不断地提高人的素质能力，改变落后的生活生产方式，进而推动社会的发展，体现了一种朴素的辩证唯物主义思想。贵州省著名的文史学家黄万机先生对此做过高度评价：“尹珍的行迹中体现着一种非常难能可贵的精神，重要的有两点：一是不甘落后、千里远学的精神；一是热爱乡土、献身教育的精神……尹珍献身教育的精神，其影响尤为深远，已成为激励后人的巨大精神力量。”

我们从千百年来人们对尹珍先生的尊崇，从《贵州名贤传·尹珍传》对他的高度肯定，从先后两度析置“道真县”及众多地方以其命名，从省内外近十个县市争抢“尹珍故里”，从文史专家撰写的浩繁的研究文章，从省内外多处地方都在以修祠、塑像等多种形式纪念和弘扬尹珍精神，应该不很迟钝地意识到：尹珍文化绝不是一个虚空的概念，而是一笔取之不竭、用之不尽的精神物质财富。可是，就在越来越多的省内外专家公认的我们这个“尹珍故里”的“务本堂”，却被占用、朽坏、冷落了那么多年，难怪得有不少生长在“尹珍故里”的人居然不知尹珍是谁，甚至还会问“尹珍文化究竟是什么东西”，认为对其研究发掘完全是在干空事。假使此种近乎于浅薄的认识是真的孤陋寡闻所致，似乎还情有可原，而如果本就知道而浅薄而漠然，那就真有些令人不可思议了。

值得由衷高兴的是，近些年来，从各级领导到社会各界，对尹珍和尹珍文化的认识大为加深，先后有了一系列新的举措。如在新修《正安县志》中对“尹珍文化”列专章介绍，在县城文化街和城郊风景点石围洞塑了尹珍像，将新修的北门大街命名为尹珍大道，将县城最大的中心广场命名为尹珍广场，县委书记、县长亲自为“尹珍文化研究会筹建办公室”授牌，启动了务本堂维修工程，并计划在城郊楼台森林公园统一规划建设“尹珍书法碑林”，尽早修建“尹珍纪念馆”或“尹珍文化博物馆”等等，体现了对尹珍文化研究和发掘的高度重视，也说明了各级领导已开始改变只顾眼前的思维模式，并将尹珍文化的研究和发掘，纳入了正安长远发展的总体战略思路，开启了历史文化兴县强县的新的进程。

现在走进正在实施第一期维修工程的务本堂，看着古朴庄严的雏形，已经让人耳目一新了。相信在工程竣工之后，人们在这里会得到更多的历史传统文化的熏陶和洗礼，进而生发出更多的激情和力量，为实现先贤愿望，建设发展好先贤故里，做出更多的牺牲和奉献。

大滴水

庙塘河自北向南喧嚣而来，在倒开门处被伸出的崖嘴一挡，不得不拐了一个大大的直角弯，经过一段长达 200 米的乱石陡滩之后，河床才开始平缓起来，形成了长达里许的深塘。这就是人们所说的“大滴水”了。

大凡地名的确定，多数都是据其山形水势而来。大滴水当然也不能例外。在河塘的东岸，是一道直插云天的陡坡。一条溪沟自云雾山顶逶迤而下，一直扑到塘坎上。也许是溪水中碳酸钙含量很重的缘故吧，在临近塘坎的这一段，形成了一根硕大无朋的水凝石，大致呈锥体状，高五六十米，底部少说也有二十米宽。由于常年溪水的冲刷，在水凝石的表面形成了一道道自然飘逸的褶皱，使人远观近看都觉得是一帘壮观的瀑布，只不过这瀑布是已经凝固了的，感觉不到那种活脱脱的奔放的激情罢了。在“瀑布”的底部，天然而成一幅似在风中飘逸的荷叶裙摆，极易让人把“瀑布”遐想成九天仙女的霓裳彩裙。裙摆是悬空的，距水面三尺左右，溪水顺着荷叶裙摆的凹沟淅淅沥沥地流进河塘，形成一幅珍珠般的帘子。因为帘子里面是漆黑黑的，所以那一串串珍珠便在漆黑的衬底上闪烁着耀眼的光晕，晶莹剔透。也许正是有这一串又一串的“珍珠”长年累月永不停歇地涓涓滴进河塘的这一道妙不可言的景观吧，于是人们便把这里叫做了“大滴水”。

大滴水的河塘很深，很少有人钻到底过，“珍珠帘”里面有个天然硕大的暗子，所以河塘里的鱼十分多，但逢秋天河水清澈见底，就经常看见几斤大小的鱼成群结队地悠然游弋，让人馋得两眼发红。但如果你要想捕上几条却又是很难的事情，因为鱼们十分机敏，只要见到人影晃动或是听到丁点声响，它们就“呼”地一下钻进那黑黢黢的石暗子，叫你只有望鱼兴叹了。人们想象着石暗子里鱼们拥挤得摩肩擦膀的情状，心里羡慕得要命，但看着那活像妖怪的血盆大口的黑黢黢的石暗子，是断不敢贸然去冒那份险的，于是就对那深浅莫测的石暗子充满了强烈的好奇心，心里反反复复地对里面的情境做出了千万种推想。久而久之，这千万种推想居然演绎出了一个神奇美妙的传说故事。

据说在很久很久以前，一个家住榨子台的小伙子，背着盐路过大滴水，因酷热难当，便下河洗澡。洗罢上岸正要穿衣服，忽然看见在河边浅水中游来一条两尺多长的红尾鲤鱼，正朝着他摇头摆尾，圆圆的红嘴巴一张一合的，似乎在向他讲述着什么。他愣愣地看了好一会，见那鲤鱼仍旧如前，根本没有离去的意思，好奇心大起。他强压住“怦怦”跳的心，小心翼翼地匍匐着向鲤鱼靠过去。让他大惑不解的是，那鲤鱼并没有因他的逼近而逃走，反而摇头摆尾地游到他的面前，用它那乖巧的红嘴巴吻他的手，然后返身往深水游去。游不多远，又回头望他，见他仍愣痴痴地不动，就又游了回来，再次吻了吻他的手，之后又返身游走。

处于此种情状之下的那位小伙子，我们完全可以推断他心中的惊异定然是不可言状的。他肯定认为那条鲤鱼不是精就是怪，甚而已经成了仙。它的一再暗示叫他跟着走的举动，说明有一种天赐的机缘在等着他。错过了，必将留下终身的遗憾。于是，他满怀着好奇和期冀，完全忘记了对石暗子的恐惧，紧紧跟在鲤鱼的后面，不知不觉地一头钻了进去。

暗子里面是无边无际的黑暗，并且阴风惨惨的。小伙子环顾四周，早已分不清东西南北，他的心底一股冷气陡然而起，就像掉进了冰窖。正当他深深地陷入一种绝望之际，一星光亮忽地一闪，且越变越大。他揉了揉眼睛，才看清楚那团光亮原来就是那条鲤鱼，只见它通体透亮，连五脏六腑都看得十分清楚。他欣喜若狂地跟着鲤鱼往前游，不知游了多少时辰，正在筋疲力尽之时，正前方忽然显出一个亮堂堂的洞口。

他以为找到了出口，心花怒放地爬出水面走出洞口，这才发现根本不是刚才进来的地方，而是另一番景象。这里也有蓝天白云，也有青山绿水，色彩斑斓的蝴蝶在艳丽的花丛中翩翩起舞，一些他从未见过的小鸟在绿树枝头婉转歌唱。他迷怔了好久，才终于意识到自己阴差阳错地闯进了传说中的神仙洞府。他觉得今天的奇遇是几生几世也修不来的缘分，兴奋得浑身热血滚涌，几乎忘记了自己姓甚名谁。但他从长辈们所讲的“龙门阵”中知道，擅闯仙家禁地是会触犯神仙而遭惩罚的，于是他面对虚空之中的神仙一边行三拜九叩之礼，一边祷告神仙宽恕他的鲁莽。接下来，一切都显得很平静，既无身披飘带的仙童仙女来引路，更无手持拂尘的神仙现身，只有一头怪兽从山谷深处蹒跚而来。那怪兽似牛非牛，嘴筒鼻梁上长着长长的角。他想，这大概就是人们传说的犀牛吧。那犀牛样子很凶猛，性情却极温顺，它在他旁边匍匐下来，任他抚摩，完全是一对亲密伙伴的样子。

时间就这样于不知不觉中流去。每天日出东山、太阳当顶、日落西山之际，它都会准时带他去舔一根奇形怪状的石笋。那石身淡甜淡甜的，舔了就居然不饿了，而且浑身充满力气，神清气爽，大有飘然欲仙之感。

就这样过了好几天后的一个中午，一只水鸦雀飞到他面前叽叽喳喳地叫了一阵，然后慢慢地往西方飞去。他有了鲤鱼引路的经验，便跟着水鸦雀走，居然就走出了那道“珍珠帘”。

他找他的盐背篼，不在。便兴冲冲地往家跑，一路上遇到的熟人都见了鬼似的惊慌而逃，回到家里更是把全家老少吓得往桌子下面钻。他这才明白，人们以为他被淹死了。人们经常说，天上一天，人间就是一年。他在洞里住了好几天，也就过去了好几年。人们为他垒的衣冠坟上早已长满了深深的茅草，大家怎么会不害怕呢？

他一直活到 99 岁才无疾而终。

当地人都说，这是他到过神仙洞府修来的福分。所以，尽管直到如今也没第二个人敢钻进“珍珠帘”里面去过，但人们在讲述这个传说的时候，无不对大滴水充满了浓厚的神秘感。

雷贤圣

男，生于1966年11月，贵州省正安县人。自由撰稿人、珍州文学沙龙秘书长。先后在《芙蓉江文艺》、《遵义文艺》、《黔北作家》、《贵州作家》等刊物发表小说。小说《集体出轨》曾获“尹珍杯”作品奖。

樊村故事

猴兵大败长毛贼

猴儿的奶，猴儿的娘，猴儿没得奶奶尝……

这是一首很久很久以前的儿歌。这很久到底有多久？我不知道。

儿时的我不下一百次地追问过老外婆。老外婆摇晃着我的双肩说：很久就是很久。

我不依不饶地追问：很久到底是多久嘛？

老外婆说：我也不知道。

我说：那你怎么会唱这首歌呢？

老外婆说：我也是我家老外婆教我的。

我问：你家外婆的家住在哪儿？

老外婆说：我的家在樊村，我外婆的家也在樊村。

我问：樊村远吗？

老外婆说：不远。

我问：樊村有老虎吗?

老外婆说：有。

我问：有猴子吗?

老外婆：有。

我说：快给我讲一个樊村猴子的故事嘛。

老外婆：那我就给你讲一个——《猴兵大败长毛贼》。

你外婆的外婆七八岁的时候，正是同治皇帝刚刚当皇帝的那年。长毛贼作乱。长毛贼部队攻打遵义失败后退兵驻扎在土坪、晏溪，樊村一带。长毛贼中有一个叫杨三的首领带兵无方，管理下属不严。几个小毛贼在樊村的江边洗澡，惊吓了河岸上的一群大青猴。一只小猴子从猴妈妈的背上摔下河来。那群小毛贼七手八脚的捉住了那只小猴，把它带回了军营。岸上的猴妈妈一路追赶，一路哀鸣长叫：还我的孩子，还我的孩子……

那一群小毛贼把小猴捉进军营后，马上给小猴套上一根麻绳，然后把它拴在军营的马棚里。

小猴在马棚里又急又跳，不停地挣扎，不停地哀叫，呼唤猴妈妈来救它。

猴妈妈听见小猴的呼叫，跑到军营的寨门口，一纵身子飞进了军营。猴妈妈寻着小猴的叫声，在马棚里找到了小猴。小猴扑进猴妈妈的怀里失声痛哭。猴妈妈赶紧用它的牙齿咬断小猴脖子上的绳索，背着小猴跑出马棚。一个小毛贼听见马叫，以为是盗马贼，敲响了警锣。弓箭手们马上把马棚团团围住，放箭射击。猴妈妈为了保护小猴，背着小猴东躲西藏，最终没能躲过乱箭，中了一箭。猴妈妈拼命一跃，飞上寨门，仰天长啸！猴爸爸听见呼叫带领着大群猴子飞奔而来。猴妈妈用尽最后一丝力气，把小猴交给了猴爸爸，哀叫三声后，死在寨门上。

长毛贼用乱箭射退群猴，鸣锣收兵。杨首领命一个小毛贼取下猴妈妈的尸体说："一场虚惊。"一个小毛贼问："头，这死猴子咱个处理?"杨首领说："想不到这牲畜也这样通人性！你去把它埋了吧！"

两个小毛贼一前一后抬着猴妈妈的尸体走出寨门，来到一棵歪脖子树下，停住了。走在前面的那个小毛贼说："天快黑了，就在这儿挖个坑坑埋了交差。"后面那个胖嘟嘟的大毛贼说："哎！今年真是流年不运，这仗打得真是窝囊！遵义府损兵折将，攻打不下。退打小小的正安州，眼看就要打进去吃香的喝辣的了，又偏偏遇到贵州提督田兴恕诡计多端，守城有方。我看这贵州真是个邪魔之地，不如我们回去建议杨头领收兵回去……"

天，全黑了。远处传来一声似狼嚎的声音，令人毛骨悚然。小毛贼胆怯地说："大哥，不埋了，我们快回去吧?"胖毛贼说："我也不想埋了，不如我们把这死猴拖回厨房煮来打个牙祭?"两个毛贼把猴妈妈拖回军营悄悄地煮来吃了。

八月中秋那天，月黑风高。知州彭城得知胡团练带兵来救援，即派人假降长毛贼为内应，内外夹攻，长毛贼大败而逃走。长毛贼从正安州逃回樊村。在经过马鬃岭的地方又遭到樊村大青猴的疯狂报复。大青猴站在高高的河岸上推下一块块巨石，打得船上的长毛贼落花流水，哭爹喊娘。那两个吃猴肉、披猴皮的长毛贼被大青猴推下的巨石砸得粉身碎骨。

从此，长毛贼退回四川，再也不敢兵犯芙蓉江。

冯福庆

男，生于1954年4月，贵州省正安县人。大专文化。曾供职于正安县财政局、县纪委，现任县人大机关主任科员。20世纪80年代开始创作，以散文、诗歌、报告文学见长，曾在省、市级报刊发表作品。从事财政工作期间，曾在国家和省学术刊物上发表财经论文50余篇。1996年撰写的文章《论市场经济条件下的国有资产管理体改革》收入中央党校出版的论文集。

与阳光同行的岁月

——正安劳务输出点滴回眸

2007年5月23日清晨。

当东方正泛出鱼肚白，太阳还未从天际边升起时，县城体育场四周的看台上，就已经坐满了密密麻麻的人群。体育场外边那几块宽大的空坝里，身着鲜艳表演服装的表演队伍在静静地等待着入场的指令。

时间，虽已过去了两年多，可对正安人来说，两年前的那个洒满金色阳光的日子，却是他们一生都回味不尽的美好。中国·贵州·正安农民工节暨劳务经济研讨会的成功举办，为正安向外展示改革开放取得的丰硕成果，展现正安丰厚的人文底蕴和历史文化，展现劳务经济给正安带来的不尽的活力，搭建了一个宽广的平台。国家部委的领导和省市领导的讲话中对正安二十年来劳务输出成果的肯定，来自省城和其他省市的专家、学者对正安劳务经济在全国产生的影响的由衷的赞扬，从天南地北赶来参加纪念活动的农民工代表对家乡深情无限的感怀，还有，那由正安人第一次组织的精彩的大型团体操表演，更使人们感到耳目一新，激情满怀。

那天上午，除了县城是万人空巷以外，全县的19个乡镇的所在地的大街上，都显得非常宁静。满怀欣喜的男男女女、老老幼幼，都守候在家里的电视机旁，享受着广场里的人们一样的自豪和快乐。

那天上午，有几位坐着观众席上的年届50的中年人，当看到省、市、县的领导们为走上台的优秀农民工颁奖时，他们情不自禁地站了起来，面向主席台上使劲地挥舞着手中的小红旗。

他们，就是当年曾在广州番禺同农民工们一起同吃同住、同在一起憧憬过未来的驻广干部。二十多年前，这些干部的工作就像太阳光发出柔和光熠，温馨着无数初出大山，想大山的农民工兄弟姐妹。

一

20世纪80年代中期的正安。

由于农村实行包括土地下放在内的一系列宽松政策后，农民的生产积极性大大提高，科技含量在农业生产上的比重逐渐增大等因素，粮食生产形势一年比一年好，农民的温饱已不是问题。但是，劳动生产率的提高，也给这个人多地少的山区农业县沉淀了大量劳动力。大量的剩余劳动力往何处转移，一直是县领导们的一块心病，因为他们清楚，过剩的劳动力不与有效的生产元素结合，就将会成为阻碍生产力发展的消极因素。

这个局面，终于因县委一位副书记的番禺挂职而得到改变。

1986年，时任正安县委副书记的李国士，根据省委组织部的安排，到广东省番禺县挂任县委副书记并分管工业。

那期间，常在企业跑的李国士发现了这样一个问题，番禺的企业，特别是一些以生产电子产品、服装、玩具、鞋袜为主打产品的私营企业，都存在着一方面订单多，一方面又因缺乏工人而开工不足的矛盾。

想到自己工作的正安县农村还沉淀着大量劳力，国有、集体企业也因效益不好已有工人下岗，就业难、找活干难已成为影响正安经济社会发展的大问题，李国士萌生了将正安的富余劳动力向番禺转移的想法。

李国士的想法，得到了当时的县委和县政府领导的支持，也得到了番禺县领导的支持。

1987 年 2 月 25 日的清晨。

春寒料峭的正安县城，因为人声鼎沸而寒意渐退。

这天，县四大班子的领导和各单位的干部职工、街道居民齐聚县委大操场，为即将奔赴广东番禺的 297 名姑娘举行了盛大的欢送仪式。为保证这些姑娘们能安全到达目的地，县里还从各单位抽调了干部护送。按照与番禺方的协议，派遣的驻厂带队干部也一同前往。

没几天，县广播电视局副局长谭文长的《黔北三百娘子军，南下广东当工人》的新闻稿刊载在省报的头版，没多久，这篇稿件又被《人民日报》等国内多家新闻单位采用。稿件见诸媒体后，效应如潮。

有组织地开展劳务输出，是正安人首开历史先河的壮举。

然而，谁也没有想到，就在正安的决策层们还为走出的这一步感到欣慰的时候，到番禺的那 297 名姑娘，在进厂不到三个月的时间里，就有 185 人回家或转到了其他厂。回家或转厂的，理由莫外乎就是那么几条，一是生活不习惯；二是嫌工资低；三是认为厂里管束太严；四是不能按时得到工资。

驻厂干部们的电话频繁打到了县里，希望县里想办法，采取措施，否则，所去的女工将有全部返乡的可能。

所有女工全部返乡，将意味着什么？县领导们心里非常清楚。

将意味着他们煞费苦心地为山区寻到的这一条增收致富的路子将因此而被彻底堵死，将意味着他们创立的农村富余劳动力转移新模式宣告失败，将意味着他们在农村所实施的一系列改革措施都会因此而受到影响，甚至有停滞的可能。

正安遭遇的这一困境，省地劳动部门给予了高度关注。

很快，省劳动局的《信息反馈》第四期——《正安县三百名女青年赴广东务工出现的问题》送到了省委办公厅，引起了时任贵州省委书记胡锦涛同志的高度重视，他在《信息反馈》上做了如下批示：

“正安县第一次有组织地向省外劳务输出，出点问题在所难免，只要认真总结经验，坚持下去，就一定能闯出一条路子来。希望正安县一方面做好劳务输出人员的思想工作，另一方面协商解决好实际困难，不要半途而废。”

胡锦涛同志的批示，肯定了正安的劳务输出工作，为今后更好地发展劳务输出，指明了方向。收到省委书记的批示后，县委、政府的领导们信心倍增。

按照胡锦涛同志的批示，县委、县政府把如何帮助在番禺的女青年走出生活和工作上的困境作为要解决的主要问题，派出了以县委副书记李国士为组长的赴番禺工作组，并带上了2万元现金为生活困难的工人购买饭票，解决了他们的一时之忧，这种极富人性的关怀，终于稳定了留下的112名工人，她们都表示不回家，在厂里继续干下去。为了使这些留下的工人有一个安心的工作环境，工作组在征得番禺党政的同意后，通过召开工人座谈会，召开用工企业业主座谈会，协商解决了发生在劳资之间的一些纷争。在进厂工人的劳动时间、工资保障等重大问题上与企业达成了共识和谅解。

事后发展的结果表明，就是这样一次关键而重要的番禺之旅，才使正安的这一次有组织地向省外的劳务输出没有因出现的问题而失败，就是这一次成功的、非常关键的番禺之旅和工作组在番禺的大量卓有成效的工作，奠定了正安继续有序地对外劳务输出的基础，奠定了正安，乃至整个贵州在农村实施包括剩余劳动力转移在内的农业产业结构调整的基础。

2009年，当人们不假思索就能在浩浩17万劳务大军中叫出那些昔日的大山穷少年、今天的都市“老板”们的名字的时候，当人们将欣喜的目光又一次聚焦在家乡进行第二次创业的农民工们的劳作的身影的时候，人们都还未忘记22年前县里派出的赴番禺工作组的那希望之旅、信心之旅对正安更好地实行劳务经济所起的关键作用。

二

两年前的一天，一位在外有着十多年打工经历的农民工在给一位朋友的信中这样写道：

> “置身在这尽染着五彩缤纷的都市，我那不改的乡音、土气的衣着和面对流水般来往的车辆生起的一丝丝胆怯，都只会引来路人的白眼。我仿佛觉得，有时，自己的不经意的一投一足，都在引来他们的惊愕，甚至是嘲笑，从他们朝我投来的那鄙夷神情的目光里，我感到朝我走来的是可怕的孤独，孤独的可怕。
>
> 然而，当这些过去之后，我又感到胆怯已消，自卑已去，精神又来。因为，我又记起了临走时家乡领导的那一声嘱咐：“大起胆子，长起精神，把外面的路看成是家乡的路，把外面的山看成是家乡的山，把外面的海看成是家乡的河，你就会觉得没有什么，该怎样走就怎样走，该怎样过就怎样过……”

是啊，只有家乡，才是在外的农民工兄弟心中遮风挡雨的墙，才是在外的农民工兄弟遮阴纳凉的伞，才是他们力量的源，才是他们克服困难的胆。

22年来，在这些农民工兄弟心目中，他们之所以能在外面站得起，立得住，之所以能对自己和家乡的亲人有一点作为，之所以能在创造财富中显示出了自己不凡的一招，是家乡、是家乡人给了他们大山般的支撑和依靠。

当“三百娘子军”还未出征前，县里为保证这些第一次走出大山的农民工的安全，维护她们的合法权益，帮助她们解决一些具体困难，先后在县直部门抽调干部派往番禺驻厂。直至20世纪90年代初，外出的农民工都由县里派干部护送到厂。

驻厂的干部肩负着县委、政府的重托，肩负着在番务工的工人们的希望。在番期间，他们都能任劳任怨、兢兢业业、踏踏实实为工人们服务。劳资双方发生了纠纷，需要他们到厂帮助解决；工厂出了意外伤害事故，需要他们参加处理；工人们遭到了侵权，他们要站出来帮助工人维权。作为地方政府的派驻干部，他们除了要与当地的政府部门随时保持联系，保持信息沟通，得到他们的支持以外，还要千方百计在企业老板与工人之间寻找一种共同点，并努力保持和维系着这种共同点，因为，这对于用工的厂方和做工的工人们，都是非常重要的。

今天，当年的派驻干部，多已年届花甲，就是年轻的，也过了不惑之年，可那一段经历，对他们每个人来说都是十分难忘的。

“当派驻干部，要克服许多困难，才能扎得下来，要有真心真意为务工工人服务的情感，才能为工人服好务，才能干得好工作，才不会负家乡父老的希望。”一位曾在番禺当过派驻干部的年过七旬的老人，当有人问起他当年在番禺任派驻干部的经历时，他发出了这样的感慨。

老人叫郑德才，参加过抗美援朝，曾在志愿军司令部工作，是一位在彭总身边工作过的老战士。当年，他是以县邮电局政工干事的身份被派驻番禺的，在番禺一干就是三年。

“当年，刚进厂的那批工人月工资是低，人均月工资才一百多元。劳动时间长，精力消耗大，工资与在家的收入相比，却又多不了几文，这是事实，大家都清楚。在企业，工人工资的多少主要取决于完成劳动定额的多少，主要取决于劳动生产率的高低。工人工资低，无非是两个因素，一是厂方为了压低成本，追求超额利润，人为地提高劳动定额；二是由于工人劳动技能不过硬，付出的劳动时间虽然多，消耗的劳动精力虽然大，但劳动定额完成不好，生产的产品不多……

后来，经我们调查，两方面的原因都有。对于第一种原因，必须依据法规，依据行业方面的有权威性的参数，才能说服厂方，说服他们把定额定在一个合理的位次上来。对于我们的工人，则要教育他们服从管理，提高劳动技能，这样，才能多生产产品，才能增加工资。

半年以后，这个矛盾终于解决了。老板的疙瘩解开了，工人们的劳动技能提高了，工资也上去了，月工资300元是普遍现象，其中，还有月工资400元、500元的。

现在的年轻人也许不清楚那个时期的月工资500元是什么概念？是当时像我们这样的一般干部四个月工资的总和。”

当年派驻干部三年之久的老人，很懂得工厂计件工资管理的那一套程序，也很懂得物价指数在收入分配中的地位和作用。

“不是县委、县政府领导的关心和支持，开始去的那一阵，不要说工人们难以稳定下来，就是我们这些被派去的干部，也因生活的不习惯、老板的不配合、工人的怨气大而打起了退堂鼓。县委、县政府很关心我们派驻干部，不仅在经济待遇上给予了我们不少照顾，而且，还帮助我们解决了不少困难，如为我们申请无息贷款（县财政承贷承还）在番禺添置了房产和家居用具，使我们派驻干部真正有了一个属于自己的家。县里四大班子的领导只要出差广东方向，都要来看望我们，县人大的领导到番禺考察，看到办事处条件差，还特地为办事处购置了彩色电视机，李国士副书记多次写信给番禺县委、县政府的领导同志，希望番禺的同志多支持我们的工作，在番禺方面的大力支持和配合下，我们才较好地完成了任务。”

谈起县委、县政府对派驻干部的关心和支持，老人的话滔滔不绝。

“三百娘子军”广东之行站稳了脚跟后，很多农村姑娘、小伙子都纷纷要求外出务工，很快，在正安，外出务工成为了一股无法逆转的潮流。

为了加强劳务输出管理，县里成立了劳动就业办公室，成立了劳动服务公司，并建立了由劳动部门牵头、各相关部门协调配合的劳务输出管理机制。

那个时期，县里实行的是根据搜集到的劳动用工信息，再向各区（镇）下达招工计划的输出模式。工人们到县集中后，县里再从有关单位和部门抽调干部护送。

谈起护送农民工们进厂的那份艰辛，一位护送干部向人们讲起了她亲身经历的这样一件事：

“那是一个酷暑难耐的日子，我们几个干部接受了护送一批农民工到东莞务工的任务。大热天，我们和一百多位农民工在闷热的车厢里站了两天一夜，那滋味，实在是不好受，直到火车进了广州站，才感到有了一点轻松。

哎呀，没想到，事情就出在出站后的一时疏忽。

出了站，大家站好几排，我们拿着花名册点名，连续点了几遍，都没听见一个叫山慧的姑娘的应答声，这时，我们几个都吓蒙了，疲惫、饥饿顿时全无。事情急迫，我们几个马上做了分工，三位同志送工人们乘上东莞方向的车到东莞，留下我和另外一位同志在广州找山慧。

你们可能没经历过大热天在广州这样大的城市找人的那滋味，

走在大街上，太阳发出的光就像一团火球在背上滚来滚去那么难受，没有多大一会，从额头上淌下的汗水就进了眼眶里，火辣辣的痛，我们两人买上面包和矿泉水，边吃边喝、边左顾右盼地找人。最后，当找到那位走失的山慧姑娘时，我们连责怪她几句的力气没有了。”

一位曾经应一位因公死亡的农民工家属的要求，由组织派遣到沿海一个城市协助处理那位农民工死亡善后事宜的乡镇派出所的同志，说起千里讨公道的那些经历时，还不禁感慨万分：

“你们不知道，那个时期，由于工伤制度还不很健全、完善，对因公负伤或死亡的农民工进行赔付的法规体系还没形成，在这种情形下，向那些把钱看得比命还重要的老板们讨要公道、讨要说法是多么的难啊！他们自恃是投资者的有利地位，根本就没把我们放在眼里，对我们，不是傲视不理，就是借故推诿、回避，甚至是耍横。

但是，我们并没有因此退让，依靠当地的司法部门，一次次、一遍遍向用工单位讲事实、讲道理，最后，终于迫使他们承认了事实，最终不得不在赔偿协议上签了字，对死去的工人的家庭进行了赔偿。

当完备了最后一道手续后，几天来，那颗一直被揪紧的心才算松弛下来。”

县邮政系统的各邮政储蓄所（点），二十多年里，一直被在外地的农民工和他们的亲人视为是最可靠、最能传递亲情、最能放射大爱之光的地方。

22 年里，不知道有多少饱含希望、满怀欣喜的汇单从天南地北寄来，每一笔汇单，都凝聚着一份令人感动的亲情。在外辛勤劳动的打工者们，他们把积攒下来的辛苦钱寄往家里，不为别的，就为向生养自己的父母尽尽孝，就为替在家忙得不分白天黑夜的妻子分分忧，就为向幼弱的儿女表表爱，就为盼家里的日子一天比一天好。

22年里，在外农民工的劳务收入由1987年的100多万元到2008年的近15亿元，这种数字上的巨大变化非常明显地说明着这样一个事实，劳务经济已经成为了正安农村经济社会发展的主渠道收入，更好地服务农民工和他们的家庭，已成为邮政系统各储蓄所（点）的一项主要任务。

事实不止一次地这样证明，邮政系统的干部职工没有忘记自己的职责，在县委、县政府的领导下，他们将服务的每一个细节都考虑得如此周到。

一位农村老大爷每每提起邮政储蓄给他家生活带来的方便，总是赞不绝口。老大爷的儿子儿媳都在湖南打工，由他和老伴带着两个在读小学的孙子一起生活。老人身体硬朗，一家五口人的田土由他一人照料着，除农忙请一两人来帮忙以外，其余时间都是自己一人干。

“儿子和儿媳挺懂得我们过生活的难处，几年里月月都要打款过来。每当来了汇款后，邮政储蓄所的同志都及时通知我们，到了所里后，他们那服务态度好得简直没法说，取现金、转存由你自己定，从不勉强于人。有一次，儿子儿媳的汇款来了以后，由于活路太紧，我没及时到所里取款，他们就带着汇单和款子来到我家里。”

老人说的这事，也许是出自于一种偶然，或许是一种例外，但就是这不多的“偶然”和“例外”，就足以反映出邮政系统的职工们对农民工家庭细致入微的服务。

“我在这里要郑重地告诉大家，今后，不准谁对打工的家庭说三道四，更不许对这些家庭有任何歧视。相反，我们的各级组织要给这些家庭以更多的关心和照顾，使这些家庭在外打工的亲人安心。要知道，让他们在外安心挣钱，合法挣钱，挣大钱不仅是他们的亲人所希望的，也是我们的各级组织所希望的。”这是1987年6月的一天，小雅区召开的三干会上，年轻的区委书记针对一些人对外出务工人员家庭的无端非议的一番反驳。在当年南下的“三百娘子军”里，有这个区的一些农村姑娘，姑娘们走后，这些姑娘的家庭承受了来自各方面的冷言冷语，甚至是无端的挖苦和责难。

是啊，让农民工兄弟们能在外合法挣钱，安心挣钱，挣大钱，一直是正安的各级组织所希望的。为了让这些农民工在外安心、放心，正安历届县委、县政府都把关心农民工、为农民工和他们的家庭排忧解难作为对各级各部门的一项不变的要求。

县人事劳动与社会保障局，作为主管劳务输出、就业再就业、农民工技能培训的政府部门，从22年前第一批农村姑娘走向广东的那一天起，就一直将劳务输出作为非常重要的一项工作，为了把这项工作做得更好，他们把各种细节都考虑到了。

每一次护送农民工们到厂的工作都是那样的千头万绪，纷繁复杂，在此以前的信息搜集、筛选、与用工方签署协议、组织报名、联系车辆、食宿安排、直至护送途中车在哪里停、在哪里吃饭这样一些繁杂累心的事，对于他们来说，都马虎不得，否则，都将酿成不可挽回的过失。从1987年“三百娘子军”南下广东直至今天，一批批外出务工工人，绝大部分都是由他们组织或介绍到厂家上岗的。

在县委、县政府的支持下，人劳局成立了劳动就业培训中心，开展了经常性的就业再就业、农村劳动力转移培训方面的工作。

2003年以来，培训中心加强了与县职高、县扶贫办、县教育局、县农业局、县农办的协作，采取以集中培训、进村入户培训的形式，有针对性开展了计算机操作、家政管理、家电维修、建筑施工、汽车驾驶、农业实用技术的培训。在此基础上，他们还通过各种网站与省外用工企业联系，以订单形式针对性地为外地用工企业培训技能人才，提高了培训的实用性，也提高了就业率。2006年，在一些用工企业技能型人才告急的情况下，他们与职高、扶贫办等单位联系，当年就为浙江的11个用工企业培训了3150名合格的技能人才。

“我原来以为，自己揣的这本电工合格证，到上海这样大的城市派不上多大用场，因为我只是个初中毕业生，没想到，经同乡引荐，我到一个正缺电工的工厂报名时，厂方在验了我的电工证件后，没多说话就与我签了用工合同。待遇还不错，月工资2000元。”

2009年3月的一天，一位在县里通过职业培训的农民工在给亲人的信中，对在外求职的如此顺利显得格外兴奋。

一次，一位在内蒙古某市建筑工地打工的农村青年带上一年辛辛苦苦挣的几千元回家过春节，在火车上被小偷摸走了他揣在羽绒服内包里的一千多元钱。这位青年当时就当着满车厢人的面，大哭起来。

他怎能不哭，家里那多病的双老，那一年到头在地里忙得没有睡过一个安稳觉，没吃过一顿清闲饭的妻子，那在小学上学的女儿在接到他要回家的信后，正天天盼着他回家，盼着用他挣的钱置办年货，盼着用他挣的钱买点材料把破旧的房子重新翻修一下，可现在……

现在，再也不会出现那种类似的事了。金穗借记卡，这一快捷、安全的网络存取款业务为农民工们解决了异地存取款的问题。

据有关单位统计，到2009年3月底止，有90%的农民工用上了正安县农行的金穗借记卡。用上了此卡，远在千里之外的农民工们几分钟就可将钱打在持卡的家里人的账户上。这种体现着浓浓人文情怀的现代科技网络业务，农民工们把它称为“掌上银行”。

二十多年来，正安县历届县委、县政府都非常关心在外农民工和他们的创业活动，从制度设计到中长期规划，从一定时期新政策的出台到工作重心的确定，都把对农民工的各种关心体现其中。

切实维护好在外农民工的合法权益，加大对就业再就业、农村富余劳动力转移培训的力度，创新工作机制、减轻在外农民工因婚育证明、流动人口手续、妇检办理方面的各种负担的建议、批评、意见，一次次进入了县人大、县政协的审议议题。

2004 年，有个乡在办理流动人口证明时向农民工违规收费，县人大经过调查向县委汇报后，县委当即责成县纪委、监察局进行了认真的调查处理，并将调查处理情况通报全县。

加强“两基”攻坚，一定要把在外农民工的子女入学作为重要的工作内容，对因经济困难有可能辍学的学生，各级一定要在摸清底细的基础上，采取有针对性的帮扶措施，不能让一个在外农民工的子女因交不起学费而辍学。

2003 年春季入学开始，有个边远乡镇在开学前的摸底调查中发现，一些在外农民工的子女因家庭困难有辍学的苗头，学校将此情况向政府做了汇报，政府的领导非常鲜明地表示了态度，为解决这些学生家长的具体困难，专门拨出一笔资金给学校，建立了帮扶基金。

新州镇中心小学，针对该镇在外农民工子女多由在家的爷爷奶奶照看的具体情况，创新机制、大胆实践，在原镇完小建立了学前儿童和小学生寄宿制学校，对年满 6 周岁的学前儿童至小学毕业班的学生，实行寄宿制管理，运行至今，效果非常好。此举，得到了到该校检查“两基”工作的省市督导检查组的充分肯定，认为该校对小学生实行寄宿制管理，不仅较好地解决了“留守儿童”的问题，而且为在全省创新小学教育管理体制，使农村小学教育更好地为包括农民工子女在内的山区老百姓服务闯出了一条路子。

二十多年，对于不断前进的历史来说，只是瞬间，可对于一个个曾经有着数着星星捱时光的经历的农民工兄弟来说，不知有着多少令他们感到刻骨铭心的经历啊！二十多年里，在他们当中，也产生过资产逾千万的“老板”和在都市里添置了房产、购置了私家车的“白领”。近两年，不管是有着“老板”般荣耀的农民工，还是有着“白领”般自豪和风光的农民工，不管是靠苦挣苦熬积蓄了几个余钱的农民工，还是已有了好谋划但苦于因实力不够还达不到目的的农民工，他们当中的一些人，都滋生了一种返乡二次创业或将创业的根基移往家乡的想法，对于这些人，人们称之为“返乡创业型人才”。

“返乡农民工们创业，是参加家乡经济建设、支持家乡经济建设的具体表现”。

对于这点，正安县委、县政府的领导同志非常清楚。他们对农民工返乡创业，非常欢迎。为了给返乡农民工的创业活动营造一个宽松的环境，县里出台了一系列配套的政策，这些政策的一个最为核心的关键点就是要求各级各部门为农民工的创业给以更多周到、快捷、方便的支持和服务。

“作为以服务农村经济建设为主打产品的农村信用合作金融组织，对于返乡农民工创业的资金需求，不能视之不管，要千方百计满足他们的需要。”正安县的县乡信用联社，对返乡农民工创业的支持，态度非常鲜明，一点不含糊。

目前，在正安返乡创业的农民工中，他们都在创业的第一时期得到过信用社的资金支持。庙塘镇有一在外打工十余年的农民工，学得一手过硬的计算机软件开发技术。回乡后，他准备办一间用计算机管理的现代化养猪场，待圈舍建好，计算机控制那一套系统安装完毕后，积蓄就全部用完。正当他为没钱买猪崽而犯愁时，信用社的同志上门了，通过现场评级授信，当即为他办理了贷款手续。

2009 年 7 月的一天，当年的正安县小雅区工农公社的十多个男女知青从天南地北相约回到了他们的“第二故乡”。

当那几位在遵义、贵阳、广州工作的当年的知青看到了自己三十多年前的“第二故乡”——漂亮的黔北民居取代了昔日的土墙木屋，看到了平整的水泥路取代了昔日的泥泞小路，看到了家家都是彩电冰箱一应俱全，看到了昔日房东的家里干净卫生的沼气炉具取代了烟熏火燎的厨房，当看到了充满生气的寨子里停放着的几辆漂亮的私家轿车，特别是当听到二十多年县里的各级组织在为农民工和他们的家庭付出的艰辛和努力的那些动人的故事后，知青们都显得格外的兴奋和激动。他们在由衷地夸赞“第二故乡”今非昔比的变化时，也从心底里流露出了敢为人先，以非凡的胆识和气魄在二十多年前推翻了城乡二元结构屏障、促进城乡协调发展，使更多的大山的老百姓走进富裕，步入现代文明而做出不懈努力的正安各级党政组织的敬佩之情。其中，有位知青在日记本上飞快地写下了这一句感受之言：“在我的印象里，孤独、苦闷是用在进城务工的农民工们身上少不了的形容词，可是，当听到我们的‘第二故乡’的农民工和他们的家庭得到的由组织送给他们的温暖和呵护后，我改变了固有的看法，二十多年里，他们天天都在与阳光同行……”

感受西行

一

2005 年 10 月 8 日，我们县人大常委会机关一行十人分乘两辆越野汽车从正安出发，准备经重庆、成都往若尔盖方向进入那藏着神奇、裹着刚劲剽悍的大西北。

当天晚上，我们就赶到了离正安将近七百公里的四川郫县。

郫县距举世闻名的都江堰只有十多公里，境内多是阡陌状的田野和被丘陵环抱着的村庄，雨量充足，水资源丰富，土地肥沃，是一个美丽富饶的好地方。汽车到达郫县县城时，天已尽黑，打开车窗，把头伸出窗外，只见宽大的街面上车来人往、好不热闹。已近深夜，大街两旁错落有致的现代建筑披挂着的霓虹灯盏，在夜空中闪耀着红、蓝、白、紫的熠熠光彩，宏伟壮观的商场、酒楼、歌厅，在夜色里飘逸出淡淡的悦耳的音乐声，把成都平原上的这座千年古城搅乎得真成了一座名副其实的不夜城。不是么，我们走进的那靠着大街的一家小馆子，一切的一切都好像才开张似的，主人一见我们，赶忙吆喝沏茶倒水，店小二那兴奋的神情，那动作的麻利劲，使人一看丝毫没有倦意。

回到宾馆，领导决定改变原来安排的行程，放弃在都江堰逗留的计划，直奔若尔盖。

“目前是到大西北的最好季节，也是最关键的季节，错过这几天，我们就难以翻过海拔五千多米的唐古拉山了。都江堰离我们正安近，随时都可以来，挺方便的。”带队的领导说。

过后发生的一切证明了领导的决定是对的。十多天后，当我们从拉萨返回时，在唐古拉山就遭遇了暴风雪。风雪之夜夜宿沱沱河的那从来没有感受过的零下十多度的严寒，那从来没有感受过的因严重缺氧而引起的极度的高原反应，至今想起，都还使人感到后怕。

都江堰，这座凝聚着中华民族伟大创造精神的千年杰作，传递着李冰父子不朽神奇的千年古堰，古往今来，一直因设计之奇妙，工程之浩瀚而著称于世。直到今天，这座千年不失色、千年不失惠及苍生之本的伟大的水利工程，还在惠及我们的这一代、下一代。秋天，每当人们闻吸成都平原上的百里田野飘逸的稻花香，每当人们在沉甸甸的稻海里开镰收获，就会想起都江堰，就会想起为惠及子孙而熬尽毕生精力和智慧的千古功臣。“世界上绝无仅有的千年水利之杰作”的这一美誉，多少次，曾使我们对它产生过无数次高山仰止般的敬重，春风拂怀般的自豪。此时，要从它身旁擦肩而过竟不能一睹尊容，使人不得不生一憾。

第二天清晨，站在宾馆的高楼望去，一望无垠的成都平原上，一抹朝霞，一天云彩，云蒸霞蔚，风光无限，真是不是春光胜似春光。

随着旋转的车轮声，我们离开了郫县县城，不一会儿就来到了都江堰，不一会儿也就经过了都江堰，离开了都江堰。

在“磁磁”的车轮声中，我对都江堰、对富庶的成都平原以及对扑朔迷离的大千世界的遐想，都是那么不循规矩、不成章法，完全凭没有干系的思绪漫无边际地游逸。

这就是岷江。

这就是离开郫县不久就伴我们一路而行的岷江，这就是发源于阿坝大山、一路涓涓细流经九曲百转后终成滔滔大河的岷江，这就是在“天府之国”中号称四大水系之一、被勤劳朴实的阿坝各族人民视为母亲河的岷江。此时，尽管坐于车中，透过车窗玻璃，我们还是瞧得见从大山峡谷呼啸而出的江水向远山漫去的那恢弘的气势。那气势真使我们领教到了什么叫惊涛拍岸、一泻千里，什么叫浪谷峰高、涛起涛落。车一进入巍巍大山弯曲蜿蜒的盘山公路，我们乘坐的车子就没有摆脱过滔滔岷江执意不去的缠绕，车子在公路上一会儿向左，一会儿向右，岷江在我们的视野中也一会儿是左一会儿是右。从峡谷汹涌扑出的急流撞击石崖溅起的浪花，低凹处形成的平缓宽大的滩渡以及在江涛上不惧风险的浪遏飞舟，都是视野中道道神奇壮美的风景。

车子一进入茂县境内，就见幽谷多多、荒凉渐逼、少有人家。沿江两岸，多是一些裸露着黄土的荒凉山坡，偶尔在一处之字拐层叠的缓坡上，才望得见一蓬蓬的绿色，才望得到一些低矮的土墙平房，从这些土墙平房的造型风格上看，这是羌族的住居。

可是，荒凉中也觅得见现代的影子。

小车刚驶离茂县县城不远，只见前方一群平房房顶的上方，在太阳的辉映下，悬浮着一朵朵银色的光芒，走近一看，这些在太阳光下泛出的银色的光熠，就是安装在房顶上的锅盖形的电视接收器。粗略一掐算，沿江两岸的平房少说也有一百多幢，一百多幢房子的房顶都安放着电视接收器，一百多套电视接收器就是一百多朵银色的云朵，这种天上地上相互辉映的风景，在我们那里实在不多见。

车子在路边的一家饭馆门前刚一停下，就见几个挎着竹篮的老人向我们走来。

“买点苹果尝尝，这苹果又甜又脆，纯绿色的。”

看来，老人们也懂得绿色产品在市场上的价值的分量。

其中一位穿着羌族服装、头裹花帕的老大娘凑到我们面前，不厌其烦地向我们讲起她的苹果优于其他苹果的地方。老大娘看上去六十有余，身板十分硬朗，十月天气，在这海拔一千多米的高原已是秋风萧瑟、寒气逼人，可老人上身还只穿着一件粗布短袖衫。

见我们在与老大娘讲质论价，其他那几位老人越发缠住我们不放，没办法，我们只好在每人的篮子里都挑拣了几斤。

“嘿，还真是又甜又脆，好吃。”一位同事抓起一个苹果就吃，边吃边大声嚷道。

后来我们才听说，近十多年来，像茂县这样的川西北地区在发展经济方面也是下了不小的劲的，当地的政府和各级组织，在引导农民致富这个问题上还是动了一番脑筋的。不然的话，沿途就不可能见到像羌族村落上空出现的朵朵银色的“云朵”，就不可能见到沿途那些小巧别致、镶着瓷砖、悬着五彩广告牌的饭馆、茶楼和火锅店。

二

从格尔木前往拉萨的千里长途中，除在昆仑山口偶遇风雪外，一路都是天高云淡，太阳高悬，一片的辉煌灿烂。那太阳就像悬在头顶上的移动着的火球，车有多快，太阳就有多快，一路随着太阳前行的，是那向前、向左、向右永远也摆不脱的皑皑雪山和那贴近地平线的天地人融为一体的淡淡影子。

不走青藏路，不知天有多高，太阳有多近，白云有多低，雪山有多美，草原有多广袤，大漠有多苍凉。

从可可西里往西前行，真可谓是天上不见飞鸟，地上不见寸草。有人说，这是大气中严重缺氧造成的“飞鸟尽”，是地底下的化合物作用导致的草难长。地下有化合物，就说明地下有人类可用的工业资源，有人这样推断。

在格尔木那一大片的荒漠里，地下不就埋藏着世界第一富足的钾矿么，有人拿出了实证。

那从地下开采出来的钾矿石，不就撑起了亚洲第一大钾肥化工基地么，有人这样说。

可谁又不会相信，就是在这千里万里的荒漠之地，就是在这有无数个生命禁区的缺氧之地，就是在这有人视为畏途的万仞雪峰之巅，人类以他的智慧、勇敢和创造，在五十多年前就辟出了一条通向天堂的神奇之路。在这条路上凝聚着的智慧和神奇，缀满了青藏线，亮爽了青藏线，扬威了青藏线。

呜……

刚从格尔木出来不到二十公里，一列绿色的列车就在左面与我们并行，那列车就像一条绿色的长龙，在灰褐色的大山之间缠绕婉转。格尔木是青藏铁路开工的第一站，列车从这里开出，难道是世人瞩目的青藏铁路开通啦？当时，我们心里都是这样想。“不可能！青藏铁路开通了，为什么媒体没有报道?”瞬间，我们在心里又否定了自己的设想。三个多小时，我们的车到了沱沱河，列车也到了沱沱河，没多久，我们的车翻越了唐古拉，列车也翻越了唐古拉，我们的车在那曲至拉萨的公路上疾行，不多一会，后面又飘上来了那绿色的影子，我们就要到拉萨了，那绿色的影子又从后面飘忽而至。第三天，在从拉萨返回格尔木住下来的那晚，我们终于从中央电视台的新闻节目中得知，青藏铁路只是全线铺轨完毕，还未正式通车。就在我们到达拉萨的第二天，国务院在拉萨召开了隆重的庆贺青藏铁路铺轨成功的大会。胡锦涛总书记就青藏铁路铺轨成功还专门发了贺电。

我们荣幸，我们荣幸比别人先行见证了“铁龙”在世界屋脊的奔驰。

我们荣幸，我们荣幸地闻听了“铁龙”奔驰青藏高原后来自天路第一声由衷的歌唱。

那是一条神奇的天路
把我们引向幸福的天堂
酥油茶青稞酒无比香甜
幸福的生活无比欢畅

莽莽昆仑，绵延唐古拉，巍巍喜马拉雅，集聚了大自然最巍峨的雄势与气派，凝聚了民族自豪的最闪亮的精华，开辟了人类智慧的最伟大的高远，走在“天路”上，灿烂的阳光与银色闪烁的雪山相辉相映的那奇、那美，则是你在别处无法看到的。

然而，在太阳光最闪亮的地方，则是最缺氧的地方，在最能使人宽胸抒意的高路，则是风雪严寒频繁光顾的地方，青藏高原的生存环境、生活环境、工作环境之艰难，是没有到过青藏高原的人无法想象的。

若不是在昆仑山口亲历那刀子般的寒风刮脸的疼痛，若不是在唐古拉山口亲历因缺氧而引起的大脑剧烈的阵痛，若不是被暴风雪困在沱沱河的那不眠之夜的煎熬，我们是无法相信在这看似一路亮丽阳光、一路坦荡笔直的“天路”上有如此令人感到生存的艰危和恐惧的。

从拉萨返回时，车刚翻过唐古拉山口，一路相随我们的太阳刚一隐去，就见浓云四起，没多大一会，可怕的暴风雪就像一块天大的黑幕一般从顶上罩了下来，瞬时，在这叫人可怕的黑沉中，我们只看得见被狂风卷起的团团雪花，除此以外，什么也看不见，若不是驾驶员凭着车窗露出的那一小块微弱的光亮把车慢慢地滑到沱沱河，找一客房住下，后果不堪设想。

至今，沱沱河之夜的那痛苦难忍的胸闷气短，沱沱河之夜的不停地吸氧、喝水，沱沱河之夜的靠美好的梦幻捱度时光的那情形，还历历在目。

恶劣的生存环境对生命的威逼，太可怕了。

可是，事情就是这样，越是生存艰危的地方，就越能见到生命的从容、生命的勇敢、生命的智慧、生命的韧性。据资料载，当年修建青藏公路和乃至今天修建青藏铁路的建设者，大多来自内地。这些不远千里从内地到这里的工程技术人员、筑路工人，肩负着开辟“天路”这一神圣的使命，是他们，克服了一个又一个的困难，闯过了一个又一个生命的禁区，终于把一条又一条“天路”铺通，为青藏的建设，为祖国的建设作出了伟大的贡献。

生命，只要从容，就会在翔风飞雪中显示着非凡的自在，就会在生命的禁区显示着不朽的风范。不是么，在一跨出车门就会使人感到头晕目眩、胸闷难忍的唐古拉山口，有拿着藏红花高声叫卖的藏族大嫂，有骑着自行车朝着山口一步一步蹬来的藏族大爷，有驾着摩托风驰电掣般冲下山去的热血小伙。他们对生存极限的挑战的那种无与伦比的韧性和自信心，显示了人类从容面对一切的坦然。

生命，只要勇敢，就会在任何危及人的生存的环境中显示着高贵的价值。在西藏，海拔 6000 多米以上的高峰就有 50 多座，8000 米以上的高峰就有 17 座，这将近 80 座高峰所在的区域，大多都属生命的禁区。可以说，一个健康的人稍有闪失，就会将生命付诸这里。可是，越是生命的禁区，越是人们最希望跨越过去的，因为，一步过去，将会是生命的无限风采。青藏公路、青藏铁路的建设者们就是身披这无限风采的勇敢的人。

当年的青藏公路、今天的青藏铁路不都是从这禁区穿过的么？今天，我们完全可以这样说，没有五十多年前青藏公路建设者们勇敢的前行，就没有今天气势如虹的“天路”，就没有今天高原上那翻天覆地的变化，就没有相随着欢乐的那无尽的天籁般的歌声。

今天的青藏铁路，不就是打破了海拔 4000 米以上高寒地区不能修建铁路的神话的一个奇迹么，四年多的时间里，建设者们不但使千里铁路直抵拉萨，而且还解决了修路中遇到的诸如冻土层保护、环保、野生动物保护等一系列世界性难题。

有人曾这样说，从内地到西藏的人，只要能住得下来，就是对西藏的尊重和贡献，就是经受住了生命极限的考验。冬天，零下几十度的气温和常年只有内地70%的氧气的恶劣环境，不亲身经历你是体会不出个中滋味的。胸闷、头疼、气喘、乏力等高原病瞬息就会扑上你的身，把你击倒。在格尔木时，当有人提出一人买一瓶瓶装氧气以备不测时，而有人则不以为然，认为大可不必，还是带队的领导硬叫每人买了一瓶。最后的情形是，如果没有携带的氧气，在拉萨、在唐古拉、在沱沱河的强烈的高原反应，即使不把我们中的一些人击倒，也会给队伍的返程带来麻烦。特别是被暴风雪困在沱沱河的那夜，睡在有火墙保暖的那房间，我们几个严重缺氧头疼而无法入睡的人，几乎是在不断地吸氧，不断地喝开水中才熬过那一夜的。

拉萨，这个集中了西藏主要的宗教文化场所，集中了西藏主要的世界文化遗产的高原城市，是西藏政治经济文化的中心，也是西藏自治区的首府所在地。拉萨有“太阳城”之说，意思就是一年365天中，在拉萨，绝大部分时间都是白昼长，夜晚短的天象。

拉萨不仅昼夜时差大，而且昼夜温差也大。白天，强烈的太阳光幅几乎是灼得大地生烟、皮肤冒油，可一到半夜，嗖嗖冷风侵骨，有时，人缩在被窝为防冷风侵入体而不得不将被窝裹了又裹。

拉萨，虽然太阳光照时间长、光照也强烈，可城郊山脚到山顶的白雪一年四季照常晶莹闪白，照常与阳光争辉相映。有人说，拉萨的白雪是米粒状的，再强的太阳光照射三五天也不能烤化它，白天没有晒化的残雪，一夜雪落风呼，又增添了白天被烤化的白色，因此，浩白雪景永远在太阳城中存在，永远是太阳城一道无法抹去的风景。

在这座不大的雪山之城、太阳之城里，骄傲地伫立着布达拉宫、罗布林卡、大昭寺三处世界文化遗产。另外，围绕这三大世界文化遗产，簇拥着三十多处等级不同的文物保护单位和包括楚布寺、色拉寺在内的一百多处宗教文化景点，分布着纳木错、念青唐古拉山、德仲温泉为代表的一批自然景观。这些簇拥在三大世界文化遗产周围的文物保护单位、宗教文化景点、自然景观就像星星，衬托着布达拉宫、罗布林卡、大昭寺的庄重与伟岸、皎洁与辉煌。

西藏是藏传佛教的发源地，120 万平方公里的土地上，只要是有人居的地方，都有飘扬着的经幡，都有手摇经轮、虔诚微语、目闭神凝的信众。一路上，我们见到不少足行千里的朝拜者，这些腿缠羊皮护膝、胸缠羊皮护围、手戴羊皮手套的朝拜者，一路几乎是三步一伏拜、两步一叩首，不管太阳多大、雨雪多大，这双手朝前、全身伏地的虔诚叩拜都是少不了的。朝拜者来自西藏、青海、四川，有的甚至从上千公里的地方来，像这样三步一拜两步一叩的行程，要足足花上近一年的时间。在布达拉、在大昭寺，我们看见了几位终于完成了千里朝拜这一夙愿的朝拜者那激动万分的神情，这几位上了年纪的老人，当他们在完成最后的一拜时，几乎是在他人的搀扶下，才慢慢地、颤巍巍地站立起来。几百个风餐露宿、栉风沐雨、霜浸雪裹的日日夜夜，使他们终于完成了这一生中最大的大礼，尽管要靠他人搀扶才站立得稳，但他们的脸上，还是露出了非常满意的笑容。

拉萨是藏传佛教千年辉煌的圣洁之城，布达拉宫的庄严、神圣，使你不得不在迈上它的第一步梯石就倍感肃穆生然，一切都好像在庄严的伟岸中漫行，一切都好像在神圣的山林间跋涉。大昭寺，那如游云般的香火和朗朗而来的诵经声，使你在威严的寺门前一站，就有一种不见佛圣不回归、不拜佛山不出寺之感。

我们到达拉萨时，已是下午三点，为了能赶上参观布达拉宫，大家在草草吃了一顿午饭后，就赶往布达拉宫。

站在布达拉宫的顶端入口处眺望一片灿烂阳光下的拉萨，心情要多清爽有多清爽，要多豁达有多豁达。那在万绿丛中的从东到西，从南到北的幢幢高低错落、分布均匀的亮丽美观的建筑物，展示着今天拉萨的风貌。车在高山顶上鸟瞰般的心情和我们从外环进入拉萨时被那宽广笔直的大道和在大道两旁的高大的绿树敞亮了的心情一样，对太阳光下亭亭玉立的拉萨，有的只是祝福。

由于没有请到导游，我们一行在布达拉宫的两个多小时中，都是跟在有导游的旅游团队后面，从他们请的导游那里，吸纳着千年布达拉历史沿革下来的那些弥漫着风霜雪月的岁月，忆念着那些创造了千年不朽、万年不倒的布达拉建设者们的风采。

不管是在布达拉，还是在大昭寺，不管是在拉萨街上铺着大理石地砖的人行道上漫步，还是在“山西面馆”那雅静的楼上小吃；不管是在唐古拉饱览雪峰雄姿，还是在那曲草原细看牦牛悠然觅食；不管是在拉萨广场迎接从千里之外来的虔诚的朝圣者，还是遥望那在云端的巍巍的喜马拉雅，我们心里都在这样想着、念着：啊，西藏，祖国的雪域之都，世界的极顶之脊，天堂之路真的是通往天堂么？朝圣之路真的是通向亮着圣火的圣地么？

还在读小学时，我就知道了在祖国的西南边疆有一个叫西藏的地方，我就知道了在西藏这块幅员辽阔的土地上不是皑皑雪山，就是辽阔草原，不是湖泊江水，就是漫漫荒原；不是看不够的蓝天白云，就是走不完的崎岖小路。千百年来，在这块充满着神奇的土地上，在充满着多少令历史都感到无穷无尽的苍凉时，也荡漾着多少使人们发自内心的欢笑。

啊，喜马拉雅山
再高也有顶
雅鲁藏布江
再长也有源

藏族人民再苦
再苦也有边
共产党来了苦变甜

四十多年过去了，当年西藏人民最爱用这支表达翻身后对共产党的无比热爱之情的美丽的歌的歌声，一直萦绕在我的心底。昔日牛马不如的农奴，一旦真正挺起了腰杆，真正体会到了做人的尊严，那种用语言无法表达的欣喜，简直可以令喜马拉雅动容，令雅鲁藏布江动容。

西藏是个盛产歌声的地方，这歌声如果发自内心，比从喜马拉雅流淌下来的雪水还要清纯，还要甜美。才旦卓玛、央金、索朗旺姆，这些生长在这块土地上的优秀的藏族歌唱家，她们的甜美的歌声，一直滋润着从过去走来的我们和将要步入生活的新一代的心田。在这些优美动听的歌声里，我们听到了天天都在巨变的新西藏的跳动的气息，我们感受到了天天都在前进的西藏的步伐的有力。

阳光洒满了雪山，洒满了草原，洒满了每一个藏包，洒满了阿里、日喀则、那曲、林芝、拉萨，洒满了整个喜马拉雅，到处是爽朗的笑声，到处是动听的歌声，新生活使人们充满了新的憧憬，新生活使人们增添了新的力量，这些，难道不是行进在天堂之路才有的么？

啊，西藏！

啊，拉萨！

三

这就是西安。

这就是千年古城西安。

这就是千年古都西安。

有人说，北方出皇帝，陕西出皇陵，意即古代历朝历代皇帝多生自北方，而他们命归黄泉后又多归宿这八百年秦川之地，又多魂魄浓缩于这千年古都之郊。

由于占据千年都市之优位，西安，在华夏历史的沿革中，一直都占据着一个非常重要的位置，一直都体现了令人一惊的绝色。

高楼林立，大道宽广，人流如织。

在聚秦川之豪气的钟鼓楼上，站立楼沿，眺望古城边外，使人心中激荡着一股豪爽之气，仿佛沉远已久的鼓点声又响彻耳畔，随着鼓点，一个生气而活跃的都市又走进了繁华。

高大而巍峨的古城墙，将古城和新城截然分开，站立城墙下，人显得那么矮小而瘦弱，可当你登上城楼，仰望天空，人又一下子显得那么豪气而志在高远，大有一种“城下雄兵百万，自在胸中囤积”的自豪感。古城墙，不管你有多么高大，多么牢固，在威猛和一往无前的将士面前，你都不是坚不可摧之关隘。

人群最聚齐的西安，还是那些展示着西安和陕西特色的这文化、那文化。小吃城、小吃街虽兜售的尽都是传统，可这千年传统之绝在今天之所以能绵延下来，的确都因它们是少有的精粹的缘故啊。时光虽然过去了千数载，可以羊肉泡馍为代表的西安之精品小吃，仍然是吊起各方旅客之味的一道简洁而味长的佳肴。

秦陵兵马俑，这个在20世纪70年代发掘，堪称当初世界发掘之奇迹的古文化瑰宝，几十年来，一直是西安的扬市之宝、镇市之宝，是几千年的中华民族灿烂文明的露脸之宝。据资料载，秦陵兵马俑自开馆以来，几乎是天天人流如织，在那些来自国内和世界五大洲的八方游客中，对发掘出来的那些远古时期的铜车、战马和栩栩如生的兵马俑最感兴趣是那些白皮肤蓝眼睛、黑皮肤白眼睛和棕色皮肤卷毛发的外国人。秦陵兵马俑，让两千多年前中华灿烂的文化瑰宝在世界面前长了脸。几十年了，不管是哪方游客，只要来到兵马俑馆走上一趟，就知道古老而灿烂的中华民族文化，对世界有多么大、多么强的吸引力。

华清池，因建于唐代，至今都保持着皇家庭院风格的气派，在西安的各式建筑中，处于举足轻重的位置。院门那高耸和气度不凡，在外驻足仅可见墙内郁郁葱葱中偶尔露出的飞檐一角，直到今天，都叫人感到封建王朝等级的不可逾越。风雨年代，年代风雨，在历史的沧桑和变革中，这座皇家宅院，演绎了不知多少次的帝王和贵妃的风流之事，见证了不知多少载的历史风云。

可最令这座宅院驰名中外的，还是七十年前发生在这里的张学良、杨虎城两位将军“逼蒋”抗日的正义之举，即闻名中外的“双十二事变。”

幽深的庭院，在古柏和青翠的簇拥之中，显得更加幽深。那朝那代的等级之森严，在这庭院中的各个布局中都得以充分体现。“贵妃池”彰显了华清池的知名度，七十年前的蒋公坐镇华清池，显赫于华清池，而又弃华清池进山谷，又增添了华清池的戏剧性。

几块玻璃上，还嵌留着七十年前的弹痕，弹痕的永留说明着什么？历史曾不厌其烦地给后来的人们以不尽的细细评说。

在十多里外的深山的那高谷的狭缝处，“兵谏亭”三个大字显赫于狭缝旁侧。看着那帮助游客登上狭缝观赏当年蒋公逃命的那根又长又粗的铁链，我不禁平生惊诧。一个浓黑浓黑、秋风萧瑟的深夜，一个五十多岁的老头子竟然能摸黑闯进这崎岖不平、怪石峋嶙的深谷，竟然能爬上就在今天，即使是三十多岁的壮汉也要借助那条铁链才能爬得上的狭缝隐蔽处，不能不说是一大奇事。有人说这是要命的枪弹在后面追的奇效，这是求生之欲望平添的十二分的勇气的原因，否则，那老头子是登不上去的。

也就是这不得已的枪弹所逼，顺理的正义之举，才使历史改变了逆向的轨迹，走向了全民族一致对外的正轨。

西安，古都；

古都，西安；

远古的文明在这里沉淀，

现代的文明，是在这里翻开新的一页。

小车从宽大的大街驶过，沿着古城墙在熙熙攘攘的人流中缓行，我不时回过头去，从车窗中细瞧着外面的一切。外面的一切那么亮丽，那么平静而又那么五彩。在古城道，在大路上，在小巷里，人人都在不倦地深思，人人都在不停地奔走，人人都在不断地忙碌。一缕缕西北的阳光，洒在他们的身上，显得是那么柔和、那么光彩。历史就是这样，时代和年代的变迁，跨越决不仅是以时间划定为唯一的标志和象征的，在过去是如此，在现在是如此，在将来还是如此。人对善恶的选择，对伟大与渺小的选择，永远是历史朝前与后退的分水岭。就像是我们将要翻越的秦岭是大西北与大西南的分水岭一样。

大西北的太阳刚刚向西偏移，我们的车子就驶出了西安古城，向着秦岭方向驶去。秦岭方向就是回家的方向，就是我们将要别了苍黄古远，拥抱苍山绿海的方向，那苍山绿海的深处就是我们的家乡。

“你们看，那就是秦岭。”

随着驾驶员的一声提示，车内的人们一下来了精神，我按下车窗玻璃，斜着身子向前直溜溜地望去，只见前方早没了从都市出来时的宽广大道，取而代之的是在黔北大山常见的不很宽畅的盘山公路，只不过，那公路的路面都铺洒着黑黑亮亮的柏油石。和家乡大山中的公路不一样的是，这条盘山公路的车流量十分大，我们的车子几乎每三五分钟就要与前面的来车减速会车，因此，车速不快，车子翻上秦岭山顶用了一个多小时。也就是在这一个多小时的时间里，一种存储了多长多长时间的对秦岭的好奇感得到了满足。

在极目千仞万峰的秦岭山顶，我们一行都对才在视野里消失了二十多天的南国绿色表现出了一种久违的热情，一位同事竟这样情不自禁道：“走出了大漠的最后一沿，满目涌来一潮潮荡漾着微风的绿色，绿色啊绿色，为何在南国才能找寻到你的蓬勃、你的挥之不去。”

同事平时不怎么张扬，身上也没有多少文学的细胞，可在这条条绿枝，甚至连根根草茎都闪现出玲珑剔透的秦岭峰上，能不假思索地一口气吐出这珠玉落盘般的诗句，可见，他对绿色的眷念之情是何等的深厚。

绿色的音符永远是隽咏的、青春的、活泼的。

同事的那喜形于色、情不自禁，使我突发地想起了这一诗句，诗句为国内一著名诗人所写，这一活泼可爱的诗句将静止的绿色拟人化了，赋予了它最青春、最跳跃、最美丽的色彩，可见，包括诗人在内的一切人类对绿色的那无与伦比的憧憬和称颂之情是何等的深。

是啊，二十多天的向西、向北，二十多天的雪山之行、大漠之行、草地之行、黄土之行，在我们头顶上晃悠着的不是那蓝天托着的太阳发出的耀眼的光芒，就是随着云低云垂而来的风雪。向西、向北的那一望无垠的辽阔的草地，就像一块好大好大的淡淡的绿毡，给人以无限的温馨；那一望不知尽头在哪里的泛着金黄色的光点的大漠，就像一幅好大好大的金色的壁画，给人以无休止的叩问；那一峰又一峰的雪山，就像从地底往天上长的银白银白的树林，给人以乘龙飞天般的畅想；那一湾又一湾的、层层叠叠的高原黄土，就像地球上闪着裂纹的金板，在太阳光的照耀下，给人以美滋无比的憧憬。

与绿意常在的南国具有的勾人魂魄的魅力一样，大漠、草地、黄土也同样魅力常在、魅力永存。七色彩的暮色里，大草地的那浮云般的羊群，黑白相间的牦牛群，骑着马、拿着长鞭的藏族小伙，帐篷顶上袅袅的炊烟，不就是一曲无声地流淌着的美丽的音符么；云淡天高的唐古拉山山口，那太阳光照耀下的永不融化的座座雪峰，不就是在这美丽的音符中流动着的一座座圣洁的雕塑么；雄浑苍凉的漫漫沙海，在跋涉者的眼里，漫漫无际的是力量与勇敢的凯歌。有人说，藏族姑娘天籁般的美丽歌声，抒发的幸福与感动能撼天动地；黄土高原裹着白羊毛肚巾的陕北小伙的狂歌劲舞，是幸福与感动化作了激情流水的挡不住的宣泄；维吾尔族姑娘的轻歌曼舞，是天上最美丽的云彩与大地最美丽的花朵的璧合。

车子翻过了秦岭，在沿着山脚那长长的、稍有弧形状的公路疾驶了半个多小时，就过了陕西省偏西南的最后一个县的县境，进入了四川的地界，随着车轮的快速飞转，那大西北的雄浑与苍凉的味渐渐淡了，淡得就像一条拖得长长的看不清烟迹的弧烟。

雄浑的气势可以在眼中消失，但雄浑与粗犷豪迈的西北歌喉却永远在心中激荡着，因为，在我看来，雪峰、大漠、草地、黄土就是我见到的不同于绿色的秀美的永远的力量，就是我怎么也听不厌倦的美丽的歌……

雷　霖

男，生于1971年12月，贵州省正安县人。贵州省作家协会会员、贵州文学院签约作家，现供职于正安县新闻中心。1988年开始文学创作，已在《人民文学》、《山花》、《广西文学》、《贵州作家》、《西部散文家》、《夜郎文学》等刊物发表小说近100万字，散文《寂寞沙滩》《荒芜海龙囤》等近50万字。中篇小说《云端的月亮》获“遵义市政府文艺奖”，中篇小说《冬苗》和短篇小说《枕头》获遵义市“尹珍杯”文学奖。

寂寞沙滩

在大西南的大娄山南麓，现在的贵州省遵义市城东四十余公里处的遵义县新舟镇禹门乡，有一条很小但很清澈的江，叫洛安江。江畔散落着大大小小几十户人家。由于江中有一块三面环水的沙滩，当地人就直接把这地方叫做“沙滩”。其实就是《诗经·关雎》里“关关雎鸠，在河之洲”的小沙洲。洲长半里左右，远远看去，活像一张古琴。所以它又名“琴洲”。

谁能想到，从清代的乾隆、嘉庆以后的百余年间，有一种文化现象，抑或叫文化奇迹，就在这弹丸之地的沙滩，如黄钟大吕一般，携惊涛骇浪之势，响彻西南乃至全国。而这震撼文化界的奇妙乐音，就是由这张琴，弹拨而出。这曲乐音的名字，叫“沙滩文化”。

弹响这张琴的乐师，就是以郑珍、莫友芝、黎庶昌等为代表的沙滩文化人。

这个小小的村落，前前后后孕育出几十位在经学、文字学、版本目录学、地理学、天文学、农学、医学等领域都有极高造诣的文人学士。仅是“黎郑莫”三家合计，就有专著153种，约一千二百万言。

在那个铁血残阳的年代，沙滩人鞭霆掣电，拔山贯日，支撑起渐次没落如王朝气息的文化骨骼。沙滩人将那方寸之地，建成了贵州文化乃至晚清都相当醒目的归结性地标式建筑。

作为一个遵义人，读过书，听到“贵州文化在黔北，黔北文化在沙滩”，嘴角总忍不住地往上翘。沙滩文化是整个遵义文化甚至贵州文化的基座和内核。听到沙滩被誉为“中华文化第一村”，我们的下巴自然就抬了起来。

沙滩文化，是遵义文化人格的支撑点。

没有沙滩，遵义文化的建筑里，没有殿堂。

我是遵义人，也读过书，但是，我却没有去过沙滩。心里总有种数典忘祖的愧憾。

生命中没有主角，该是何等的空落。

二

直到现在，沙滩文化依然是遵义文化乃至人格精神的坐标。

沙滩属于古播州领地。四百多年前，是播州土司杨应龙的胞弟杨兆龙的官庄。明王朝“平播战争”后，在当年驻守沙滩的将领中，有个四川广安人叫黎朝邦，是他给沙滩这片原本闭塞的土地带来了书声的香气。在这之前，沙滩的文化气息并不浓郁。

1779年，黎安里到山东省长山县任知县，四年后辞官回家。因酷爱藏书，创建了一个藏书楼，名叫“锄经堂”。正是这个“锄经堂”，对沙滩文化起到了拓荒的作用。

黎恂是黎安里的长子，嘉庆十九年进士，曾在浙江任桐乡县知县。在任五年，没有别的东西，几乎将所有的薪俸都买成了书。从骨子里说，黎恂其实是一个读书人，而不仅仅是一个当官的。在黎恂梦里，案头堆放着的书比箱里锁藏着的印，更让他带劲一些。除了办公时间，黎恂就到处收罗购买书籍。因父亲去世，黎恂回到沙滩。随身带回的图书，竟有数十箧，约三万多册，藏于“锄经堂”中，供黎氏族中子弟研读。第二年，母亲去世，黎恂继续在家守孝。守孝完毕后，黎恂却不想外出做官了。抱着“文章济世”的理想，在沙滩当起了教书先生。

收藏书籍，按历史的源流，通常分为两大类：官方收藏和民间收藏。民间收藏中，一种是富商巨贾之收藏，一种是好古敏求者之收藏，还有一种，就是读书世家的收藏。黎恂的“锄经堂”藏书，就是这一种。

黎恂不是一个正宗意义上的藏书家，虽然有人将他和有清一代的大藏书家相提并论。但其实他和那些把书收藏起来作为一种文化遗存的人不同。他的书，不是拿来收藏封存的，而是用来育人致用的。

他存的不是纸上的书，而是一种对书的认知和消解。子孙的成长，除了生命层面外，还更应有一个精神层面。而精神和人格的修为与养成，最好的补品和食粮就是书。只有让书参与到文化和人格品性的具体构筑中去，书的终极价值和归结性意义才能得以呈现。

于是，黎恂的眼光看到的是百年以后的子孙的高度和远度。后世子孙要看得高走得远，先得具有一定的文化修养，酿成一定的文化良知，才可能有一个健全的文化人格。金钱和权势都是短视的，且不具备久长的征服性。真正对人造成长久威逼的，绝不是钱袋的鼓胀程度和印章的质地款式，而是你目光的高度和你文化人格及精神品性的硬度。要完成合理而强健人格的构建，不是一日之功。如何让子孙能有一个强健的人格？要让眼界更阔，心胸更广，要让精神在更绵韧而健朗的层面上仰视，只有文化。书籍，是文化最大最好也最有力的载体。而书箱的重量，书房的大小，书声的清浊，又是人格结构合理度的最佳考量方式。

书籍对一个人心界的能见度，真的有种拨云见日之效的。在生命层面上的生息繁衍，并不需要多大的强健度。而要完成生命与生命，精神与精神，在百年之后的强有力对接，只有文化才能载重，才能绵长而坚韧。一脉相承有时被我们理解成了繁殖。其实更深层的体悟，应该指的是群体人格的营构。真正的强硬不单单是身体骨骼上的体征，更多的是文脉的灌注。生命的活力更多的是取决于你的精神道场的宽度和人格内核的硬度。

黎恂家训："国之兴，兴于文武之立功立德；国之败，败于道心人心之堕困。家之兴，兴于子弟之立品修文；家之败，败于子弟之禽犊野荡。"

黎恂讲学授业有三个宗尚：经史以经世致用，理学以修身养性，诗教以风雅时世。

可以看出，黎恂在教育子孙上，起点已经到了雄视百年的高度了。不单是为了子孙能谋个差事有碗饭吃，更多的眼光是要放到经营时世上去的。

有一天，黎恂读到唐代孟郊应试及第后写下的那句诗："春风得意马蹄疾，一日看遍长安花。"

志得意满的样子，只比范进的发疯轻一点罢了。黎恂眉批："区区一第耳！东野亦矜若此，浅之乎为丈夫矣！"意思是说，你也只不过是高考上线了，有什么呢这？看把你美成那个样子。黎恂看到的不是诗句本身的文字，而是诗句背后透射出来的诗人的心智和气度。人们把考中进士当成人生中与洞房花烛夜齐名的快事。而在黎恂看来，这其实并没什么大不了的，不就是一个功名，一场宴会吗？他说："人以进士为读书之终，我以进士为读书之始。"

大丈夫该以宇宙苍生为念，以天为经，以地为纬。怎么能以一个进士头衔终了呢？

罗隐有句著名的诗："芳草有情多碍马，好云无处不遮楼。"黎恂的理解是：罗隐是浙江湖州人。湖州是有名的膏腴之乡，芳草如茵，马恋之而怠于奋蹄。遮楼好云如霓，人喜之而安于逸幻。

是啊，生活条件太好了，未必只是好事儿。

将自己的生命交付给文化和精神的人，其人格品位自然就和一般读书以求功名之辈不可同日而语了。

位卑未敢忘忧国的格调和胸襟，让黎恂后世学人，都把目光放在了沙滩之外的远方的远方。这种天下意识，在一个小小的山村里萌芽，说来有点好笑。

如果没有黎恂的那几十担书，至今沙滩也可能还只是一个用来栖息水鸟的沙滩了。

那几十担书，为后来沙滩文化的建筑，起了一个地基的作用。

沙滩文化的三个代表性人物：郑珍、莫友芝、黎庶昌，都与这个“锄经堂”有着莫大关系。

黎庶昌读遍了“锄经堂”内藏书，十分深厚的古文功底，为他后来能成为晚清桐城派的散文大家打下了良好的基础。郑珍到沙滩后，黎恂看出了他可成大器，于是打开“锄经堂”，让他尽情阅览。莫友芝慕“锄经堂”之名，前往沙滩拜黎恂为师。他们都是先走进“锄经堂”，然后出发，走向天边。

可以说，没有黎恂的“锄经堂”，没有这些书，就没有沙滩文化。“郑莫黎”三人的文化人格的构建就不可能如此完美。

是那些书，把“郑莫黎”垫高起来，将他们的精神界碑定在世界的另一级上，将自身的自信度提高到雄视千古，将自己的脚步迈到前人没有去过的地方，成为千载以下唯我独尊的一代大家大儒大师了。

而后的数十年间，沙滩竟然云集了众多的书房、图书馆、书社。其中有黎氏家塾“振宗堂”、黎恺的“近山溪房”、黎恂的“锄经堂”、黎兆勋的“姑园”、黎兆祺的“息影山房”、黎庶焘的“慕耕草堂”、黎庶昌的“拙尊园”、郑珍的“望山堂”，还有文人们聚首的“藏诗坞”——如同遍地的粮仓，成为了沙滩文化的种子，成了沙滩文化人格的支撑点和支柱。沙滩人的目光的归结点上的稳度，让后人艳羡不已。

这些书房、书社、图书馆，其实只能算是一些装书的读书的地方，像一只只敞口的书包，并不是真正意义上的图书馆，人人可以进去读书。

沙滩人想的是，让人走进书房，收束收束心性，换换装备，整编整编，然后走出书房，走向天边。

让你的精神有一个出发点，让你的灵魂有一个归依点。

二

这种大气魄，大气度，大气象，大操守以及大得失，大取舍，在沙滩一些女性身上也体现得惊心动魄甚至是气吞山河。

沙滩文化中，有两个女子，可能被人们遗忘了，也可能被太过刺眼的沙滩水光所朦胧着。但是，我们有必要看看她们。她们是沙滩文化埋在地底下的基座。沙滩文化是一座冰山，而她们，是冰山水面以下的那八分之七。

有一位可以与沙滩文化齐肩的女子，就是郑珍的母亲。

郑珍祖籍江西，其七世祖郑益显在“平播战争”中任游击将军，也算是个耍枪杆子的了，平播后带兵驻守今天的遵义县鸭溪镇。郑珍原住鸭溪的天旺里。父亲是一个乡村郎中，郑珍的母亲是黎庶昌的姑姑。一家人生活也算过得有油有肉的。鸭溪当时的社会风气不大好，一些人游手好闲、酗酒赌博、斗鸟偷鸡。郑母深恐这种风气祸及子孙，便举家搬往距娘家所在地沙滩不远的尧湾，租房居住。还有一个迁居缘由：一位狡黠的族人借银子给郑父，到期有意回避，不受偿还而变成利滚利的“阎王债”，以便将来兼取郑家全部家产。

我想，考察郑母的精神世界，这位母亲决不会因为别人的诈骗或害怕失去钱财而搬家规避的。别说钱财，就是自己的身家性命，郑母也是放在第二位的。

中国历史上著名的孟母三迁的故事家喻户晓，流播千年。我不知道郑母是不是有意在模仿那个站在我们民族文化神龛上的孟母？但她一定在娘家时听到过或梦遇过孟母的故事。郑母是黎庶昌的姑姑，沙滩是她的娘家。她出生书香门第，看到教育环境不利于孩子品性人格的成长，就举家搬迁。

我们可以想象出郑母为什么能有这么哲理性的举动。她小时候就是那个家风熏陶而出的。她牺牲了自己生命的自然流程，而将后代的精神苗圃场选定最佳。这个母亲的对人格精神的感悟力和对生命本质的理解力，令古今中外大小之家所汗颜背冷。教育的最深层次应该是人格精神的构建，而绝非单单的文化知识的传递和生存技能的复制。自幼聪明好学的郑珍，智商的超绝让他成为喜剧和悲剧的两极都抢人眼球的人。郑母深知，这样一个孩子，要么受当时当地风行的市侩气乃至流氓气的涂染，将高智商浪掷于机智的耍弄，文化程度的低浅可能会让他堕于刻薄和小气，最终可能成为一个在社会上混得很不错的通人。一个小孩子，其实就是一团上好的泥，一个好的工匠能让他成为一尊神，如果落入一个不高明的工匠之手，也可以让他成为一片瓦。郑母在这个人生走向的关键路口，毅然决然地抛家舍业。不为别的，只为后世能有一份质感的生命，能有一个崇高和伟大的领受机会。对于安土重旧的中国人来说，搬家其实等于刨根，其中的痛切，不可言喻。但是，我相信，郑母的目光是亮的，这个伟大的母亲，走在搬家的路上，背上背着油盐柴米，手里牵着郑珍，不时地回头，而脚步却走得坚实而快捷。她知道那里有一个书房，有一个精神的培训基地和志气的训练场。这个母亲，痛并快乐着。

感谢她！如果没有她，贵州文化的殿堂里，就会缺一个坐标式的位置。我们贵州的文化品格，就会短那么一截。那一截的长度，可能正好等于鸭溪到尧湾的长度。这位伟大的母亲，留下的那一串串脚印，就是沙滩文化的种子最先也最温润的窝儿。

那个牵着郑珍走向沙滩的身影，应该成为贵州人文精神上让人泪流满面的一道风景。

不夸张地说，沙滩文化，就是这位母亲这样牵出来的。

让我们来看看郑珍的成就吧，或者说，让我们来看看这位母亲这一牵手的重量。

郑珍与莫友芝合撰的《遵义府志》，八十余万言。有人将之比成国宝级的《水经注》和《华阳国志》；被梁启超誉为“天下府志第一”。就连洋务派首领内阁学士张之洞，也对《遵义府志》赞不绝口，说这是“天下最优秀的府志之一”。但他们只用了三年时间。人言五十不修志。但是，他们都只三十岁左右。郑珍不以诗人自居，只把写诗作为治学之外的余事，有所感触，则寄兴于诗。而正是这无意识之为，使之一部《巢经巢诗钞》，被同光体诗家视为宗祖。让我们来看看历代对郑珍的赞誉：

“卓然大家，为有清一代冠冕。”

“纵现历代诗人除李、杜、苏、黄外，鲜有能远驾乎其上者。”

“清诗三百年，王气在夜郎。”

“子尹诗盖推源杜陵，又能融香山之平易、昌黎之奇奥于一炉，而又诗中有我，自成一家面目。”

“经学大师兼长三绝，古有子瞻，今则先生。”

……

郑珍说：“所谓豪杰之士，不待文王而兴者也。”也就是应该听命于天的制约，也不依靠人的权量，唯有依恃自己的主观努力，将主动权掌握在自己手里。

郑珍自己为母撰写墓表并亲自书丹，和弟弟一道动手刻出碑文立于母亲墓前，后人称作黔北“三绝碑”。

我们只知道郑珍伟大的文化成就，而忘了这位更高见卓识的母亲。

她，一个封建时代的普通女性，一个生儿育女的母亲。但，更关键的是，她，来自沙滩。

她走在出嫁路上，不经意间地回首，那间书房，成为了她精神境界的定格。

三

还有一位女子，那就是黎庶昌的妻子，莫氏。

莫氏是莫友芝的妹妹，也是被书声和墨香浸润而长大的。黎庶昌18岁时，与她结婚，而这时的莫氏，已经25岁。

黎庶昌要北上应试的时候，正是黎家比较困难的时候。连黎庶昌应试的盘缠都没有。黎庶昌这时已经有两个女儿了，妻子又有了身孕。而当时正值兵荒马乱，妻儿寄居娘家。黎庶昌那冲天宏愿，在娇妻弱女面前，是极有可能被消解的。莫氏知道，他已经有了经世之志，更具了经世之才，经家之才他倒可能并不是太好的。黎庶昌想用一个男子汉的强韧筋骨走出一条大道。她明白，丈夫的目光在这山水之外。丈夫的空间意识并不强烈，这时黎庶昌，已经二十五六岁了。时间的脚步时常能将他从梦中惊出冷汗来。于是，这个弱弱的女子，牵着嗷嗷待哺的女儿，端着大肚子，送丈夫黎庶昌和父亲黎庶昌远行。

女儿凄楚的哭声并没能牵绊住黎庶昌远行的脚步，黎庶昌悲怆地仰着头，目光投向家乡之外的辽阔天空，他的脑子里会时常响彻着女儿那天的哭声。越走越远。他相信女儿不会再哭，因为有她的母亲。莫氏将黎庶昌走后的天地，一个人支撑起来。从此，莫氏一生，没有再看到过黎庶昌几回。

在沙滩文化的基座上，我们应该看到一个身影，那是身怀大肚的莫氏，牵着幼女，站在那个沙滩上。母女的身边，清清的洛安江水，正静静地流向远方。莫氏的眼泪流入江中，流入长江，流入大海。远行的黎庶昌并不孤苦伶仃，也无后顾之忧。那个足可生死以之的莫氏，成为了他生命冲击波的来源。他们本来可以在美丽而温软的沙滩，不太艰辛却平安温馨地度过一生，但黎庶昌还是踏出了家门，将妻儿抛之脑后。但是，这位莫氏，竟能以心性来包容丈夫的行为。她将自己甘心变成一个让远行人无忧无挂的大后方，并能将自己的一生交给苦涩和寂寞，守护着远行人的心境，直到死去。地球每天转动，而莫氏的梦，并不旋转。莫氏的父亲曾对哥哥莫友芝说，要他纵游名山大川，广交海内英儒俊彦。这句话，可能深深影响了莫氏的心性。她知道，自己面对的这个人，并不可能全部属于自己，不属于这个小小而温馨的家。自己并不可能得到他的全部，这里只能是他的一个起点，他的终点，恐怕他自己都不知道。他要从这里出发。

舍不得，也还得舍，并且将这舍当成了丈夫的得。这种得失之间的带着体温的转换，成了莫氏精神天地的一个高点。这个高点，我相信就等于沙滩文化的高度。看着黎庶昌远去的背影，小小的弱弱的莫氏，咬着嘴唇，转身，坚定地咬断了丈夫思亲怀家的念头。从此，黎庶昌走得义无反顾而又从容不迫。也许，就是莫氏的这一个转身，将丈夫经天纬地的激情点燃，可能就成为了沙滩文化开拓广度的开始。那母女们在大路边滴下的悲怆而又骄傲的眼泪，其实就是沙滩文化的种子。

没有人有资格去俯视围着灶头和摇篮的她。后方的安宁，才是自己冲天雄心的保障。

黎庶昌并没有让莫氏失望。黎庶昌因为《上穆宗毅皇帝书》而成了天下红人。莫氏清苦的夜晚，能在白天人们的欢呼声里，得到一定的慰藉。

黎庶昌在同治元年（1862 年）孤身到北京应试，却名落孙山。穷愁潦倒，“饥不得餐，垢不得浴。赤手流离，万里难归”。回家的路费都没有了。

庶昌上万言书的历史背景：同治即位不久，九州灾害丛生：大风扬沙塞河，河北旱蝗四起，陕甘大水，北京大疫死者相望，广东飓风震刮千余里，人民伤亡万计。清廷惊吓。下诏：举凡天下臣民百工皆可直接向皇帝上书，指陈时势。“上以回天变，下以尽人事。”广开言路，开门纳谏。

可是，诏书颁布一个多月，竟无一人上片言只语。要知道当时是在京城，达官显贵数以万计，天下进京应试的高才生，有数十百万之众。按现在的说法，这些都是这个国家的精英，明天的栋梁之材，大清这将倾的大厦也要靠这些人支撑的。但为什么他们就噤若寒蝉了呢？

当时，那个那拉氏，虽是个小孀妇，但手段非常了得。一张帘子把脸一遮，不管你亲王权臣还是平民百姓，眼睛都不眨一下就杀了。再说了，历史上有几个直言敢谏之士有好下场？小则屁股被打烂，中则丢官削爵，大则脑袋搬家诛灭九族。虽然千年后青史上有名，但当时吃饭的家伙都没了。这一点，达人通人熟人世故人都明白。再说啊，你以为那小孀妇真的是想把民间智慧收纳上来治病救国不是？她也不过是想给自己脸上的门帘上涂涂粉抹抹金而已。那些胸中有墨脑里有谋手中有印座下有权的人，被自己的高智慧所拘束，将自己身家性命看得太过精贵，将功名利禄视为珍奇。他们是明白人，也就不会说一言半句的了。而还有一些人，应该是大多数人，看到了家国之危，感到了身家之难，也有着救世之念，生起过挽颓之志，却无济世之谋，更无经世之才。有上书的胆量，却没有上书的才识。有救国的冲动，却没有治国的韬略。很多人能把八股文写得天衣无缝滴水不漏，有激扬文字的腕力，却无指点江山的豪气。只能在纸上纵横，没有指挥若定的实力了。所以，他们只有站在大街上骂人，只有坐在书桌前泄愤，只有躺在病榻上叹气，最多，也只有躲在奏折里哭泣。

而只有黎庶昌这种人，也只有黎庶昌们这种人，才能上这种惊世之书了。是的，历史上有很多惊世骇俗的人，说出惊世骇俗之话，立下惊世骇俗之功，其实都是孤身冲撞，抛掷身家于一役。

没有经多少世故，满肚皮的诗书正在冒着热气，一脑袋的志向正待播撒，刚好硬健的筋骨正待伸展，看到敌人在前就敢提头朝前冲，听到孤儿泣哭就能倾囊以相助。再说了，就算倒霉了，发回老家，不就正好免费回家了吗？做事前就有了这种“无得”的超脱，也就最能做到“无失”。心中无畏，故能敢为天下先。

于是，黎庶昌，这个26岁的来自蛮荒之地的落榜书生，向皇帝上了第一封万言书。

这书，洋洋洒洒，五六千言。以“振元气，求贤才”为纲，分析了中国历史上的“四大变”、“三大害”以及“外夷之祸”。列举当时的十二危机。揭示出“今日士气颓靡顽惰而不振”是因为“取士不以其道”，说八股文取士是“尽困天下之聪明才力于场屋中”，以至于“人心日坏，风俗日堕”。锋刃直指朝廷大臣，直言不讳朝臣们“无正色率下之义，无进尽纳诲之心，无推贤让能之美，无以死勤事之节”。然后，笔锋一转，剑指中宫，直接批评皇帝“抱用贤之美意，乐于求才而疏于识才，急于用才而略于培才”。赏罚不明而循情弄私，安于积习而不思变通，教化不行而风俗不厚……针对积弊，黎庶昌提出治国方略：“重守令之权，讲取士之法，宽用贤之格，宏听言之路，除冗官之害，罢开捐之途……”

黎庶昌以天下意识、宇宙苍生为念。文章雄视千古，顾盼环球，整个地球都在胸膛里翻滚。天下大势古今成败都仿佛在其掌心之上。字里行间，刚毅正大之气充溢，灌注着撼人心魄，令人折服的人格道义力量。写得恣肆汪洋而又雄浑劲发，气势豪迈而又随意潇洒。读来发人深省而又痛快之极。

康有为谭嗣同们上万言书，是有那么多人，有那么大的势，是一个群体，有那么大的名气和头衔。但是，黎庶昌，只是一个人。他是一个人在战斗。他只是一个人。我相信当朝权贵看到这万言书，脑门上会渗出冷汗的。

黎庶昌的不顾一切而又披肝沥胆，但文中已经掐住了权贵的利益，这对于一个不省世事的小人物来说，是大忌讳。他会得到什么样的待遇呢？

还好，上面叫黎庶昌将所陈事件，更写详细一些。于是，黎庶昌又熬了几个通宵，写完第二封万言书。

黎庶昌这两道“上皇帝书”，其敏锐的社会洞察力、精深的政治见解和经邦济世的才识，令当时及后人很是激动。桐城肖穆更是将它与中国历史上著名的贾谊的《陈政事疏》、诸葛亮的《隆中对》、范仲淹的《上宰相书》、文天祥的《殿试策》并肩齐一。说他们都是在二三十岁，多未曾出山，但天下大势都已在胸中整顿规划完成。

但还是有人说他是“恃才妄作”。只是“发交曾国藩军营差遣委用，以资造就”。唉，总算找到了一份工作了。

黎庶昌这不可一世的气概和经天纬地的谋略，是与黎家几代人共同建构的文化蕴藏有关的。黎恂曾给黎庶昌讲宋史，试探性地问黎庶昌：“汝于古人，以何自况？”庶昌未加思考，脱口而出：“陈同甫何如？”黎恂喜不自禁：“大丈夫当如是也！”然后摸其顶而勉之：“然有经世之志，必具经世之才。”

所以后来，曾国藩评价黎庶昌：“生长边隅，行为颇得坚强之气。”说他有“补救时艰之志”。

说来好笑，中国古代文人，被八股文捆得手酸胸闷的了，却往往能在科举之外的疆域，凭着打不垮箍不烂的生命冲撞出让人瞠目结舌的天地。那有点不知天高地厚的意气，其实正是强健生命力的精髓。它能在一些非常时期勃发出非常的神气。正是这气吐万汇的勃发，使一个生命充溢着血性的风采。

黎庶昌上万言书时，充满了野性。是的，我讲的是野性。温柔敦厚的生命，大多过于四平八稳，在社会人格上都是有缺陷的。依靠刀枪去和社会周旋，为很多正统文化人所不齿。于是，很多文化人在社会界面上成为了弱者，无法也无力与社会过招。这是文化人的悲剧。更大的悲剧在于文化人将这种弱势看成是内在的强项。身子骨比人家弱而心气儿比人家高。抱残而守缺。我认为，心灵的强大不单单靠嘴和笔，更多的是要有匪气来支撑，而匪气又恰恰要文化来收束改编。文化的厚实如果以萎靡人的生命为代价，那，到头来多是得不偿失的。成为书呆子或具酸腐之气。眼光望着天边，而脚步只能跟着脚跟盘旋。脖子上的脑袋可以仰得很高，而腰肢的硬度又不足以撑直脖子。多年后的鲁迅先生含着泪把一个孔乙己放在我们面前。孔乙己到头来，弄得自己身份都迷失了，成了一个多余人。社会的多余人，文化的多余人，也是精神上的多余人。

当初孔明们也是坐在书房，却没有成为一个书呆子。他们占据了书，却没有被书占据。这有点像吃饭和饭桶的区别。吃饭的目的是长成更大的对饭的需求量，而不是对饭的简单消耗。饭占据了桶，只能成为装饭的桶。消化和消解知识文化，也就是最多成为文化的搬运工。文化是积淀而不是简单的搬运传递。书应该成为文化精神的增长点。黎庶昌以壮士断臂的气魄，撞开了山门，走向了世界，成为了近代贵州睁眼看世界的第一人。黎庶昌的目光完成了对地球的扫描，老年后，又将目光和身子归还于沙滩。回到沙滩的黎庶昌，是不是对莫氏有着一种隐微的愧疚呢？或者说，黎庶昌半生的光芒，难以照到莫氏作为一个女人的心的最深处。莫氏心性的高度，与黎庶昌的成就齐肩。而莫氏心理的深度，被我们忽略了。

四

其实，沙滩“郑莫黎”三家，不单单在文化上交错互补，且“互为婚姻”。

郑珍的妻子是黎恂的女儿，郑珍的女儿是莫友芝的儿媳，莫友芝的妹妹是黎庶昌的原配夫人，而郑珍的母亲又是黎庶昌的姑姑……这些绕口令一样的话，更像盘根错节。

这种相互为婚姻的关系，一种是物质层面上的。如《红楼梦》里“贾史王薛”四大家族的互为婚姻，他们属于同一个利益磁场，他们一损俱损，一荣俱荣。用皮肤和裙带相连，共同搭构起一个权力和金钱上的利益荫蔽网，这个网上的节，是用利和势穿结而成。为各自的个体生命安乐而牵系，实则并没有一个共同的靠得住的支撑。他们的出发点和归结点都那么明显而短视。婚姻在这里没有真正意思上的爱情关系。情感磁场被铜钱的方孔所控制，生命自然的流程被权势的印章所镇压。真正的感情在这里如同那坚石之下的小草，很难存活，即便苟活下来，也会变形甚至变异。所以，我们只看到林黛玉那乖张得近乎神经质的个性，而没有觉悟到她人格结构的基础已经被浸泡成了高危建筑。红楼梦的可爱之处也是可悲之处，就在于把一个美丽的人变成一具枯骨来欣赏。林黛玉和四大家族实则不是同一类别，最起码不是在一张网上。真正的爱情在这种网上是无法生存的，真爱只有吊在上面而枯萎。故贾宝玉和林黛玉的爱情悲剧就不可避免了。

而另一种相互为婚姻的关系，是精神层面上的。“郑莫黎”三家，就是属于这种。

他们被一个相同的精神磁场所吸引，那就是对文化的尊崇，对书籍的敬畏，对人格的高赞，对宏大生命活力的进取，对高亮精神品格的共建，以及对天下意识的欣赏。他们在人格精神领域里，是同类的。他们吸引对方和被对方吸引的，是目光的高度和精神的硬度，基本上与出生和钱袋无关。这在那个年代，是难能可贵的。

五

沙滩文化是书籍堆砌出来的。书越多，文化的积淀也就越厚，人格和精神自然就越来越饱满了。那么沙滩人是如何对待书的呢？

郑珍和莫友芝二人一同进京赶考，花七八个月时光，返往两万里，除得几堆陈烂古书，别无所获。

“科举坏人心术，词章自古俳优。不若弃书学剑，扬旗万里封侯。”这是他们进京赶考的题壁诗。可以看出，他们的心性，已经超迈于书外了。

莫友芝则沉迷书海，不愿为官。在自己建的“影山草堂”里终日读书著述，过着淡泊清贫的生活。咸丰四年，农民起义军围攻遵义，莫友芝心急如焚，不顾危险，闯进战火纷飞的遵义湘山书院。因为那里存有他呕心沥血写就的《郘亭诗抄》木刻印版和《黔诗纪略》书稿。将书放在生命之前，使沙滩人的精神如此强悍。莫友芝曾得到一部唐代的《说文》抄本残卷，如获至宝，进行了精详的考证，特别对“木部”188 个字逐字进行了“笺疏”，写成《唐抄本说文木部笺异》，补正了自宋朝以后研究《说文解字》的权威著作中数 10 处漏误。直到临死前，莫友芝还在勘校古本《隋书》。“诗书双绝”的莫友芝，按他生前的遗愿，归葬于洛安江畔的青田山上。莫友芝是独山人，死后却愿将自己归还于沙滩。这是不是莫友芝至死都在寻找那个精神的皈依点？在他的生命意识里，将自己的灵魂归结点放在自己的精神起点上，自己的生命才算是完成了一个圆满的轮回。

中华典籍曾经源源不断地传进日本。随着岁月的推移，部分典籍已在中土散失，却保存于日本。黎庶昌出使日本期间，和随员杨守敬搜集编校和刊刻我国流入日本的古籍，得到国内已逸的唐宋以来古籍 26 种，汇刻为《古逸丛书》200 卷。一时间，震动海内学术界。正是对书籍如生命般的占有，让沙滩人的人格结构有了强硬的支柱。

六

不过，沙滩人的人格结构中，还是有着脆弱和令人担心的一面。

他们只是一个僻边而稀罕的群落，只是一个小小的村庄，他们远离中原，处于地域的边缘境地。他们大多是封建时代的人生规范，纵然有前卫的目光和硬朗的脚步，但他们难于抵达人生和文化的永恒界面。他们远离文化中心，他们取得的巨大成就只能占据文化边缘的地位，并没有被社会广泛认可和采纳。他们的成就没有被赋予雄辩的历史理由和应有的待遇。远离中心，使他们缺乏高屋建瓴的视角和海纳百川的气度。地理上和心理上的隔膜，演变成退缩排外的文化性格，削弱了沙滩文化的发展自信心和后续冲击波。

他们的出发点和终结点都在农村，很多人特别是后世子孙向往的只是那祖宗传下来的几间深宅大院。祖宗怀天下意识和宇宙感悟的万里驰骋最后龟缩收敛成一个大大的宅院。开拓和创新变成后世对家园的固守。生命活力变得柔雅小气。祖宗浩气充溢的人生范式和生命流程令后代的人生取向上左右为难。是让生命熨帖在小桥流水人家的角落？还是冲撞在铁马金戈塞北的大漠？前人以吞天豪气和动人信义以及开疆拓土的气势，打下一个大大的疆土，后人却只是在研究前人的边界的宽度和打疆土时的模样。当后人只能把前人的成就当成终极的研究对象和终极目的的时候，后代的目光疆域和冲撞界线也就收缩成小我了。自信和征服的界标一眼就到了尽头。

这叫揣老祖宗的兜儿，吃老祖宗的奶。

唐人把诗歌的疆域开拓到了眼光所及的极限，几乎所有能入诗的东西都占据着，用诗覆盖了全部江山，连空气中的垃圾都似乎飘洒着诗味儿。但宋人在奔腾了一阵之后，晓得另辟蹊径，尽管已没有多少蹊径可辟。

前人总得留下点如现在的土地，给后人耕啊，这样，后人的生命体骨和精神界面才不至于缩水萎靡。沙滩后人得益于前人的伟绩，正是这过于强大的历史，塑造了他们的自豪感和满足感，同时又限制了他们的宽度和脚步所能到达的远度。祖上的精明和智慧，被后世只用来盲目守卫，而且做得琐琐碎碎，不成气派，造成了对自身智慧的悲剧性执迷，并沉浸在过去的辉煌中不能自拔。后人只能在研究前人时得到一些祖上荣光，却没有了自己拓荒的雄心勃勃。我们成为历史时，我们的后人，面对我们时，他们发觉，我们没有什么让他们研究的。我们的后人其实期待着他们的前人也就是我们懒惰一些，留下一些让他们研究的东西。其实我们做的工作应该是我们的后人做的。我们应该开拓出一些天地来，让后人来研究我们。我们只是站在祖宗的领土上、封地里。我们生命力的走向开始萎缩，最后我们肯定会被后人抛弃。而当我们的疆界太小，我们的后人从这个天地里长大，我们成为一个井口，那，我们的后人，能看到多大的天呢？祖上到后人，要完成链接，而我们这一环，已经断裂。把从前人那里嫁接而来的智慧当成一种手段，一种妆点，一种涂抹，而不是将其根植到骨头里使生命长高长硬，生命的硬度就会缺钙。天长日久，从祖宗那儿传承下来的骨气和意气，只能跟随岁月的流逝而流逝。骨头渐次酥脆，过多的成就纠葛着后人的生命走向。

谁想到，前人首先征服的，恰恰是自己的后人。

七

我到沙滩的时候，洛安江很平，很静，似乎没有了流淌。山在这里显得秀气而温润。

江水越来越深，沉积下来的东西越来越厚，反倒困住了后人的脚步。

试想当年，黎庶昌走过的地方，很多都成了第一个脚印。可能正是他占据的地盘太过辽远，没有留给后人更多的可能征服的江山。后人沉溺于这种富足，反倒用来涂抹妆扮，失却了祖上的英气和胆识。气开始短，目光开始窄，脚步自然就开始了懒和软了。书房越来越多，书籍越堆越厚，书籍更多地占据了后人的目光，却没能占领后人的精神情致。当农民武装进攻沙滩，熊熊大火吞噬了郑珍辛勤经营了二十多年的“望山堂”和堂中花了四十余年心血的五万多册图书时，郑珍可能已经预感到了什么。郑珍将化为灰烬的古书封包、挖坑、掩埋的时候，没有人知道郑珍在想什么。洛安江水轻轻从身边流过。

当书房越来越少，书籍越来越薄，后人的目光越来越空洞，脚步越来越慢，心思越来越窄，心志越来越短，潦倒和破败就不可避免了。

祖宗这种短时间内的爆发似的文化堆积，没能给后人足够多的心理来适应。面对突然耸起的高峰，不知道如何攀登，更不知道如何造构。于是，后人只有站在山下，高山仰止。

但是，翻开地图，黎庶昌没有走过的地方，原来，还有那么多啊。

静静的洛安江，是否会翻腾起更大的波澜？还会流得更远吗？

抑或，退潮后的沙滩，渐渐寂寞，寂寞成一个让人游观和凭吊的热闹的景点……

又到清明

又到清明，又是雨天，到郊外走走。古人为什么要将这个忧戚的节气定在烟花的三月？多美的季节啊，却要让人带上一颗湿湿的心。

野草花丛间，不时飘着一素幡，在细细的雨中，如一截岁月，惘然。

也好，我也来为自己挂一素幡吧，不为别的。

只为那段蛙声里的童年，一去不返。

只为那条 6 岁时的开裆裤，再也找不见。

只为那根有三个喜鹊窝的皂角树，听说只有我才爬到了它的巅，如今，不知化成了哪一缕炊烟？

只为妈妈用围巾缝成的那个书包，曾经抱着一夜未合眼。

只为爷爷那辆吱吱嘎嘎的牛车，在赶场的路上，是否走得太慢？

只为奶奶藏在竹篾箱子里的针和线，被我偷出来缝住了蜻蜓的翅管。

只为姐姐收到男生的信，躲在灶背后，被柴火烫红了脸。

只为二舅娘夸我两颗暴牙钉起，和她一样好看。

只为外婆给我偷偷捏的饭粑团。

往事随风，吹起衣衫，像一素幡，

只为欺负小伙伴天天被父亲打。

只为天天被老师罚站。

初中时，喜欢一个女生，在邻家偷一只猫，悄悄藏进她的书包，而今，不知道那只猫是否还跟上课时一样乱叫？只为那双眼睛比梦中的月亮还圆。

只为放牛时老屋顶上那根弯弯的炊烟。

只为爷爷坟前的青草，如那支古老的歌谣，牵着小脚的奶奶，悠悠颤颤。

只为打牛角被马蜂蜇得满山乱窜。

只为吃马桑泡儿被毒得医生喊准备木板板。

只为想爬到山顶看看山那边有没有神仙。

只为放鞭炮被炸成大花脸。

只为大年初一时推的分钱一回的十点半儿，而今再也寻不到那个光滑玉滑的石磨盘。

只为总想长出胡子，点着煤油灯脱了裤儿偷偷看。

只为那长满青春痘的早恋。

只为那挠着疮疤的容颜。

只为那梦中的远方比远方还远。

只为那远方的远方比梦想还圆……

雨中，低垂着的那一素幡，为谁？

只为生命中，有些人，有些事，让你想起，泪流满面。

他山的他山

一

有一个地方，余庆，属于贵州遵义市。这是流着油的最适于居家的家常味儿实足的两个字。

我到余庆之前，就听说那里的农民住着别墅。中国的“四在农家”，就是从余庆发源的。

“四在农家”其实就是要把农家弄成“富学乐美”的模样。以前我们的农家理想，是楼上楼下，电灯电话。现在，余庆的农民，已经让很多蜗居在城里的人眼睛生出艳羡来了。老百姓能住上别墅，是多少年多少代想都不敢想的。

于是我的眼睛始终盯着车窗外。

青山绿水，这才真正叫青山绿水。沿途全是绿绿的树，草木在这里成了山水的真正主人。树林深处，绿水旁边，你会看到一座座亮亮的别墅一样的家。每家每户之间，都有水泥路串着。每家每户门前，干净得你不好意思下脚。水清清的，挽着云朵从房前屋后淌过。转一个弯，又是一片别墅亮着，逼你的眼。这里离省城很远，到处都是这样的别墅。你会产生错觉，这哪里是中国的乡村？这是我们梦中才会出现的，只有规划蓝图上才有的。

但，你错了，这里确实是乡村。

这哪是农民过的日子？这分明是生活在天上了的，这些屋舍，都是农民自己修建的。

我看到的，还只是余庆千百个乡村里极为普通的一个。

余庆人将自己的家弄得这么好！

“当年钱邦芑还在余庆的蒲村弄了一个小钱塘。”同我一道的余庆老者笑笑地对我说。

“小钱塘？钱邦芑？他不是经营着一个叫他山的地方吗？”

“他山，就在余庆的蒲村，钱邦芑给取的名字。”

哦。

三百年前，明末清初，也是在余庆这个地方，钱邦芑也想弄一个大大的好好的圆圆的家。

而这个家，他到死，都没有得到，都没有经营得好。客死他乡的钱邦芑，可能想都没有想到，三百年后，这些余庆人，怀念着他的同时，替他圆了自己心底的那个家的梦。

二

“他山”，是一座山的名字。在余庆县的松烟镇上，距县城八十多公里。

“松烟？”这个名字听起来，好像有一股家的味道，又好像完全没有家的味道。

“松烟？”我好像一下子被这两个字罩住了。

“他山就在松烟。”老者说。

我刚从松烟里钻出来，立马就又迷进了“他山”里。我觉得“他山”这两个字，取得实在有意思。

于是我只想尽快看到他山。

老者说，不急，如果你不认识钱邦芑，看他山，就没有味道了。他说，他山很有味道，而钱邦芑，是他山的魂。

我只好坐下来，听他品茶似的，说起了那个他山文化的创始人——钱邦芑。

三

钱邦芑是江苏丹徒县人，也就是今天的江苏镇江县。他生于明神宗万历三十年（1602 年）。这正是大明王朝日薄西山、清军铁骑蓄势待发的时候。

大明王朝的衰亡，确实成就了很多“明的遗民”精忠爱国的情愫。钱邦芑可以算是其中的大忠之臣。

明崇祯十七年（1644 年），也就是清顺治元年，是明清两大王朝的分水岭。3 月，李自成攻入北京，那个多疑而温软、胸中却又燃着强国烈火的崇祯皇帝朱由检，在煤山一棵歪脖子树上上吊自杀。他的三个儿子都没有逃出北京。这时，钱邦芑正在北京，家国毁坏让这个人好像在一瞬间就长大了。当时不少人听到清军马蹄声，吓得想投降。钱邦芑气愤极了。他的硬骨头让他看不起这些人。“于是北走雍州，得与北州豪杰金新安、姜大同、金玉章游，相与谋恢复之事。”

两个月之后，马士英等人拥立了被誉为“七不可”的福王朱由崧在南京称帝。

当时，南明控制的区域，东自黄河下游以南，西至武昌长江以南，地盘虽是缩了，但其物力财力人力，也并不比清廷所控制地区单薄到哪里去。但这个南明小朝廷，将明朝的弱点发挥得淋漓尽致。兵部尚书史可法在当初就指出，这个福王，是个“七不可”之人。

哪“七不可”呢：贪、淫、酗酒、不孝、虐下、不读书、干预有司。福王朱由崧在政治上毫无作为，生活上却花样翻新荒淫透顶。豪气越来越短，胸襟越来越窄，但对于美人越来越会折腾，对于钱财越来越会抛掷。祖宗从马背上打来的天下，被他们用来换成了女人的脂粉。宗庙里让人放马，祭坛上淌着同胞的鲜血，而这群不肖子孙还成天迷于蜗角之争斗。这种五毒俱全的人，偏偏肩负着兴复大明的历史重任。

理想的缺失和经营的短见以及目光的浅鄙，让人不免对时局痛心灰心到寒心。但对明王朝尚抱着巨大精神幻想的钱邦芑，毅然把家里的一切，包括他本人这一身肉体，都捐给了南明小朝廷，到浙江、福建一带参加抗清斗争。以后几年，南明小朝廷皇帝是走马灯似的在换，但地盘和实力也如晚期癌症似的缩弱。最重要的是，那些在崇祯手下成了空谈亡国之臣，在李自成手上成了阿谀奉承之辈的，到了满清朝，却变成了中兴之臣。大部分的普通老百姓得以安安稳稳地过起了自己的日子。人心的散失，其实是南明衰亡的最主要因素。

永历皇帝，更是个荒唐不谙世事的主儿。好在永历还能洞见钱邦芑才智不凡，一片忠心，于1647年正月，令其以监察御使身份，巡抚四川。钱邦芑去四川的前一年，也就是1646年，清兵远征四川，大破大西军张献忠部，张献忠战死，其手下大将孙可望、李定国、刘文秀、艾能奇等率残部转入贵州、云南。于是，南明便想趁机将四川纳入自己的统治范围。然而，“川中不知乘舆所在”，那些川中明将和大西军残部，各自拥兵“分地自守”，互相攻击，争城夺池，兵祸连连。宗室容藩乘机僭称“监国”，向全川发号施令，按朝廷规制行事，俨然蜀中之王。钱邦芑到四川后，戳穿了他的骗局，并上书永历帝派兵讨伐。永历帝击败了朱容藩，将其处死。四川大部分地区归属南明政权并趋于稳定。在钱邦芑看来，南明虽朽，还是朝廷，任何人都得忠于它才是。可以说，是钱邦芑一己之力，将四川拖进南明怀里的。

1648年，钱邦芑继续巡抚四川。

1650年，孙可望在云南，拥兵20万，是股不小的力量。南明朝廷想与孙可望联合，于是叫钱邦芑去拉拢孙可望，叫他归顺南明。孙可望提出了一个归顺的条件：“封我为王，我举全滇归朝廷矣。”钱邦芑在向永历帝报告孙可望有归顺之意的同时，又以“本朝无异姓封王者”为由，驳斥孙可望。

孙可望一门心思要弄一个秦王的封号，永历帝最终封了孙可望为平辽王，属于“二”字王，但孙可望希望的是“一”字王。这下，孙可望气恼了，他假敕自称秦王，在贵阳建宫，并自设六部。大有与南明分庭抗礼的架势。南明对孙可望的这种做法以及对他这个人，也实在没有办法。孙可望拥兵自重，与南明只是保持着若即若离的关系。他想控制南明，又有些吃力；南明想控制他，同样也感到吃力。这两股势力汇在一起，表面上看来是力量的增加。实际上成了双方精力的内耗。这也是他后来在南明能飞扬跋扈的重要原因。

南明一些有志之士，想将孙可望手下一些尚怀着反清复明理想的人拉拢过来。孙可望同样也走的是这条道，他也在想方设法地对南明“挖墙脚”。

孙可望很看重钱邦芑的文章品行，更欣赏他的经世之才。他能与南明实现结盟，其实是钱邦芑办成的。钱邦芑声望高，本事大，得民心，南明半边疆土，就是他一个人扛起的。要是能把他网罗到自己的帐下，与他孙可望联手，那，“天下”不就几乎摆平了大半？

于是，孙可望接二连三派人修书，接请钱邦芑等人去他手下做官。

钱邦芑“寻以忧归”。他的计划路线是，从今天的遵义，路过余庆、镇远，然后途经湖南，回到自己的老家——江苏丹徒（镇江）。

1651年春，他来到余庆县境内，得知郑逢元隐居在蒲村，便决定前往拜访。郑逢元是贵州平溪人，也就是今天的贵州玉屏，1613年出生，20岁时就中举，与钱邦芑都是晚明的重臣。曾任四川巡按、兵部右侍郎等要职。郑逢元也是为了不给自称秦王的孙可望卖力，才四处走的。郑逢元是大孝子。在战乱纷纷山河残破的岁月，他一手提刀冲锋，一手都要护着母亲。他的行囊里一边背着一个几乎已经成了植物人的残破糜烂的国——永历政权；一边担着年迈的父母。故乡其实就是那个有亲人有家人的地方。郑逢元很苦很累，但又是很幸运的。在那个妻离子散朝不保夕的年代，他却能将双亲温在怀里，他还有一个相对完整的家，虽然过得颠沛流离，但也不缺家的温暖。他把一个家背在背上，不管他到哪里，都有一个家，到哪里都可以当成故乡。

在途经余庆县时，父亲病死了。郑逢元将父亲葬在余庆县城南。为了给父亲守孝，也为了让悲痛中的母亲喘口气歇歇脚，他决定找个地方住下来。松烟蒲村这地方，土地肥沃，有山有水。

所以，最早隐居他山的，是郑逢元。

两人意气相投，都是忠贞不贰的人。钱邦芑将自己的无奈和回家的想法和盘托出。郑逢元竭力挽留，力劝钱邦芑万万不可就此离去。南明虽已失去大半壁江山，但还有四川、贵州、云南，并非气数已尽，只要稳住西南，东山再起，光复山河也还是可能的。并告知钱邦芑，清兵已经攻占广西大部分地区，切断了南明与两广的联系，南明小朝廷很有可能迁都贵州。

于是钱邦芑就留下来，和郑逢元一道，化作布衣，在蒲村白天耕作，晚上赋诗，闲时打探朝政。还给当地的老百姓讲学。致使当地日后学风渐盛，居住在周围的人逐渐增多。

1652 年，广西被清兵占领，永历帝在孙可望的安排下，迁都贵州安龙县，把南明控制在自己的势力范围。永历得知郑逢元和钱邦芑隐居蒲村，便特召两人恢复原职。郑逢元和钱邦芑走马上任，郑逢元负责调和大西军首领孙可望联明抗清。钱邦芑被授予贵州巡抚要职。可见南明朝廷对他委任之重。

但是，孙可望对钱邦芑的追求，始终没有停止过，他接二连三地向钱邦芑伸出手。永历七年（1653 年），钱邦芑对孙可望这个人越来越厌恶。孙可望给他的天地，并不是他所想要的。但又受不了孙可望多次相逼，为让孙可望死心，钱邦芑便决意辞官归隐蒲村，以避骚扰。

归隐后的钱邦芑，并没能摆脱孙可望的追寻。相反，孙可望对钱邦芑的渴求，却进一步加深。孙可望连续 13 次派出使者，都被他打发走了。

这弄得孙可望很没面子，很不痛快，心里窝了火。他没有料到，一个读书人的政治人格，在某些时候竟会坚硬到钢铁不摧的地步，在他看来，已经成了植物人的南明小朝廷，只是自己躲箭避祸的一具腐肉，为什么如钱邦芑等，仍然还在守着决不放弃呢？钱邦芑对南明果真忠贞不贰？他就真的这样讨厌我孙可望？

1654 年 2 月 23 日，这天是钱邦芑的生日。他正在蒲村和一群好友开生日宴会。孙可望的使者又来了，这次，使者带来了一把大刀，刀鞘上加盖了孙可望的大印。使者见到钱邦芑，说："你若依然顽固抗命，只好用大刀割下你的人头带回。"面对威逼利诱，钱邦芑谈笑自若。当天晚上，钱邦芑就在蒲村旧居毅然削发出家。

孙可望得知钱邦芑削发为僧的消息，又气又急，又羞又怒，把钱邦芑押解到贵阳。到达贵阳，恰遇安龙城发生了十八忠臣谋迎李定国废孙可望而被杀的事变，朝野震动。孙可望为了安定人心，释放了钱邦芑。

钱邦芑出来以后，给自己取了一个名字："大错和尚"。回到蒲村，他就将柳湖居改成了"大错庵"。这是他第三次以蒲村为家了。1673 年，钱邦芑病死于湖南邵阳，享年 74 岁。后人遵照他的遗嘱，用明朝的幅巾方被裹尸，安葬于岳麓山下。

四

在大西南，见惯了的是龇牙咧嘴的青白脸色的凶神恶煞的山，走进蒲村，山在这里，腆肚肥臀，胖墩墩肉嫩嫩的养眼提神。

我去的时候，走在前面的老者说，到他山没有路。我看到的是长得很好的庄稼，一点没有走进一个著名景区的先兆。要知道，我其实就是奔着"他山"这两个很有意思的名字才来到蒲村，来看他山的。

一处小山包，可能连山都算不上。大西南的山不是这个样子，不是这种神态。他山仿佛很胖，很敦实，又透着点儿秀气。大西南的山像土匪，他山则像个大家闺秀；大西南的山多骨，而他山多肉；大西南的山冷硬，而他山温软；大西南的山是武将，而他山是文人。

水呢，别处的水多是一副跳楼拼命的架势，蒲村的水则温顺害羞，怯怯地从地下偷偷地冒出来，也像江南的水乡远嫁过来的一样，温温的，清清的，有微风和水鸟。

我环顾四周，农民的玉米长得实在好，水田里的稻子正绿着。

余秋雨说，“大凡风景绝佳处都不宜安家”，“排场太大，妆饰太精，难以叫人长久安驻”。是啊，大凡明星靓物多不适合过日常柴米生活。他们是放在别处远处用来欣赏的养眼的，却未尝适合于放在身边温贴养体。他山并不大，并不美，也不靓。

从玉米林中钻过去，看到几方怪怪的石头。老者说，他山到了。

“这就是他山?”

“这就是他山。”

哦，他山不是给你看的，而是给你用来寻的。我抱着观赏他山而来，其实一开始我就错了。他山得寻，得找。钱邦芑对他山的寻找，远比我走进他山，要苦得多。我还有人带路，我能有个明确的目的，来到他山。钱邦芑当年，心里的他山，藏着，不能给别人说，甚至不能给自己说。一说他山，心就可能会被扯伤的。

隐者多在名山僻远处，那些地方，从生活上就与众人拉开了距离，那种地方只适合修养精神而不适合安顿身子，它与天的距离短而和人的距离长，那些地方不适合安家居住。

而他山，有山有水，最适合让人定居。

这种地方，我不知道，钱邦芑是想在这个地方找一个家呢，还是想在这个地方隐居?

老者说，前边，就是柳湖。柳湖?我心里揪了一下，我没看到柳，更没看到湖。“以前，钱邦芑将这里说成是小钱塘的。”蒲村景色是迷人，但要和钱塘相比，似乎还是少了些神韵。钱塘生在人的眼中，捧在人的手心，挂在俊男靓女的彩带上，由天下至温至软至香至艳的形容词汇聚而成，钱塘热闹成了街市，拥挤成了香会，著名成了明星，赏钱塘，不用你的眼，只大张着嘴，就够了。而他山，小钱塘，生在僻远处，颤在心尖上，怯怯地羞着躲着藏着怕着，如处子临街，想让人知道又怕让人知道。

他山的样子，无论如何，也无法让人看出钱塘的样子。

自己的故乡不可能是这样的，那里自古繁华，有三秋桂子十里荷花，有烟柳画桥十万人家。种几棵柳树，围成柳湖，复制的是山水的故乡的样子，山水中有没有故乡的味道呢？

抑或，他只是想在这个地方找到家的感觉，家没有了，国没有了，心中的家国总得有个样子实在着，心才不至于浮泛。于是，他将这里做成一个家的模型，一个江南水乡的模型。躲在这个模型里，做着家的梦，做着国的梦。

五

说到底，钱邦芑还是一个正宗的文人。

他原本就是江南人氏，江南水乡将他熏染成了一个看起来儒雅而又俊朗的后生，血管里浸润着江南文化人细腻温柔的文化教育情怀，也流淌着学而优则仕的政治哲学。他是个地道的读书人，同样走了由科举入仕的老路。

钱邦芑从小就善于诗文，年轻时就与张溥、徐孚远、陈子龙、艾南英等齐名；还精通书画，尤以草、隶见长。只是他的骨头和气节，在晚明，让他鹤立鸡群。在蒲村的日子里，这里的水才静，这里的山才温，这里的人才纯。避难到此地的钱邦岂，把一腔悲愤满腹诗文挥洒在这山间水间，他兴办了一个柳湖书院，广纳弟子，求经讲学，教书育人。他的弟子颇多，常常居无闲间，室室爆满。据他在《杨母白夫人寿叙》中说，单是白泥草坪的杨世茂、杨先茂兄弟，就先后将 7 个孩子送到蒲村拜他为师。不远千里慕名而来的，也不计其数。

能有这样一个地方，收拾起自己乱乱的心智，停歇一下自己累酸的脚步。兴致起时，邀三五知己，咏诗作赋，尽兴唱和，钱邦芑可以定一定神，读一点书，写一点文章了。

《他山·易诗》就是在此时此地完成的。

大家都知道他是“江左大儒”。当时云贵一带的隐士、高僧，知道钱邦芑出家之后仍然不忘忠孝，故多与之交游。在钱邦芑周围，隐然形成一个貌似隐逸，实则以气节自励，效忠明室，不与孙可望集团合作的遗民团体。

他在柳湖边上，筑了一座土台，称“啸台”。钱邦芑时常到啸台高声长啸。不知他为什么啸，也不知道他啸的是什么。我们可以想见，他啸着啸着，眼泪就下来了，声音就喑哑了。天地间，哪里才是自己的家？哪里才是自己的舞台？他的心事，又有什么人懂？只有一个人仰天长啸的时候，故乡才在月亮里隐隐地显现出来。

自己的政治心事，可能只几个人懂，自己的文化心事，应该懂的人更多些吧。在孙可望对他封刀相逼，他决定剃发避祸的时候，他的一批学生也先后跟随他出家明志。与他同日出家者有 3 人，第二日出家者有 5 人，第三日又有 2 个学生出家，诸弟子争相随师出家。经过钱邦芑多方开解劝阻，这股浪潮才被制止住。但已经削发出家的学生计有 11 人。于是把柳湖故居改为大错庵，让众弟子与他一起居住学佛。这该要有多大的人格魅力才能让人如此追随啊？

为什么钱邦芑将这么好的一个地方，取一个这么有意思的名字，他山。我们是不是可以从“他山”俩字的来历，看到钱邦芑那心底的隐迷和无奈呢？让我们看看他山二字的出处。

他山二字，出自《诗经·小雅·鹤鸣》：

鹤鸣于九皋，声闻于野。鱼潜在渊，或在于渚。乐彼之园，爰有树檀，其下维萚。他山之石，可以为错。

鹤鸣于九皋，声闻于天。鱼在于渚，或潜在渊。乐彼之园，爰有树檀，其下维谷。他山之石，可以攻玉。

请让我们看看前人对这诗的一些看法。

《郑笺》对“鹤鸣于九皋，声闻于野”的解释是“鹤在中鸣焉，而野闻其鸣声。兴者，喻贤人虽隐居，人咸知之”。这时，钱邦芑正是在他山隐居，但他的名气实在是太大了，谁都知道他是晚明的重臣，是晚明这已经倾倒了大半的小厦的支柱。他对自己是比较看重的，正如别人对他的看重一样。

“鱼潜在渊，或在于渚。”《毛传》说是“良鱼在渊，小鱼在渚”。《郑笺》对此加以发挥解释：“此言鱼之性寒则逃于渊，温则见于渚，喻贤者世乱则隐，治平则出，在时君也。”《孔疏》则更进了一步：“此文止有一鱼，得云或在，是鱼在二处，以鱼之出没，喻贤者之进退，于理为密；且教王求贤，止须言贤之来否，不当横陈小人。”

这时，对于自己这样一个贤者，在这样一个乱世，是该出呢，还是该隐？别人不知道，他钱邦芑是不是知道？可能，他自己也不知道了。关于诗的主题，有几种不同的说法。《毛诗序》认为是“诲（周）宣王也”。郑笺补充说：“教宣王求贤人之未仕者。”

到了宋代朱熹：“此诗之作，不可知其所由，然必陈善纳诲之辞也。”认为这是一篇意在劝人为善的作品。

先谈朱熹的说法。他分析第一章说：“盖鹤鸣于九皋，而声闻于野，言诚之不可揜也；鱼潜在渊，而或在于渚，言理之无定在也；园有树檀，而其下维萚，言爱当知其恶也；他山之石，而可以为错，言憎当知其善也。由是四者引而伸之，触类而长之，天下之理，其庶几乎？”他将诗中四个比喻，概括为四种思想：诚、理、爱、憎。并认为从这四者引申出去，可以作为“天下之理”。

程俊英先生《诗经译注》说：“这是一首通篇用借喻的手法，

抒发招致人才为国所用的主张的诗，亦可称为招隐诗”，诗中以鹤比隐居的贤人。诗人以鱼在渊在渚，比贤人隐居或出仕。说花园隐喻国家。树檀比喻贤人。萚是枯落的枝叶，比喻小人。“他山之石，指别国的贤人。”

这首诗，真的是这样的吗？至少，在钱邦芑的理解里，这首诗，应该是首什么样的诗呢？

其实，这只不过是一首即景抒情小诗。荒野里，鹤在鸣，鱼在游。园中有树，树下有叶。有色有声，有情有景，园林近旁，又有一座怪石嶙峋的山峰，诗人因而想到这山上的石头，可以取作磨砺玉器的工具。

钱邦芑以一个文化人的心智，将这方山水，幻化成了自己心中的故乡。故乡就应该这么美，甚至石头，也应该这么精粹。但是，这里是他山，这里的石头，也只能是他山之石。不管它能作何用，毕竟，只是他山之石。钱邦芑将这隐秘的心思，只能藏在他山这两个字背后了。

多年后，他山文化俨然成了一个文化现象，钱邦芑更成了后人研究和景仰的高峰。钱邦芑芳洁的政治人格和健全的文化品格，让他山隽永千年。但钱邦芑在想：如果有一个属于自己的家，像他山一样，该有多好。

六

陡立的石壁上，有两个字：“他山”。正楷，苍劲。

老者说，这是钱邦芑的真迹。

仿佛人们都愿意相信，他山二字本于“他山之石，可以为错”，“他山之石，可以攻玉”。错：也就是我们熟知的磨刀石。意思是别座山上的石头，可以取来制作治玉的磨石；也可以用来制成美好珍宝。意思可引申为“借助外力，改己缺失”。指别国的贤才可以用来治理本国。

朱熹说："玉之温润，天下之至美也。石之粗粝，天下之至恶也。然两玉相磨，不可以成器，以石磨之，然后玉之为器，得以成焉。犹君子之与小人处也，横逆侵加，然后修省畏避，动心忍性，增益预防，而义理生焉，道理成焉。"

这里的玉，如果是指钱邦芑自己，那么石，就是指孙可望之辈了。钱邦芑被孙可望以死相逼而不为所动，这正是钱邦芑大义大节之所在。如果没有此石相磨，那玉的形成，可能不是这么容易的，后世对钱邦芑的评价，也可能没有现在这么高了。

他山，钱邦芑心中的他山，真的是这个意思吗？

在他山的对面，有一处差不多和他山一个模样的小山。

"那是宾山，也是钱邦芑先生命名的。"老者说。

"宾山？"

"宾山。"

"宾客的宾？"

"是，宾客的宾，宾山。"

我把目光从他山奔到宾山，又从宾山拖回到他山，来来回回，不知好久。最后，我把目光搁在宾山上，呆住了。

老者有些不解，怪怪地看了看我，又看了看宾山，又看着我。

"它确实叫宾山？确实是钱邦芑先生亲自命名的？宾山。"我有些激动。

老者也将目光搁在对面山上："是啊，是钱邦芑先生亲自命名的，宾山。怎么啦？"

"哦！"

"他山……宾山……宾山……他山……"

"哦！"

"他山"，其实，就是"他乡"。

七

唐朝戎昱有诗："达士心无滞，他乡总是家。"前提是要"心无滞"啊，钱邦芑心中有大块垒，有大沟壑，有大阻塞，他无法达到"无滞"。应该来说，他是无法做到"他乡总是家"的。蒲村虽美，毕竟不是自己的家。当年钱邦芑将这里的山水买下来，带领随从将小溪筑了一道堤坝，于是前边的一块田，围成了一个湖，面积约有百亩，湖畔种植柳树数百株，称为柳湖。我想，当钱邦芑吟着李白《春夜洛城闻笛》，他一定在痛心摇头悲涕泪流的。

谁家玉笛暗飞声，散入春风满洛城。
此夜曲中闻折柳，何人不起故园情！

钱邦芑为什么栽那么多柳？为什么将这么一个湖名为柳湖？他是想借柳以寄寓山水魂韵？还是借柳外化自己的故国情思？他想把家国栽进心里，柳越媚，湖越深，心的堤坝就越痛。当柳长成湖，湖装成柳，故国情怀就泛滥成灾了。

是啊，"落叶他乡树，寒灯独夜人。空园白露滴，孤壁野僧邻。寄卧郊扉久，何年致此身?"这纷纷飘落的秋叶，俱是他乡之树，而不是故乡的树了，在这孤寂之夜，寒灯独照，多么的凉啊。幸好，还有这不动的他山相对为伴。

李白说，但使主人能醉客，不知何处是他乡！可惜，钱邦芑自己老是醒着，并没有醉。于是，他始终分得清楚，何处是他乡。精神的孤寂与理想的荒芜，让钱邦芑陷入了巨大的痛苦。

李颀也说："紫极殿前朝伏奏，龙华会里日相望。别离岁岁如流水，谁辨他乡与故乡。"

钱邦芑无法做到"日久他乡即故乡"，更不能容下"反认他乡是故乡"。他只知道"他山有水他山月"，他想做到一种境界，那就是“他山有幸埋忠骨，万世长存育后人”。唐人刘元济“故园有归梦，他山非行乐。他乡徒可游，湟涧终旋泊”，可能正是此时钱邦芑心境的真实写照。“当你走得久了，也许他乡也成故乡了”，自己已在此生活了很多年，他山也还是和我客气地疏离着。不能怪他山，是自己不能把自己彻底融入其中，这里只是他的山，而不是我的山。自己是一个过客，而不是主人。在他山，他只有“在别人的故事里，流自己的眼泪”。

其实，无论故乡还是他乡，都是脚印串成的。故乡如同一本老相册，而他乡则是你随身的背包。他乡的酸楚，故乡的无奈，弄得钱邦芑找不到一个可以让自己心灵寄寓的地方。那种居无定所、茫无目的的漂泊感，将自己身处一种尴尬的中间状态。于是他成了一个吟着故乡而没有故乡的人，他想把一个叫他山的地方当成故乡，但一瞬间，他就醒了。自己被自己丢失了。

他山，只能是他乡。

八

看“他山”，最抢眼的当是那些千奇百怪的石景，它们自由散漫，而约束有序。它们被岁月剥去肌肤，只余一架架空骨，白森森怪异异站立在天地之间，站成一种硬生生的孤绝。正是这些看起来一无是处的怪石，一无所用的穴洞，被钱邦芑命以各种各样的名字。从“应接不暇”朝上望，只有几块怪怪的石头。盆景大小的“石帆峰”，不可容膝的“藏书峡”，手掌大小的“霹雳崖”，我想从“洞天”钻过去，但没能成功，其实我并不胖；我看到了“断烟”、“流云”，却没有感到升腾……方圆几步之地，屈指可数之景，被钱邦芑命名为一个几乎无所不包的天地。钱邦芑将他山之石，做成了一个沙盘。钱邦芑在想些什么？他为什么要这么做呢？

钱邦芑是一个时刻想着并且自信能够做到“席卷天下，包举宇内，囊括四海，并吞八荒”的晚明重臣。他是南明的中流砥柱，竭尽全力企图挽狂澜于既倒。“无忧城，祖宗地，尺寸土，安可弃!”理想越来越远，大明越来越虚无，但他的复国之梦，还依然做着。

南明是钱邦芑的理想，他知道这个理想很可能只是一个幻想，但他没有别的所寄，他只有将自己寄寓其中。天地很大，他山很小。岁月荒芜成不识之处，钱邦芑眼中所能占据的山水，只有这些。别的地方，都已不属于他。总得有个地方，有块天地，让自己伸伸脚，抬抬手。

理想的坍塌对于一个有着理想的人来说，比生命的失去更让他心痛甚至感到耻辱。于是，他只有将这些怪石，幻化成心中的宇宙。他只能将这些枯骨般的山石收集在心中，摆出一幅大大的图案。其实，这里也不属于他，这里是实实在在的他山。眼中的山水，是大明的山水，是大明的版图，是一个大大的版图。现在，萎缩成了南明小天地，只蜗居于西南，落寞心酸成这样，凄绝成这样。但钱邦芑是不甘心的。他在这些小小的天地里，寄放着自己大大的理想。方寸之地，咫尺之间，家国的复兴其实只能成为一种虚无的理想，放歌在这方寸之间，纵有大手脚，也难大畅达，纵有大目光，也难大施展。也就是几块山石，也就是一方水田。家只有这点，而且还不是自己的家；国只有一隅，而且还没有自己报效之地。家国毁弃，精忠无门，一腔悲愤，无从发泄。尽管是幻化的理想，也终究是在心底生了要的理想。钱邦芑是用经营家国之念来经营这方寸之地，英雄的大手笔和书写的小天地，让他空落；精神的压抑和手足的困顿，让他悲戚。当一个英魂只能在沙盘上作战的时候，除了痛哭，还能怎样？何况，就连这个沙盘，也不是自己的沙盘。

他山，一个“他”字，便遗失了一个家园。

九

在“他山”摩崖旁边，正楷竖刻着“钱开少放歌处”，款记是

"永历丁酉春题"。请注意这"永历丁酉春"。钱邦芑特别注明这个时间是很有深意的。要知道这一年是1657年，清顺治十四年。此时，全国大部分版图已属清朝，清顺治皇帝定都北京都已经13个年头了，历史纪年早就以"清"字开头。但钱邦芑心中，绝不承认清朝，心中只有明朝，只有明朝的当今皇帝永历。他记下的时间，也只能是"永历"的年号。"永历丁酉春"，表面看是钱邦芑在他山题刻的时间，其实是他离开蒲村踏上投奔永历帝征程的时间。

1656年4月，李定国把永历皇帝从孙可望控制下的安龙迎接到云南昆明。这一局势的出现，让钱邦芑大为振奋，他恨不得一口气跑到云南永历帝身边。但是，这时的贵州，仍然为孙可望所据，他钱邦芑也仍然被孙可望控制着。他只能慢慢地等待时机。他决计要去云南了。

"永历丁酉春"，钱邦芑自认为时机成熟，便离开他山，昼伏夜出，向云南的永历皇帝奔去。可以想见，钱邦芑题下"钱开少放歌处"时，是多么的开心。白日放歌须纵酒，青春做伴好还乡。在他山，压抑了这么久，困闷了这么久，这下，终于可以放开歌喉，吼几声了。以前都只能孤独在站在啸台上，独自啸几声。现在，放歌，放开手脚，放开胸膛，放开生命。因为理想就在前面，自己看到了前面的光亮了。

不幸，在途中又落入孙可望之手，再度被囚禁于贵阳大兴寺内。

后来，钱邦芑策划并扫平了孙可望之患后，清朝三路大军进击贵州、云南，李定国带着永历帝逃向缅甸，"从臣多半道失"。钱邦芑料知南明气数已尽，无力回天，"至腾越，易僧服隐居鸡足山，撰山志十卷。闻永历崩于昆明，乃痛哭出山，行至湖南衡岳，居十余年"。

康熙元年（1662年），钱邦芑在贵州境内偶遇吴三桂之子吴应熊，这时，已经为僧8年的他，还大骂吴三桂卖主求荣。吴三桂知道他大错和尚正想杀身成仁，以求死得其所，竟然没有给他一个死的机会，放了他。

钱邦芑至死不忘明朝，忠贞不贰。但其一生，也实在悲哀，空有一身好本领，却长时间埋没于他乡。终于等到一个可以放歌的机会了，却又发现那是悲歌。钱邦芑在放歌时，同歌声一同翻飞的，恐怕只能是家国遗恨的眼泪。眼泪模糊了眼睛，也模糊了心智。唯一不能模糊的，是对故国的思念了。故乡在别人手里，故乡住着别人。自己所处的，只能是他山。

明末清初文学家冒襄，把钱邦芑喻为“鸡足山雪兰”，说钱邦芑“可与雪兰丽其芳洁者矣”。

十

江山失去了，梦境清远了，书声中的故乡已翻了新页。能归去的地方，已经不再是故乡。故乡已经不能归去，故乡成为了他乡。只有生命和精神对故乡的坚守还硬硬地不倔于山中。

想将此地当成故乡，这里确实是居家的好去处，有这么好的山水，这么淳厚的风俗，这么好的人，应该能成为他乡人的故乡。起码，这里是今天的故乡。钱邦芑可能也努力过，想把他乡当故乡，但这样的心理努力，也无法得逞。钱邦芑未能将脚下的山水守住，大国大家的概念，让他悲愤也凄惶。自己是一个无家无国无根无据的蓬草孤舟。当理想失落在他乡时，心中的山水故园也只能成为他山他乡。再美也只能是别处的他人的风景，他的山而不是我的山，我只能是一个过客，客居于此，寄别人山水安安身，避避祸。这里不是自己，不是自己的地方，不能成为故乡的东西。其实故乡在心中，何必用得着声声地喊呢。一无所有的钱邦芑，虚拟的故乡失去了，硬贴在心理模板上的他乡也将失去。他山真的成为他山了。这里和故乡的山水，有些相似。只是故乡被阻隔在记忆的那边，钱塘在梦中时常泛起波纹。

这种故乡与他乡的模糊处境，让其心神分裂，一种漂泊无依的孤独，个体生命这种理想追求的失落，方向的缺失让他不知何处是他乡了。他山的山水，和梦中的山水，以及目光尽头的山水，能不能共同搭建起自己失意的人生轨迹？手中摸着的地方，是家？柳湖中印出的圆月，是家？更远的家，被人占据着，只有一种将自己寄出去，才能有一个可以安身的地方。他山的距离和他有多远？而故乡的山水，在他山之外。

故乡是拴在游子心尖上的那根弦，稍不注意，就扯得生痛；故乡又是睡眠时的尖刺，将睡眠赶得远远的。

但更多时候，我们又清醒地问，故乡在哪里。

故乡在你的行囊里，想拿出来看看，却不敢大胆地出手。故乡都偷偷的样子，使得他们再也无法安眠。

他山的山水能不能拼接出故乡的模样？即使能，这也是他乡的山水。没有故乡的味道。只能把这似曾相识的他山，当做梦境里的故乡一样来祭奠了。

十一

今夜，他山，没有月光。

他山，今夜，又在下雨。

还好，我是在余庆的农村，坐在“别墅”里，读着三百年前的“他山”的故事。

图书在版编目(CIP)数据

黔北仡佬族当代作家作品选:诗歌散文卷/王清敏、孙建芳、蒋雪鸿主编. —北京:民族出版社,2012

(仡佬族文化研究丛书/周帆主编)

ISBN 978-7-105-12401-5

Ⅰ.①黔… Ⅱ.①王…②孙…③蒋… Ⅲ.①诗集—中国—当代②散文集—中国—当代 Ⅳ.①K287.1-53

中国版本图书馆CIP数据核字(2012)第227468号

责任编辑:赵 莹
封面设计:金 晔
出版发行:民族出版社出版发行
地 址:北京市和平里北街14号
邮 编:100013
网 址:http://www.e56.com.cn
印 刷:北京市迪鑫印刷厂
经 销:各地新华书店经销
版 次:2012年9月第1版 2012年9月北京第1次印刷
开 本:880毫米×1230毫米 1/32
字 数:400千字
印 张:14.75
定 价:43.00元
ISBN 978-7-105-12401-5/I·2370(汉2669)

该书如有印装质量问题,请与本社发行部联系退换

编辑室电话:010-64271909 发行部电话:010-64224782